Sir Francis Drake

Reuiued:

Calling vpon this Dull or Effeminate Age,
to folowe his Noble Steps for Golde & Siluer,

By this Memorable Relation, of the Rare Occurrances
(neuer yet declared to the World) in a Third Voyage,
made by him into the West-Indies, in the Yeares 72. & 73.
when *Nombre de Dios* was by him and 52. others
only in his Company, surprised.

Faithfully taken out of the Reporte of M[r]. *Christofer Ceely, Ellis Hixon*, and others, who were in the same Voyage with him.
By *Philip Nichols*, Preacher.

Reviewed also by S[r]. *Francis Drake* himselfe before his Death,
& Much holpen and enlarged, by diuers Notes, with his owne
hand here and there Inserted.

Set forth by S[r]. *Francis Drake* Baronet
(his Nephew) now liuing.

LONDON

Printed by *E. A.* for *Nicholas Bourne* dwelling at the
South Entrance of the *Royall Exchange.* 1626.

Sir Francis Drake Revived (Der »unvergessliche Sir Francis Drake«).
Titelseite der Ausgabe von 1626.

SIR FRANCIS DRAKE

Pirat im Dienst der Queen

Berichte, Dokumente und
Zeugnisse des Seehelden
und seiner Zeitgenossen 1567–1596

Herausgegeben von John Hampden

Aus dem Englischen übertragen von Günter Thimm
Mit 22 zeitgenössischen Abbildungen und Karten

WILHELM HEYNE VERLAG
MÜNCHEN

HEYNE SACHBUCH
19/759

Umwelthinweis:
Dieses Buch wurde auf chlor- und säurefreiem Papier gedruckt.

Taschenbucherstausgabe 10/2001

Wilhelm Heyne Verlag GmbH & Co. KG, München
http://www.heyne.de
Printed in Germany 2001
Umschlagillustration: LOOK/Hauke Dressler, München
Umschlaggestaltung: Hauptmann und Kampa Werbeagentur, CH-Zug
Herstellung: Helga Schörnig
Druck und Verarbeitung: Elsnerdruck, Berlin

ISBN: 3-453-18719-9

Inhalt

Einleitung 7
Zeittafel 18

Teil I: Drakes erste Reisen
1. Drakes Lehrzeit 25
2. Die Schlacht von San Juan 1568 31
John Hawkins' dritte Fahrt auf Sklavenjagd 31
»Die dritte beschwerliche Reise« von John Hawkins 34
Die Nachwirkungen der Schlacht 47

Teil II: Drakes Überfall auf Panama 1572–73
1. Drakes Verteidigungsschrift 53
2. *»Der unvergessliche Sir Francis Drake«* von Philip Nichols und anderen 63

Teil III: Die Reise um die Welt 1577–80
1. Vorspiel und Expeditionsplan 153
2. Die Weltumseglung: *»Sir Francis Drake – Seine Reise um die Welt«* von Francis Fletcher und anderen 165
3. *»Darstellung der Reise«* von John Cooke 295
4. Drakes Heimkehr 329

Ausgewählte Bibliografie 339

Bildquellen 348

Einleitung

Mit dem Aufbruch der Seefahrt im 16. Jahrhundert traten in England hervorragende Kapitäne in Erscheinung. Noch bewahrt die Erinnerung einige von ihnen und die Taten vieler sind schriftlich in Hakluyts umfangreicher Sammlung »Seereisen« dokumentiert. Aber es gab nur einen Kapitän zur See, der fraglos ein Genie und obendrein ein großer Volksheld war: *Francis Drake.*

Das beste zeitgenössische Urteil über ihn finden wir in den »Annalen« von *John Stow:*

»Auf allen Gebieten der Seefahrt war er bei weitem geschickter als je einer vor ihm ... auch besaß er ein glänzendes Gedächtnis, eine vorzügliche Beobachtungsgabe, war von Natur aus beredt, geschickt als Artillerist sowie als Feldscher, konnte seine Leute zur Ader lassen und sie sogar unter den jeweiligen klimatischen Bedingungen medizinisch betreuen. Er hatte eine untersetzte Statur mit kräftigen Gliedern, eine breite Brust, einen runden Kopf, braunes Haar, trug einen Vollbart, seine schönen Augen blickten mit hellem, fröhlichem Ausdruck groß und klar in die Welt.

Sein Name versetzte Franzosen, Spanier, Portugiesen und Indianer in Schrecken. Viele Fürsten Italiens, Deutschlands und anderer Staaten, Freunde sowohl wie Feinde, bemühten sich noch zu seinen Lebzeiten, ein Porträt von ihm zu erhalten. Kurz, er war in Europa und Amerika ebenso berühmt wie Tamburlane in Asien und Afrika. Bereits im Alter von fünfundfünfzig Jahren starb er. Was seine Schwächen anbelangt, so galt er als äußerst ehrsüchtig, als wankelmütig in Freundschaften und besonders anfällig gegenüber der öffentlichen Meinung.«

Diesen Punkten muss hinzugefügt werden, dass er arrogant, prahlerisch und unduldsam war; auch hatte er die Neigung, bei Schiffsgottesdiensten ausführliche Predigten zu halten. Ansonsten mochte er Musik, malte gern mit Wasserfarben und war bemerkenswert menschlich im Umgang mit seinen Gefangenen.

Betrachtet man seine Heldentaten leidenschaftslos mit dem Abstand von drei Jahrhunderten, so erscheinen sie einem von sehr unterschiedlicher Bedeutung. In seinen frühen Jahren, bis zu seinem glänzenden Angriff auf Cadiz im Jahre 1587, gelangen ihm Siege gegen einen Feind, der auf Verteidigung nicht eingestellt und fast ohne Waffen war, Siege, die ihm teils durch geschicktes Verhalten, teils durch pures Draufgängertum zufielen. Den Höhepunkt seiner Karriere erreichte er mit der Ernennung zum Vizeadmiral von England gegen die spanische Armada. Zweifellos ein Mann von großer Tapferkeit, war sein Ruf bereits damals nicht mehr der beste. Seine späteren Jahre sind ein einziger Abstieg. Er hatte einen schweren Lebensweg hinter sich und nun mag er durch Krankheit oder Alter geschwächt gewesen sein, wir wissen es nicht. Jedenfalls hatte er in den Jahren 1589 und 1595 den Oberbefehl über eine Flotte, die wohl größer war als seine organisatorischen Fähigkeiten. Beide Male waren die Spanier gut bewaffnet und präpariert und es ist zu einem guten Teil Drakes Zaudern zuzuschreiben, dass sie gewarnt werden konnten und genügend Zeit fanden, ihrerseits Vorbereitungen zu treffen. Dennoch gebührt Francis Drake zweifelsohne ein Ehrenplatz in der Geschichte Englands. Waren es doch seine Heldentaten, die entscheidend dazu beitrugen, dass England, zerrissen von inneren Religionsstreitigkeiten und gequält von der Furcht vor dem spanischen Feind, in patriotischem Hochgefühl geeint, wieder zu neuem Selbstvertrauen gelangte.

Er gab der Freibeuterei, die die spanische Moral schwächte, einen großen Anstoß, bewirkte ein ständiges Anwachsen der englischen Seemacht und eröffnete dem Handel, der Eroberung und »Gründung« von Kolonien neue Horizonte. Sein Name inspirierte englische Seeleute auf Generationen. Darüber hinaus war er der arme Junge, der es zu etwas gebracht hatte, eine Art Siegfried, der den Drachen tötete, will sagen: der den größten Monarchen Europas herausfor-

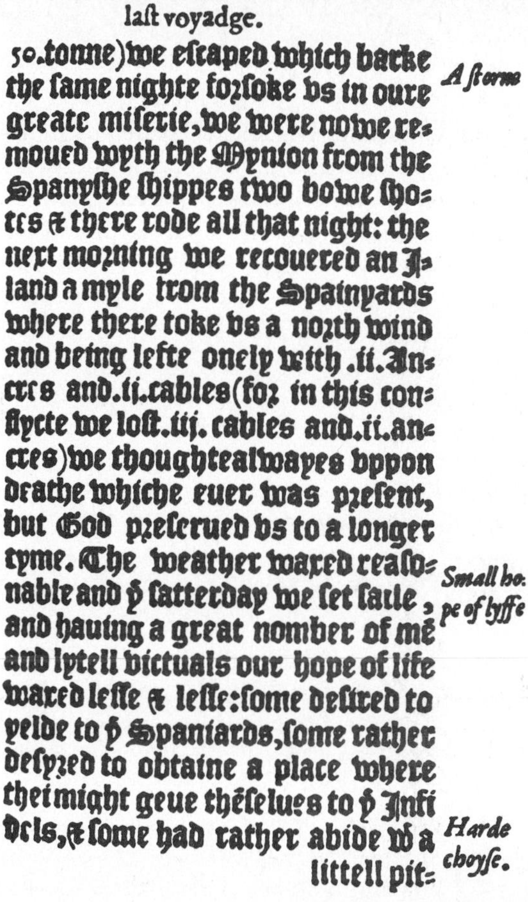
laſt voyadge.

50.tonne)we eſcaped which barke
the ſame nighte forſoke vs in oure
greate miſerie, we were nowe re-
moued wyth the Mynion from the
Spanyſhe ſhippes two bowe ſho-
tes & there rode all that night: the
next morning we recouered an I-
land a myle from the Spainyards
where there toke vs a north wind
and being lefte onely with .ii. An-
cres and .ii. cables (for in this con-
flycte we loſt .iii. cables and .ii. an-
cres) we thoughte alwayes vppon
deathe whiche euer was preſent,
but God preſerued vs to a longer
tyme. The weather waxed reaſo-
nable and ye ſatterday we ſet ſaile,
and hauing a great nomber of mē
and lytell victuals our hope of life
waxed leſſe & leſſe: ſome deſired to
yelde to ye Spaniards, ſome rather
deſyred to obtaine a place where
thei might geue thēſelues to ye Infi
dels, & ſome had rather abide wt a
littell pit-

A ſtorme

Small ho: pe of lyffe

Harde choyſe.

Eine Seite aus der Schrift: *»Eine wahre Beschreibung der unglückseligen Reise des Kapitän John Hawkins nach Guinea und Westindien in den Jahren des Herrn 1567 und 1568«* (von John Hawkins 1569).
Wiedergegeben mit freundlicher Genehmigung der Kuratoren des Britischen Museums. Die Desertion der »Judith« (vgl. S. 44) geht aus den ersten drei Zeilen hervor; es ist dies die erste gedruckte Stelle, die auf Drake Bezug nimmt. Zudem ist dieser Bericht die erste Publikation eines Engländers über Abenteuer von Engländern in den Gewässern Amerikas. Es gibt heute nur noch zwei Exemplare: Eines befindet sich in der Bibliothek des Britischen Museums, das andere in der Huntingdon-Bibliothek in Kalifornien. Der Bericht wurde von Hakluyt nachgedruckt.

derte und demütigte, ein Robin Hood der See. Dergestalt gewann er einen Platz im Herzen seines Volkes. Sein eigener Ausspruch, er werde »den Bart des Königs von Spanien ansengen«, zudem die Geschichte von seinem Kegelspiel und die Mär von seiner Trommel – dies alles lieferte gerade jene malerischen Pinselstriche, die nötig sind, um einen Mann zum legendären Helden zu machen.

Gleich wie zwei seiner Zeitgenossen, William Shakespeare und Richard Hakluyt, hatte Drake das große Glück, in einem Jahrhundert geboren zu sein, das seinem Genie alle Möglichkeiten zur Entfaltung bot. Bei seiner Geburt freilich waren die Vorzeichen nicht sonderlich günstig; England lag in seiner Bedeutung als Seemacht weit hinter anderen Nationen zurück. Als er um 1543 – ein genaueres Datum fehlt – auf einem kleinen Bauernhof in Devonshire geboren wurde, hatten die Portugiesen sich bereits in Brasilien festgesetzt, Grönland erkundet, Indien, Ostindien, China und Japan erreicht und einen sagenhaft Gewinn bringenden Handel mit Gewürzen, Seide und anderen orientalischen Luxusgütern aufgebaut, der den Neid ganz Europas erregte. Die Spanier hatten einen neuen Kontinent und einen neuen Ozean entdeckt, deren Existenz nicht einmal vermutet worden war, und ein spanisches Schiff hatte bereits die erste Reise um die Welt gemacht. Die Reiche der Inkas und Azteken wurden zerstört und ausgeplündert, über den Atlantik ergoss sich ein unvorstellbarer Reichtum in die Schatzkammern Spaniens. 1493 hatte Papst Alexander VI. die Neue Welt aufgeteilt, hatte den östlichen Teil in die Gewalt Portugals gegeben, den westlichen in die Gewalt Spaniens, und beide Länder hielten sich an dieses Abkommen mit Ausnahme von Brasilien, das portugiesisch, und den Philippinen, die spanisch wurden. Beide Staaten beanspruchten das Handels- und Ausbeutungsmonopol in ihren weiten Gebieten.

Während dieser Zeit gab es keinerlei Anzeichen, dass England sich zu einer großen Seemacht entwickeln würde, wenn auch die englischen Seeleute nicht völlig untätig bei der Weltverteilung zugesehen hatten. Seit etwa 1480, möglicherweise auch schon früher, unternahmen Schiffe von Bristol aus Erkundungsfahrten in den Atlantik, die vielleicht durch mündliche Überlieferungen der Seereisen der Wikinger oder des legendären Prinzen Madoc angeregt waren.

Dies waren erst Anfänge. Die reichen Londoner Kaufleute zogen es vor, untätig zu bleiben, solange ihr traditioneller Wollhandel mit Europa weiterhin blühte. Als im Jahre 1521 Heinrich VIII. und sein Kanzler Wolsey die Gründung einer nationalen Gesellschaft zur Erschließung des ozeanischen Handels vorschlugen, lehnten sie es ab, sich daran zu beteiligen. Dreißig Jahre später jedoch ließen eine Flaute im Wollhandel und der wachsende Neid auf den iberischen Reichtum sie nach neuen Märkten Ausschau halten. Thomas Windhams Reisen nach der Berberei, nach Guinea und Benin folgten früheren sporadischen Abstechern und leiteten einen Gewinn bringenden Handel mit Zucker, Pfeffer, Elfenbein, Gold und anderen Waren ein, während Willoughby und Chancellor sich daran machten, eine Nordostpassage um Asien herum nach China, Japan und den Gewürzinseln ausfindig zu machen.

Sie blieben erfolglos, aber Chancellor erreichte Moskau, wo Iwan der Schreckliche englischen Kaufleuten Handelserleichterungen gewährte. Der Moskauer Gesellschaft wurde 1555 von Königin Maria ein Privileg erteilt. Während Drake seine harte Lehrzeit zur See auf einer kleinen Küstenbark durchlief, verletzte John Hawkins ein anderes iberisches Monopol, indem er seine erste Sklavenfahrt nach Westafrika und dem zentralen spanischen Kolonialgebiet unternahm, und der furchtlose Anthony Jenkinson fand einen Weg durch Russland und das Kaspische Meer und leitete den Handel mit Persien ein. Dies waren die Anfänge des englischen Aufstiegs zur Seemacht.

Drakes verwandtschaftliche Beziehungen zu der Familie Hawkins und wohl auch das richtige Gespür für seine besten Zukunftschancen veranlassten ihn, bei einer weiteren

Erkundungsfahrt in Hawkins' Dienste zu treten. Danach konzentrierten sich alle seine Gedanken und sein Ehrgeiz auf die Neue Welt. Seine Karriere wurde bestimmt von der wachsenden Spannung zwischen England und Spanien. Forciert wurde diese Spannung ständig durch religiöse Divergenzen. Die meisten englischen Seeleute, so auch Drake, waren überzeugte Protestanten. Sie mussten die Verbrennung protestantischer Märtyrer durch Maria die Katholische, die Exkommunikation und »Thronenthebung« Elisabeths im Jahr 1570 durch den Papst, die Mordverschwörungen gegen ihre Königin und die Grausamkeiten, die Landsleuten zugefügt wurden, welche in die Hände der Inquisition gefallen waren, als brutale und rücksichtslose Gewaltakte ansehen, charakteristisch für die katholische Kirche. Drake hatte auch einen persönlichen Grund zur Verbitterung: In seiner Kindheit wurde bei einem Aufruhr von Seiten der Katholiken seine Familie vom eigenen Bauernhof in Devonshire vertrieben.

Mehr und mehr englische Seeleute folgten dem Beispiel der französischen Hugenotten, kaperten iberische Schiffe und überfielen die Ansiedlungen in der Karibik. Freibeuterbriefe, die nominal den ehrbaren Freibeuterkapitän vom bloßen Piraten unterschieden, waren leicht vom Admiralsgericht oder vom Großadmiral zu erhalten. Es gab ständig spanische Beschwerden, aber weder Philipp noch Elisabeth wollten einen offenen Krieg, bis Philipp sich 1585 zum Angriff auf England entschloss. In der Zwischenzeit blühte im schönsten Widerspruch der Handel zwischen den beiden Ländern aufgrund des politischen und wirtschaftlichen Bündnisses von 1489.

Englands Aktivität zur See wurde von den zwei Richard Hakluyts, die beide unermüdliche Publizisten waren, und von John Dee, dem größten Geographen und Mathematiker seiner Zeit, stark gefördert. Kaufleute, Seekapitäne, Adlige, Mitglieder des Hofes und des Marineministeriums sowie die Königin selbst beteiligten sich an den ad hoc gegründeten Aktiengesellschaften, die jede wichtige Unternehmung, sei sie nun offiziell oder inoffiziell, finanzierten. Die Königin verlieh Schiffe der Kriegsmarine, um sich an den Kaperfahrten zu beteiligen, und wie alle anderen »Unternehmer« erwartete auch sie Gewinn. Die öffentliche Meinung in England wurde immer weltoffener und, beiläufig, immer freundlicher gegenüber Drakes Aufsehen erregenden Taten.

Der Schiffsbau, der viel von den bahnbrechenden iberischen Mächten lernte, machte rasche Fortschritte. Im Mittelalter hatten sich die englischen Schiffe nur selten über die Gewässer Nordwesteuropas hinausgewagt. Es waren »runde Schiffe«, nur doppelt so lang wie breit, mit zwei oder drei Masten quadratisch getakelt, dickbauchig, plump und nur schwerfällig dem Ruder gehorchend. Die hohen Aufbauten im Vor- und Achterschiff boten dem Wind Widerstand und strapazierten den Schiffskörper, wenn das Schiff schlingerte. Solche Schiffe waren für Ozeanreisen gänzlich ungeeignet. Das wurde Hawkins und Drake an der massigen *Jesus of Lübeck* endgültig klar, noch bevor sie durch spanischen Verrat in San Juan de Ulua gekapert wurde. Die Portugiesen und Spanier hatten, mit italienischer Hilfe, die Galeone entwickelt, die dreimal so lang war wie die größte Schiffsbreite oder noch länger, ziemlich niedrige Aufbauten besaß und dreieckige Segel an den Besanmasten führte. Drakes *Golden Hind*, eine kleine Galeone, wurde wahrscheinlich von den Franzosen verfertigt, aber englische Schiffbauer begannen bald diesen Typ nachzuahmen. Mehr und mehr Schiffe wurden als Kaperschiffe gebaut und auch Handelsschiffe mussten gut bewaffnet sein, wollten sie sich der Piraten im Kanal oder im Mittelmeer erwehren. Dieser Schiffstyp machte den Großteil der Flotte aus, die sich der spanischen Armada entgegenstellte.

Die Kaperschifffahrt war Gewinn, Abenteuer und Dienst am Vaterland zugleich. Bereits 1581 schrieb der spanische Botschafter an Philipp: »Sie bauen pausenlos Schiffe und sind dabei, sich selbst zu den Herren der Meere zu machen.«

Zur gleichen Zeit entwickelten sich die navigatorischen

Kenntnisse: Kompass, Astrolab und Jakobsstab kamen in Gebrauch und später Sextant und Quadrant. Aber es gab keine Möglichkeit, die geographische Länge zu messen, und war ein Schiff einmal außer Sichtweite bekannten Landes, so musste die Schiffsposition mehr oder minder geschätzt werden, was von der Erfahrung des Kapitäns abhing. Land- und Seekarten fehlten oft oder waren unzulänglich, wurden aber mit Hilfe der Seefahrer ständig verbessert. In England waren die Karten von Ortelius und Mercator im Umlauf. Was man auf portugiesischen und spanischen Schiffen an Land- und Seekarten erbeutete, wurde eifrig kopiert. So verlief Drakes Fahrt von der amerikanischen Küste nach Ostindien nicht allein dank seiner genialen Navigation reibungslos; er bediente sich erbeuteter spanischer Seekarten.

Die Flotte war klein. Sie war das persönliche Eigentum des Monarchen, der für die Kosten ihrer Unterhaltung aufzukommen hatte. Heinrich VIII. hatte begonnen sie zu modernisieren, ja zu revolutionieren. In der mittelalterlichen Vorstellung von einer Seeschlacht waren die Schiffe schwimmende Festungen, die mit Enterhaken derart an den feindlichen Schiffen befestigt wurden, dass die Soldaten an Bord den Kampf im Handgemenge ausfechten konnten. Die Schiffskanonen waren klein, entweder an Deck oder in den Aufbauten montiert, und dienten dazu, Enterer niederzustrecken. Die schweren Geschütze, die von Hans Popenruyter von Mechlin erfunden worden waren, brachten Heinrich VIII. auf den revolutionären Gedanken sie innerhalb der Schiffe in Stellung zu bringen. Und seitdem sie zu schwer waren, um in den schwachen Aufbauten montiert zu werden, brachte man sie unter Deck in Stellung. Geschützluken – eine andere revolutionäre Neuerung –, eingelassen in die Schiffswand, ließen den Kanonen Raum zum Feuern. Derart bewaffnete Schiffe versuchten nicht mehr den Feind zu entern, sondern ihn aus weiter Entfernung zu versenken oder kampfunfähig zu machen.

Heinrich hinterließ eine mächtige Flotte von fünfzig Schiffen, aber nach seinem Tode wurden sie vernachlässigt und verrotteten schnell. In seiner Jugend muss Drake sie in ihrem elenden Zustand gesehen haben, denn sein Zuhause, ein abgetakelter Kasten, der im Medway vor Anker lag, war von Schiffen der Flotte umgeben.

Elisabeth erbte nur etwa dreißig Schiffe, viele in schlechtem Zustand, die weiterhin unter der im Marineministerium herrschenden Korruption litten, bis Burghley 1577 John Hawkins zum Schatzmeister der Flotte ernannte. Da er mit Sicherheit annahm, dass es zu einer Kraftprobe mit Spanien kommen würde, ließ er längere und schmalere Galeonen bauen. Er beseitigte das Vorderdeck, senkte das Ladedeck bis zur Wasserlinie und baute darüber ein eigenes Kanonendeck. Seine Schiffe waren leichter zu manövrieren als andere und konnten höher an den Wind gehen. Sie waren wahrscheinlich die brauchbarsten Kriegsschiffe ihrer Zeit. Drake – und keiner konnte es besser beurteilen als er – wählte eins von ihnen, die *Revenge*, zu seinem Flaggschiff gegen die spanische Armada. Auf ebendiesem Schiff, einer Galeone von etwa 500 Tonnen, mit einer Länge von 92 und einer Breite von 32 Fuß und einer schweren Bewaffnung von 40 Kanonen, kämpfte dann Grenville seinen letzten verzweifelten Kampf.

Noch schwieriger als der Schiffsbau war die Zusammenstellung von erfahrenen Mannschaften, hauptsächlich wegen der schrecklichen Verluste durch Krankheit. Die Seeleute waren auf Monate oder Jahre zusammengepfercht in engen, unbequemen und verlausten Quartieren, fast unerträglich in den tropischen Zonen, ohne irgendwelche sanitären Einrichtungen, zudem fehlte es an Wissen um richtige Ernährung und Gesundheitspflege, obwohl Drake und die einsichtigen Kapitäne ihre Mannschaften an Land ließen, sooft sie konnten, um ihnen frische Luft und frische Nahrung zu verschaffen. Die Lebensmittelvorräte waren oft knapp und schlecht. Natürlich variierte das ein wenig von Schiff zu Schiff und sicher wurden sie manchmal durch frische oder eingesalzene Pinguine, durch Fische, Fleisch und Früchte und – was besonders wichtig war – durch sauberes Wasser ergänzt. Der Expeditionsplan von 1577 weist eine Vorratsliste auf, die Drake entweder selbst aufgestellt hat oder der er zumindest zustimmte: Schiffszwieback, Roggenmehl, Bier, Wein (Wasser in Fässern wurde bald faulig), Rindfleisch, Schweinefleisch, Fisch, Butter, Käse, Reis, Hafermehl, Erbsen, Essig, Honig, Olivenöl und Salz. Lebensmittellieferanten waren notorisch unehrlich und lieferten oftmals Fleisch, das bereits verdorben war, Bier, das bereits stank, und alle anderen Waren schlecht bemessen. Krankheiten wüteten: Lebensmittelvergiftung, Ruhr, Typhus, fiebrige Erkrankungen und auf jeder längeren Reise vor allem »die Pest des Meeres und das Verderben der Seeleute«: Skorbut. Sir Richard Hawkins schätzte, dass in zwanzig Jahren zehntausend englische Seeleute durch Skorbut umkamen. Es war nicht außergewöhnlich, dass mehr als die Hälfte der Besatzung auf einer Reise starb, und oft müssen Schiffe verloren gegangen sein, weil die Überlebenden zu gering an Zahl und zu schwach waren, um das Schiff noch zu manövrieren. Trotz allem aber werden die Männer an Bord eines Schiffes es besser gehabt haben als diejenigen, die in den von der Pest heimgesuchten Elendsvierteln bei den Docks ein jämmerliches Leben fristeten, denn es gab viel Arbeitslosigkeit. Und natürlich hoffte jede Schiffsbesatzung auf Beute. Ein Drittel davon ging an die Aktionäre, die die Reise finanziert hatten, ein Drittel an die Lebensmittelhändler und ein Drittel wurde, gestaffelt nach Rang, an die Besatzung verteilt.

Die Seeleute waren zum größten Teil unwissend, abergläubisch und wankelmütig; sie schwankten zwischen Feigheit, Prahlerei und unbeugsamem Mut und ließen sich äußerst schwer führen. »Ich weiß«, sagte Francis Drake, »dass Seeleute die misstrauischsten Leute auf der Welt sind.« Dennoch konnte er ganz gut mit ihnen umgehen. Meuterei und Fahnenflucht waren an der Tagesordnung. Es ist nicht sicher, ob die *Elizabeth* Drake auf seiner Reise um die Welt verließ, weil ihr Kapitän, John Winter, von sich aus den Befehl dazu gab oder aber, weil seine Mannschaft ihn zur Rückkehr nach England zwang.

Die Zeit brachte eine Anzahl von bemerkenswerten Kapitänen hervor. Einige haben keine Spuren hinterlassen. Viele haben einen dauernden Platz im Buch der Geschichte, unter ihnen Männer von so unterschiedlichem Charakter und Erfolg wie Richard Chancellor, Sir John Hawkins, Sir Walter Raleigh, John Davis, Sir Martin Frobisher und Sir Richard Grenville. Man könnte eine weit längere Liste aufstellen, aber, wie beeindruckend sie auch sein mag, immer wird sie beginnen müssen mit dem Namen *Francis Drake.*

1489	Anglospanisches politisches und wirtschaftliches Bündnis.
1492	Die Mauren in Spanien werden endgültig von den Spaniern unter Ferdinand und Isabella besiegt.
	Eine spanische Expedition unter der Führung des Genuesen Christoph Columbus entdeckt Westindien.
1493	Papst Alexander VI. erlässt eine Bulle, die die neuen, unbekannten Länder in West und Ost zwischen Spanien und Portugal aufteilt.
1494	Vertrag von Tordesillas, mit dem Spanien und Portugal die Aufteilung ratifizieren, aber den Grenzmeridian auf einen Punkt 370 Meilen westlich der Azoren verlegen.
1497	Ein Schiff aus Bristol, unter der Führung des Venezianers John Cabot, entdeckt Neufundland.
1498	Die Portugiesen (Vasco da Gama) erreichen Indien.
1502	Die Gesellschaft der wagemutigen Kaufleute für die neu entdeckten Länder mit Sitz in Bristol wird privilegiert und entsendet bis 1505 oder später Expeditionen nach Nordamerika.
1509	Die Portugiesen erreichen Ostindien.
	Sebastian Cabot führt eine Expedition von Bristol nach Nordamerika und erhebt den Anspruch die Zufahrt zur Nordwestpassage gefunden zu haben.
	Heinrich VIII. König von England.
1516	Karl V. König von Spanien.
1518–21	Die Spanier unter Cortez erobern Mexiko.
1519–22	Ein spanisches Schiff unter der Führung des Portugiesen Magellan macht die erste Reise um die Welt.

1530–40	William Hawkins unternimmt einträgliche Handelsreisen nach Guinea und Brasilien.
1531–34	Die Spanier unter Pizarro erobern Peru.
1536	Heinrich VIII. beginnt mit dem Wiederaufbau der Flotte.
1542	Die Portugiesen erreichen Japan.
1543	*Francis Drake wird in Crowndale bei Tavistock in Devon geboren.*
1547	Eduard VI. König von England.
1549	*Die Familie Drake wird durch einen Aufstand der Katholiken aus Devon vertrieben und findet auf dem Medway Zuflucht.*
1551–54	Beginn des englischen Handels mit Marokko, der Goldküste und Guinea.
1553	Maria Königin von England. Maria heiratet Philipp von Spanien.
1553–54	Chancellor eröffnet den Seeweg nach Nordrussland. Die Moskauer Gesellschaft wird gegründet.
1556	Philipp II. König von Spanien.
1557	Krieg mit Frankreich. Verlust von Calais, der letzten englischen Besitzung auf dem Kontinent.
1558	Elisabeth I. Königin von England. William Cecil, der spätere Lord Burghley, wird zum Minister ernannt.
1561–64	Anthony Jenkinson reist durch Russland nach Persien.
1562–63	John Hawkins unternimmt seine erste Sklavenreise.
1564	Die Spanier gründen eine Niederlassung auf den Philippinen.
1566–67	*Drake begleitet John Lovell auf seiner Sklavenreise nach Westafrika und den spanischen Kolonien.*
1567–68	John Hawkins unternimmt seine dritte Sklavenreise.
	Drake erhält das Kommando auf der »Judith«. Die Schlacht von San Juan de Ulua.

1568 Maria, Königin von Schottland, flieht nach England.
Die Niederlande erheben sich gegen Spanien.
1569 Die Rebellion des Nordens.
Drake heiratet Mary Newman, eine Seemannstochter.
1570 Papst Pius V. exkommuniziert und »entthront« Elisabeth I.
1572 Ridolfiverschwörung zur Ermordung Elisabeths.
1572–73 *Drakes Überfall auf Panama.*
1573–75 *Drake dient unter dem ersten Earl of Essex in Irland.*
1574 Vertrag von Bristol mit Spanien.
1576 Martin Frobishers erste Reise zur Erkundung der Nordwestpassage.
1577 John Hawkins beginnt, nach seiner Ernennung zum Schatzmeister der Flotte, mit dem Bau hochseetüchtiger Kriegsschiffe.
1577–80 *Drakes Reise um die Welt.*
1580 Spanien annektiert Portugal.
1581 *Drake wird auf der »Golden Hind« zum Ritter geschlagen, kauft Buckland Abbey und wird Bürgermeister von Plymouth.*
1581 Die Türkische Gesellschaft wird gegründet.
1583 *Drakes erste Frau stirbt.*
1583–91 Ralph Fitch besucht Indien, Siam und Malaya.
1584 *Drake wird Parlamentsabgeordneter für Bossiney in Nord-Cornwall.*
Die erste englische Reise nach Virginia.
1585 Eine englische Armee unter Leicester kommt den Niederlanden zu Hilfe. Krieg mit Spanien.
Drake heiratet Elisabeth Sydenham, die Tochter von Sir George Sydenham.
1585–86 *Drakes großer Überfall auf Westindien.*
1585–87 John Davis unternimmt drei Reisen zur Erkundung der Nordwestpassage.
1586 Babingtonverschwörung zur Ermordung Elisabeths.

1586–88	»Die dritte Reise um die Welt« von Thomas Cavendish.
1587	Maria, Königin von Schottland, hingerichtet. *Drakes Überfall auf Cadiz.*
1588	Die unbesiegbare Armada: *Drake wird Vizeadmiral.*
1589	*Die Lissabon-Expedition.*
1591	Der letzte Kampf der »Revenge«.
1591–94	»Die erste englische Reise nach Ostindien« von Sir James Lancaster.
1592	Die Levantinische Gesellschaft wird durch Zusammenschluss der Venezianischen und der Türkischen Gesellschaft gegründet.
1595	Raleigh durchforscht Guinea erfolglos nach Gold.
1595–96	*Der erfolglose Überfall auf Westindien unter dem gemeinsamen Kommando von Hawkins und Drake. Beide sterben auf See, Hawkins am 12. November 1595, Drake am 23. Januar 1596.*
1596	Cadiz wird von Howard und Essex geplündert.
1598	Philipp II. und Lord Burghley sterben.
1598–1600	Die zweite, erweiterte Ausgabe von Hakluyts *»Bedeutendsten Seereisen, Fahrten, Unternehmungen und Entdeckungen der englischen Nation …«*
1600	Die Ostindische Gesellschaft wird privilegiert.
1601–03	Sir James Lancasters Handelsreise nach Ostindien.
1603	Elisabeth I. stirbt.
1604	Frieden mit Spanien.

TEIL EINS

Drakes erste Reisen

Sir John Hawkins
nach einem Gemälde von Frederigo Zuccaro

1. Drakes Lehrzeit

Francis Drakes Lehrzeit als Seemann begann in der Kindheit. Er wurde in den letzten Jahren der Regierungszeit Heinrichs VIII., irgendwann zwischen 1540 und 1545, auf einem Bauernhof in Crowndale nahe bei Tavistock in Devon geboren. Sein Vater, Edmund Drake, war vermutlich Seemann, bevor er heiratete und sesshaft wurde. Nach elisabethanischen Maßstäben war er kein »Gentleman«, aber er scheint einige gesellschaftliche Beziehungen gehabt zu haben, und der Sohn Lord Russells, Francis, der spätere Earl of Bedford, war Francis Drakes Pate. Wie viele andere Seeleute jener Zeit war Edmund Drake ein glühender Protestant, und als die Katholiken in Devon und Cornwall sich am Pfingstsonntag 1549 gegen die Einführung des ersten englischen Gebetbuches gewaltsam auflehnten, musste die Familie Drake, wie viele andere, fliehen, um ihr Leben zu retten. Wahrscheinlich verloren sie alles, was sie besaßen; der Überlieferung nach gehörten sie zu denen, die auf einer kleinen Insel, heute »Drakes Insel« benannt, eine armselige Zuflucht im Sund von Plymouth fanden. So lernte Francis im Alter von etwa fünf Jahren die Katholiken hassen.

Auf irgendeine Weise gelangte Drakes Familie dann zum Medway, einem Fluss in Kent, wo die königliche Flotte vor Anker lag und die königliche Werft in Chatham sich rasch zu entwickeln begann. Hier wurde Edmund Drake später Prediger und Bibelvorleser für die Matrosen der Kriegsmarine und für die Schiffsbauer. Die Familie, die sehr arm gewesen sein muss, wohnte auf einem alten, abgetakelten Schiff. So wuchs Francis, als ältestes Kind von zwölf Geschwistern, inmitten von Kriegsschiffen und Seeleuten auf. Allem Anschein nach besuchte er nicht die Schule, sondern lernte bei seinem Vater Lesen und Schreiben. Dieser war ein geübter Prediger und konnte bei entsprechenden Anlässen mit Beredsamkeit und Nachdruck sprechen.

Als Maria im Jahr 1553 Eduard VI. auf den Thron folgte,

entschlossen, den Katholizismus in England wieder einzuführen, rebellierten die Protestanten. Sir Thomas Wyatt der Jüngere, der sein Hauptquartier in Rochester hatte, führte den Aufstand in Kent an und erhielt Waffen und Munition von den Schiffen am Medway. Sein Angriff auf London schlug fehl. Er wurde hingerichtet und bald baumelten protestantische Rebellen überall an Londons Straßenecken und an den Ufern des Medway. Wieder gaben diese Ereignisse dem Knaben Francis Anlass die Katholiken zu fürchten und zu hassen; und dieses Gefühl muss sich durch die Verfolgungen und Verbrennungen während der Regierungszeit Marias noch verstärkt haben. Es ist wahrscheinlich, dass die Familie Drake erneut in Gefahr geriet und fliehen musste. Jedoch im Jahre 1558, nach dem Regierungsantritt Elisabeths, wurde Edmund Drake zum Pfarrer von Upchurch am Medway ernannt und von da an konnte die Familie in Frieden leben.

Während der Zeit, so erzählt William Camden, war Drake »um nur das zu berichten, was ich selbst von ihm weiß, Gehilfe eines Lotsen aus der Nachbarschaft, der ihn durch tagtägliche Schufterei auf einer kleinen Bark an die harte Arbeit des Seemanns gewöhnte. Er segelte an der Küste entlang; immer hin und her, lotste die Schiffe in die Häfen und geleitete sie wieder hinaus auf See und manchmal beförderte er Waren bis nach Frankreich und Seeland. Dieser junge Mann, fleißig und gewandt wie er war, überzeugte den alten Lotsen derart von seiner Tüchtigkeit, dass dieser, als er kinderlos starb, Drake zum Erben der Bark einsetzte. Mit ihr verdiente sich Drake einen hübschen Batzen Geld[1], und als er davon hörte, dass John Hawkins mit einigen Schiffen in Plymouth Vorbereitungen traf für eine Reise nach Amerika, in die Neue Welt, da verkaufte er seine Bark, verließ in Begleitung von einigen mutigen und fähigen Matrosen Kent und

1 Edmond Howes berichtet, dass Drake im Alter von 18 Jahren als Zahlmeister eine Reise in die Biscaya mitmachte und mit 20 Jahren eine Reise nach Guinea. (Stow, Seite 807).

schloss sich auf gut Glück Hawkins an.« (Camden, 2. Buch, Seite 417–418). Drake hatte, wie erwähnt, verwandtschaftliche Beziehungen zur Familie Hawkins, die damals bereits zu den reichsten Kaufmanns- und berühmtesten Abenteurerfamilien der Zeit zählte.

All das geschah höchstwahrscheinlich im Jahr 1566, als Drake, Anfang der Zwanzig, ein kleiner, untersetzter, kräftig gebauter junger Mann war mit einem fröhlichen Gesichtsausdruck, braunem Haupt- und Barthaar, wettergegerbtem Gesicht und großen, runden, durchdringenden blauen Augen. War er damals auch noch unbekannt und wenig erprobt, so müssen sein Mut und seine Kraft doch großen Eindruck gemacht haben. Jedenfalls nahm John Hawkins, ein überaus fähiger und umsichtiger Mann, etwa zehn Jahre älter als Drake, ihn sogleich in seine Dienste.

William Hawkins aus Plymouth, der 1553 oder 1554 starb, war ein alter, rauer Seebär gewesen, Freibeuter und Kaufmann zugleich, er hatte die ersten englischen Seereisen nach Brasilien unternommen und war Bürgermeister und Parlamentsabgeordneter von Plymouth geworden. Heinrich VIII. schätzte ihn wegen seiner »Weisheit, Tapferkeit, Erfahrung und Geschicklichkeit in seemännischen Angelegenheiten«. Seine Söhne William und John führten diese Tradition fort. Sein Enkel, der dritte William, segelte mit Drake auf der *Golden Hind* um die Welt.

John Hawkins hatte damals schon zwei sehr »einträgliche« Seereisen als Sklavenhändler hinter sich; die zweite Reise war mit einem Reingewinn von sechzig Prozent für die Aktionäre abgeschlossen worden. Er und einige andere englische und französische Sklavenhändler machten, ungeachtet des portugiesischen Anspruchs auf das Handelsmonopol, an der Westküste Afrikas Jagd auf Schwarze und verkauften sie dann an die Spanier, die auf den westindischen Inseln und in den eroberten Kolonialgebieten Mittelamerikas sowie im nördlichen Südamerika siedelten. Obwohl die spanische Regierung hier den Anspruch auf ein Handelsmonopol erhob, weigerten sich doch die anderen europäischen Kaufleute dies zu akzeptieren, und oft waren die Siedler froh, die schwarzen Sklaven von den Schleichhändlern kaufen zu können, gleichgültig ob offen oder heimlich, da der Nachschub unzureichend war und ohne Sklaven der Betrieb der Bergwerke und Plantagen nicht aufrechterhalten werden konnte.

Dieser grauenhafte Handel verursachte bei den Beteiligten offenbar keinerlei Gewissensbisse, obwohl einige andere ihn anzuprangern versuchten. Schwarze galten eben nicht als Menschen. John Hawkins, nach elisabethanischen Kategorien gewiss ein Menschenfreund, spricht einmal von »unseren Negern und unseren sonstigen Waren«. Diese absonderliche Ansicht wurde jedoch allgemein ebenso unkritisch akzeptiert, wie die Grausamkeiten jeder Gemeinschaft von den meisten Menschen jeder Zeit hingenommen werden.

Es besteht kein Zweifel, dass Drake diese gängige Ansicht teilte. Seine erste Hochseefahrt in den Jahren 1566–67 war eine Sklavenexpedition, bestehend aus vier Schiffen, die William und John Hawkins gehörten und die von Kapitän John Lovell befehligt wurden. Sie hatten im Gefecht mit portugiesischen Schiffen an der Küste von Guinea und bei den Kapverdischen Inseln zu bestehen (dies war vermutlich Drakes Feuertaufe) und erbeuteten verschiedene wertvolle Ladungen Schwarze, Elfenbein, Wachs, Zucker und andere Dinge. Ein Schiff kehrte mit einem Teil der Beute direkt nach Plymouth zurück, die restlichen drei – Drake war an Bord eines dieser Schiffe – segelten mit den Passatwinden westwärts nach Westindien und machten vermutlich einträgliche Geschäfte im spanischen Kolonialgebiet, auch wenn es zu einem Zwischenfall in Rio de la Hacha kam, als neunzig Schwarze an Land gebracht wurden und der spanische Statthalter, Miguel de Castellanos, sich standhaft weigerte, die Ware nun auch zu bezahlen. Noch fünfundzwanzig Jahre später schrieb Drake (oder jemand in seinem Namen) empört über diese Ereignisse und sprach vom »großen Unrecht, das auf der Fahrt unter Kapitän John Lovell in Rio Hacha geschehen war«.

Alles, was wir über Drakes Rolle während dieser Expedition wissen, enthält die Episode, dass er auf der Hinfahrt einen walisischen Katholiken zum Protestantismus bekehrt habe. Zu vermuten ist freilich, dass er eine Menge von der Hochseeschifffahrt und den Verhältnissen an der spanischen Kolonialküste hinzulernte. Er kehrte wahrscheinlich zurück mit einem Herzen voll Groll gegen Spanien, was seinen längst vorhandenen Hass auf Spanien als Land des Katholizismus noch verstärkte.

2. Die Schlacht von San Juan 1568

John Hawkins' dritte Fahrt auf Sklavenjagd

Die dritte und letzte Fahrt, die John Hawkins persönlich leitete, wurde in den Jahren 1567–69 durchgeführt. Sie war von weit größerer Bedeutung als die vorhergehenden, denn die Schlacht von San Juan de Ulua, mit der sie endete, wurde zum Markstein in der englischen Seegeschichte.

Wie viele andere Expeditionen dieser Zeit wurde auch sie von einem Konsortium finanziert, das sich aus diesem Anlass gebildet hatte. In dem Fall gehörten zu den Aktionären die Gebrüder Hawkins und vielleicht andere Kaufleute aus Plymouth, Londoner Kaufleute, Angehörige des Hofes, des Marineministeriums und des Staatsrates und Ihre Majestät, die Königin selbst. Nach den Angaben des Cotton-Manuskripts (siehe Bibliografie) gab die Königin Hawkins den Befehl in Guinea Sklaven zu laden und sie in Westindien zu verkaufen. Die königliche Flotte war das persönliche Eigentum des Monarchen, und Elisabeth, ständig ohne Bargeld und äußerst sparsam, verlieh ihre Schiffe lediglich für Handelsreisen. Dieses Mal waren es die *Jesus of Lübeck* mit 700 Tonnen und die *Minion* mit 300 Tonnen. Die Familie Hawkins stellte die *William and John* mit 150 Tonnen zur Verfügung, die *Swallow* mit 100 Tonnen, die *Judith* mit 50 Tonnen und die *Angel* mit 33 Tonnen. Die Mannschaften umfassten insgesamt 408 Offiziere und Matrosen, »Gentlemen-Abenteurer« und Soldaten.

Heinrich VIII. hatte im Jahre 1544 die *Jesus* von der Hanse aus zweiter Hand gekauft und seitdem war sie sehr heruntergekommen.

Hawkins muss genau gewusst haben, dass sie morsch war, denn auf seiner zweiten Sklavenfahrt 1564–65 war sie sein Flaggschiff gewesen. Vielleicht hatte er keine andere Wahl, vielleicht auch war ihm das große und mächtige Schiff willkommen, das mit seinen hoch aufragenden Masten auf Vor-

Die *Jesus of Lübeck*, Flaggschiff von John Hawkins

und Achterdeck, selbst wenn diese bei jedem schweren Seegang abzubrechen drohten, einen imposanten Anblick bot, außerdem verfügte das Schiff über große Ladekapazität. Der Zustand der *Minion* hingegen war etwas besser.

Hawkins machte die *Jesus* natürlich wieder zu seinem Flaggschiff, und da er im königlichen Auftrag fuhr, hisste er die königliche Standarte, das Löwen- und Lilienbanner sowie das St.-Georgs-Kreuz. Zum Befehlshaber dieses Schiffes ernannte er einen viel versprechenden jungen Seemann namens Robert Barrett, einen Vetter von Drake, der fließend Spanisch und Portugiesisch sprach. Drake muss die *Jesus* oft in seiner Jugend auf dem Medway gesehen haben, mag wohl auch an Bord gewesen sein. Jetzt segelte er auf ihr, wahrscheinlich als Zweiter Offizier. Bald sogar wurde ihm ein Kommando übertragen, zunächst auf einer erbeuteten Karavelle, dann auf der *Judith.* Offensichtlich begann Hawkins seine Fähigkeiten sehr zu schätzen.

Es gibt zahlreiche zeitgenössische Berichte und Dokumente in englischer und spanischer Sprache, die diese

Fahrt zum Thema haben, denn ihr sensationelles Ende erregte in beiden Ländern große Aufmerksamkeit. Die Hauptquellen sind in der Bibliografie aufgeführt. Sie werden von James S. Williamson in seinem Buch »Hawkins of Plymouth«, Seite 105, nur knapp, aber in seinem anderen Buch »Sir John Hawkins« auf den Seiten 142–144 ausführlich erörtert. Der beste Bericht des ersten Teils der Reise ist das anonyme Cotton-Manuskript (siehe Bibliografie), das jedoch kurz vor der Schlacht endet und Drake nicht einmal erwähnt. Der geeignetste Bericht für den Zweck dieses Buches ist der von John Hawkins selbst geschriebene, der nun folgt. Er sagt nichts über die politischen Schikanen oder die merkwürdigen Vorfälle aus, die der Reise vorangingen; soweit wir wissen, war Drake nicht in diese verwickelt. Es ist ein offizieller Bericht, dessen Schreiber einerseits wachsam auf die Königin und den Staatsrat, andererseits auf den spanischen Botschafter achtete. Im Jahre 1569 wurde der Bericht als selbstständige Flugschrift publiziert. Er enthält nicht die ganze Wahrheit, ist aber, so weit er reicht, klar und zuverlässig.

Die dritte beschwerliche Reise, unternommen in den Jahren 1567 und 1568 mit der »Jesus of Lübeck«, der »Minion« und vier anderen Schiffen nach Guinea und Westindien, beschrieben von Kapitän John Hawkins.[1]

Die Schiffe verließen Plymouth am zweiten Tag des Oktober im Jahre des Herrn 1567 und hatten erträgliches Wetter bis zum siebenten Tag, an dem sich, vierzig Meilen nördlich von Kap Finistere, ein gewaltiger Sturm erhob, der vier Tage lang mit solcher Macht tobte, dass die Flotte auseinander getrieben wurde und alle unsere großen Boote verloren gingen. Die JESUS, unser Hauptschiff, befand sich in einem solchen Zustand, dass wir dachten, sie könne die Reise nicht fortsetzen. So gingen wir noch während des Sturms auf Heimatkurs, entschlossen, unsere Reise aufzugeben. Aber am elften Tag des Monats legte sich der Sturm, das Wetter schlug um und wir sahen uns ermutigt, unser Unternehmen fortzusetzen, was wir auch taten. Wir nahmen Kurs auf die Kanarischen Inseln, wo sich, gemäß eines zuvor erteilten Befehls, alle auseinander getriebenen Schiffe bei der Insel Gomera wieder sammelten, und wo wir frisches Wasser einholen konnten. Von dort segelten wir am vierten Tage des November auf die Küste Guineas zu und erreichten am achtzehnten November Kap Verde;[2] dort setzten wir 150 Mann an Land und hofften etliche Neger einfangen zu können. Wir bekamen aber nur wenige zu fassen, und diese auch nur unter großen Verlusten und zahlreichen Verwundungen unserer Leute, was vor allem verursacht wurde

1 Dieser Bericht ist der Hakluyt-Society-Edition von Hakluyts »Reisen«, Bd. X, Seiten 64–74, entnommen und erfolgt mit freundlicher Genehmigung sowohl der Hakluyt-Gesellschaft als auch der Cambridge University Press.

2 »Auf unserer Fahrt dorthin trafen wir einen Franzosen aus Rochelle, Kapitän Bland, der eine portugiesische Karavelle gekapert hatte; unser zweites Flaggschiff (die *Minion*) jagte und eroberte diese. Kapitän Drake, jetzt Sir Francis Drake, wurde zum Herrn und Kapitän dieser Karavelle ernannt.« So Job Hortop (siehe Bibliografie). Später willigte Bland ein, unter Hawkins zu dienen, und erhielt das Kommando über die Karavelle zurück, Drake wurde Kapitän der *Judith*.

durch vergiftete Pfeile. Und obwohl es am Anfang nur kleine Verletzungen zu sein schienen, kam doch kaum jemand mit dem Leben davon, der verwundet worden war; sie starben alle auf sonderbare Art und Weise: Etwa zehn Tage lang verkrampfte sich der Mund und blieb fest verschlossen, dann starben sie, wenngleich die Wunden inzwischen verheilt waren, während ich, der ich eine der schwersten Verletzungen davongetragen hatte, durch die Gnade Gottes genas.[1]

Von da an verbrachten wir unsere Zeit vor der Küste Guineas und suchten mit allem Eifer die Flussgebiete vom Rio Grande bis nach Sierra Leone ab, bis zum zwölften Tag des Januar. In all der Zeit hatten wir keine hundertfünfzig Neger zusammenbekommen. Nichtsdestoweniger zwang die Krankheit unserer Männer wie auch die fortgeschrittene Jahreszeit uns zur Abfahrt; und da uns alles fehlte, um noch die Küste Westindiens zu erreichen, hielt ich Rat unter der übrig gebliebenen Mannschaft und beschloss nach El Mina[2] *zu segeln, in der Hoffnung, unsere Ware gegen Gold eintauschen und damit die Unkosten abdecken zu können. Aber gerade in dem Augenblick erreichte uns von einem König, der von benachbarten Königen bedrängt wurde, ein Bote, der um unsere Hilfe bat, mit dem Versprechen, alle Neger, die bei diesen Kämpfen gefangen genommen würden, gleichgültig ob von seinem Stamm oder von uns, sollten uns gehören. Daraufhin entschlossen wir uns, Hilfe zu leisten, und entsendeten 120 unserer Leute, die am 15. des Januar eine Stadt des Feindes unseres Verbündeten angriffen, welche 8000 Einwohner zählte, nach der Art dieser Leute von einem starken Palisadenzaun umgeben. Die Stadt wurde jedoch so gut verteidigt, dass unsere Leute den Sieg nicht davontragen konnten; stattdessen hatten sie sechs Tote und vierzig Verletzte zu beklagen. Sogleich wurden Boten zu mir abgesandt mit der Bitte um Verstärkung. Da ich der Meinung war, der gute Erfolg dieses Unternehmens könne dem Zweck unserer Reise sehr förderlich sein, ging ich selber hin und griff mit der Hilfe des mit*

1 »Ein Neger lehrte unseren General, das Gift mit einer Knoblauchzehe aus seiner Wunde zu ziehen, wodurch er geheilt wurde.« Job Hortop.

2 El Mina, ein portugiesisches Fort an der Goldküste.

uns verbündeten Königs die Stadt an, und zwar zu Lande und zu Wasser und nur unter geringfügiger Anwendung von Feuer (ihre Häuser waren nämlich mit trockenen Palmenblättern gedeckt). Wir eroberten die Stadt und schlugen einen Teil der Einwohner in die Flucht. Den Rest nahmen wir gefangen, 250 Stück Männer, Frauen und Kinder. Unser Freund und Verbündeter machte 600 Gefangene, aus denen wir unsere Auswahl zu treffen hofften. Aber der Neger, Angehöriger eines Volkes, bei dem Aufrichtigkeit selten oder nie zu finden ist, dachte nicht im Geringsten an die Einhaltung seines Versprechens und verschwand in der Nacht mitsamt seinem Lager und seinen Gefangenen, sodass wir uns mit den wenigen begnügen mussten, die wir selbst gefangen hatten.

Damit besaßen wir etwa vier- bis fünfhundert Neger und es schien nunmehr ratsam, mit diesen die Küste Westindiens anzulaufen. Dort hofften wir für unsere Neger und unsere sonstigen Waren etwas einzuhandeln, das unsere Mühen mit einigem Gewinn aufwog. Wir machten uns also mit Eifer an die Arbeit, nahmen frisches Wasser und Nahrungsmittel an Bord, legten am dritten Februar von der Küste Guineas ab und stachen in See. Die Überfahrt war rauer als gewohnt und dauerte bis zum siebenundzwanzigsten März, als wir die Insel Dominica sichteten, vierzehn Grad vor der Küste Westindiens. Von dort fuhren wir von Ort zu Ort die Küste entlang und machten unsere Geschäfte mit den Spaniern so gut wir konnten; allerdings war das etwas beschwerlich, da der spanische König alle seine Statthalter in diesen Gebieten streng angewiesen hatte, um keinen Preis unseren Handel zu dulden. Trotzdem machten wir einträgliche Geschäfte und wurden überall höflich aufgenommen, von der Insel Margarita bis nach Cartagena, ohne dass irgendetwas Bemerkenswertes geschehen wäre, außer in Capo de la Vela, in einer Stadt namens Rio de la Hacha, von wo alle Perlen herkommen. Der Schatzmeister, der dort das Kommando führte, wollte nämlich um keinen Preis seine Zustimmung zum Handel mit uns erteilen, ja er wollte uns nicht einmal erlauben frisches Wasser an Bord zu holen. Er hatte seine Stadt an allen Stellen, an denen sie möglicherweise anzugreifen war, mit verschiedenen

Bollwerken versehen, hatte sie mit 100 Hakenbüchsenschützen besetzt und dachte nun durch Hunger und Durst uns zwingen zu können, unsere Neger an Land zu setzen. Damit hätte er beinahe Erfolg gehabt, wären wir nicht mit Gewalt in die Stadt eingedrungen, eine aufgezwungene Notwendigkeit, da wir durch nichts seine Gunst hatten erringen können. So erstürmten wir mit zweihundert Mann die Bollwerke, besetzten die Stadt und verloren nur zwei unserer Leute; die Spanier erlitten keine Verluste, denn nachdem sie ihre Geschützsalven abgefeuert hatten, flohen sie alle. So setzten wir uns in den Besitz der Stadt und schlossen, teils auf Wunsch der spanischen Siedler, die Sklaven brauchten, teils durch plötzliches Entgegenkommen des Schatzmeisters, insgeheim einen Handel ab. Die Spanier kamen bei Nacht zu uns und kauften ungefähr zweihundert Neger. An allen anderen Orten, die wir aufsuchten, waren die Spanier froh über unser Erscheinen und trieben bereitwillig Handel mit uns.

In Cartagena, der letzten Stadt, die wir an der Küste anzulaufen gedachten, konnten wir auf keine Art mit den Spaniern ins Geschäft kommen, so streng war der Statthalter. Und da unser Handel fast beendet war, hielten wir es für gut, keine Landungen mehr zu riskieren und auch keine Zeit mehr zu vergeuden. So fuhren wir am 24. Juli friedlich von dannen, in der Hoffnung der Zeit, die nahe bevorstand, entrinnen zu können, in der die Stürme, von den Spaniern nicht umsonst furicanos genannt, einsetzen. Als wir jedoch am westlichen Teil Kubas vorbei auf die Küste von Florida zusegelten, gerieten wir am 12. Tage des August in einen entsetzlichen Sturm, der vier Tage lang heftig wütete und der Jesus *derart zusetzte, dass wir die höheren Aufbauten kappen mussten*[1]. *Das Ruder war auch ernsthaft beschädigt, und obendrein wurden uns gewaltige Lecks geschlagen*[2], *sodass wir schon drauf und dran waren, sie aufzugeben. Dennoch hofften wir alles zu einem*

1 Als sie so heftig stampfte und schlingerte, drohten die hoch aufragenden Vor- und Achterdecks den ganzen Schiffskörper zu zerreißen.

2 »Die Lecks waren so groß wie ein Männerarm (im Umfang); lebende Fische schwammen über die Ladung dahin, als wären sie im Meer.« Cotton MS, vgl. Bibliografie.

guten Ende zu bringen. Wir steuerten also die Küste von Florida an, konnten dort aber keinen geeigneten Landeplatz oder Hafen für unsere Schiffe finden, weil die Küstengewässer so seicht sind[3]. *Da wir in großer Verzweiflung waren, zudem ein neuer Sturm über uns hereinbrach, der weitere drei Tage tobte, sahen wir uns gezwungen im Hafen der mexikanischen Stadt St. John de Ulua, die auf dem neunzehnten Grad liegt, Zuflucht zu suchen. Auf der Fahrt dorthin brachten wir noch drei Schiffe auf, die einhundert Passagiere an Bord hatten. Mit diesen Leuten hofften wir Druck ausüben zu können, um uns leichter Lebensmittel zu verschaffen für unser Geld, und auch, um einen ruhigen Platz für die Ausbesserung unserer Schiffe zu finden.*

Bald danach, am 16. September, liefen wir in den Hafen von St. John de Ulua ein. Da die Spanier bei unserer Einfahrt mutmaßten, wir wären die erwartete spanische Flotte[1], *kamen hohe Militäroffiziere zu uns an Bord, und wie bestürzt waren sie, als sie ihre Täuschung bemerkten, beruhigten sich aber wieder, als sie hörten, dass wir lediglich Lebensmittel einkaufen wollten. Freilich lagen im selben Hafen auch zwölf Schiffe, die, wie zu hören war, zweihunderttausend Pfund Gold und Silber an Bord hatten*[2]. *So gab ich alles, was in meiner Hand war, wieder frei, selbst die Passagiere, die ich auf dem Weg hierhin an Bord genommen hatte, ließ ich, ohne auch nur einen Heller dafür zu verlangen, wieder laufen. Und all das nur, um durch rasche Erledigung der Angelegenheit keine Verzögerungen in Kauf nehmen zu müssen. Bloß zwei Männer von Rang hielt ich als Geiseln. An die Präsidenten und den Rat von Mexiko, die zweihundert Meilen von uns entfernt residierten, schickte ich sogleich Nachricht von unserer Lan-*

1 Während dieses Sturms verlor die *William and John* den Anschluss an die Flotte und musste selbstständig die Heimfahrt antreten.

2 »Unser General befahl, die St. Georgsflaggen auf allen Schiffen einzuholen; die königliche Standarte ließ er allenthalben auf Großmast setzen und nur bei der *Minion* auf Fockmast; die Farben der Standarten waren aber durch das schlechte Wetter fast völlig ausgeblichen, sodass die Spanier sie fälschlich für die Farben ihres Landes hielten, was genau Hawkins' Absicht entsprach.« Cotton MS.

2 Diese Summe muss vielfach multipliziert werden, um den heutigen Wert zu berechnen.

dung, zu der wir durch das missgünstige Wetter gezwungen worden waren, und setzte sie von der Notwendigkeit in Kenntnis, unsere Schiffe instand zu setzen und Lebensmittel an Bord zu nehmen. Diese Bedürfnisse wollten wir, als Freunde des Königs Philipp, für Geld erfüllt wissen. Die Präsidenten und der Rat sollten uns in aller gebotenen Eile Erlaubnis erteilen, damit bei Ankunft der spanischen Flotte, die täglich zu erwarten war, kein Grund entstehe für eine Auseinandersetzung zwischen ihr und uns. Um die Freundschaft aufrechtzuerhalten und zu sichern, könnte ihr Erlass von großem Nutzen sein. Diese Botschaft wurde in der Nacht des sechzehnten September, dem Datum unserer Ankunft, losgeschickt. Bereits am folgenden Morgen sahen wir draußen vor dem Hafen dreizehn große Schiffe. Es war die spanische Flotte. Sogleich ließ ich ihrem General die Nachricht von unserem Aufenthalt zukommen und teilte ihm mit, dass ich die Einfahrt der spanischen Schiffe in den Hafen nur dann zulassen würde, wenn zuvor verbindliche Vereinbarungen getroffen wären für unsere Sicherheit und die Aufrechterhaltung des Friedens.

Nun muss man wissen, dass dieser Hafen aus einer kleinen steinigen Insel besteht, die an ihrer höchsten Stelle keine drei Fuß aus dem Wasser ragt und im Durchmesser nirgendwo mehr misst als eine Bogenschusslänge. Diese Insel liegt zwei oder drei Bogenschüsse vom Festland entfernt. Auch muss man wissen, dass es an dieser ganzen Küste keinen anderen Platz gibt, an dem Schiffe sicher landen könnten, weil der Nordwind dort mit solcher Gewalt bläst, dass den Schiffen, wenn sie nicht sehr sicher an dieser Insel vertäut und fest verankert sind, keine andere Zuflucht bleibt als der sichere Tod. Auch war so wenig Platz im Hafen, dass die Schiffe zwangsläufig Seite an Seite hätten ankern müssen und unsere Schiffe durch die ihren behindert worden wären und umgekehrt die ihren durch unsere. Und jetzt begann ich auch zu befürchten, was nachher wirklich geschah, denn ich schwebte in doppelter Gefahr und konnte einer von beiden nicht entrinnen. Das hieß, ich musste die Flotte entweder daran hindern, in den Hafen einzulaufen, wozu ich mit Gottes Hilfe durchaus in der Lage gewesen wäre; oder ich musste zulassen, dass sie in verräterischer Absicht, wie das bei ihnen erfahrungsgemäß gang und gäbe ist, in den Hafen einlaufen, wo ihnen dann Gelegenheit geboten wäre, schändliche Absicht durchzuführen. Hätte ich sie am Einlaufen gehindert, hätte das Schiffbruch für ihre gesamte Flotte bedeutet, deren Wert schätzungsweise sechs Millionen betrug, was in unserm Geld etwa 1 800 000 Pfund entspricht. Das aber glaubte ich nicht verantworten zu können, da ich den Unwillen Ihrer Königlichen Majestät in einer so gewichtigen Angelegenheit fürchtete. Auf diese Art von Zweifeln geplagt, hielt ich es doch für besser, den Stachel der Ungewissheit dem der Gewissheit vorzuziehen.

Was mich quälte und was ungewiss und zweifelhaft blieb, war die Möglichkeit ihres Verrats; ich hoffte jedoch durch geschicktes Taktieren ihn vermeiden zu können und wählte das kleinere Übel: Ich entschloss mich zu Verhandlungen.

Nun war unser erster Bote zurückgekehrt mit der Nachricht von der Ankunft eines Vizekönigs[1]*, der die Befehlsgewalt besaß sowohl in der gesamten Provinz Mexiko, von den Spaniern Nueva España genannt, als auch auf See. Er ließ uns ausrichten, dass wir unsere Bedingungen nennen sollten, welche von seiner Seite zur Wahrung der Freundschaft zwischen den Königen gewiss gnädig gewährt und auch getreulich beachtet würden. Mit vielen schönen Worten versicherte er uns, er hätte bei einem Besuch entlang der Küste bereits von unserem ehrbaren Verhalten gegenüber den Einwohnern gehört, wo immer wir mit diesen in Berührung gekommen seien, besonders aber im Hafen jener Stadt, die zu nennen ich lieber unterlassen möchte. Wir forderten, gemäß unseren Bedürfnissen, Lebensmittel für unser Geld und die Genehmigung, so viel Ware zu verkaufen, wie wir mochten; weiterhin, dass jede der Parteien zwölf Männer als Geiseln zur Gewährleistung des Friedens stellen sollte, dass die Insel zu unserer größeren Sicherheit während unseres Aufenthalts von uns in Besitz genommen werden sollte, ebenso die Geschütze, elf Messingkanonen, die auf der Insel stationiert waren; schließlich, dass kein Spanier mit irgendeiner Waffe seinen Fuß auf die Insel setzen sollte. Diese Bedingungen missfielen ihm zunächst ein wenig,*

1 Don Martin Enriquez war soeben zum Vizekönig ernannt worden und war damit Ranghöchster, nach dem König von Spanien.

vor allem, dass wir die Kontrolle über die Insel beanspruchten; hätten wir die Kontrolle ihnen überlassen, so wären bestimmt beim erstbesten Nordwind unsere Taue gekappt und unsere Schiffe vernichtet worden. Doch am Ende schloss er den Vertrag nach unseren Wünschen ab, die Zahl der Geiseln wurde von zwölf auf zehn herabgesetzt und der Austausch in aller Eile vorgenommen. Sobald uns der schriftliche Vertrag, der alle vereinbarten Bedingungen enthielt, mit Unterschrift und Siegel des Vizekönigs ausgehändigt wurde, ließen wir die Trompete blasen und laut ausrufen, dass unter Androhung der Todesstrafe keine der beiden Parteien es wagen solle, den Frieden zu verletzen, und dass die Befehlshaber der Flotte sich treffen sollten, um sich gegenseitig das Versprechen zur Einhaltung des Friedens zu geben; dies geschah dann auch. So schien nach Ablauf von drei Tagen alles bestens geregelt und die andere Flotte lief unter gegenseitigem Salut, wie es auf See Brauch ist, in den Hafen ein. Wie bereits gesagt, erreichten wir am Donnerstag den Hafen, am Freitag sahen wir die spanische Flotte und am Montagabend fuhr diese in den Hafen ein. Dann dauerte es noch zwei arbeitsvolle Tage, bis die englischen Schiffe miteinander Seite an Seite vertäut waren. Kapitäne und Mannschaften beider Seiten versicherten sich bei der Gelegenheit gegenseitig großer Freundschaft, von uns völlig aufrichtig gemeint, nicht aber von den Spaniern; sie holten sich nämlich vom Festland her etwa tausend Mann Verstärkung und beabsichtigten kommenden Donnerstag, also am 23. September, zur Essenszeit von allen Seiten über uns herzufallen.

Am Donnerstagmorgen wiesen mancherlei Anzeichen darauf hin, dass der Verrat nahe bevorstand. Waffen wurden von Schiff zu Schiff gereicht, ihre Schiffsgeschütze wurden auf die Insel ausgerichtet, auf der unsere Männer Wache hielten, ein großes Hin und Her war bei allen Mannschaften, und zwar mehr, als für die üblichen Verrichtungen notwendig gewesen wäre, und viele andere böse Vorzeichen, die bei uns heftigen Verdacht auslösten. Währenddessen schickten wir einen Eilboten zum Vizekönig, um zu erfahren, was das alles bedeuten solle. Dieser gab sofort den strikten Befehl alle verdächtigen Handlungen einzustellen, und ließ uns ausrichten, dass er bei seinem Ehrenwort als Vizekönig alle Schurkereien verhindern würde. Mit dieser Antwort waren wir jedoch nicht zufrieden, da vermutlich eine große Anzahl von Männern in einem 900-Tonnen-Schiff, das nahe der MINION vertäut lag, sich versteckt hielt. Wir schickten nun den Kapitän[1] *der JESUS, der Spanisch sprach, erneut zum Vizekönig und verlangten Auskunft darüber, ob etwas im Schilde geführt würde oder nicht. Der Vizekönig, als er jetzt erkannte, dass der Verrat entdeckt sei, setzte unseren Kapitän gefangen, ließ die Trompete blasen und von allen Seiten fielen die Spanier über uns her. Unsere Männer, die auf der Insel Wache hielten, wurden plötzlich von Furcht ergriffen, wichen zurück, flohen und versuchten ihre Schiffe zu erreichen. Die Spanier aber, auf diese Schandtat vorbereitet, kamen von allen Seiten in hellen Scharen herab von ihren Schiffen, was leicht ohne Boote möglich war, und erschlugen unsere Männer gnadenlos. Nur einige wenige entkamen an Bord der JESUS. Das große Schiff mit insgeheim schätzungsweise dreihundert Mann an Bord fiel sofort über die MINION her. Gott sei Dank war die MINION in der Zeit, in der wir Verdacht geschöpft hatten – es war nur eine halbe Stunde –, zum Auslaufen vorbereitet worden, konnte nun, die Bugstange zurücklassend, an den Hecktauen vom Landeplatz gezogen werden und kam frei. Auf diese Weise gelang es ihr mit Gottes Hilfe, den ersten heftigen Angriff dieser dreihundert Mann abzuschlagen. Nachdem die MINION entronnen war, attackierten sie die JESUS, die jedoch unter viel Geschrei und großen Verlusten unsererseits verteidigt werden konnte und ebenfalls davonkam. Es gelang ihr auch, die beiden anderen Schiffe, von denen sie zusätzlich angegriffen wurde, nach einiger Zeit abzuschütteln, nachdem die Bugtaue gekappt und das Schiff an den Hecktauen vom Land weggezogen worden war. Als nun die JESUS und die MINION sich ungefähr zwei Schiffslängen von der spanischen Flotte entfernt befanden, begann der Kampf von allen Seiten so heiß zu toben, dass innerhalb einer Stunde den Spaniern die ADMIRAL*[2] *versenkt, die*

1 Robert Barrett. Siehe Seite 32 und 48.

2 *Admiral* und *Vizeadmiral* hießen die beiden Kriegsschiffe, die kämpfenden Gallionen, von denen die Flotte eskortiert worden war.

VIZEADMIRAL in Brand geschossen wurde und obendrein eines ihrer großen Schiffe vermutlich auf den Grund sank, sodass diese Schiffe uns kaum noch belästigen konnten.

Umso mehr Schwierigkeiten bereiteten uns die Geschütze auf der Insel, die mittlerweile alle in spanischer Hand waren. Sie zerschossen uns alle Masten und Rahen der JESUS und nahmen uns alle Hoffnung sie wegzusegeln. Zudem versenkten sie uns alle kleinen Schiffe. Daraufhin entschlossen wir uns die JESUS längsseits vor die MINION zu binden, damit sie die Geschützsalven vom Land her nach Möglichkeit abfangen und der MINION bis zur Nacht Schutz bieten könnte. Bis dahin sollten alle Lebensmittel und andere Notwendigkeiten von Bord der JESUS geschafft werden, so weit die Umstände und die Zeit das zuließen. Dann wollten wir sie aufgeben. Nachdem der Entschluss gefasst und die MINION derart verbarrikadiert worden war, dass sie vom Land aus nicht mehr beschossen werden konnte, kamen plötzlich zwei große Schiffe, von den Spaniern in Brand gesteckt, direkt auf uns zu. Es schien keinen Weg zu geben, dem Feuer auszuweichen. Schreckliche Angst breitete sich unter den Männern aus. Die einen schrien: Lasst uns mit der MINION auf und davon. Die anderen riefen: Lasst uns abwarten, wohin der Wind das Feuer treibt. Um es kurz zu machen, die Mannschaft der MINION, stets segelbereit, wollte offenbar kein Risiko mehr eingehen. Sie setzte die Segel und ohne Zustimmung ihres Kapitäns oder Oberbefehlshabers fuhren sie los. Ich konnte gerade noch mit Müh und Not an Bord der MINION gelangen.

Der größte Teil der Männer, die von der Mannschaft der JESUS lebend zurückblieb, setzte uns nach und folgte der MINION in einem kleinen Boot. Wen das kleine Boot nicht aufnehmen konnte, musste sich auf Gnade und Ungnade den Spaniern ergeben. Es war zu befürchten, dass die kaum Milde würden walten lassen. Wir entkamen also lediglich mit der MINION und der JUDITH, einer kleinen Bark von 50 Tonnen; jedoch in selbiger Nacht verließ sie uns in unserem großen Elend[1]*. Zwei Bogenschüsse von*

1 »Kapitän Francis Drake erhielt den Befehl, mit der *Judith* längsseits an der *Minion* anzulegen, Leute zu übernehmen und andere notwendige

den spanischen Schiffen entfernt, nahmen wir die Fahrt auf und segelten die ganze Nacht hindurch. Am nächsten Morgen – wir hatten eine Meile zurückgelegt – wurde die MINION in der Nähe einer Insel von einem Nordwind erfasst. Da wir nur über zwei Anker und zwei Tauer verfügten – im Kampf waren drei Tauer und zwei Anker verloren gegangen –, stand uns der Tod ständig nahe vor Augen; doch Gott rettete uns auch diesmal.

Das Wetter besserte sich ein wenig und am Sonnabend setzten wir Segel. Doch bei der großen Anzahl von Menschen und den wenigen Lebensmitteln an Bord wurde unsere Hoffnung auf Rettung immer geringer. Einige verlangten, sich den Spaniern auszuliefern, andere wieder wollten irgendeinen Ort erreichen, um dort in die Hände der Heiden zu geraten, und wieder andere wollten lieber, mit Gottes Hilfe, auf See ausharren und sich mit kleinen Nahrungsrationen zufrieden geben. Bedrückt von all dem Elend segelten wir vierzehn Tage lang in unbekannten Gewässern umher, bis der Hunger uns an Land zwang. Alle Lebewesen mit Fell galten als Leckerbissen: Ratten, Katzen, Mäuse, Hunde, nichts wurde verschont, was erbeutet werden konnte. Auch Papageien und Affen wurden verspeist. Sie standen hoch im Kurs, wenn sie genügend Fleisch für eine Mahlzeit hatten.

Am achten Oktober erreichten wir endlich in der Höhe von dreiundzwanzigeinhalb Grad in der Bucht von Mexiko festes Land. Dort hofften wir mit spanischen Bewohnern zusammenzutreffen, Lebensmittel zu erhalten und einen Platz zu finden für die Reparatur an unserem Schiff, das durch den feindlichen

Dinge und wieder loszufahren, was er auch tat.« Job Hortorp, »Die Reisen des Job Hortorp, den Sir John Hawkins im Golf von Mexico an Land setzte …« (Hakluyt, Bd. VI, S. 344)
»In der gleichen Nacht, als wir in großer Not waren, verlor uns die erwähnte Bark *Judith* völlig aus den Augen.« Eine Abhandlung, geschrieben von einem Miles Philips, … der nördlich von Panuco von Kapitän John Hawkins an Land gesetzt wurde … (Hakluyt, Bd. VI, S. 305)
Die *Judith* erreichte Plymouth am 20. Januar 1569. Über weitere Einzelheiten der Schlacht, über den spanischen Gebrauch von »Brandern« sowie über die Leiden der englischen Gefangenen berichten Hortorp, Philips und Rayner Unwin in ihrer Schrift »Die Niederlage des John Hawkins«.

Beschuss, aber auch durch unser eigenes Geschützfeuer derart beschädigt war, dass unsere müden, arg geschwächten Kräfte kaum hinreichten, um es über Wasser zu halten. Aber alle Hoffnungen verkehrten sich ins Gegenteil: Wir fanden weder Menschen noch Lebensmittel noch einen Hafen für die Reparatur; es gab lediglich eine Stelle, wo wir bei gutem Wetter mit einiger Gefahr ein Boot hätten landen können. Viele meiner Leute, gepeinigt vom Hunger, wollten an Land, koste es, was es wolle, sodass ich meine Zustimmung schwerlich verweigern konnte. Doch sonderte ich einerseits die aus, die unbedingt an Land gehen wollten, und andererseits diejenigen, die heimwärts segeln wollten, etwa hundert Mann auf jeder Seite. Alle, die entschlossen waren, das Schiff zu verlassen, wurden an der erwähnten Stelle gebührlich an Land gebracht. Mit den übrigen Leuten, die mit den kümmerlichen Nahrungsresten vorlieb nahmen, wollte ich, nach Übernahme von frischem Wasser in See stechen …

Am nächsten Tag, als ich mit der Hälfte der heimkehrwilligen Männer an Land ging, um die Wasserversorgung so rasch als möglich durchzuführen, erhob sich plötzlich ein Sturm, dass wir drei Tage lang keine Möglichkeit sahen, an Bord des Schiffes zurückzukehren. Doch Gott hatte wieder Erbarmen mit uns und schickte uns gutes Wetter. So fuhren wir, mit Frischwasser an Bord, am sechzehnten Oktober los. Einen vollen Monat lang segelten wir bei gutem Wetter und günstigem Wind. Endlich, am 16. November, dem Herrn sei Preis und Dank, hatten wir die Küste Westindiens und den Kanal und Golf von Bahama hinter uns, der zwischen Kap Florida und den Lucayo-Inseln liegt.

Als wir uns den kälteren Regionen näherten, begannen wir sehr unter Hunger zu leiden; die Männer starben in großer Zahl, und wer noch am Leben blieb, war so schwach, dass das Schiff kaum noch manövriert werden konnte. Zudem vereitelte ein anhaltend ungünstiger Wind unsere rasche Rückkehr nach England. Selbst das Schiff geriet jetzt derart in Bedrängnis, dass wir jeden Augenblick seinen Untergang befürchten mussten.

So entschlossen wir uns, Galizien in Spanien anzulaufen, um neuen Proviant zu besorgen. Am letzten Tag im Dezember erreichten wir, nahe bei Vigo, den Hafen von Ponte Vedra. Hier geschah es, dass viele unserer Männer durch ungewohnten, übermäßigen Genuss von frischem Fleisch schwer erkrankten. Nicht wenige starben sogar davon. Wir versuchten dies, so lang wir eben konnten, geheim zu halten, und obwohl niemand mehr an Land durfte, bekamen die Spanier doch Wind von unserem elenden Zustand. Und da sie sich nun alle erdenkliche Mühe gaben, uns in jeder Hinsicht zu betrügen, sahen wir uns genötigt, unverzüglich nach Vigo zu fahren, wo wir von einigen englischen Schiffen etwas Hilfe und zwölf neue Leute bekamen. Damit konnten wir unseren Bedarf notdürftig so weit decken, dass wir am zwanzigsten Januar 1568 (1569 nach der neuen Zeitrechnung) losfahren konnten und am fünfundzwanzigsten Januar in Mount's Bay, Cornwall, ankamen. Gott dem Herrn sei Dank dafür.

Sollten alle Trübsale und all die ungeheueren Mühen und Plagen dieser unglückseligen Reise genau und ausführlich geschildert werden, müsste ein unendlich fleißiger Mann, geschickt im Umgang mit der Feder, ebenso viel Zeit dazu verwenden, wie jener Mann benötigte, der über Leben und Tod der Märtyrer[1] schrieb.

JOHN HAWKINS

1 John Foxe verfasste das berühmte »Buch der Märtyrer«, ein sehr umfangreiches und heftig antikatholisches Geschichtswerk, das von den Protestanten viel gelesen wurde. Foxe und Drake waren Freunde.

Sobald die *Judith* am 20. Januar 1569 mit den ersten Neuigkeiten über die Katastrophe Plymouth erreichte, erstattete Drake Bericht an William Hawkins. Dieser schrieb dem Ersten Minister, Sir William Cecil, dem späteren Lord Burghley, einen Brief und schickte Drake damit nach London. Das war vermutlich Drakes erster Kontakt zum Hof.

Zu dem Zeitpunkt schien der Verlust der *Minion* und der *William and John* ziemlich sicher. Überraschend erreichte am 25. Januar die *Minion* den Hafen von Mount's Bay in Cornwall. Von den hundert Männern, die an Bord gewesen waren, als sie die Karibik verließ, hatten nur etwa 15 Mann total erschöpft überlebt. John Hawkins ließ seinem Bruder die Nachricht zukommen mit der Bitte um eine neue Besatzung, die das Schiff nach Plymouth bringen sollte. Später kehrte die *Minion* an den Medway zurück. Dann hören wir nichts mehr von ihr; es scheint, als sei sie nicht mehr reparabel gewesen. Die *William and John* erreichte, dank der freundlichen Hilfe eines spanischen Schiffes, im Februar 1569 Irland, aber auch von ihr hören wir dann nichts mehr. Nur die kleine *Judith* blieb im Dienst. Von den fünf Schiffen, die verloren gingen oder so beschädigt wurden, dass sie nicht mehr zu reparieren waren, gehörte der Königin eines der größten. Die *Jesus of Lübeck* und Grenvilles *Revenge* waren die einzigen englischen Kriegsschiffe, die während des ganzen Seekrieges an die Spanier verloren gingen.

Die Matrosen hatten schrecklich gelitten. Von den vierhundert Mann am Anfang der Expedition waren vielleicht siebzig oder achtzig zurückgekehrt. Von denen, die den Spaniern in San Juan in die Hände gefallen oder von John Hawkins ausgesetzt worden waren, kamen nur ganz wenige mit dem Leben davon; obwohl Hawkins über diplomatische und wirtschaftliche Beziehungen alles versuchte, um ihre Rückkehr zu erreichen, hatte er nur wenig Erfolg. Zwei von denen, die überlebten, berichteten ihre Erlebnisse: Miles Philips und Job Hortop, Letzterer, nachdem er eine Irrfahrt von dreiundzwanzig langen Jahren überstanden hatte, zwölf davon als Galeerensklave (siehe Bibliografie). Die meisten starben an Hunger oder Misshandlungen. Wer der Inquisition in die Hände gefallen war, musste widerrufen und wurde zu etwa zweihundert Peitschenhieben und acht Jahren Sklaverei auf den Galeeren verurteilt. Robert Barrett, der fest zu seinem protestantischen Glauben stand, wurde lebendig auf dem Marktplatz von Sevilla verbrannt.

Es muss nur ein schwacher Trost gewesen sein, dass Hawkins den größten Teil der Schätze, die er erbeutet hatte, mit nach Hause brachte. Der spanische Botschafter berichtete seinem gewiss erzürnten König: »Hawkins hat London mit vier Pferden, voll gepackt mit Gold und Silber, betreten, was meiner Meinung nach die Kosten wohl nicht wird decken können.« Bei einer Untersuchung, die im März und April 1569 durchgeführt wurde, stimmte das Admiralitätsgericht mit dem Konsortium darin überein, dass die Spanier ihnen Verluste von insgesamt 28 000 Pfund zugefügt hätten; aber diese Summe mag absichtlich übertrieben hoch sein.

Der Bericht von Don Martin Enriques über die Schlacht lässt klar erkennen, dass er als Vizekönig von Anfang an nicht beabsichtigte sein Wort zu halten. Für ihn war Hawkins ein Ketzer und Pirat und obendrein ein Feind Gottes, der die Majestät Spaniens gröblich beleidigt hatte, also stellte sich ihm die Frage ja nicht, ob er zu seinem Wort stehen solle oder nicht. Den Engländern freilich galt dieser Wortbruch des Vizekönigs als niederträchtiger Verrat, den sie niemals vergeben oder vergessen konnten. Noch elf Jahre später rief Drake einem spanischen Gefangenen zu: »Lieber als alles Gold und Silber Westindiens wär mir dieser Schuft, zu gern würd ich ihn unterrichten, wie ein Ehrenmann zu seinem Wort zu stehen hat.« Wahrscheinlich hätte Drake ihn in seiner Takelage aufgehängt, ein weit schnellerer Tod, als umgekehrt die Spanier Drake zugestanden hätten. Und als die Nachrichten über die Qualen der Gefolterten nach England drangen, steigerte das natürlich die Bitterkeit unter den englischen Seeleuten noch mehr.

Die Schlacht von San Juan war ein Markstein aus zwei Gründen. Erstens machte sie allen wagemutigen Kaufleuten deutlich, dass ein ehrenvoller und friedlicher Handel mit Spanisch-Westindien unmöglich und nur verbotener Handel in kleinem Maßstab möglich war. Und zweitens stieß sie Hawkins, Drake und andere auf eine schicksalsschwere Bahn von Vergeltungsmaßnahmen.

Fast zwei weitere Jahrzehnte konnte sich Elisabeth einer kriegerischen Entscheidung entziehen und durch ihre Schaukelpolitik einen unsicheren Frieden bewahren. Geldmangel und unzulängliche Mannschaftsstärken halfen ihr dabei und hinderten sie zugleich die Möglichkeiten, die einer Seemacht geboten waren, zu ergreifen und die bestehende Schwäche Spaniens auszunützen. Für die englischen Seeleute aber begann der Krieg bereits in San Juan. Und obwohl niemand es zu diesem Zeitpunkt ahnen konnte, hatten die Spanier bereits dort ihre erste Niederlage erlitten, denn John Hawkins und Francis Drake waren mit dem Leben davongekommen. Hawkins sollte, als Schatzmeister der Flotte, diese von Korruption und Verfall befreien und die langen niedrigen Kampfgaleonen bauen, die damals die tüchtigsten Kriegsschiffe waren, die es gab. Drake hingegen sollte ein ausgezeichneter Freibeuter werden, mit dem brennenden Wunsch, »den Bart des Königs von Spanien anzuzünden«, nicht nur im Hafen von Cadiz, sondern entlang der ganzen Küste, die in spanischem Besitz war. Und letztendlich sollte Drake der unbesiegbaren Armada als Vizeadmiral entgegentreten.

TEIL ZWEI

Drakes Überfall auf Panama 1572–73

1. Drakes Verteidigungsschrift

Es gibt zwei zeitgenössische Berichte von Drakes Überfall auf Panama. Der eine Bericht, der aus dem Portugiesischen übersetzt und von Hakluyt in seinen *Seereisen* abgedruckt wurde, stammt von »einem gewissen Lopez Vaz«, er ist kurz, entstellt und ungenau. Der andere, *Der unvergessliche Sir Francis Drake*, ist hier abgedruckt.

Die gemeinsame Autorenschaft dieser bemerkenswerten Darstellung ist auf der Titelseite der ersten Ausgabe von 1626, die nachstehend wiedergegeben wird, ausdrücklich vermerkt. Sie basiert, so heißt es, auf Berichten verschiedener Teilnehmer; sie wurde von »Philip Nichols, dem Prediger«, zu Papier gebracht, der, soweit wir wissen, nicht selber an der Expedition teilnahm; und schließlich wurde sie von Drake persönlich »überprüft, stark verbessert und erweitert«. Anscheinend wurde sie nicht vor 1592, also erst zwanzig Jahre nach den hier geschilderten Ereignissen, fertig gestellt. Das Datum ist aufschlussreich, denn Drake war seit dem Fehlschlag der Lissaboner Expedition, der »Gegenarmada« von 1589, in Ungnade gefallen und hoffte nun offensichtlich mit dieser Darstellung die Gunst der Königin zurückgewinnen zu können, was der Widmung ihren besonderen Akzent verleiht. Niemand kennt die Gründe, weshalb die Schrift seinerzeit nicht gleich veröffentlicht wurde. Die Königin erhielt wohl nur eine Reinschrift; der Druck erschien erst dreiundzwanzig Jahre nach ihrem Tod. Eine Wirkung auf die Königin zeigte sich erst viel später, denn erst 1595 schickte sie Drake wieder auf See.

Der unvergessliche Sir Francis Drake ist mithin kein objektiver Bericht des großen Überfalls. Er wurde in einer bestimmten Absicht geschrieben und zweifellos von Drake sorgfältig redigiert, um diesen allenthalben im bestmöglichen Licht zu zeigen. Zieht man jedoch seine sonst übliche Anmaßung und Prahlsucht in Betracht, so zeigt er sich hier von geradezu taktvoller Mäßigung.

Aber wenn man dem Bericht auch nicht in allen Einzelheiten Glauben schenken kann, ist er doch zweifellos insgesamt recht genau, denn alle wichtigen Ereignisse werden durch spanische Dokumente in ihrer Richtigkeit durchaus bestätigt. Übersetzungen dieser Dokumente, die in den Generalarchiven für Westindien in Sevilla in Spanien aufbewahrt werden, sind zu finden in den *Dokumenten über englische Reisen ins spanische Kolonialgebiet 1569–1580*, herausgegeben von I. A. Wright (siehe Bibliografie). Dieser Band enthält auch den *Unvergesslichen Sir Francis Drake* in ursprünglicher Rechtschreibung, Zeichensetzung etc. sowie auch weitere »Seereisen«; er ist für jeden wesentlich, der dieser Frage im Einzelnen nachgeht.

Dieser Bericht ist auch deshalb bemerkenswert, weil er unter den elisabethanischen »Seereisen« durch seine menschliche Anteilnahme, seine Stimmung, seinen Humor und durch die farbigen Schilderungen von Einzelheiten auffällt, durch die eine Geschichte erst lebendig wird. Nur Augenzeugen können so etwas geschrieben haben. Und selbst wenn man in Abzug bringt, dass Drake alles redigiert hat, so wird doch deutlich, dass nur eine starke Persönlichkeit mit unerschütterlichem Mut und großen Fähigkeiten die kleine Schar bei guter Stimmung hat halten und auch die Treue der schwarzen Cimarrons durch all die Monate der Niederlagen und wiederholten Fehlschläge, der Gefahren, Krankheiten und Nöte hindurch hat bewahren können bis zum glorreichen Ende der Reise.

Sir Francis Drake

Reuiued:

Calling vpon this Dull or Effeminate Age, to folowe his Noble Steps for Golde & Siluer,

By this Memorable Relation, of the Rare Occurrances (neuer yet declared to the World) in a Third Voyage, made by him into the West-Indies, in the Yeares 72. & 73. when *Nombre de Dios* was by him and 52. others only in his Company, surprised.

Faithfully taken out of the Reporte of M^r. *Christofer Ceely, Ellis Hixon*, and others, who were in the same Voyage with him.

By *Philip Nichols*, Preacher.

Reviewed also by S^r. *Francis Drake* himselfe before his Death, & Much holpen and enlarged, by diuers Notes, with his owne hand here and there Inserted.

Set forth by S^r. *Francis Drake* Baronet (his Nephew) now liuing.

LONDON

Printed by *E. A.* for *Nicholas Bourne* dwelling at the South Entrance of the *Royall Exchange*. 1626.

An den
Hohen und Mächtigen
Karl I.
König von Großbritannien, Frankreich und Irland. Mit allen Segnungen für dieses und ein anderes, besseres Leben.

Allergnädigster Herrscher,
dieser kurze Bericht soll Euch zugehören, sowohl rechtmäßig als auch durch Euern Anspruch als Nachfolger, wie man aus der anschließend folgenden Widmung des Verfassers ersehen kann, der zugleich Held dieser Geschichte ist. Und wer da meint, es sei wohl schicklich, die Herrin zu loben, nicht aber den Diener, dem halte ich entgegen: Quis eos unquam sanus vituperavit, wem Lob gebührt, der soll auch Lob empfangen. Und beider Ruhm erstrahl in vollem Glanze.
Die Gegenwart verliert nichts, wenn sie einen Blick auf frühere Taten wirft, und das Kennenlernen überstandener Abenteuer kann sehr wohl für künftige Unternehmungen von Nutzen sein. Auch Caesar schrieb über seine eigenen Taten und war Held und Verfasser in einem. Es fehlt nicht an Zeugen unter den Lebenden, welche die Wahrheit dieser Aufzeichnungen bekräftigen können. Um ihretwillen schätzt man, was gut daran ist; ich meinerseits werde mich gern damit begnügen, das, was schlecht daran ist, nach Möglichkeit zu bessern. Fändet Ihr an diesem Werk Gefallen, wäre das für mich Ermutigung genug zum Sammeln weiterer unbekannter Aufzeichnungen.
Und obgleich Tapferkeit und Erfolg nicht (wie Länder) vererbbar sind, so hat er doch einen seines Namens hinterlassen, der willens und auch fähig wäre etwas Tüchtiges zu leisten und sich zu bewähren als

Euer allerergebenster und treuer
Untertan
Francis Drake[1]

1 Gemeint ist der erste Baronet, Neffe des großen Seefahrers und Sohn von Thomas Drake.

Der
Königin Elisabeth
zugedachte Widmung,

Verfasst von dem verstorbenen Sir Francis Drake.
An Ihre vortrefflichste
Majestät, die Königin,
meine ehrfürchtig geliebte Herrscherin.

Madame,
in Kenntnis dessen, dass mehrere Leute auf verschiedene Art und Weise über die von mir unternommenen Seereisen und Unternehmungen berichtet und geschrieben haben, sehe ich, dass ein jeder nur bestrebt ist, seine eigenen Mutmaßungen, gleich welcher Art, zum Besten zu geben. Dadurch sind viele Unwahrheiten in Umlauf gebracht, die sichere Wahrheit aber ist verschleiert worden. Ich erachte es deshalb für notwendig, von mir aus die wichtigsten Punkte meiner Laufbahn wie auf einer Karte aufzuzeigen. Beginnend bei den Beratungen am Anfang über die Versuche ihrer Durchführung bis zu den Erfolgen, die ich während meiner Tätigkeit in Euren Diensten gegen die Spanier errungen habe; ich tue das nicht, um erneut die Segel zugunsten meines Ansehens im Urteil der Menschen zu setzen, sondern allein, um zu zeigen, dass ich am Ruder stehe, falls die Zukunft ähnliche Taten erfordern sollte.
So habe ich es für meine Pflicht angesehen, diese Abhandlung Eurer Majestät vorzulegen, und zwar einmal von Rechts wegen, da dieses die ersten Früchte aus Eures Dieners Feder sind; zum anderen um der Sache wegen, da es um die Dienste geht, die Euer armer Knecht Eurer Majestät gegen Euren größten Feind geleistet hat zu Zeiten, an Orten und auf solche Art und Weise, die denen, die mit der ganzen Angelegenheit nicht vertraut sind, seltsam erscheinen mögen, die aber für Eure Hoheit eine angenehme Erinnerung sein werden. Diese Ereignisse sind die sichersten Beweise der großen Gnade, die der Allmächtige Euch gewährt hat. Demütig unterwerfe ich mein Werk in Inhalt und Darstellung Eurer gnädigen Kritik, auf dass die Nachwelt nicht eines

Gewinns verlustig gehe, der leicht aus dem Folgenden gezogen werden kann; möge die Gegenwart diese Taten, zumindest in ihrer Rechtmäßigkeit, anerkennen, die bisher verschwiegen worden sind; und mögen die Mühen Eures Dieners nicht ganz und gar verloren sein, sowohl was die Reisen selbst zu Wasser und zu Land betrifft, als auch die Verfertigung dieses Berichts, eine Arbeit, die Eurem Diener gleich mühevoll war, jedoch insofern angenehm und erfreulich, als sie zu Eurer Majestät Befriedigung geschah, geschieht und geschehen wird. Euch habe ich mich geweiht, im Leben wie im Tode.

Francis Drake

1. Januar 1592

Elisabeth I. von England

An den geneigten Leser

Lieber Leser,
im folgenden Bericht wirst du mit mir die Macht und Gerechtigkeit des Herrn der himmlischen Heerscharen erkennen, der einen seiner geringsten Knechte beauftragen konnte Rache zu üben an einem so mächtigen Fürsten. Auch wirst du die Güte und Vorsehung Gottes erblicken, dem es gefiel, diesen Mann aus niedriger Herkunft zu erheben und aus den Händen seiner Verfolger zu erretten. Sein leiblicher Vater hatte schwer unter ebendieser Verfolgung zu leiden und war gezwungen Haus und Hof in der Nähe von South Tavistock in Devon zu verlassen und nach Kent zu fliehen. Dort hauste er in einem abgewrackten Schiff, in dem viele seiner jüngeren Söhne geboren wurden. Er hatte insgesamt zwölf Kinder; und da es Gott gefiel, die meisten von ihnen ihren Lebensunterhalt auf See verdienen zu lassen, kam es, dass der größte Teil von ihnen auch auf See starb. Der Jüngste jedoch, obwohl er weiter als alle Übrigen in der Welt herumkam, starb zu Hause. Seine Nachkommen erben, was von ihm und seinem ältesten Bruder, der zu Rang und Namen kam, mit Mühen, jedoch in Ehren erworben wurde.
Ich möchte ausführlich berichten von seiner dritten[1] *Seereise, die er nach Westindien machte; danach von den vortrefflichen Diensten, die er zu Wasser und zu Lande in Irland unter dem Kommando von Sir Walter, dem Earl of Essex, geleistet hat. Seine nächste Reise führte ihn um die ganze Welt; auf einer anderen eroberte er Santiago, Cartagena, Santo Domingo und San Augustin; weitere Taten folgten in Cadiz; außerdem brachte er die erste Karracke nach England. Seine Unternehmungen von 1587, seine bemerkenswerten Taten im Jahre 1588, seine Bemühungen in der Angelegenheit mit Portugal, sein letztes großes, vom Tode überschattetes Unternehmen; schließlich die Versorgung von Plymouth mit Trinkwasser: Dies alles sei hier nur erwähnt;*

1 Möglicherweise die dritte Reise, die er befehligte. Insgesamt hat er mindestens fünf Reisen unternommen.

mir wäre lieber, du erkundigtest dich bei anderen, als dass ich selbst zu prahlerisch erscheine.
Ich beabsichtige nicht, mir ein Loblied zu singen. Ich will nur unseren gütigen Gott preisen und ihm danken, dass Er mich in Seiner Wahrheit geleitet und auf allen Wegen beschützt hat. Mein Ziel ist, dich durch dieses Beispiel zur Verehrung Gottes und zum Dienst an unserem König und an unserem Land zu beflügeln. Und wenn dir irgendetwas in alldem eindrucksvoll erscheint, dann wisse: Der Herr allein vollbringt große Dinge.

Francis Drake

2. Der unvergessliche Sir Francis Drake[1]

Wie es eine Rachegöttin gibt, die insgeheim die Übeltäter verfolgt und dafür sorgt, dass diese, obwohl von niemandem unter Anklage gestellt, ihrer gerechten Strafe nicht entgehen, so gibt es eine Art Empörung, die tief in der Brust all derer sitzt, denen Unrecht widerfahren ist; und diese werden mit allen ihnen zur Verfügung stehenden Mitteln versuchen das erlittene Unrecht zu rächen. Insofern scheinen all die großen und mächtigen Leute, die, durch außerordentlichen Besitz zur Selbstanmaßung verführt, ihren Untergebenen unrecht tun und sie deshalb auch noch verachten, einen sehr gefährlichen Kurs für ihre Sicherheit und ihre Ruhe zu steuern. Denn, wie Aesop schon sagt, selbst die Fliege kennt Zorn und der Wurm kennt Empörung und beide zusammen finden häufig Mittel, durch die der Adler, wenngleich er auch seine Eier in Jupiters Schoß legt, der Strafe für das ihnen zugefügte Unrecht nicht entgeht.

Unter den zahlreichen Beispielen hierfür, die frühere Zeiten uns überliefert haben oder die unsere Zeit ans Tageslicht gebracht hat, vermute ich, hat es kein bemerkenswerteres gegeben als das hier vorliegende, sowohl hinsichtlich der Größe dessen, durch den das erste Unrecht zugefügt wurde, als auch der Niedrigkeit dessen, der sich selbst sein Recht holte. Der eine war in seinen Augen der mächtigste Monarch der Welt, der andere war ein englischer Kapitän, ein einfacher Untertan Ihrer Majestät, der, außer dem Unrecht, das ihm auf der Reise mit Kapitän John Lovell in den Jahren 1565 und 1566 in Rio Hacha zugefügt wurde, auch noch ernsthaften Schaden auf seiner Reise mit Kapitän John Hawkins in den Jahren 1567 und 1568 in San Juan de Ulua im Golf von Mexiko erlitt; nicht nur durch den Verlust seiner sämtlichen Habe, sondern auch seiner Verwandten und Freunde, und das durch die Falschheit des Don Martin Henriquez, der

1 Dieser Text wird mit freundlicher Genehmigung der Folio Society Ltd. abgedruckt aus *Sir Francis Drake's Überfälle auf die Schatzflotten*, herausgegeben von Janet und John Hampden, 1954.

damals Vizekönig von Mexiko war. Da dieser Kapitän herausfand, dass er weder von sich aus noch durch Schreiben Ihrer Majestät irgendeine Entschädigung von Spanien erlangen konnte, griff er zu Mitteln, wie sie ihm zur Verfügung standen, und unternahm zwei Fahrten nach Westindien: die erste 1570 mit zwei Schiffen, der DRAGON und der SWAN, die zweite 1571 mit der Swan *allein; er wollte Auskünfte einholen, die ihm förderlich sein konnten, um Entschädigung für seine Verluste zu bekommen. Nachdem er auf diesen beiden Seereisen die notwendigen Kenntnisse über bestimmte Personen und Orte erworben hatte, entschloss er sich nach gründlicher Überlegung zu einer dritten Reise, deren Beschreibung hier vorliegt. Schiffe und Mannschaften wurden gut ausgerüstet und er ergriff die erste Gelegenheit bei günstigem Winde. Wie erfolgreich sein Unternehmen war, soll im Folgenden genauer beschrieben werden.*

Am Vorabend des Pfingstsonntag, dem 24. Mai des Jahres 1572, verließ Kapitän Drake mit der PASCHA[1] *aus Plymouth, die 70 Tonnen hatte und sein Flaggschiff war, und der SWAN, die aus dem gleichen Hafen stammte und 25 Tonnen hatte und auf der sein Bruder John Drake Kapitän war, den Sund von Plymouth mit der Absicht, erst wieder in Nombre de Dios an Land zu gehen. Beide Schiffe hatten zusammen dreiundsiebzig Matrosen und Schiffsjungen an Bord, alles Freiwillige. Der Älteste war fünfzig, alle Übrigen unter dreißig. Die Mannschaften waren so aufgeteilt, dass siebenundvierzig Mann auf dem einen und sechsundzwanzig auf dem anderen Schiff fuhren. Beide Schiffe waren reichlich mit Lebensmitteln und Ausrüstung für ein ganzes Jahr versehen und nicht weniger sorgfältig mit allen möglichen Sorten von Munition, Artillerie, mit Feuerwerkern und sonstigem Material und Werkzeugen ausgestattet, wie sie für ein Kriegsschiff bei einem solchen Unternehmen erforderlich sind. Besonders zu erwähnen sind aber die drei in Plymouth gebauten ausgezeichneten Pinassen, die, in Teile zerlegt, an*

1 Es ist vermutet worden, dass dies die *Pasco* gewesen sein könnte, eines der Schiffe von Hawkins, das bei Lovells Sklavenexpedition dabei gewesen war.

Bord verstaut wurden, um bei entsprechender Gelegenheit zusammengesetzt zu werden.

Der Wind wehte weiterhin äußerst günstig aus Nordost und verhalf uns so zu einer äußerst raschen Überfahrt. Am zwölften Tag nach unserer Abreise (am 3. Juni[1]) sichteten wir Porto Santo, eine der Madeira-Inseln, und bald auch die Kanarischen Inseln. Dennoch hatten wir nicht ein einziges Mal die Segel gerefft, geworfen oder sonst aus irgendeinem Grund irgendwo Halt gemacht, als wir fünfundzwanzig Tage nach unserer Abfahrt (am 28. Juni) die Insel Guadeloupe sichteten, eine der Westindischen Inseln mit anmutigem Hochland.

Am nächsten Morgen (29. Juni) segelten wir zwischen Dominica und Guadeloupe hindurch, wo wir zwei Kanus erspähten, die von einer Felseninsel drei Seemeilen von Dominica entfernt kamen, um nach ihrem Brauch Fische zu fangen, die es dort in großer Menge gibt. Wir landeten an der Südseite dieser Insel und blieben drei Tage dort, damit sich unsere Leute erholen konnten und um frisches Wasser aus einem jener anmutigen Flüsse, die von den Bergen herunterkommen, an Bord zu nehmen. Dort sahen wir einige ärmliche Hütten, aus Palmzweigen und Ästen erbaut, aber zu der Zeit ohne Bewohner, weder zivilisierte noch wilde. Diese Hütten waren – so mochte es sein, denn wir konnten uns ihre Verlassenheit nicht anders erklären – wohl keine ständigen Wohnstätten, sondern nur Gelegenheitsunterkünfte für die Fischer, die zu bestimmten Zeiten an diesen Ort kamen.

Drei Tage später (1. Juli), etwa gegen drei Uhr nachmittags, segelten wir von dort los und begaben uns auf die Fahrt zum Festland. Am fünften Tag (6. Juli) nach unserer Abfahrt sichteten wir das Hochland von Santa Marta, näherten uns aber der Küste nicht mehr als zehn Seemeilen, sondern steuerten einen Ort an, den wir Port Pheasant nannten. Unser Kapitän hatte ihn auf seiner früheren Reise so getauft, weil es dort eine große Menge dieser schönen Vögel gibt, die er und seine Leute damals

1 Im Original sind die Daten, die hier in runden Klammern im Text angegeben sind, am Rande gedruckt.

jagten und von denen sie dort lebten. Ungeachtet zweier windstiller Tage kamen wir doch innerhalb von sechs Tagen (am 12. Juli) in Port Pheasant an, einer schönen runden Bucht mit sehr sicherem Hafen bei allen Winden, da die Einfahrt, die nicht breiter ist als eine Kabellänge, an beiden Seiten von hohen Felsen geschützt wird. Die Bucht selbst hat einen Durchmesser von acht bis zehn Kabellängen und eine Wassertiefe von etwa zehn oder zwölf Faden und ist sehr fischreich; auch der Boden ist sehr fruchtbar; das geht aus der Tatsache hervor, dass unser Kapitän, der vor weniger als einem Jahr an diesem Ort gerodet und viele Wege und Pfade angelegt hatte, jetzt alles wieder völlig zugewachsen fand, sodass wir zunächst Zweifel hegten, ob dies der gleiche Ort sei oder nicht.

Nach unserer Ankunft in dieser Bucht hatte unser Kapitän seinem Bruder aufgetragen, was zu tun sei, falls irgendetwas in seiner Abwesenheit geschehen sollte, und wollte sich mit nur einigen wenigen seiner Leute auf den Weg ins Landesinnere begeben, da er wusste, dass innerhalb von fünfunddreißig Seemeilen kein Spanier anzutreffen sei; die nächstgelegenen Ansiedlungen der Spanier waren Tolu im Osten und Nombre de Dios im Westen. Aber als wir auf das Ufer zuruderten, sahen wir Rauch aus den Wäldern steigen, sogar sehr nahe der Stelle, die unser Kapitän damals besucht hatte. Deshalb hielt er es für angeraten, Verstärkung zu holen, ließ auch sein zweites Boot bemannen und nahm Musketen und andere Waffen mit, um gegen Feinde an Land gerüstet zu sein.

Als wir landeten, fanden wir sichere Anzeichen dafür, dass an dieser Stelle vor kurzem noch ein Engländer aus Plymouth, ein gewisser John Garret, gewesen sein musste, der von englischen Seeleuten, die mit unserem Kapitän auf einer seiner früheren Reisen hier gewesen waren, ausgesetzt worden war. Er hatte eine Bleiplatte fest an einen Baum genagelt, der so mächtig war, dass vier Männer ihn mit ausgestreckten Armen nicht umfassen konnten. Auf der Bleiplatte waren diese Worte eingraviert:

Kapitän Drake! Wenn Ihr je wieder zu diesem Hafen kommen solltet, so kehrt auf der Stelle um. Denn die Spanier, die letztes Jahr mit Euch hier waren, haben diesen Ort verraten und alles mitgenommen, was Ihr hinterlassen hattet.

Ich breche von hier auf am 7. Juli 1572.

Euer Euch liebender Freund

John Garret[1]

Der Rauch, den wir sahen, wurde durch ein Feuer verursacht, das besagter Garret und seine Leute vor ihrem Aufbruch in einem großen Baum, nicht weit von dem entfernt, an den die Bleiplatte genagelt war, entfacht hatten und das mindestens seit fünf Tagen brannte.

Ungeachtet dieser Botschaft beabsichtigte unser Kapitän nicht früher aufzubrechen, als dies das Zusammensetzen der Pinassen, die noch zerlegt an Bord waren, erlauben würde, denn er hielt den Hafen für einen zu diesem Zweck höchst geeigneten Ort. Deshalb befahl er, nachdem unsere Schiffe Anker geworfen hatten, die Pinassen[2] *an Land zu schaffen, damit die Zimmerleute sie zusammensetzten. Er selbst brauchte alle übrigen Leute dazu, einen drei viertel Morgen großen Platz zu befestigen, der ihm dazu besonders geeignet erschien und der für den Augenblick einigen Unterschlupf und Sicherheit bot, soweit das mit den zur Verfügung stehenden Mitteln überhaupt möglich war. Sie bewerkstelligten dies, indem sie große Bäume fällten und sie mit Flaschenzügen und Trossen an die richtige Stelle schafften, bis diese zur Wasserseite hin abgeschlossen war; dann fällten sie weitere Bäume, bis sie ringsherum einen dreißig Fuß hohen Wall aus Bäumen und Ästen errichtet*

1 Garret stammte aus Plymouth und das Schiff, das er befehligte, kann eines der Schiffe von Hawkins gewesen sein.

2 Die französischen Freibeuter hatten herausgefunden, dass Pinassen von unschätzbarem Wert bei Überfällen auf die spanischen Kolonien waren. Wenn sie von stärkeren spanischen Schiffen verfolgt wurden, konnten sie in flachere Gewässer entkommen, wohin ihnen die Spanier nicht folgen konnten. Wenn Windstille eintrat, konnte man sie rudern, und wenn es notwendig war, konnten sie völlig versteckt zwischen den bewaldeten Inseln liegen. Es besteht eine überraschende Ähnlichkeit in Taktik und Situation zu den Verhaltensweisen der getarnten britischen Armeekaiks in der von den Deutschen besetzten ägäischen Inselwelt während des Zweiten Weltkrieges.

hatten, der nur ein einziges Eingangstor in der Nähe der Wasserseite hatte, das jede Nacht, um uns einen ruhigen und sicheren Schlaf zu erlauben, geschlossen und mit einem großen Baum als Querbalken gesichert wurde. Die ganze Anlage war als Fünfeck errichtet, das heißt mit fünf gleichen Seiten und Winkeln, von denen zwei Winkel zur See hin lagen. Die Seite zwischen diesen beiden Winkeln war offen gelassen, um einen leichten Stapellauf unserer Pinassen zu ermöglichen; die anderen vier Seiten waren, mit Ausnahme des oben erwähnten Tores, ganz fest miteinander verbunden. An Stelle eines Grabens wurde ein Gelände von fünfzig Fuß ringsherum gerodet.

Die übrige Fläche war dicht mit Bäumen bewachsen, von denen viele solcher Art waren, dass sie immergrüne Blätter tragen, wenn sie nicht völlig abgestorben sind – mit Ausnahme einer Baumart, die, recht ähnlich unserer Esche, plötzlich, wenn die Sonne senkrecht steht und heftige Regenfälle verursacht, alle ihre Blätter abwirft, d. h. innerhalb von drei Tagen, und doch innerhalb von sechs Tagen wieder ganz grün wird. Die Blätter der anderen Bäume fallen auch teilweise ab, jedoch so, dass die Bäume weiterhin grün bleiben. Die Bäume, die uns umgaben, waren von beeindruckender Höhe und wurden von fünf oder sechs Stützwurzeln getragen, die aus dem Stamm herauswuchsen und so breit waren, dass sich drei Männer hinter jeder von ihnen verstecken konnten und diejenigen, die hinter der nächsten Stützwurzel standen, sie nicht sehen konnten. Besonders einer dieser Bäume hatte sieben dieser Stützen oder Stützwurzeln, um seine Größe und Höhe abzufangen. Als er dicht an der Rinde und nahe am Erdboden gemessen wurde, zeigte er einen Umfang von mehr als neununddreißig Yards. Das Holz dieser Bäume ist ebenso schwer oder schwerer noch als Rotholz oder Guajakholz, seine Farbe ist weiß.

Am Tage nach unserer Ankunft (am 13. Juli) kam auch eine englische Bark von der Insel Wight in jene Bucht. Sie gehörte Sir John Horsey, ihr Kapitän war James Rance[1] und ihr Steuermann

1 Rance war bei Lovells Expedition Steuermann der *Salomon* und bei Hawkins' dritter Reise Steuermann auf *William and John.*

John Overy. Sie hatte dreißig Mann an Bord, von denen einige im Vorjahr mit unserem Kapitän an dem gleichen Ort gewesen waren. Sie führten eine spanische Karavelle aus Sevilla mit sich, die Rance am Vortage gegenüber der Bucht gekapert hatte und die eine Kurierkaravelle mit dem Bestimmungsort Nombre de Dios gewesen war, außerdem eine Schaluppe mit Ruderern, die er am Kap Blanco gekapert hatte. Als Kapitän Rance von der Absicht unseres Kapitäns erfuhr, wollte er gerne gemeinsame Sache mit ihm machen, und sie kamen zu einem Übereinkommen, nachdem die Bedingungen untereinander abgesprochen worden waren.

Innerhalb von sieben Tagen nach seiner Ankunft hatten wir unsere Pinassen zusammengebaut und alle unsere Vorkehrungen getroffen; alle notwendigen Dinge waren von unseren Schiffen auf die Pinassen geschafft worden. Wir verließen (am 20. Juli) jenen Hafen und segelten am Morgen in Richtung Nombre de Dios. Wir setzten unsere Fahrt bis zur Insel Pinos fort, wo wir nach drei Tagen ankamen; dort stießen wir auf zwei Fregatten aus Nombre de Dios, die Bretter und Bauholz luden.

Die Neger auf diesen Fregatten gaben uns (am 22. Juli) genaue Auskunft über den gegenwärtigen Zustand der Stadt und erzählten uns außerdem, sie hätten gehört, dass in Kürze, ja täglich, Soldaten[1] *vom Statthalter von Panama und dem dortigen Gebiet erwartet würden, um die Stadt gegen die Cimarrones*[2] *zu schützen. (Diese sind ein schwarzes Volk, das vor ungefähr achtzig Jahren wegen der Grausamkeit ihrer spanischen Herren diesen entfloh und das sich seitdem zu einer Nation unter zwei eigenen Königen entwickelt hat. Der eine Teil bewohnt das Gebiet westlich, der andere östlich des Weges von Nombre de Dios nach Panama.) Sie erzählten, diese hätten Nombre de Dios vor ungefähr sechs Wochen beinahe überrumpelt.*

Unser Kapitän, in der Absicht jene Neger für seine Zwecke zu

1 Die Neger können versucht haben, Drake zu täuschen. Die spanischen Dokumente sagen nichts über irgendwelche Verstärkungen, die in der Zeit vor dem englischen Angriff nach Nombre de Dios geschickt worden wären.

2 In Westindien werden noch heute die Nachkommen entwichener Sklaven Maronen genannt.

gebrauchen (und sich selbst vor Schaden zu bewahren), setzte sie an der Küste des Festlandes ab, damit sie sich ihren Landsleuten, den Cimarrones, anschließen und ihre Freiheit zurückgewinnen könnten, falls sie wollten; falls nicht, so würden sie jedoch durch die Länge und Beschwerlichkeit des Landweges nach Nombre de Dios daran gehindert, Nachricht von seinem Kommen zu geben. Er war nicht geneigt, die Stadt zu großer Wachsamkeit zu veranlassen, was gewiss geschehen würde, wenn vor der Zeit etwas von seinem Unternehmen durchsickerte; deshalb beeilte er sich schnell und so heimlich wie möglich dorthin zu gelangen.

Aus diesem Grunde teilte er seine Mannschaft nach ihren eigenen Wünschen auf und ließ die drei Schiffe und die Karavelle unter der Obhut von Kapitän Rance zurück. Er wählte für seine vier Pinassen (Kapitän Rances Schaluppe war die vierte) neben dreiundfünfzig von unseren Leuten noch weitere zwanzig aus der Mannschaft von Kapitän Rance, mit welchen er stark genug schien, um seine Absicht zu verwirklichen, besonders nachdem er, entsprechend seinem Ziel und der Ausbildung seiner Leute, verschiedene Waffen in richtigem Verhältnis an sie ausgegeben hatte, nämlich sechs Tartschen, sechs Feuerpiken, zwölf Piken, vierundzwanzig Musketen, sechzehn Bogen und sechs Spieße, dazu zwei Trommeln und zwei Trompeten.

Nachdem wir uns so (am 28. Juli) von unserer Truppe getrennt hatten, kamen wir etwa fünf Tage später zur Insel Cativas, die fünfundzwanzig Seemeilen entfernt liegt. Dort landeten wir ganz zeitig am Morgen. Unser Kapitän begann mit seinen Männern Kampfübungen, nachdem er ihnen die verschiedenen Waffen und Feuerwaffen ausgehändigt hatte, die bislang unter sicherem Verschluss waren. Er ermutigte sie auf seine Weise, stellte ihnen den Wert der zu erbeutenden Dinge vor Augen, erklärte ihnen die Schwäche der unbefestigten Stadt und sprach von der alles beherrschenden Hoffnung, Wiedergutmachung für erlittene Unbill zu erlangen. Besonders jetzt, da er mit einer solchen Mannschaft komme, die gleichen Sinnes mit ihm sei, und das zu einem Zeitpunkt, zu dem sie gänzlich unentdeckt seien.

Deshalb ließ er noch am gleichen Nachmittag Segel setzen, um nach Nombre de Dios zu fahren, und vor Sonnenuntergang waren wir bis Rio Francisco gekommen. Von dort fuhren wir ganz nahe am Ufer entlang, um von den Wachen unbemerkt zu bleiben, bis wir weniger als zwei Seemeilen von der Einfahrt zur Bucht entfernt einen Schiffsrumpf anlaufen konnten, an dem wir unsere Enterhaken befestigten und wo wir blieben, bis es dunkle Nacht war.

Dann stießen wir wieder ab und setzten Segel und ruderten mit größtmöglicher Behutsamkeit hart an der Küste entlang, bis wir an die Einfahrt zum Hafen unterhalb der Steilküste kamen. Dort machten wir in aller Stille Rast, in der Absicht die Stadt im Morgengrauen zu überrumpeln, nachdem wir uns eine Zeit lang ausgeruht hatten.

Aber als unser Kapitän hörte, dass seine Leute sich über die Größe der Stadt und über ihre mögliche Stärke Gedanken machten, besonders nach dem, was sie von den Negern gehört hatten, die wir bei der Insel Pinos gefangen genommen hatten, hielten er und einige seiner besten Leute es für das Beste, diese Gedanken aus den Köpfen zu vertreiben. Er machte sich deshalb den Mondaufgang dieser Nacht zunutze und stellte seinen Leuten vor, es sei dies der hereinbrechende Tag. Auf diese Weise gelangten wir eine gute Stunde früher zu der Stadt als ursprünglich beabsichtigt, nämlich um drei Uhr nach Mitternacht. Zu dieser Zeit geschah es, dass ein Schiff von sechzig Tonnen aus Spanien, das mit kanarischen Weinen und anderen Artikeln beladen und erst vor kurzem in die Bucht eingelaufen war und noch nicht das Sprietsegel eingerollt hatte, unsere vier Pinassen entdeckte, die einen ungewöhnlichen Anblick boten und von vielen Rudern vorangetrieben wurden. Darauf schickte dieses Schiff sein Beiboot zur Stadt, um sie zu warnen. Es wurde aber von unserem Kapitän rechtzeitig bemerkt, sodass er sich zwischen die Stadt und das Boot setzen und dieses zwingen konnte, auf die andere Seite der Bucht auszuweichen. So konnten wir ohne Behinderung landen, obwohl wir an genau der Stelle, an der wir an Land gingen, einen Kanonier in der Artilleriestellung vorfanden.

Die Bucht war sandig, ohne Kaimauer, die Häuser lagen keine zwanzig Yards vom Landeplatz entfernt. Dort fanden wir sechs Messingkanonen, die auf Lafetten montiert waren, einige waren halbkalibrige, andere vollkalibrige Feldschlangen. Wir montierten sie sofort ab. Der Kanonier floh. Jetzt geriet die Stadt in Aufruhr (wozu sie schnell bereit war wegen der häufigen Beunruhigung durch ihre Nachbarn, die Cimarrones), was wir nicht nur an dem Lärm und dem Geschrei der Bewohner bemerkten, sondern auch an dem Läuten der Glocken und dem Gedröhn der Trommeln, die überall in der Stadt zu hören waren.

Unser Kapitän ließ zwölf ausgewählte Männer mit den entsprechenden Anweisungen zum Schutze der Pinassen zurück, um den Rückzug zu sichern, falls uns etwas zustoßen sollte. Nachdem er noch vor Betreten der Stadt so gute Arbeit an der Artilleriestellung geleistet hatte, dachte er, es sei besser, erst einmal den Berg auf der Ostseite der Stadt in Augenschein zu nehmen, wo, wie er im Vorjahr erfahren hatte, die Spanier die Absicht hatten Kanonen in Stellung zu bringen, um so die ganze Stadt bestreichen zu können.

Er ließ die eine Hälfte seiner Truppe am Fuße des Berges zur Sicherung zurück und marschierte eiligst auf die Anhöhe, um aus Gründen größerer Sicherheit die Wahrheit dieser Information zu überprüfen. Dort fanden wir keine Kanonen, sondern nur einen geeigneten Platz für eine Artilleriestellung. So eilten wir, ohne einen unserer Männer zurückzulassen, so schnell wie möglich wieder den Berg hinab.

Dann befahl unser Kapitän seinem Bruder, sich mit John Oxenham[1] *und sechzehn anderen seiner Leute hinter das königliche Schatzhaus zu begeben und vom östlichen Ende des Marktplatzes her in die Stadt einzudringen. Er selbst wollte mit den Übrigen unter dem Klang der Trommeln und Trompeten über die breite Straße auf den Marktplatz marschieren.*

Die Feuerpiken, die jeweils zur Hälfte auf die beiden Gruppen verteilt waren, dienten nicht nur dazu, den Feind in Schrecken zu versetzen, sondern auch, unseren Männern den Weg zu zeigen. Auf diese Weise konnten sie jede Stelle sehr gut erkennen, als ob es fast Tag wäre, wohingegen die Einwohner bei einem so seltsamen Anblick erstaunt dastanden und sich fragten, was das

1 Im Original findet sich die Schreibung »Oxnam«.

wohl zu bedeuten habe; und da unsere Trommeln und Trompeten an so mannigfachen Stellen ertönten, glaubten sie, dass die Zahl unserer Leute weit größer sei, als sie tatsächlich war.

Doch in der Zeit, die wir damit vertan hatten, den Berg zu inspizieren, hatten die Soldaten und Einwohner sich bewaffnet und einige Ordnung in ihre Einheiten gebracht. Am Südostende des Marktplatzes, in der Nähe des Hauses des Statthalters und nicht weit von dem einzigen Stadttor, das nach Panama führte, hatten sie sich versammelt. Es schien, als seien sie dort hingekommen, um entweder unter den Augen des Statthalters ihre Tapferkeit zu beweisen, falls sie die Oberhand gewinnen sollten, oder aber, um rasch Lebewohl zu sagen und schnellstens durch das Tor entweichen zu können.

Sei es, um auch bei uns den Eindruck einer weit größeren Anzahl von Schützen zu erwecken, sei es, weil sie mit diesem Mittel sonst erfolgreich die Cimarrones erschreckten, hatten sie quer über den westlichen Teil des Marktplatzes, zwischen der Kirche und dem Kreuz, Seile mit brennenden Hölzern gespannt, so als ob dort eine Kompanie von Schützen feuerbereit stünde; dabei waren es tatsächlich nicht mehr als zwei oder drei Mann, die diese Seile tanzen ließen. Sobald sie bemerkten, dass sie durchschaut waren, liefen sie davon.

Aber die Soldaten und alle, die sich ihnen angeschlossen hatten, begrüßten uns mit einer recht heißen Salve von Schüssen, die voll am Ende der Straße einschlugen, auf der wir marschierten; sie zielten so niedrig, dass die Kugeln oft in den Sand schlugen. Wir versäumten nicht, ihnen mit gleicher Münze heimzuzahlen, gaben unsere erste Salve ab und überschütteten sie mit Pfeilen. (Unser Kapitän hatte sie wohl bedacht in England anfertigen lassen – keine großen Jagdpfeile, sondern gute Langbogenpfeile – und sie sehr sorgfältig für diesen Zweck aufgehoben.) Dann kam es zum Nahkampf mit der Pike, wobei uns unsere wohl geladenen und gut präparierten Feuerpiken große Dienste leisteten. Unsere Männer bewirkten binnen kurzem mit ihren Schuss- und Stoßwaffen eine solche Verwirrung unter diesen Helden (einige gebrauchten sogar das stumpfe Ende ihrer Waffen statt des richtigen, dass schließlich alle – teils wegen unserer Pfeile, die uns beachtliche Dienste leisteten, teils wegen dieses neuartigen und überraschenden Angriffs in einer für sie gänzlich unvorhergesehenen Weise, vor allem aber auch deswegen, weil gerade in diesem Augenblick der Bruder unseres Kapitäns mit der anderen Gruppe und ihren Feuerpiken über die östliche Straße auf den Marktplatz vordrang – ihre Waffen wegwarfen und durch das oben erwähnte Tor aus der Stadt flohen. Dies war eigentlich als Hindernis zur Abwehr der Cimarrones gebaut worden, die die Stadt oft angegriffen hatten; jetzt aber wurde es zum Schlupfloch für die Spanier, durch das sie entwichen.

Bei dem darauf folgenden Hin und Her wurden viele unserer Leute durch die Waffen verletzt, die der Feind auf der Flucht weggeworfen hatte – teils weil wir mit einer solchen Geschwindigkeit vordrangen, mehr aber noch, weil so viele Waffen kreuz und quer übereinander lagen.

Dann sammelten wir uns wieder und bezogen in der Mitte des Marktplatzes Stellung, wo ein Baum dicht bei einem Kruzifix stand.

Unser Kapitän sandte einige Leute los, um das Läuten der Sturmglocke abzustellen, das während der ganzen Zeit ertönte. Da aber die Kirche sehr massiv gebaut und fest verschlossen war, konnten sie ohne Waffengewalt (die unser Kapitän verboten hatte) nicht in den Turm eindringen.

In der Zwischenzeit waren zwei oder drei Spanier auf der Flucht ergriffen worden. Unser Kapitän befahl ihnen uns das Haus des Statthalters zu zeigen. Er wusste, dass dies der übliche Entladeplatz für all die Schätze war, die auf Befehl des Königs auf Maultieren von Panama kamen, wenn auch nur das Silber dort gelagert wurde. Gold, Perlen und Juwelen wurden, nachdem sie dort erst einmal von den königlichen Beauftragten registriert worden waren, in das nicht weit entfernte königliche Schatzhaus in Sicherheit gebracht, ein sehr solides Gebäude aus Kalk und Stein.

Bei unserer Ankunft am Haus des Statthalters fanden wir das große Tor, an dem üblicherweise entladen wurde, offen; eine Kerze brannte am oberen Ende der Treppe, und ein schönes spanisches Pony wartete fertig gesattelt entweder auf den Statthalter selbst oder sonst ein Mitglied seines Haushaltes. Beim Scheine der Kerze erblickten wir eine riesige Menge Silber im unteren Raum: Silberbarren auf einem Stapel von schätzungsweise siebzig Fuß Länge, zehn Fuß Breite und zwölf Fuß Höhe. Jeder Barren wog zwischen fünfunddreißig und vierzig Pfund.

Bei diesem Anblick untersagte uns unser Kapitän strengstens, auch nur einen Silberbarren anzurühren, und befahl, unter allen Umständen unter Waffen zu bleiben, da die Stadt voller Leute sei und das königliche Schatzhaus[1] *in der Nähe mehr Gold und Juwelen biete, als alle vier Pinassen befördern könnten. Er würde sofort einige von uns hinschicken, um es aufzubrechen, ungeachtet der spanischen Berichte über seine Uneinnehmbarkeit.*

Wir hatten uns gerade erst wieder gesammelt, als einer unserer Männer die Meldung brachte, dass unsere Pinassen in Gefahr seien erobert zu werden; und wenn wir nicht alle vor Tagesanbruch zurück an Bord kämen, würden wir von der großen Zahl der Soldaten und Stadtbewohner erdrückt.

Dieser Bericht stammte von einem gewissen Diego, einem Neger, der gleich zu Beginn der Auseinandersetzungen gekommen war und zu unseren Pinassen herübergerufen und gefragt hatte, ob sie die des Kapitän Drake seien. Nach Bestätigung der Frage hatte er fortwährend dringend darum gebeten, an Bord genommen zu werden, obwohl zunächst drei oder vier Schüsse auf ihn abgefeuert wurden.

Schließlich holten wir ihn und erfuhren von ihm, dass keine acht Tage vor unserer Ankunft der König ungefähr 150 Soldaten hierher geschickt hatte, um die Stadt gegen die Cimarrones zu sichern, und dass außerdem zur Zeit die Stadt voller Leute sei. Wir waren geneigt ihm zu glauben, da seine Aussagen mit denen der Neger übereinstimmten, die wir bei der Insel Pinos gefangen genommen hatten.

1 Drake muss sich hinsichtlich des Goldes und der Juwelen geirrt haben. Das Lagerhaus war geleert worden, als die jährliche Schatzflotte vor einigen Wochen nach Spanien gesegelt war. Es war die übliche Praxis, keine weiteren Lieferungen an Gold- und Silberbarren nach Nombre de Dios zu senden, das durch Angriffe leicht verwundbar war, bevor die nächste Silberflotte nicht tatsächlich im Hafen dort vor Anker lag. Diese war erst nach weiteren sechs Monaten fällig.

Und deshalb schickte unser Kapitän seinen Bruder und John Oxenham aus, um die Wahrheit dieser Nachricht zu prüfen.

Wir fanden unsere Leute, die wir bei den Pinassen zurückgelassen hatten, in großer Aufregung, weil sie viele Truppen und Verbände hin und her laufen sahen, zum Teil mit brennender Lunte, zum Teil mit anderen Waffen, fortwährend Que gente? Que gente?[1] *rufend. Diese waren bei der ersten Auseinandersetzung nicht dabei gewesen, sondern kamen von den Außenbezirken der Stadt, die mindestens so groß wie Plymouth ist. Sie näherten sich uns viele Male und als sie hörten, dass wir Engländer seien, schossen sie ihre Gewehre ab und liefen davon.*

Bald danach ging ein mächtiger Regenschauer nieder und ein schrecklicher Sturm mit Donner und Blitz setzte ein. Es schüttete so heftig – wie es gewöhnlich in diesen Ländern der Fall ist –, dass einige unserer Bogensehnen und ein Teil unserer Lunten und unseres Pulvers feucht wurden, bevor wir Schutz unter einem Wetterdach an der Westseite des königlichen Schatzhauses finden konnten. Dieses schien zu dem Zweck gebaut worden zu sein gegen Regen und Sonne Schutz zu gewähren. Während wir die Waffen wieder instand setzten, sprachen etliche von uns immer wieder über die Berichte, die wir zuletzt erhalten hatten, und munkelten von starken Streitkräften in der Stadt. Unser Kapitän hörte das und entgegnete, er hätte uns jetzt an die Quelle des Reichtums dieser Welt gebracht: Wenn sie Reichtum wollten und jetzt kniffen, könnten sie später niemandem außer sich selbst einen Vorwurf machen.

Sobald sich die Wut des Sturms nach einer guten halben Stunde gelegt hatte, wollte Drake seinen Männern nicht länger Muße geben diesen Gedanken nachzuhängen, noch seinen Feinden einen weiteren Aufschub gönnen ihre Kräfte zu sammeln. So schritt unser Kapitän zur Tat: Er befahl seinem Bruder zusammen mit John Oxenham und der dafür bestimmten Mannschaft das königliche Schatzhaus aufzubrechen. Der Rest der Mannschaft solle ihm folgen und auf dem Marktplatz so lange in Stellung gehen, bis die Aufgabe erledigt sei, deretwegen sie gekommen

1 Que gente? Wer da?

waren. Aber als er sich ans Werk machen wollte, verließen ihn die Kräfte, er konnte nicht mehr sehen und sprechen und wegen großen Blutverlustes wurde er ohnmächtig. Erst jetzt bemerkten wir im Sand einen großen Blutfleck, verursacht durch eine klaffende Wunde an seinem Bein, die er sich zu Beginn des Kampfes zugezogen hatte. Da er bemerkt hatte, dass etliche aus seiner Mannschaft sich bereits viele wertvolle Beutestücke angeeignet hatten, um sich bei erstbester Gelegenheit aus der eingebildeten Gefahr davonzustehlen, hatte er trotz seiner Schmerzen niemandem etwas von seiner Verwundung gesagt, bis seine Ohnmacht ihn gegen seinen Willen verriet. Zur großen Bestürzung unserer gesamten Mannschaft, der es unglaublich schien, dass ein Mensch so viel Blut verlieren und doch leben könne, hatten sich seine Fußspuren mit Blut gefüllt. Selbst diejenigen, die am meisten für eine so beachtliche Beute gewagt hätten, wollten nun nicht das Leben ihres Kapitäns aufs Spiel setzen. Nachdem sie ihm etwas zu trinken gegeben hatten, erholte er sich wieder. Sie banden ihm sein Halstuch um das Bein, um das Blut zu stillen, und baten ihn dringend mit ihnen an Bord zurückzukehren, dort seine Wunde untersuchen und verbinden zu lassen und dann wieder an Land zu gehen, wenn er es für gut hielte.

Sie konnten ihn aber nicht dazu überreden, weil er wusste, dass es absolut unmöglich, zumindest jedoch höchst unwahrscheinlich war, dass sie zu einem späteren Zeitpunkt zurückkommen und die gleiche günstige Situation vorfinden würden; so meinte er, dass es ehrenwerter sei, sein Leben für einen so großen Gewinn aufs Spiel zu setzen, als ein solches Unternehmen unvollendet zu lassen. Daraufhin taten sie sich alle zusammen und schafften ihn, teils mit Gewalt, teils durch gutes Zureden, an Bord seiner Pinasse und begaben sich so der Aussicht auf eine höchst umfangreiche Beute, nur um das Leben ihres Kapitäns zu retten. Sie meinten wohl, später noch genügend Beute machen zu können, solange er ihnen nur als Befehlshaber erhalten bliebe; sollten sie ihn jedoch verlieren, wären sie kaum in der Lage jemals wieder heil nach Hause zurückzukehren und sich der bereits gemachten Beute zu erfreuen.

So schifften wir uns bei Tagesanbruch (am 29. Juli) ein. Außer unserem Kapitän waren noch viele unserer Leute verwundet, aber nur ein Trompeter war ums Leben gekommen. Unsere Ärzte waren eifrig am Werk, mit Heilmitteln und Salben unseren Verwundeten zu helfen; ihre Hauptsorge jedoch galt unserem Kapitän, was von allen respektiert wurde. Bevor wir den Hafen verließen, kaperten wir noch ohne großen Widerstand das bereits erwähnte Weinschiff, um unsere Mannschaft bei Stimmung zu halten.

Und während wir noch dieses Schiff aus dem Hafen bugsierten, hatten die Bewohner in der Stadt Gelegenheit gefunden, von den Lafetten, die wir demontiert hatten, eine wieder in Stellung zu bringen und einen Schuss auf uns abzufeuern; was uns jedoch nicht daran hinderte, unsere Prise zur Insel Bastimentos, der »Insel der Lebensmittel« zu bringen. Diese liegt ungefähr eine Seemeile westlich von der Stadt außerhalb der Bucht. Wir blieben dort die nächsten zwei Tage, um die Wunden unserer Leute zu kurieren und in den prächtigen Gärten, die wir dort vorfanden, neue Kräfte zu schöpfen. Es gab dort eine große Menge schmackhafter Wurzeln und Früchte, außerdem viel Geflügel und andere jagdbare Vögel, die ebenso fremdartig wie wohlschmeckend sind.

Kurz nach unserem ersten Eintreffen auf dieser Insel sandten der Statthalter von Nombre de Dios und sein Stab einen korrekten, höflichen Mann von kleinem Wuchs und gutem Aussehen, einen führenden Soldaten, zu unserem Kapitän, um auf diese Weise festzustellen, in welchem Zustand wir uns befänden. Bei seiner Ankunft betonte er, dass er uns lediglich aus guter Absicht aufsuche, voller Bewunderung, weil wir ein so großes und unglaubliches Unterfangen mit so wenigen Männern gewagt hätten. Zunächst hätte man befürchtet, wir seien Franzosen, von denen keine Gnade[1] *zu erhoffen wäre; aber nachdem sie an unseren Pfeilen festgestellt hätten, dass wir Engländer seien, habe sich ihre Furcht verringert, denn man wisse ja, dass, wenn wir auch ihre Schätze raubten, wir uns doch ihnen gegenüber nicht grausam verhalten würden. Aber obwohl dies Grund genug sei an*

1 Französische Freibeuter hatten die Karibik seit 1536 ständig überfallen und waren für ihre Grausamkeiten, die denen der Spanier nicht nachstanden, berüchtigt.

Bord derer zu kommen, deren Tugenden er so hoch schätze, habe auch der Statthalter seine Einwilligung zu diesem Kommen gegeben, ja ihn direkt hierher geschickt, und zwar darum, weil etliche Bewohner der Stadt versicherten, unseren Kapitän gut zu kennen, der während der letzten zwei Jahre oft an ihrer Küste gewesen sei und sie immer gut behandelt habe. Deshalb wollten sie zunächst wissen, ob unser Kapitän wirklich derselbe Kapitän Drake sei, und des Weiteren, ob unsere Pfeile, durch die viele ihrer Männer verwundet worden seien, vergiftet seien oder nicht und wie diese Wunden am besten geheilt werden könnten. Schließlich fragte er, welche Lebensmittel oder anderen notwendigen Dinge wir benötigten. Der Statthalter lasse durch ihn ausrichten, er wolle uns mit allem versorgen, soweit er dies wagen könne.

Obwohl unser Kapitän diesen Soldaten sogleich als Spion durchschaute, behandelte er ihn doch sehr höflich und antwortete auf die Anfragen des Statthalters, dass er derselbe Drake sei, den sie meinten, und dass es nie seine Art gewesen sei, Pfeile zu vergiften; sie könnten ihre Verwundeten mit den üblichen Mitteln der ärztlichen Kunst heilen. Wass unsere Bedürfnisse anbelange, so wisse er gut, dass die Insel Bastimentos genügend biete und uns versorgen könne, wenn es nötig sein sollte, aber er wünsche weiter nichts als etwas von dem besonderen Erzeugnis, das das Land zu bieten habe, um sich und seine Mannschaft zufrieden zu stellen. Deshalb rate er dem Statthalter, die Augen offen zuhalten, denn er beabsichtige, sofern ihm Gott das Leben und eine Gelegenheit gebe, vor Abfahrt noch einiges von der Ernte einzubringen, die ihnen diese Erde schenkt und die sie sonst nach Spanien senden, um den ganzen Erdball in Unruhe zu versetzen.

Auf diese unerwartete Antwort erwiderte dieser Herr, »ob er, ohne beleidigend zu sein, die Frage stellen dürfe«, was denn der Grund für unser Verlassen der Stadt gewesen sei, in der doch dreihundertundsechzig Tonnen Silber zur Verschiffung bereitlägen und noch mehr Gold, das in eisernen Truhen im königlichen Schatzhaus aufbewahrt werde?

Und als unser Kapitän ihm den wahren Grund seines ungewollten Rückzugs nannte, meinte er, dass wir nicht weniger Grund zur Aufgabe unseres Unternehmens gehabt hätten, als wir

Mut beim Versuch der Durchführung bewiesen hätten. Zweifellos erkannte er, dass es für die Stadt besser sei, sich nicht durch den Einsatz der dort liegenden Fregatten und anderen Schiffe an uns zu rächen, sondern sich ruhig zu verhalten und die eigene Verteidigung besser vorzubereiten.

So wurde er mit viel Aufmerksamkeit und Höflichkeit behandelt und bekam von unserem Kapitän Geschenke, die ihm sehr gut gefielen. Nach dem Essen, als er sich aufmachte, um Bericht zu erstatten, was er gesehen hatte, wurde er derart zuvorkommend verabschiedet, dass er nachdrücklich betonte, ihm sei in seinem ganzen Leben von niemandem je so große Ehre widerfahren.

Nach seiner Abfahrt verhörten wir den bereits erwähnten Neger genauer. Er bestätigte diesen Bericht über das Gold und Silber, ebenso viele andere wichtige Informationen, und sagte uns, wie wir, wenn wir wollten, mit Hilfe der Cimarrones an genügend Gold und Silber herankommen könnten. Obwohl er sie etliche Male verraten habe (wozu ihn seine Herren verleitet hätten) und natürlich wisse, was ihn erwarte, falls er in ihre Gewalt gerate, sei er dennoch bereit sein Leben zu riskieren, wenn unser Kapitän ihm seinen Schutz angedeihen lasse, denn er wisse wohl, dass der Name unseres Kapitäns viel bei ihnen gelte und in hohen Ehren stehe.

Dies Verhör gab Anlass zu weiterer Beratung, und weil unser Platz weder besonders sicher noch sehr zuträglich oder ruhig zu sein schien, brachen wir am nächsten Morgen nach der Insel Pinos oder, wie wir es nannten, nach Port Plenty auf, wo wir unsere Schiffe zurückgelassen hatten. Unsere Reise dauerte diesen und den nächsten Tag, bis wir gegen Abend dort ankamen.

Wir brauchten länger für diese Reise, weil unser Kapitän seinen Bruder und Ellis Hixom in westliche Richtung aussandte, um den Fluss Chagres zu erkunden, an dem er vor einem Jahr gewesen war und von dem er unbedingt mehr wissen wollte. Es ist ein Fluss, der sechs Seemeilen von Panama entfernt in südlicher Richtung fließt. An ihm liegt eine kleine Stadt namens Venta Cruz, von der aus alle Schätze, die gewöhnlich auf Mauleseln von Panama[1] *dort hingebracht wurden, auf Fregatten den Fluss hinunter zur Nordsee*[2] *und nach Nombre de Dios befördert wurden.*

Ebbe und Flut sind nicht weit in das Land hinein spürbar und so bedurfte es dreitägigen Ruderns mit einer guten Pinasse, um von der Mündung bis nach Venta Cruz zu kommen, aber nur einen Tag und eine Nacht, um wieder den Fluss hinunterzufahren.

Nach unserer Rückkehr zu unseren Schiffen (am 1. August) äußerte Kapitän Rance etliche Zweifel an der sicheren Fortsetzung unserer Reise entlang der Küste, da wir jetzt doch entdeckt seien, und war geneigt uns zu verlassen. Unser Kapitän war nicht weniger geneigt ihn ziehen zu lassen. Sobald unsere Pinassen (am 7. August) vom Chagres mit den Meldungen zurückkamen, derentwegen sie acht Tage zuvor ausgeschickt worden waren, segelte Kapitän Rance ab und ließ uns auf der vorher erwähnten Insel zurück, auf der wir fünf oder sechs Tage blieben.

In dieser Zeit wurden alle unsere Angelegenheiten in Ordnung gebracht. Dann beschloss unser Kapitän, mit seinen beiden Schiffen und drei Pinassen nach Cartagena zu fahren. Zu dieser Fahrt brauchten wir wegen der häufigen Windstille etwa sechs Tage. Während dieser ganzen Zeit unternahmen wir nichts, was wir sonst wohl getan hätten, weder in Tolu noch anderswo, weil wir nicht entdeckt werden wollten.

Wir gingen mit unseren beiden Schiffen am Abend (des 13. August) zwischen den Inseln Charesha und Bernado in sieben Faden tiefem Wasser vor Anker. Unser Kapitän fuhr mit den drei Pinassen um die Insel herum in den Hafen von Cartagena. Gerade an der Einfahrt in den Hafen fand er eine Fregatte vor Anker liegen, auf der nur ein alter Mann saß. Befragt, wo die übrige Mannschaft sei, antwortete er, sie sei am Abend mit dem Beiboot an Land gegangen, um sich um eine Dirne zu schlagen. Er erzählte uns bereitwillig, dass zwei Stunden vor Anbruch der Dunkelheit eine Pinasse vorbeigekommen sei, die äußerst schnell mit Segeln und Rudern gefahren sei und aus der man ihm zuge-

1 Wiederum scheint Drake falsch informiert gewesen zu sein. Es war nicht üblich, die Schätze auf dem Chagres, wo so häufig Freibeuter auftauchten, zu befördern.

2 Die Nordsee war der Atlantische Ozean, die Südsee der Pazifik.

rufen habe, ob kürzlich irgendwelche Engländer oder Franzosen aufgetaucht seien. Auf die Antwort hin, dass keine da gewesen seien, drangen sie darauf, Acht zu geben. Eine Stunde nachdem diese Pinasse sich Cartagena genähert habe, seien mehrere schwere Kanonen abgefeuert worden, daraufhin sei einer in den Mast gestiegen, um den Grund herauszufinden, und habe etliche Fregatten und kleinere Fahrzeuge erspäht, die sich dem Kastell näherten.

Diesem Bericht schenkte unser Kapitän Glauben, umso mehr, als er selbst den Donner der Kanonen auf See vernommen hatte und hinlänglich deutlich war, dass er jetzt entdeckt sei. Dennoch nahm unser Kapitän den alten Seemann an Bord seiner Pinasse und verhörte ihn weiter. Er erfuhr, dass am nächsten Ankerplatz ein großes Schiff aus Sevilla liege, welches seine Ladung hier gelöscht hatte und jetzt mit eingerollten Rahsegeln vor Anker lag, um am nächsten Morgen nach Santo Domingo zu segeln. Um die Wahrheit dieser Auskünfte zu überprüfen, ruderten wir mit drei Pinassen auf dieses Schiff zu. Als wir näher kamen, grüßte uns die Besatzung und fragte, woher unsere Schaluppen kämen. Wir antworteten, wir seien aus Nombre de Dios. Sofort fluchten sie und verunglimpften uns. Wir schenkten ihren Worten keine Beachtung. Auf Befehl unseres Kapitäns begannen die Mannschaften unserer Pinassen – eine am Bug Steuerbord, die andere zwischen Mast und Heck Steuerbord und die des Kapitäns mittschiffs Backbord – das Schiff zu entern. Es war etwas schwierig, wegen der Höhe und Größe des Schiffes, das zweihundertundvierzig Tonnen hatte. Aber sobald wir an Deck waren, rissen wir die Aufbauten und Spardecks nieder, um die Spanier daran zu hindern, mit uns den Nahkampf aufzunehmen. Als diese sahen, dass wir uns in Besitz ihres Schiffes gesetzt hatten, drängten sie sich mit ihren Waffen alle im Lagerraum zusammen, mit Ausnahme von zwei oder drei Schiffsjungen, die wir vor dem Ankerspill fanden. Als wir nach Verlassen unserer Pinassen feststellten, dass der Feind keine Gefahr mehr darstellte, kappten wir seine Taue an der Klüse und schleppten das Schiff mit unseren drei Pinassen in den Sund vor der Stadt, ohne in den Gefahrenbereich ihrer großen Kanonen zu kommen.

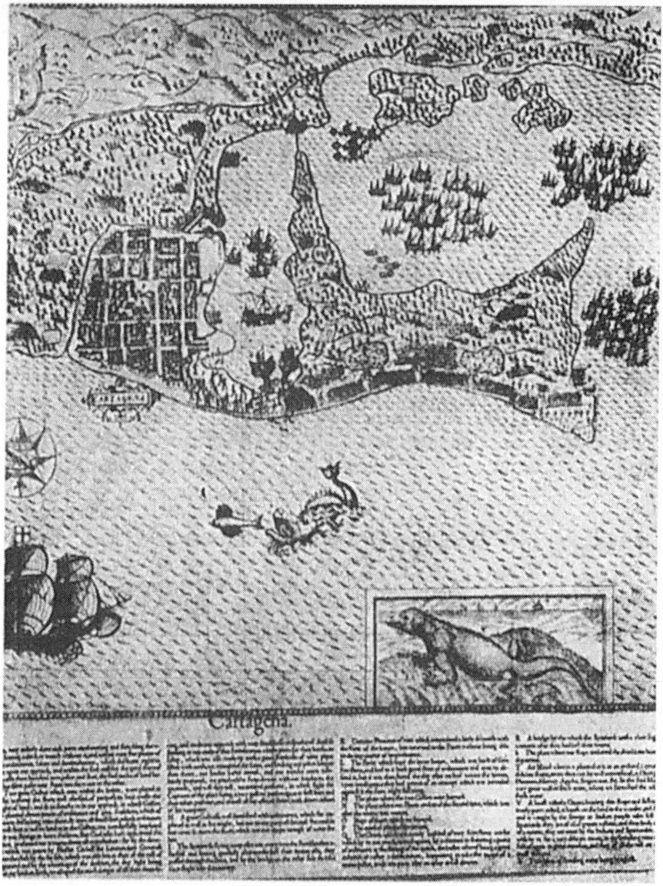

Cartagena mit seinem vorzüglichen Naturhafen
zur Zeit des Überfalls durch Francis Drakes Flotte.
Cartagena ist heute Provinzhauptstadt in Kolumbien
mit mehr als 250 000 Einwohnern.

In der Zwischenzeit wurde in der Stadt, die von diesem Geschehen durch ihre Wache unterrichtet worden war, Alarm gegeben, die Sturmglocken wurden geläutet, ungefähr dreißig große Kanonen wurden abgefeuert und alle Leute zu Fuß und zu Pferd in Bereitschaft versetzt. Sie kamen an die bewaldete Landzunge und schossen von dort mit ihren leichten Musketen, als könnten sie uns auf die Art an der Weiterfahrt hindern.

Am nächsten Morgen (dem 14. August) kaperten unsere Schiffe zwei Fregatten, auf denen sich zwei Männer befanden, die sich selbst königliche Sekretäre nannten, der eine aus Cartagena, der andere aus Veragua, sowie sieben Seeleute und zwei Neger. Die Sekretäre waren in Nombre de Dios gewesen und sollten mit Avisbriefen nach Cartagena fahren. Aus diesen Dokumenten ging hervor, dass Kapitän Drake in Nombre de Dios gewesen war, es eingenommen hatte und, wäre er nicht glücklicherweise verwundet worden, es aller Wahrscheinlichkeit nach geplündert hätte. Er sei noch immer an der Küste und man sollte sich deshalb sorgfältig auf ihn vorbereiten.

Nachdem unser Kapitän seine gesamte Flotte wieder vereint hatte, entsprach er gerne den dringenden Bitten der Sekretäre und setzte sie und alle ihre Begleiter an Land. Dann segelten wir zu den San-Bernardo-Inseln, die ungefähr drei Seemeilen von der Stadt entfernt liegen, wo wir reichlich Fische für unsere Versorgung fanden.

Unser Kapitän war sich natürlich bewusst, dass seine Anwesenheit jetzt an zwei Hauptorten der Küste bekannt war. Da er jedoch nicht die Absicht hatte die Küste zu verlassen, bevor er die Cimarrones gefunden und seine Reise wunschgemäß abgeschlossen hatte, was einige Zeit und eine verlässliche Bemannung der Pinassen erfordern würde, fasste er für sich den Entschluss eines seiner Schiffe zu verbrennen und das andere zum Proviantschiff zu machen. So, und nur so, konnten seine Pinassen entsprechend bemannt werden und er in der Lage sein, jederzeit Widerstand zu leisten.

Da er aber die Gefühle der Männer kannte und wusste, wie sehr es ihnen widerstreben musste, eines ihrer Schiffe zu verlassen – beide waren gute Segler und gut verproviantiert – ent-

schloss er sich sie durch eine List für seine Absichten gefügig zu machen. Deshalb schickte er nach einem gewissen Thomas Moone, der Zimmermann auf der SWAN war, nahm ihn in seine Kabine und verpflichtete ihn, eine Zeit lang nichts über seinen Dienst zu sagen, den er ihm unbedingt heimlich an Bord seines eigenen Schiffes leisten musste. In der Mitte der zweiten Wache sollte er in den unteren Schiffsraum schleichen und so nahe am Kiel wie möglich mit dem Handbohrer drei große Löcher bohren und etwas dagegen legen, damit das eindringende Wasser kein zu großes Geräusch machen noch durch sein Brausen entdeckt werden konnte.

Thomas Moone war äußerst bestürzt, als er diesen Wunsch unseres Kapitäns hörte, und wollte unbedingt den Grund wissen, weshalb seine eigene gute Bark, die noch neu und stark war, versenkt werden solle, und das durch ihn, der bis jetzt auf ihr zwei so gute und Gewinn bringende Reisen gemacht hatte. Wenn sein Bruder, der Steuermann, und die übrige Mannschaft etwas davon erführen, so glaubte er, würden sie ihn sicher umbringen.

Aber nachdem ihm unser Kapitän seine Gründe mitgeteilt und ihn mit dem Versprechen überredet hatte, dass es den anderen nicht bekannt werden würde, bevor sie selbst von der Notwendigkeit überzeugt wären, übernahm er es und führte es entsprechend aus.

Am nächsten Morgen (dem 15. August) bestieg unser Kapitän sehr früh seine Pinasse, um fischen zu gehen – es gibt dort an der Küste Fische aller Arten im Überfluss. Er fuhr längsseits der SWAN und forderte seinen Bruder auf mit ihm zu kommen. Dieser fragte, ob er ein wenig warten könne, er werde ihm sogleich folgen.

Unser Kapitän, der erkannte, dass die Tat durchgeführt worden war, wollte ihn nicht zur Eile antreiben; aber beim Wegrudern fragte er die Mannschaft seines Bruders, warum ihre Bark so tief liege, als ob er es sich nicht erklären könne. Wegen dieser Anfrage schickte sein Bruder jemanden hinunter zum Proviantmeister, um zu erfahren, ob etwa Wasser im Schiff sei, oder welcher andere Grund vorliegen könne.

Der Proviantmeister, der sich hastig durch seine übliche Luke nach unten begab, wurde bis zur Hüfte nass und kam in aller Eile wieder nach oben, als ob ihm das Wasser gefolgt sei, und rief laut, dass das Schiff voller Wasser sei. Es war nicht nötig, die Mann-

schaft zur Eile anzutreiben, die einen zu den Pumpen, die anderen zur Suche nach dem Leck. Da der Kapitän der Bark sah, dass sie sich alle voll Eifer an die Arbeit machten, folgte er rasch seinem Bruder und berichtete ihm von dem Missgeschick, das ihnen in der Nacht widerfahren sei. In den sechs Wochen zuvor hätten sie nicht zweimal an die Pumpen gemusst und jetzt stünde das Wasser sechs Fuß hoch. Deshalb bitte er, ihn nicht beim Fischfang begleiten zu müssen, damit er die Suche nach dem Leck und dessen Reparatur überwachen könne. Als unser Kapitän das Angebot machte ihnen mit seiner Mannschaft zu helfen, antwortete sein Bruder, sie hätten genug Männer an Bord, er möge ruhig auf Fischfang gehen, damit auch sie ihren Anteil an dem Mahl bekämen. Bei seiner Rückkehr stellte unser Kapitän fest, dass die Mannschaft der Bark trotz großen Bemühens nur wenig Erfolg gehabt hatte, das Wasser auszupumpen. Aber ihre Liebe zur Bark war, wie unser Kapitän wusste, so groß, dass sie nicht aufgaben, sondern unter Aufbietung aller Kräfte bis drei Uhr nachmittags weiterarbeiteten. Zu dieser Zeit musste die Mannschaft, obwohl sie durch unseren Kapitän selbst und viele seiner Männer abgelöst worden war, einsehen, dass sie nicht in der Lage war, mehr als eineinhalb Fuß Wasser auszupumpen, und dass keine Hoffnung mehr bestand, das Leck zu finden und abzudichten. Allmählich sank auch ihre Zuneigung zu ihrem Schiff und sie waren eher bereit an andere Lösungen zu denken.

Daraufhin beriet unser Kapitän sich mit der Besatzung der Swan, *um herauszufinden, was ihrer Meinung nach am besten zu tun sei. Er stellte fest, dass sie eher alles tun wollte, was er für notwendig hielt, als selbst Lösungen vorzuschlagen. Deshalb machte er den Vorschlag, dass er selbst sich auf die Pinasse begeben werde, bis er eine hübsche Fregatte bekommen könne. Sein Buder solle Kapitän des Flaggschiffes werden und sein Steuermann solle bei ihm bleiben. Da sie erkennen mussten, dass ihr Schiff nicht mehr zu retten sei, sollte es in Brand gesetzt werden, damit es nicht in die Hände des Feindes falle. Aber zunächst sollten alle Pinassen längsseits gehen und ein jeder möge an sich nehmen, was er brauche oder was er möge. Dieses wurde in jener Nacht sogleich durchgeführt, obwohl sich die Mannschaft zu-*

nächst sehr darüber verwunderte. Unser Kapitän hatte seinen Wunsch durchgesetzt und hatte nun genügend Männer für seine Pinassen.

Am nächsten Morgen (dem 16. August) beschlossen wir eine geeignete Stelle im Golf von Darien zu suchen, wo wir unsere Schiffe sicher vor Anker lassen konnten, unentdeckt vom Feind, der nun vermuten konnte, wir hätten die Küste gänzlich verlassen; in der Zwischenzeit wollten wir mit unseren Pinassen nach Kräften unser Ziel verfolgen, das heißt, unser Kapitän wollte mit zwei Pinassen zum Rio Grande (Magdalena) fahren, eine dritte sollte unter Befehl seines Bruders auf Suche nach den Cimarrones gehen.

Diesem Beschluss zufolge segelten wir augenblicklich (am 21. August) zu dem besagten Golf, den wir innerhalb von fünf Tagen erreichten. Absichtlich enthielten wir uns aller Unternehmungen, die unsere Absichten hätten verhindern oder unsere Anwesenheit an der Küste hätten verraten können.

Sobald wir an dem von unserem Kapitän vorgesehenen Ort ankamen und eine für unsere Zwecke geeignete, fern allem Verkehr liegende Stelle ausgewählt hatten, erholten wir uns dort etwa fünfzehn Tage lang und verhielten uns ruhig, damit das Gerücht unserer Anwesenheit an der Küste zum Schweigen komme.

Aber in der Zwischenzeit waren wir nicht müßig. Außer den üblichen Arbeiten, die uns unser Kapitän gewöhnlich jeden Monat tun ließ, wie das Reinigen und Instandsetzen der Pinassen, die dann besser dem Ruder und Segel gehorchten, ließ er uns eine große Fläche von Bäumen und Gestrüpp roden und Häuser bauen, die uns allen genügend Unterkunft boten. Dabei leistete uns der Neger, der zuvor zu uns geflohen war, große Dienste, da er mit dem Land und den dort gängigen Bauweisen bestens vertraut war. Unsere Bogenschützen fertigten Zielscheiben an, um schießen zu üben. Viele von uns hatten daran so viel Spaß, dass wir keinen Bogenmacher brauchten, um unsere Pfeile und Bogen in Ordnung zu halten. Der Rest der Mannschaft ging, ein jeder nach Wunsch, Zerstreuungen nach und spielte Karten, Scheibenwerfen, Kegeln usw. Unser Kapitän erlaubte jeweils einer Hälfte seiner Mannschaft sich auf diese Art ihre Zeit zu vertrei-

ben, die andere Hälfte musste, täglich wechselnd, die notwendigen Arbeiten am Schiff und den Pinassen ausführen und für frische Nahrung sorgen, wie Fische, Wildvögel, Wildschweine, Rotwild, Kaninchen usw., wovon es dort viel gab. Unsere Schmiede bauten ihre Esse auf, von England hatten wir Amboss, Eisen, Kohle und alle anderen notwendigen Dinge mitgenommen, was uns sehr zustatten kam.

Am Ende dieser fünfzehn Tage (am 5. September) ließ unser Kapitän sein Schiff in der Obhut seines Bruders zurück, der alle Dinge in Ordnung halten sollte. Wie vorher beschlossen, fuhr er mit zwei Pinassen zum Rio Grande und kam außer Sichtweite an Cartagena vorbei. Als wir uns dem Fluss auf zwei Seemeilen genähert hatten, landeten wir (am 8. September) auf dem westlichen Teil des Festlandes, wo wir eine große Menge Vieh sahen. Dort trafen wir einige Indianer an, die uns auf freundliche Art in gebrochenem Spanisch fragten, was wir haben wollten. Als sie erfuhren, dass wir frische Lebensmittel einhandeln wollten, suchten sie leicht und geschwind, als ob sie besondere Gewalt darüber hätten, Vieh heraus, wie wir es brauchten, wollten aber nicht dulden, dass wir ihnen zu nahe kämen. Sie halfen uns bereitwillig, da unser Kapitän, wie es seiner Gewohnheit entsprach, sie reichlich für ihre Mühen mit Dingen entschädigte, die sie besonders schätzten, sodass sie uns versicherten, wir könnten hier jederzeit alles von ihnen haben, was wir brauchten.

Am gleichen Tag brachen wir zum Rio Grande auf und erreichten ihn gegen drei Uhr nachmittags. Es gibt zwei Flusseinfahrten, wir nahmen die westliche, die Boca Chica heißt. Die Strömung dieses Flusses ist so stark, dass wir eine halbe Seemeile von der Mündung entfernt Süßwasser zum Trinken entnehmen konnten.

Wir ruderten von drei Uhr bis zur völligen Dunkelheit den Strom hinauf, aber die Strömung flussabwärts war so stark, dass wir in der ganzen Zeit nur zwei Seemeilen zurücklegten. Wir vertäuten an jenem Abend unsere Pinassen an einem Baum. Kurz darauf, nach Einbruch der Nacht, fiel ein so gewaltiger Regenschauer mit so seltsamem und schrecklichem Donnergrollen und Blitzen, dass wir uns nicht wenig darüber verwunderten, obwohl unser Kapitän mit solchen landesüblichen Unwettern vertraut war und uns sagte, dass sie selten länger als eine Dreiviertelstunde anhielten.

Sobald der Sturm sich gelegt hatte, wurde es sehr ruhig und im selben Augenblick kam eine solch ungeheure Menge einer Fliegenart jenes Landes, die Moskitos heißen, ähnlich unseren Mücken, die uns so boshaft stachen, dass wir die ganze Nacht nicht schlafen und auch keine Mittel und Wege finden konnten, uns vor ihnen zu schützen, weil es so heiß war. Später fanden wir heraus, dass das beste Mittel gegen sie der Saft von Zitronen ist.

Bei Tagesanbruch (am 9. September) brachen wir auf. Wir ruderten in dem reißenden Wasser oder zogen, wo die Strömung ausblieb, unsere Schiffe an den Bäumen entlang. Wir taten dieses unaufhörlich unter größter Anstrengung, und zwar schichtweise, jede Mannschaft ihr halbes Stundenglas, ohne irgendjemanden vor etwa drei Uhr nachmittags zu treffen. Zu dieser Zeit waren wir ganze fünf Seemeilen vorangekommen.

Dann entdeckten wir ein Kanu auf dem Fluss, in dem zwei Indianer saßen und fischten. Wir sprachen sie nicht an, damit man uns nicht erkenne, noch taten sie es, da sie uns wohl für Spanier hielten. Aber etwa eine Stunde später erspähten wir einige Häuser auf der anderen Seite des Flusses. Das Flussbett ist dort etwa fünfundzwanzig Faden tief und die Flussbreite so beträchtlich, dass man einen Menschen kaum von einem Ufer zum anderen erkennen kann. Doch ein Spanier, der diese Häuser bewachte, hatte unsere Pinassen bereits entdeckt. Er dachte, wir seien Landsleute, und gab uns Rauchsignale, um uns auf den richtigen Weg zu lotsen; offensichtlich wollte er mit uns sprechen. Da wir den Rauch bemerkt hatten und ihm bereits bis zur Mitte des Flusses gefolgt waren, winkte er uns mit seinem Hut und seinen langen Puffärmeln zu, an Land zu kommen.

Aber als wir näher herankamen, bemerkte er, dass wir nicht die waren, die er erwartet hatte. Er gab Fersengeld und verließ fluchtartig die Häuser. Wir stellten fest, dass es fünf waren, alle gefüllt mit Vorräten an weißem Zwieback, Speck, Landkäse – in der Art wie holländischer Käse, aber viel feiner im Geschmack, er wird gern als besonderes Geschenk nach Spanien geschickt –, vielen Arten von Zuckerkonfekt und Eingemachtem und einem großen

Vorrat an Zucker, der für die nach Spanien zurückkehrende Flotte bestimmt war.

Wir beluden unsere Pinassen mit diesem Vorrat an Lebensmitteln und waren gegen Abend fertig zum Aufbruch. Wir beeilten uns damit ziemlich, weil wir von einigen indianischen Frauen, die wir in jenen Häusern angetroffen hatten, die Nachricht erhalten hatten, die Fregatten seien noch nicht von Cartagena zurückgekehrt seit dem ersten Alarm, den es bei unserer Anwesenheit dort gegeben hatte. Es waren gewöhnlich dreißig oder mehr Fregatten, die Waren von Spanien nach Cartagena und von dort zu diesen Häusern beförderten, und schließlich von hier mit großen Kanus nach Nuevo Reyno. Der Fluss, der sich viele hundert Seemeilen in das Land erstreckt, eignet sich trefflich dazu. Bei ihrer Rückfahrt haben sie dann Gold und andere Schätze, Silber, Lebensmittel und Waren an Bord, die die königlichen Besitzungen im Überfluss erbringen.

Als wir (am 10. September) von diesen Lagerhäusern an Bord unserer Pinassen gingen, hatten die Spanier Indianer aus einer großen Stadt namens Villa del Rey, die etwa zwei Meilen von unserem Landeplatz flussauf liegt, an diesen Ort gebracht. Aus den Büschen schossen sie ihre Pfeile auf uns ab. Wir aber ruderten mit der Strömung – der Wind kam aus der Gegenrichtung – eine Meile flussabwärts. Dort luden wir alle unsere Vorräte aus, säuberten unsere Pinassen, wie es die Gewohnheit unseres Kapitäns war, beluden sie wieder und fuhren am selben Tag noch gen Westen.

Bei dieser Rückfahrt erspähten wir ein Schiff, eine Bark und eine Fregatte. Das Schiff und die Fregatte fuhren nach Cartagena, die Bark aber war mit östlichem Wind auf Nordkurs, sodass wir vermuteten, sie befördere Gold oder andere Schätze in Richtung Spanien. Deshalb begaben wir uns auf Verfolgungsjagd; aber als wir sie gekapert hatten und feststellen mussten, dass sie nichts von Bedeutung an Bord hatte, nur Häute und Zucker, ließen wir sie weiterfahren und setzten mit günstigen Winden unseren Kurs zu unserem Schiff und unserer Mannschaft fort.

Auf dem Wege zwischen Cartagena und Tolu kaperten wir (am 11. September) fünf oder sechs Fregatten, die lebende Schweine,

Hühner und Mais, den wir Guineaweizen nennen, in Tolu geladen hatten. Nachdem wir von deren Mannschaft alle Auskünfte erhalten hatten, die sie uns über die spanischen Vorkehrungen gegen uns und die spanische Meinung über uns geben konnten, wurden alle Männer freigelassen, wir behielten nur zwei Fregatten, weil sie so reichlich mit guten Lebensmitteln versehen waren.

Drei Tage später kehrten wir wieder an den Ort zurück, an dem unser Kapitän sein Schiff zurückgelassen hatte und den die Mannschaft »Port Plenty« nannte, weil wir dorthin ständig guten Proviant im Überfluss brachten. Wir besorgten ihn uns auf dem Weg, der für die Versorgung von Cartagena und Nombre de Dios sowie für die von Spanien kommenden und nach Spanien gehenden Flotten benutzt wird. Wären wir zweitausend, ja dreitausend Mann gewesen, wir hätten mit unseren Vorräten an Wein, Mehl, Zwieback, Cassavi (einer Art Brot, das aus der Yuccawurzel gemacht wird; der Saft dieser Wurzel ist giftig, aber das Fleisch gut und bekömmlich), getrocknetem Rindfleisch, getrocknetem Fisch, lebenden Schafen, Schweinen und Hühnern alle leicht versorgen können. Außerdem gab es unzählige Mengen schmackhafter Fische, die jeden Tag ohne Mühe gefangen werden konnten. Wir hatten so viele Vorräte, dass wir uns gezwungen sahen vier Magazine oder Lagerhäuser zu bauen, die teils zehn, teils zwanzig Meilen voneinander entfernt lagen, die einen auf den Inseln, die anderen auf dem Festland. So hatten wir an verschiedenen Stellen Vorräte, damit wir, sollte der Feind eines von ihnen überraschend einnehmen, doch ausreichend versorgt wären, bis wir unsere Reise so abgewickelt hätten, wie wir hofften. Beim Errichten dieser Lagerhäuser war unser Neger wieder eine große Hilfe, da er eine besondere Geschicklichkeit im Bauen zeigte.

Unsere Vorräte waren so umfangreich, dass wir damit nicht nur uns und die Cimarrones versorgten, solange sie bei uns waren, sondern auch noch zwei französische Schiffe, die in äußerste Notlage geraten waren.

Während unserer Abwesenheit war Kapitän John Drake, wie vereinbart, mit einer der Pinassen in Richtung Festland gefahren. Als er, geführt von Diego, dem bereits erwähnten Neger, der aus freien Stücken in Nombre de Dios zu uns gekommen war, die

Küste entlangruderte, entdeckte er einige der Cimarrones, mit denen er so erfolgreich verhandelte, dass er schließlich zwei unserer Leute bei ihrem Führer zurückließ und zwei von ihren Leuten an Bord nahm. Sie kamen überein, sich am nächsten Tage auf einem Fluss, dem Rio Diego, auf halber Strecke zwischen den Cabezas und unseren Schiffen, zu treffen.

Diese beiden Botschafter, sehr verständige Männer, die von ihrem Häuptling ausgesucht worden waren, erklärten unserem Kapitän mit aller Ehrerbietung und allem Respekt, dass ihr Volk über sein Kommen große Freude empfinde, weil man ihn als einen wahren Feind der Spanier schätzte. Sie wüssten dies nicht nur durch die letzten Ereignisse in Nombre de Dios, sondern auch von seinen früheren Reisen her. Deshalb seien sie bereit ihn bei seinen Unternehmungen gegen die Spanier mit äußerster Kraft zu unterstützen. Ihr Führer halte sich mit seiner Mannschaft im Augenblick nahe der Mündung des Rio Diego auf und warte dort darauf, welche Antwort und welcher Befehl ihnen gegeben werde. Sie selbst seien auf dem Landweg hierher gekommen, aber der Weg sei sehr lang und höchst mühsam gewesen wegen der vielen steilen Berge, der tiefen Flüsse und des Dickichts. Sie ersuchten deshalb unseren Kapitän, er möge nach Gutdünken Befehl erteilen, und zwar in aller geziemenden Eile.

Unser Kapitän überdachte die Rede dieser Männer und wog sie gegen seine früheren Informationen ab. (Er hatte seine Auskünfte nicht nur von Negern, sondern auch von Spaniern, worauf er immer sehr bedacht war.) Auch verglich er ihre Mitteilungen mit den Aussagen seines Bruders über die große Freundlichkeit, die sie ihm kurz zuvor bei seinem Besuch erwiesen hatten.

Nachdem er die Ansichten seiner klügsten Berater gehört hatte, entschloss er sich augenblicklich mit seinem Bruder und den beiden Cimarrones auf zwei Pinassen zum Rio Diego aufzubrechen, was er noch an demselben Abend tat. Er gab Befehl, dass sein Schiff und die übrige Flotte ihm am nächsten Morgen folgen sollten, weil es dort am Fluss einen sehr sicheren und geeigneten Ort gab, den sein Bruder ausgekundschaftet hatte. Die Sicherheit dieses höchst anmutigen und reichen Landstrichs besteht darin, dass er von keinem einzigen Spanier oder irgendeinem, der für die Spanier Partei ergreift, bewohnt wird. Dieses trifft für die ganze, etwa sechzig Meilen lange Küste von Tolu bis Nombre de Dios zu.

Zudem ist der Ort besonders sicher, weil er zwischen vielen anmutigen, mit Bäumen bewachsenen Inseln liegt, zwischen denen es zwar Fahrrinnen gibt, die aber so viele Felsen und Untiefen aufweisen, dass man bei Nacht nur unter großer Gefahr, am Tage nicht ohne entdeckt zu werden, eindringen kann, wogegen unser Schiff hinter den Bäumen verborgen vor Anker liegen konnte.

Am nächsten Tag (dem 14. September) kamen wir an dem als Treffpunkt vereinbarten Fluss an, wo wir die Cimarrones fanden, wie sie versprochen hatten. Ein anderer Teil ihrer Gruppe lagerte eine Meile flussaufwärts in einem Wald am Flussufer. Wir bewirteten sie und sie zeigten uns ihre Freude und ihren guten Willen. So nahmen wir noch zwei weitere Neger zu uns an Bord und ließen unsere beiden Männer mit ihrer restlichen Gruppe auf dem Landwege zu einem anderen Fluss, dem Rio Guana, marschieren, wo sie mit einer anderen Gruppe von Cimarrones zusammentreffen sollten, die sich bislang in den Bergen aufhielt.

Also brachen wir an jenem Tage mit unseren Pinassen auf, wollten aber erst unser Schiff suchen, weil wir uns wunderten, dass es uns nicht, wie vereinbart, gefolgt war.

Aber zwei Tage später (am 16. September) fanden wir es an der Stelle, an der wir es zurückgelassen hatten. Es war in einem bedenklichen Zustand, ziemlich mitgenommen und in großer Gefahr, und zwar wegen eines Sturmes, der in unserer Abwesenheit darüber hinweggegangen war.

Nach zwei Tagen, als wir unser Schiff wieder seetüchtig gemacht hatten, schickte unser Kapitän (am 18. September) eine Pinasse in das Innere der Bucht, um zwischen den Untiefen und sandigen Inseln eine Fahrrinne auszuloten, in der wir unsere Schiffe näher an das Festland bringen konnten.

Am nächsten Tag (am 19. September) folgten wir und wurden durch vorsichtiges Lotsen sicher in der besten Fahrrinne geleitet, freilich mit viel Lärm und Geschrei, um zwischen so vielen Sandbänken und Untiefen den Weg zu finden. Wir gingen etwa fünf

Seemeilen von Cativas zwischen einer Insel und dem Festland vor Anker. Die Insel war nicht mehr als vier Kabellängen[1] *vom Festland entfernt, hatte eine Größe von etwa drei Morgen, war flach und dicht mit Bäumen und Gesträuch bewachsen.*

Nach unserer Abfahrt von »Port Plenty« mussten wir den größten Teil der nächsten drei Tage (bis zum 22. September) mit dieser Fahrt zubringen, bevor wir endlich an unserer neuen Reede lagen; als wir gerade angekommen waren (am 23. September), sichteten wir unsere beiden Männer und die erste Gruppe der Cimarrones, zusammen mit zwölf anderen, die sie in den Bergen getroffen hatten, gerade gegenüber dem Schiff auf dem Festland. Von dort nahmen wir sie alle an Bord, uns und ihnen zur Freude. Denn sie waren froh, dass sie Gelegenheit haben sollten, das ihnen zugefügte Unrecht an den Spaniern zu rächen, und wir hofften, unsere Reise nunmehr mit besserem Erfolg fortsetzen zu können.

Als unser Kapitän sie bei der ersten Zusammenkunft bat, ihm die Mittel aufzuzeigen, die sie hätten, um ihm Gold und Silber zu beschaffen, antworteten sie ihm schlicht, hätte man gewusst, dass ihm der Sinn nach Gold stünde, so hätte man ihn mit einer großen Menge zufrieden gestellt, könne dies aber im Augenblick nicht tun, weil die Flüsse, in denen sie große Schätze versenkt hatten, die sie den Spaniern genommen hatten – mehr um ihnen zu trotzen als aus Liebe zum Gold –, jetzt so viel Wasser führten, dass sie es aus solchen Tiefen unmöglich herausholen könnten. Außerdem erfuhr er, dass die Spanier in diesen Regenmonaten Gold nicht auf dem Landwege zu befördern pflegten.

Obwohl diese Antwort uns etwas unerwartet kam, stimmte sie uns dennoch nicht unzufrieden, denn sie überzeugte uns eher noch mehr von ihrer aufrichtigen Gesinnung uns gegenüber. Um diese fünf Monate Wartezeit auszufüllen, befahl unser Kapitän all unsere schweren Geschütze, die Artillerie und alle anderen notwendigen Dinge an Land zu bringen. Er sandte die Pinassen zum Festland, um große Bäume herüberzuschaffen, und ließ ein Fort auf der besagten Insel bauen. Alle unsere Kanonen sollten

1 Entspricht 2400 Fuß; eine Kabellänge gleich 600 Fuß.

darin in Stellung gebracht werden und es sollte zu unserem Schutz dienen, falls der Feind in dieser Zeit zufällig kommen und angreifen würde.

Unsere Cimarrones schnitten Palmäste und Zweige und errichteten mit verblüffender Geschwindigkeit zwei große Häuser für unsere ganze Mannschaft (am 24. September). Unser Fort wurde dann nach den Gegebenheiten des Ortes in dreieckiger Form gebaut, hauptsächlich aus Stämmen und Erde. Der Graben, den wir aushoben, versorgte uns reichlich mit Baumaterial, sodass wir den Wall dreizehn Fuß hoch aufwarfen.

Nach vierzehn Tagen auf der Insel entschloss sich unser Kapitän mit drei Pinassen nach Cartagena zu fahren. Am 7. Oktober brach er auf und betraute seinen Bruder mit dem Kommando über die Zurückbleibenden wie auch über die Cimarrones. Sie sollten die begonnenen Arbeiten am Fort beenden. Drake beauftragte seinen Bruder, so viele Bretter und Planken wie möglich von der Prise, die wir in Rio Grande gekapert und bei Cativas zurückgelassen hatten, mit einer Pinasse heranzuschaffen. Jenes Schiff war nämlich in unserer Abwesenheit gestrandet und zerstört worden, jetzt aber konnte es sehr gut dazu dienen, Materialien für den Bau unserer Geschützstellung zu liefern. So nahmen unser Kapitän und sein Bruder voneinander Abschied, der eine fuhr in östliche Richtung, der andere nach Cativas.

Am Abend des gleichen Tages gelangten wir zu einer Insel, die wir Sporengeierinsel nannten, weil wir dort eine große Anzahl von Vögeln vorfanden, die dieser Vogelart ihrer Gestalt nach ähnelten. Sie waren sehr schmackhaft und wir töteten und brieten viele. Wir blieben bis zum nächsten Tag (dem 8. Oktober) mittags, dann brachen wir von dort auf. Etwa gegen vier Uhr kamen wir auf unserer Fahrt zu einer großen Insel, übernachteten dort und versorgten uns mit Fischen in Menge, besonders auch mit einer Art großer Schalentiere, die einen Fuß lang waren. Wir nannten sie Wellhornschnecken.

Am nächsten Morgen (dem 9. Oktober) hatten wir alle diese Inseln und Untiefen hinter uns und stachen in See. Etwa vier Tage später (am 13. Oktober) trieben wir in der Nähe der San-Bernardo-Inseln zwei Fregatten ans Ufer und ließen sie stranden.

Zwei Tage lang (vom 14.–15. Oktober) verweilten wir auf einer dieser Inseln, um unsere Pinassen zu säubern und von Seegetier zu reinigen.

Von da fuhren wir nach Tolu weiter und gingen (am 16. Oktober) in der Nähe der Stadt in einem Garten an Land. Dort trafen wir einige Indianer, die uns ihre Bogen und Pfeile übergaben und für uns Früchte sammelten, die in dem Garten wuchsen. Es gab viele Sorten von schmackhaften Früchten und Wurzeln, für die wir ihnen gaben, was ihnen gefiel. Das Hauptziel unseres Kapitäns, das er hier und an anderen Orten auf dem Wege verfolgte, war, alle wichtigen Auskünfte zu sammeln, die er über die Gestalt des Landes und den Zustand der spanischen Flotten bekommen konnte.

Von dort brachen wir wenig später auf und ruderten in Richtung Charesha, den Inseln Cartagenas, und kamen an Boca Chica vorbei. Da der Wind von der offenen See wehte, segelten wir auf die Stadt zu und warfen Anker zwischen Insel und Festland, gerade gegenüber einer anmutigen Garteninsel, die uns unser Kapitän nicht betreten ließ, ungeachtet unseres hartnäckigen Verlangens, weil er wusste, dass es gefährlich werden könnte. Die Spanier haben nämlich die Gewohnheit, Soldaten an solche Orte zu schicken, wenn sie wissen, dass sich irgendwelche Kriegsschiffe an der Küste befinden. Wie richtig dieser Argwohn war, sollten wir drei Stunden später erfahren, als wir die Landspitze der Insel passierten; da wurde plötzlich eine Salve von einhundert Schuss auf uns abgegeben, aber nur einer von uns wurde verletzt.

An diesem Abend stachen wir wieder in See und am folgenden Tag (am 17. Oktober), als wir zwei Seemeilen vom Hafen entfernt waren, kaperten wir eine Bark und stellten fest, dass der Kapitän und seine Frau sowie die besseren Passagiere mit dem Beiboot an Land gegangen waren. Wir enterten die Bark, ohne auf Widerstand zu stoßen, obwohl die Mannschaft gut mit Schwertern, Schilden, Musketen und vier eisernen Kanonen ausgerüstet war. Sie hatte etwa fünfzig Tonnen, eine Besatzung von zehn Seeleuten, fünf oder sechs Negern, eine große Ladung von Seife und Zuckerkonfekt, und war auf dem Wege von Santo Domingo nach Cartagena. Der Kapitän hatte eine seidene Flagge mit seinem

Wappen zurückgelassen, was als Anzeichen einer hastigen Flucht gedeutet werden konnte.

Am nächsten Tage (dem 18. Oktober) schickten wir die gesamte Mannschaft an Land, um ihre Herren aufzusuchen, nur ein Negerkind von drei oder vier Jahren nahmen wir mit uns. Die Bark behielten wir und steuerten sie in die Hafeneinfahrt von Cartagena, wo wir vor Anker gingen.

An jenem Nachmittag kamen einige Reiter zu der bewaldeten Landzunge herunter. Mit ihnen erschien der bereits erwähnte königliche Sekretär mit einer Parlamentärflagge, kam auf unsere Bark zu und erbat von unserem Kapitän sicheres Geleit für sein Kommen und Gehen. Nachdem ihm dieses gewährt war, kam er zu uns an Bord, bedankte sich überschwänglich für die erwiesenen mannigfachen Gunstbezeigungen und versprach uns in der Nacht vor Tagesanbruch so viele Lebensmittel heranzuschaffen, wie wir nur wollten, welche Schwierigkeiten und Gefahren sich für ihn auch immer ergeben würden im Hinblick auf Gesetz und Bestrafung. All das erwies sich aber als raffinierter Plan des Statthalters, der den königlichen Schreiber vorgeschickt hatte, um Zeit zu gewinnen, bis genügend Verstärkung herangeholt worden war, um uns in der Falle zu fangen. Diesen Kerl mit seiner sanften Rede hatte man als geeignetes Werkzeug zur Vorbereitung des Planes angesehen. Als wir erkannten, dass seine Worte nichts als leeres Geschwätz waren, stachen wir bei Sonnenaufgang (am 19. Oktober) in See und begaben uns auf die Westseite der Insel, die etwa drei Seemeilen entfernt war, und lagen dort den ganzen übrigen Tag und die folgende Nacht beigedreht.

Am nächsten Tag (am 20. Oktober) kamen zwei Fregatten aus dem Hafen von Cartagena, mit Kurs auf Santo Domingo. Die eine war fünfzig, die andere zwölf Tonnen groß, sie hatten nichts als Ballast an Bord. Wir kaperten sie eine Seemeile von der Stadt entfernt und gingen mit ihnen in Kanonenschussweite von der östlichen Bastei entfernt vor Anker. Auf diesen Fregatten befanden sich zwölf oder dreizehn gewöhnliche Matrosen, die flehentlich darum baten, an Land gesetzt zu werden. Unser Kapitän gab ihnen das Beiboot der großen Fregatte und ließ sie laufen.

Als sie am nächsten Morgen (am 21. Oktober) wieder mit einer

Parlamentärfahne zur Westspitze herunterkamen, bemannte unser Kapitän eine Pinasse und ruderte landwärts. Als wir eine Kabellänge[1] *vom Ufer entfernt waren, flohen die Spanier und verbargen sich im Wald, als hätten sie vor unseren Kanonen Angst; in Wirklichkeit aber wollten sie uns an Land locken und unsere Stärke feststellen. Unser Kapitän befahl, den Anker am Heck zu werfen, und drehte die Pinasse zum Lande zu bei. Sobald sie den Sand berührte, sprang er allein unter aller Augen an Land und erklärte, dass er seinen Fuß durchaus an Land zu setzen wage, auch wenn er nicht dort bleiben werde. Sie sollten wissen, dass er zwar nicht genügend Streitkräfte habe, um sie zu besiegen, wohl aber genügend Urteilsvermögen, um sie zu durchschauen.*

Sobald unser Kapitän wieder an Bord war, holten wir den Anker ein und ließen uns eine Zeit lang treiben.

Sie kamen sogleich zum Strand und sandten einen jungen Mann mit einer Botschaft des Statthalters, der erfahren wollte, mit welchen Absichten wir uns hier an der Küste aufhielten.

Unser Kapitän antwortete, er gedenke mit ihnen Handel zu treiben, er habe Zinn, Hartzinn, Tuche und andere Waren, die sie vielleicht brauchen könnten.

Der junge Mann schwamm mit dieser Antwort an Land und kehrte sogleich mit einer anderen Botschaft zurück, die besagte, dass der König für ausländische Mächte den Handel mit allen Waren, außer mit Pulver und Kugeln, verboten hätte. Wenn wir diese hätten, so wären sie gern unsere Kunden.

Unser Kapitän erwiderte, dass er von seinem Lande hierher gekommen sei, um seine Waren gegen Gold und Silber einzutauschen, und dass er nicht die Absicht hätte, vor Abschluss dieses Handels zurückzukehren. Seiner Meinung nach würden sie keine ruhige Zeit haben, wenn sie nicht auf anständige Art mit ihm Handel treiben wollten.

Er gab dem Boten ein hübsches Hemd als Belohnung und schickte ihn zurück. Dieser rollte das Hemd über dem Kopf zusammen und schwamm sehr eilig zurück.

Wir bekamen den ganzen Tag über keine Antwort und gingen

1 600 Fuß.

deshalb gegen Abend an Bord unserer Fregatten und legten uns zur Ruhe, stellten aber die ganze Nacht ordnungsgemäß Wachen auf und hatten unsere Kanonen und Musketen schussbereit.

Am nächsten Morgen drehte der Wind, der am Abend von Westen gekommen war, auf Ost.

Bei Tagesanbruch bemerkten wir zwei Segel, die auf uns zuhielten, worauf unser Kapitän ihnen mit den Pinassen entgegenfuhr und die beiden Fregatten unbemannt zurückließ. Plötzlich legte sich der Wind und wir waren genötigt den Rest der Strecke zu rudern. Als wir ihnen sehr nahe gekommen waren, sahen wir viele Köpfe über die Reling spähen. Wie wir erkannten, waren diese beiden Fregatten in Cartagena bemannt und ausgeschickt worden, um mit uns zu kämpfen oder zumindest um uns anzugreifen und zu beschäftigen; in dieser Zeit gedachten sie uns dann auf die eine oder andere Art unsere Fregatten abzunehmen.

Aber unser Kapitän vereitelte ihre Absichten. Er befahl John Oxenham mit seiner Pinasse dort zu bleiben und sich mit den beiden Kriegsschiffen zu befassen, er selbst fuhr mit äußerster Geschwindigkeit zu den Fregatten zurück und veranlasste die Spanier (die in der Zwischenzeit mit Hilfe eines kleinen Kanus an Bord gekommen waren, in der Absicht, die Fregatten in den Schussbereich ihrer Kanonen zu bugsieren), schneller wieder von Bord zu gehen, als sie gekommen waren. Einige mussten auf ihrer Flucht an Land schwimmen – das Kanu konnte sie nicht alle aufnehmen – und hatten ihre Ausrüstung zurückgelassen, einige ihre Rapiere und Schilde, andere ihre Pulverhörner und leichten Musketen.

Da unser Kapitän einsehen musste, dass wir unsere Fregatten nicht ausreichend bemannen konnten, versenkten wir die eine und verbrannten die andere und gaben den Spaniern somit zu verstehen, dass wir ihre geheimen Absichten durchschaut hatten.

Nachdem dies geschehen war, kehrte er (am 22. Oktober) zu John Oxenham zurück, der während der ganzen Zeit vor den Kriegsschiffen gelegen hatte, ohne ihnen den Kampf anzubieten. Als wir uns auf Höhe der spanischen Fregatten befanden, begann plötzlich ein heftiger Wind von See zu wehen, sodass wir, da wir uns zwischen Fregatten und Küste befanden, geradezu gezwun-

gen waren, auf den Hafen auszuweichen. Die Spanier bemerkten dies mit großer Freude und vermuteten, wir wären vor ihnen auf der Flucht. Aber sobald wir uns im Hafen und in ruhigem Wasser befanden und unsere Pinassen, wie wir feststellten, im Winde lagen, kämpften wir mit dem Vorteil auf unserer Seite, sodass sie sich nach einigem Schusswechsel nicht auf einen weiteren Kampf einließen, zumal der Sturm stärker wurde. Als sie vor Anker gingen, legten wir uns sogleich luvwärts von ihnen vor Anker. Als die spanischen Soldaten am Ufer das sahen und den nachteiligen Wind, die Aussicht auf einen anhaltenden Sturm und die geringe Wahrscheinlichkeit einer Wende zum Besseren bedachten, waren sie froh, sich in die Stadt zurückziehen zu können. Wegen des schlechten und stürmischen Wetters blieben wir vier Tage dort vor Anker. Wir froren sehr, weil wir so schwere Regenfälle und Westwind hatten und unsere Pinassen uns so wenig Schutz boten.

Am fünften Tag (dem 27. Oktober) nach diesen Ereignissen lief eine Fregatte von See ein. Als ihre Mannschaft bemerkte, dass wir uns ihr näherten, ließ man sie am Ufer auflaufen und entfernte Steuerruder und Segel, damit sie nicht so leicht entführt werden konnte. Als wir uns der Fregatte näherten, sahen wir etwa hundert Reiter und Fußsoldaten, die mit ihrer Ausrüstung ans Ufer des Festlandes gekommen waren und mit denen wir einige Schüsse austauschten. Eine unserer großen Kugeln schlug so nahe bei einem ihrer tapferen Reitersleute ein, dass sie sich veranlasst fühlten sich zu beratschlagen und in die Wälder zurückzuziehen. Von dort aus konnten sie sich hinlänglich verteidigen und die Fregatte vor uns schützen und uns auch belästigen, wenn wir lange genug dort blieben.

Deshalb entschlossen wir uns wieder in See zu stechen, und liefen über Boca Chica aus. In der Hoffnung auf gutes Wetter wollten wir die Masten umlegen und uns im Schutz der Felsen von Las Serenas, zwei Meilen von hier entfernt, einfach treiben lassen, wie wir es schon früher getan hatten, um von den Spaniern nicht entdeckt zu werden. Aber dort war die See in so mächtigem Aufruhr, dass wir gezwungen waren, wieder in den Hafen zurückzukehren. Wir blieben dort sechs Tage lang (bis zum 2. November), ungeachtet der Spanier, die sehr bekümmert waren, dass wir uns dort so lange aufhielten, und einen anderen Plan in Angriff nahmen, um uns in Gefahr zu bringen.

Sie sandten eine große Schaluppe aus, ein schönes Beiboot und ein großes Kanu mit einigen Spaniern mit Musketen und vielen Indianern mit vergifteten Pfeilen an Bord, die, wie es schien, den Kampf beginnen sollten und dann fliehen. Denn sobald wir auf sie zuruderten und es zu einem Schusswechsel kam, zogen sie sich sofort zurück, sprangen an Land und versteckten sich in den Wäldern, wo sie dann mit etwa sechzig Kanonen im Hinterhalt lagen. Außerdem lauerten zwei Pinassen und eine Fregatte auf uns, die an der Warpleine in unsere Richtung bugsiert wurden und wie die anderen bemannt waren. Sie griffen uns sehr mutig an und wurden dabei von denen unterstützt, die aus den Wäldern wieder an Bord des Beibootes und des Kanus gekommen waren. Als sie sahen, dass wir uns in Anbetracht des Hinterhalts zurückzogen, ermutigten sie sich gegenseitig und versicherten ihren Mitstreitern, dass sie gesiegt hätten.

Aber unser Kapitän, der ihrem Angriff ausgewichen und so aus dem Gefahrenbereich der Kanonen gelangt war, befahl seiner anderen Pinasse, sich vor seine zu legen und die Anker so zu werfen, dass sie sich ineinander verhakten. Dann ließ er beide Pinassen wie für einen Nahkampf durch Segeltuch abschirmen und winkte den Spaniern zu uns an Bord zu kommen.

Sie hielten sich mit ihren Rudern außer Schussweite der leichten Musketen und gaben, genau wie wir, zwei bis drei Stunden lang in rascher Folge Schüsse ab. Nur einer unserer Männer wurde bei diesem Geplänkel verwundet. Die Höhe ihrer Verluste ist uns unbekannt, aber wir sahen, dass ihre Pinassen an etlichen Stellen Durchschüsse hatten und dass das Pulver auf einer Pinasse in Brand geriet. Das wollten wir nutzen und lichteten die Anker, um sie zu überrennen. Die Spanier bemerkten das und dachten, dass wir sie entern wollten. Sie ruderten deshalb mit aller Kraft zu ihrer Verteidigungsstellung, die sie im Wald aufgebaut hatten, einmal, weil sie enttäuscht waren über die mangelnde Hilfe von Seiten der Fregatte, die auf uns zubugsiert wurde, zum anderen wegen des starken Windes, der so stand, dass er uns nicht schaden, ihnen aber nicht nützen konnte.

Als wir somit einsehen mussten, dass wir weiterhin belästigt würden und dass keine Hoffnung bestand an diesem Orte irgendwelchen Gewinn zu machen, weil unsere Anwesenheit in der ganzen Gegend so gründlich bekannt war und außerdem unsere Lebensmittel knapp wurden, hielt unser Kapitän es für das Beste, sobald das Wetter etwas günstiger wäre – der Wind blies ständig aus West, sodass wir nicht einmal zu unseren Schiffen zurückkehren konnten –, in Richtung Osten zu fahren. Wir brachen (am 3. November) auf und nahmen die Küstenroute nach Rio Grande (Magdalena), wo wir schon zuvor gewesen waren und große Vorräte an Lebensmitteln vorgefunden hatten.

Aber als wir nach einer zweitägigen Fahrt (am 5. November) zu den Dörfern der Fülle und des Reichtums gelangten, in denen wir uns zuvor mit einem Überfluss an Hühnern, Schafen, Kälbern, Schweinen usw. versorgt hatten, fanden wir einfach nichts, nicht einmal irgendwelche Leute. Auf Befehl der Spanier hatten diese in die Berge fliehen müssen und all ihr Vieh weggetrieben, damit wir uns dort nicht versorgen konnten. Als wir nun hierüber sehr betrübt waren, auch weil ein großer Teil unserer Lebensmittel in unseren Pinassen durch das schlechte Wetter auf See und die Regenfälle im Hafen verdorben war, erweckte eine Fregatte, die wir auf See entdeckten, wieder unsere Lebensgeister und gab uns zeitweilig neue Hoffnung dort Proviant zu finden. Man kann daher leicht erraten, wie sehr wir uns bemühten sie zu kapern. Aber als wir sie geentert hatten und feststellten, dass sie weder Fleisch noch Geld an Bord hatte, sondern nach Rio Grande fuhr, um Lebensmittel gegen Rechnung zu laden, wandelte sich unsere große Hoffnung in Kummer.

Wir hielten es weitere sieben oder acht Tage mit unseren knappen Rationen aus und fuhren dann in östlicher Richtung auf Santa Marta zu. Wir hofften einigen Schiffen auf dem Weg dorthin zu begegnen oder Napfschnecken auf den Felsen zu finden oder Zuflucht vor dem Sturm in einem guten Hafen. Als wir in die Nähe von Santa Marta kamen und keine Schiffe entdeckten, ankerten wir an der westlichen Landspitze unterhalb des Steilufers, wo wir uns vor Entdeckung aus der Stadt, die im Inneren der Bucht liegt, sicher glaubten. Wir hatten nicht die Absicht, dort zu landen, da wir wussten, dass die Stadt befestigt war und die Spanier Nachricht von unserem Kommen hatten.

Aber die Spanier, die unsere Schiffe als Kriegsschiffe erkannten und denen es missfiel, dass wir uns ohne ihre Zustimmung unterhalb ihrer Felsen verbergen wollten, hatten einige dreißig oder vierzig Musketiere in den Klippen in Stellung gehen lassen. Diese belästigten uns so bösartig, ohne dass wir eine Möglichkeit zur Vergeltung hatten – sie lagen nämlich sicher hinter den Felsen verborgen, während wir ohne Schutz waren –, dass wir bald unsere Liegestelle leid wurden und gezwungen waren, trotz des Sturmes und unserer unerfüllten Bedürfnisse in See zu stechen. Obwohl unsere Feinde damit sehr zufrieden waren, sandten sie uns doch, als wir in Höhe der Stadt kreuzten, eine Kugel aus einer Langschusskanone als Abschiedsgruß nach, die uns nur knapp verfehlte. Sie fiel genau zwischen unsere Pinassen, als wir gerade berieten, was am besten zu tun sei.

Die Mannschaft wollte, wenn unser Kapitän damit einverstanden wäre, an irgendeiner Stelle östlicher Richtung an Land gehen, um Lebensmittel zu beschaffen. Sie wollte eher mit dem Entgegenkommen der Leute an Land rechnen, als die Fahrt auf See in einem so langen, kalten und wütenden Sturm in einer so lecken Pinasse fortsetzen.

Aber unser Kapitän wollte von diesen Überlegungen nichts wissen. Er hielt es für besser, Kurs auf Rio Hacha oder Curaçao zu nehmen und darauf zu hoffen, dort ohne großen Widerstand mehr als genug zu bekommen. Er wusste nämlich, dass die Inseln auf dem Wege nicht sehr bevölkert waren und dass es auch sehr unwahrscheinlich war, dort Schiffe mit Lebensmitteln anzutreffen.

Die Mannschaft der anderen Pinasse gab ihm zur Antwort, dass sie bereit seien ihm überallhin um die ganze Welt zu folgen, aber sie könnten sich nicht vorstellen, wie ihre Pinasse so den Kampf mit der See überstehen solle, ohne von diesem Sturm verschlungen zu werden, zum anderen, wie sie eine so lange Zeit mit einer so knappen Ration, wie sie sie hatten, aushalten sollten. Sie hätten nämlich nur noch einen geräucherten Schinken und dreißig Pfund Zwieback für achtzehn Mann an Bord.

Unser Kapitän erwiderte darauf, dass sie besser mit Proviant versehen seien als er selbst. Er hätte nur einen geräucherten Schinken und vierzig Pfund Zwieback für vierundzwanzig Mann. Deshalb zweifle er nicht daran, dass sie ihm auf seinem Weg folgen und sich bereitwillig der Fügung Gottes, des Allmächtigen, anvertrauen würden, der niemals diejenigen verlässt, die an ihn glauben.

Dann hisste er sein Focksegel und nahm Kurs auf Curaçao. Als die Mannschaft der anderen Pinasse das sah, entschloss sie sich, denselben Kurs einzuschlagen, weil sie doch ihrem Kapitän folgen wollte, wenn auch mit Sorge im Herzen wegen ihrer schwachen Pinasse.

Noch keine drei Seemeilen weiter erspähten wir zu unserer großen Freude ein Schiff, das mit zwei Masten unter Segel westwärts fuhr. Wir schworen uns gegenseitig, dass wir es kapern würden, andernfalls würde es uns schlecht ergehen. Als wir mit dem Schiff auf gleicher Höhe waren, stellten wir fest, dass es sich um einen Spanier von etwa neunzig Tonnen handelte. Als wir ihm nachdrücklich zuwinkten beizudrehen, missachtete er unsere Aufforderung und feuerte seine Kanonen auf uns ab.

Die See ging sehr hoch, sodass wir nicht wagen konnten, das Schiff zu entern. Deshalb refften wir die Segel, fuhren neben ihm her und begleiteten es – zur geringen Freude der Spanier – und warteten darauf, dass besseres Wetter die Wogen besänftigte. Wir warteten nicht länger als zwei Stunden, bis es Gott nach einem großen Schauer gefiel, uns eine verhältnismäßig ruhige See zu schenken, sodass wir unsere Kanonen verwenden und uns dem Schiff nähern konnten. Binnen kurzem hatten wir es gekapert. Es war reichlich mit Lebensmitteln beladen, die wir in jenem Augenblick als ein wahres Gottesgeschenk betrachteten.

Da nun alles wieder in Ordnung war und der Wind gegen Abend wieder auffrischte, setzten wir Segel und fuhren bis zum Tagesanbruch (des 13. November) weiter. Dann schickte unser Kapitän John Hixom, der das Kommando auf einer Pinasse führte, los, um einen Hafen an der Küste ausfindig zu machen. Zehn oder zwölf Meilen östlich von Santa Marta fand er einen kleinen Ankerplatz, wo er beim Loten Meeresboden und eine aus-

reichende Wassertiefe feststellte; er kam sogleich zurück und unser Kapitän steuerte seine neue Prise dorthin.

Dann versprachen wir den Spaniern, die wir gefangen genommen hatten, Freiheit und Rückgabe ihrer gesamten Ausrüstung, wenn sie uns Wasser und frische Lebensmittel verschafften. Diese erhielten wir auch durch ihre Vermittlung von den dortigen Einwohnern, den Indianern. Sie gaben, was sie hatten, und das war reichlich. Diese Indianer wurden von einem Spanier, der in der nächsten Stadt lebte, kaum eine Meile von dort entfernt, mit Kleidung versorgt und beherrscht.

Wir blieben den ganzen Tag an Land, nahmen Wasser auf, versahen uns reichlich mit Holz und allen übrigen notwendigen Dingen und entlohnten die Indianer für ihre Mühen. Gegen Abend rief unser Kapitän uns alle an Bord und hieß uns die Segel setzen. Wir ließen nur die Spanier an Land zurück, die wir kurz zuvor gefangen genommen hatten, getreu unserem Versprechen und sehr zu ihrer Zufriedenheit. Sie beteuerten unserem Kapitän, er erweise ihnen mit ihrer Freilassung eine Gunst, die größer sei als der Verdruss, den er ihnen durch die Wegnahme ihres Schiffes erregt habe.

Eine Krankheit, die sich seit zwei oder drei Tagen unter uns ausbreitete, erfasste an diesem Tage auch Charles Glub, einen unserer Quartiermeister, einen sehr großen Mann und ausgezeichneten Matrosen. Zur großen Trauer von Kapitän und Mannschaft wurde er vom Tode hinweggerafft. Wir wussten nicht mit Bestimmtheit, was der Grund dieser Krankheit war. Wir führten sie auf die Erkältung zurück, die unsere Leute sich zugezogen hatten, als sie ohne Schutz den Unbilden des Wetters in den Pinassen ausgesetzt waren. Aber was auch immer es gewesen sein mochte, es gefiel Gott, uns heimzusuchen und doch voller Gnade allen übrigen Mitgliedern der Mannschaft, die von der Krankheit ergriffen waren – und das waren nicht wenige –, die Gesundheit wiederzuschenken.

Am nächsten Morgen (am 15. November) war schönes Wetter, wenn wir auch weiterhin Gegenwind hatten. Unser Kapitän befahl der MINION, seiner kleineren Pinasse, zu seinen Schiffen bei Fort Diego in den Cabezas vorauszufahren, um sein Kommen zu melden und alles für unsere Landreise vorzubereiten, wenn sie dort von den Cimarrones etwas von der Ankunft der spanischen Flotte hören sollten. Die MINION erhielt außerdem den Auftrag, unterwegs San Bernardo anzulaufen und von dem Wein, den wir früher dort im Sande versteckt hatten, so viel zu laden, wie sie es für richtig hielten.

Wir fuhren (am 22. November) so nahe am Wind wie möglich und kamen sieben Tage nach Abfahrt der MINION in San Bernardo an. Von dem ganzen Vorrat, den wir zurückgelassen hatten, fanden wir nur noch zwölf tief vergrabene Steingutkrüge mit Wein, die der aufmerksamen Suche des Feindes, der hier gewesen war, entgangen waren.

Nach vier bis fünf Tagen erreichten wir unser Schiff und fanden alles in gutem Zustand vor. Allerdings überraschte uns die traurige Nachricht vom Tode John Drakes, des Bruders unseres Kapitäns, und eines anderen jungen Mannes namens Richard Allen. Diese beiden waren zwei Tage nach unserer Abfahrt getötet worden, als sie versuchten eine feindliche Fregatte zu entern.

Auf Befragung der Mannschaft erhielten wir folgenden Bericht: Als sie sich mit den Planken, mit denen sie die Geschützstellungen bauen wollten, auf dem Rückweg zum Fort befanden, machten sie die Fregatte aus. Die Mannschaft bestürmte John Drake die Jagd aufzunehmen und das Schiff, das sie für eine fette Beute hielten, anzugreifen. Er gab seinen Männern zu bedenken, dass sie Waffen zum Angriff benötigten, dass sie ferner nicht wüssten, wie die Fregatte ausgerüstet sei, und dass ihr Boot schließlich mit Planken beladen sei, um die Arbeit auszuführen, die sein Bruder befohlen hatte. Als aber alle diese Argumente seine Leute nicht zu überzeugen vermochten und sie ihn weiterhin mit Worten und Vermutungen bedrängten, sagte er zu ihnen: »Wenn ihr das Abenteuer sucht, so soll niemals gesagt werden können, dass ich das Hindernis gewesen sei, noch sollt ihr meinem Bruder berichten können, dass durch meine Feigheit diese Reise für euch keinen Gewinn gebracht habe.«

Daraufhin hievten sie die Planken über Bord und jedermann behalf sich mit den armseligen Waffen, die zur Verfügung standen, nämlich einem Rapier mit abgebrochener Spitze, einer alten

Harpune und einer rostigen leichten Muskete. John Drake nahm das Rapier und machte sich aus einem Kissen einen Fechthandschuh; Richard Allen bewaffnete sich mit der Harpune. Diese beiden standen am Bug ihrer Pinasse LION; Robert[1] *nahm die Muskete. So ausgerüstet wollten sie die Fregatte kapern und scheiterten, da das Schiff ringsherum für den Nahkampf mit Häuten abgeschirmt war und überall besetzt mit Piken und Musketen, die, als unsere Leute herangekommen waren, aus unmittelbarer Nähe auf sie abgefeuert wurden. Alle, die auf dem Vorschiff standen, wurden tödlich getroffen. John Drake erhielt einen Bauchschuss, Richard Allen einen Kopfschuss. Trotz ihrer schweren Wunden konnten die Ruderer die Pinasse wieder von der Fregatte freibekommen und in aller Eile zum Schiff zurückkehren. Dort endete nach einer Stunde das Leben dieses jungen Mannes (John Drake), der Anlass zu großen Hoffnungen gegeben hatte. Sein Tod wurde von der gesamten Mannschaft tief betrauert.*

Als wir unsere Schiffe fest vertäut hatten, beschloss unser Kapitän sich verborgen zu halten, um nicht entdeckt zu werden, bevor etwas von der Ankunft der spanischen Flotte gemeldet würde. Deshalb liefen wir nicht mehr aus, sondern versorgten uns und die Cimarrones aus den Beständen der zuvor errichteten Lagerhäuser.

Außerdem gab es aus dem Wildreichtum des Waldes täglich Wildschweine, Fasanen und Leguane. Wir waren – dem Himmel sei Dank – in dieser ganzen Zeit, d. h. mindestens einen Monat, bei guter Gesundheit. Dann, etwa zu Beginn des Januar[2]*, erkrankten zehn Männer unserer Mannschaft schwer und die meisten starben nach zwei bis drei Tagen. Schließlich waren gleichzeitig dreißig Leute am Tropenfieber erkrankt. Diese Krankheit kam entweder vom schnellen Wechsel von Kälte und Hitze, den die Männer nicht vertrugen, oder aber sie hatten brackiges Wasser getrunken. Dieses schlechte Wasser war von einer Pinasse*

1 Der Nachname ist im Original wohl versehentlich ausgelassen.

2 1572 nach dem elisabethanischen (alten) Kalender, 1573 nach dem Kalender der neuen Zeitrechnung.

herangeschafft worden, deren Mannschaft sehr faul gewesen war und Wasser an der Mündung des Flusses aufgenommen hatte, statt weiter flussaufwärts, wo es gut war.

Unter den Toten war auch Joseph Drake, der zweite Bruder des Kapitäns, der an dieser Krankheit in den Armen unseres Kapitäns starb. Um die Ursache der Krankheit besser erkennen und damit den anderen besser helfen zu können, befahl unser Kapitän dem Schiffsarzt, eine Leichenöffnung vorzunehmen. Der Arzt stellte fest, dass die Leber des Toten geschwollen und dessen Herz wie gesotten war, die übrigen Eingeweide waren normal. Dies war das erste und einzige anatomische Experiment, das unser Kapitän auf dieser Reise durchführen ließ.

Der Arzt, der Joseph Drakes Leichenöffnung vorgenommen hatte, überlebte ihn nur um vier Tage. Er wurde jedoch nicht von dieser Krankheit hinweggerafft, von der er einen Monat zuvor genesen war, sondern er starb an einem tollkühnen Versuch, den er an sich selbst vornahm; er schluckte ein überstarkes Abführmittel eigener Herstellung. Nach dessen Einnahme hatte er sein letztes Wort gesprochen und auch sein Junge, der von dem Mittel gekostet hatte, wurde erst wieder gesund, als er nach England zurückkam.

Die Cimarrones, die, wie erwähnt, seit September mit unserem Kapitän zusammenarbeiteten, hatten während der ganzen Zeit unserer Abwesenheit das Land zwischen Nombre de Dios und unserem Liegeplatz kreuz und quer durchstreift, um möglichst viel für uns in Erfahrung zu bringen. In regelmäßigen Abständen informierten sie uns, dass die spanische Flotte mit Sicherheit (am 30. Januar)[1] *in Nombre de Dios angekommen sei.*

Deshalb schickte er (am 30. Januar) die LION zu den seewärts gelegenen Inseln der Cativas, um die Richtigkeit des Berichtes überprüfen zu lassen. Stimmte es nämlich, dass die Flotte in

1 Die Schatzflotte unter dem Kommando des Diego Flores de Valdes erreichte Nombre de Dios am 5. Januar. Dies war das Startzeichen für den Transport der Schätze von Panama dorthin. Diego berichtete dem König, er habe die festländischen Kolonien wegen der Plünderungen durch die Franzosen und Engländer in »einem jämmerlichen Zustand« gefunden.

Ein elisabethanisches Schiff.
Ausschnitt aus einem Stich von C. J. Visscher
aus dem frühen 17. Jahrhundert.

Nombre de Dios gelandet war, so würden nun alle Fregatten des Landes mit Lebensmitteln dorthin fahren.

Die LION erfüllte innerhalb weniger Tage die ihr gestellte Aufgabe. Ihre Mannschaft erspähte eine spanische Fregatte, die sie sofort enterte und eroberte. Das Schiff hatte Mais, Hühner und Fisch von Tolu geladen und diese Ladung überzeugte uns davon, dass die Nachricht von der Ankunft der Flotte der Wahrheit entsprach. Wir nahmen auf dieser Fregatte eine Frau und zwölf Männer gefangen; einer der Männer war der königliche Sekretär von Tolu. Wir behandelten unsere Gefangenen mit aller Höflichkeit und schützten sie nachdrücklich vor dem tödlichen Hass der Cimarrones. Tag für Tag versuchten sie mit allen ihnen zur Verfügung stehenden Mitteln die Gefangenen von unserem Kapitän zu bekommen, um ihnen die Kehlen durchschneiden zu können und sich für das Unrecht und die Kränkungen zu rächen, die ihnen die spanische Nation zugefügt hatte. Unser Kapitän jedoch überredete die Cimarrones, sich nicht an den Spaniern zu vergreifen oder sie schlecht zu behandeln, solange sie in seiner Hand waren, und gab entsprechende Befehle, um ihre Sicherheit nicht nur in seiner Gegenwart, sondern auch in seiner Abwesenheit zu gewährleisten. Als er die Vorbereitungen für seine Reise nach Panama auf dem Landweg getroffen hatte, übergab er Ellis Hixom das Kommando über sein Schiff und seine Mannschaft und besonders über die Spanier, die er auf dem großen erbeuteten Schiff gefangen hielt. Dieses war an den Strand der Insel, die wir Mordinsel nannten, weil so viele unserer Männer dort umgekommen waren, geschleppt worden und diente uns als Lagerhaus und zugleich als Gefängnis für unsere Gefangenen.

Als alles so geregelt war, beriet unser Kapitän mit seiner Mannschaft und den Anführern der Cimarrones, was an Vorräten auf diese große und lange Reise mitzunehmen sei, welche Arten von Waffen, wie viele Lebensmittel und welche Ausrüstungsgegenstände. Man riet unserem Kapitän besonders einen möglichst großen Vorrat an Schuhen mitzunehmen, da so viele Flüsse mit Steinen und Kieseln zu durchqueren seien. Er versorgte seine Mannschaft entsprechend und stattete sie für das Unternehmen aus, zu dem er am Fastnachtsdienstag (3. Februar)[1] *aufbrach. Zu dieser Zeit waren bereits achtundzwanzig unserer Leute gestorben und einige gesunde Männer wurden unter dem Befehl von Ellis Hixom an Bord zurückgelassen, um das Schiff zu hüten, die Kranken zu pflegen und die Gefangenen zu bewachen.*

Vor dem Abmarsch gab unser Kapitän dem Steuermann noch den strengen Befehl, auf keinen Fall irgendeinem Boten zu trauen, der in seinem (Drakes) Namen mit irgendeinem Unterpfand kommen sollte, es sei denn, er brächte irgendetwas in seiner Handschrift, die, wie er wusste, nicht von den Cimarrones oder Spaniern gefälscht werden konnte.

Unsere Truppe umfasste insgesamt achtundvierzig Mann, von denen nur achtzehn Engländer waren, der Rest waren Cimarrones. Jeder von diesen trug außer seinen Waffen eine große Menge von Lebensmitteln und Ausrüstungsgegenständen und versorgte somit unsere Bedürfnisse für einen so langen Marsch. Wir mussten nichts weiter als unsere Waffen und unsere Kleidung tragen. Da wir nicht genügend Lebensmittel mitnehmen konnten, versorgten die Cimarrones uns, wie sie es versprochen hatten, auf dem Weg mit ausreichend Wild, das sie mit ihren Pfeilen von Zeit zu Zeit erlegten.

Jeder Cimarrone führte zwei Arten von Pfeilen mit sich, die eine, um sich zu verteidigen und den Feind anzugreifen, die andere, um Wild zu jagen. Die Pfeile, die für den Kampf bestimmt sind, sind in etwa wie die schottischen Pfeile, nur etwas länger, und haben eine Eisen-, Holz- oder Fischbeinspitze. Bei den Jagdpfeilen gibt es drei Arten: Die erste dient dazu, um große Tiere, wie das wilde Rind, den Hirsch oder das Wildschwein, zu töten. Diese Art hat eine Eisenspitze mit einem Gewicht von einem und einem halben Pfund, hat eine Form wie die Spitze eines Wurf- oder Saujspießes und ist so scharf, wie nur ein Messer es sein kann. Sie ver-

1 »Die spanischen Dokumente zeigen, dass der englische Bericht sich bei dieser Datierung irrt. Zweifellos begab sich Drake auf den Weg nach Cruces, als er die Nachricht von der Ankunft der Flotte erhielt, d. h. etwa Mitte Januar. Der Irrtum könnte sich aus einer ungeschickten Verbindung von zwei oder mehr Erzählungen ergeben haben, auf denen dieser Bericht beruht.« Wright II.

ursacht eine so große und tiefe Wunde, wie es kaum jemand glauben würde, der sie nicht gesehen hat. Die zweite Art dient für kleinere Tiere und hat eine Spitze, die ein drei viertel Pfund wiegt. Die dritte Art dient für alle Wildvögel; sie hat eine Spitze mit einem Gewicht von einer Unze. Obwohl diese Pfeilspitzen nur aus Eisen bestehen, sind sie doch so geschickt gehärtet, dass sie lange Zeit ihre große Schärfe behalten, und obwohl sie manchmal verbiegen, brechen sie doch nie oder selten ab. Der ständige Bedarf, den die Cimarrones an diesen Pfeilen haben, lässt sie Eisen weit höher schätzen als Gold, und derjenige unter ihnen genießt den größten Ruf, der den Pfeilen die größte Härte geben kann.

Jeden Tag brachen wir bei Sonnenaufgang auf. Wir setzten unseren Marsch bis zehn Uhr vormittags fort, dann rasteten wir – immer in der Nähe eines Flusses – bis zwölf, marschierten dann bis vier und machten an irgendeinem Flussufer Halt. Wir ruhten entweder in Hütten, die die Cimarrones schon vorher erbaut hatten, als sie durch die Wälder streiften, oder sie bauten uns täglich sehr bereitwillig neue, und zwar auf folgende Art: Sobald wir zu der Stelle kamen, an der wir unser Nachtlager aufschlagen wollten, entledigten sich die Cimarrones ihrer Last und machten sich sogleich daran, Astgabeln, Pfähle, Stangen, Dachsparren, Palmenzweige und Blätter zurechtzuschneiden und in großer Schnelligkeit sechs Hütten zu errichten. Beim Bau einer jeden Hütte rammten sie zunächst drei oder vier große Pfähle mit Gabelungen in den Boden. Auf diese legten sie einen Tragebalken, der im Allgemeinen etwa zwanzig Fuß lang war, und bauten dann die Wände in der Art der Dächer unserer Landhäuser. Sie deckten sie mit den bereits erwähnten Blättern, die sehr lange Wasser abhalten konnten, und achteten immer darauf, dass in den Niederungen, wo die Hitze größer war, die Wände drei bis vier Fuß vom Boden hoch offen blieben. Um ebenso viel bauten sie dann die Hütten oder vielmehr die Schutzdächer höher. Aber in den Bergen, in denen die Luft schneidender und die Nächte kälter waren, bauten sie unsere Hütten niedriger und deckten sie bis zum Erdboden ab. Sie ließen nur eine Eingangstür und eine Luke als Abzug in der Mitte des Daches.

Jede dieser Hütten hatte vier Räume und drei Feuerstellen, eine in der Mitte und jeweils eine an jedem Ende der Hütte. So waren die Hütten angenehm warm und es gab keine Belästigung durch Rauch. Das lag teils an der Art des Holzes, mit dem sie heizten und das nur wenig Rauch entwickelte, teils an ihrer geschickten Art des Feuermachens. Sie zündeten das Holz, das wie unsere Scheite längs gespalten wird, am Ende an und schichteten es so eng aneinander liegend auf, dass zwar keine Flamme sichtbar wurde, wohl aber unaufhörlich Wärme zu spüren war.

In der Nähe der Flüsse, an denen wir rasteten oder übernachteten, fanden wir verschiedene Sorten von Früchten, die wir mit großem Genuss und in mäßigen Mengen sicher essen konnten: Mammeaäpfel, Früchte des Guavenbaumes und der Palmettopalme, Orangen und Zitronen. Es gab noch verschiedene andere, von deren Genuss die Cimarrones aber dringend abrieten, es sei denn, wir äßen nur wenig davon und nur in geröstetem Zustand, wie Bananen, Kartoffeln und dergleichen.

Wenn die Cimarrones auf unserem Marsch, häufig rein zufällig, auf Wildschweine stießen, die in großer Zahl in diesen Bergen und Tälern lebten, übergaben gewöhnlich sechs von ihnen ihre Traglast ihren Kameraden, verfolgten, erledigten und brachten so viele Tiere heran, wie sie nur tragen konnten und die Zeit erlaubte.

An einem Tag stießen die Cimarrones auf einen Otter und schickten sich an eine Mahlzeit daraus zuzubereiten. Als unser Kapitän sich darüber erstaunt zeigte, sagte Pedro[1]*, der Anführer unserer Cimarrones: »Ihr seid Krieger und hungrig; und doch zweifelt ihr, dass dies essbares Fleisch ist, wo es doch Blut hat?« Hierauf tadelte sich unser Kapitän insgeheim selbst, dass er zuvor so geringschätzig darüber gedacht hatte.*

Am dritten Tage unseres Marsches führten sie uns zu einer ihrer Städte, die in der Nähe eines schönen Flusses an einem Hang lag und von einem Erdwall von acht Fuß Breite und zehn

1 Dieser könnte der Pedro Mandinga gewesen sein, den französische Freibeuter 1569 nach Frankreich und 1571 wieder zurückbrachten. Er sollte ihnen dann als Führer dienen, entwich aber zu den Spaniern. Näheres über seine Person und seine wechselvolle Laufbahn bei Wright II, S. 31 u. 40.

Fuß Höhe umgeben war. Der Wall reichte aus, einen plötzlichen Angreifer aufzuhalten. Durch die Stadt zog sich eine lange, breite Straße, die von Ost nach West verlief, dazu zwei weitere, weniger lange und breite Straßen, die diese kreuzten. In dieser Stadt gab es etwa fünf- oder sechsundfünfzig Haushalte, die so sauber und ordentlich geführt waren, dass nicht nur die Häuser, sondern auch die Straßen selbst einen erfreulichen Anblick boten. Hier konnten wir feststellen, dass die Cimarrones sehr zivilisiert leben und sehr sauber sind. Sobald wir angekommen waren, wuschen sie sich im Fluss und wechselten ihre Kleidung. Diese war sehr schön und passend gearbeitet – auch ihre Frauen trugen sie – und ein wenig der spanischen Mode ähnlich, wenn auch nicht so kostbar. Die Stadt liegt fünfunddreißig Meilen von Nombre de Dios und fünfundvierzig von Panama entfernt. Sie ist reich versorgt mit vielen Arten von Wild und Geflügel und besitzt große Vorräte an Mais und köstlichen Früchten.

Was das religiöse Verhalten der Cimarrones betrifft, so haben sie keinerlei Priester; allein das Kreuz steht bei ihnen in hohem Ansehen. Durch die Überredungskunst unseres Kapitäns wurden sie bewogen von ihren Kreuzen abzulassen, das Vaterunser zu erlernen und sich ein wenig über die wahre Gottesverehrung informieren zu lassen.

Die Cimarrones haben ständig Wachen an vier Stellen drei Meilen von ihrer Stadt entfernt, um spanische Überfälle abzuwehren. Die Spanier bedienen sich meist einiger gefangener Cimarrones, die sie dann zu dieser Tätigkeit zwingen. Wie wir hörten, hatten sie auf diese Weise manchmal den Sieg über die Cimarrones davongetragen, als diese nicht auf der Hut waren. Aber seit jenen Ereignissen sind ständig Wachen aufgestellt. So vorgewarnt töten sie die Spanier wie wilde Tiere, wenn sie sie im Wald erwischen.

Wir verbrachten die Nacht und den folgenden Tag (den 7. Februar) bis Mittag bei ihnen. Während dieser Zeit erzählten sie uns von verschiedenen sehr merkwürdigen Ereignissen, die sich zwischen ihnen und den Spaniern zugetragen hatten; ganz besonders berichteten sie über eins: Ein vornehmer Herr, unterstützt durch die Statthalter des Landes, versuchte im letztvergangenen Jahr mit einhundertundfünfzig Soldaten diese Stadt, Männer, Frauen und Kinder, mit Feuer und Schwert auszulöschen. Sein Führer war ein Cimarrone, der gefangen genommen und mit reichen Geschenken für die Sache der Spanier gewonnen worden war. Dieser Herr überraschte die Stadt eine halbe Stunde vor Morgengrauen. Die meisten Männer wurden erschlagen oder gefangen genommen. Am gleichen Morgen jedoch bei Sonnenaufgang – der verräterische Führer der Spanier war erschlagen worden, als er der Frau eines anderen nachstellte, und die Cimarrones hatten sich in voller Stärke gesammelt – schlugen sie mit großer Wildheit zurück. Sie trieben die Spanier, die ihren Führer und damit auch den Weg verloren hatten, völlig in die Enge. Teils wegen ihrer Unkenntnis des Geländes, teils durch Hunger und Not, entkamen nicht mehr als dreißig von ihnen, um denen Bericht zu erstatten, die sie gesandt hatten.

Der König der Cimarrones lebt in einer Stadt, die sechzehn Meilen südöstlich von Panama liegt. Er kann eintausendsiebenhundert Mann zum Kampf aufbieten.

Alle baten unseren Kapitän sehr dringend noch ein oder zwei Tage bei ihnen zu bleiben. Sie versprachen ihm, dass sie in dieser Zeit seine Streitmacht verdoppeln würden, wenn er es für gut hielte. Er jedoch dankte ihnen für ihr Angebot und sagte ihnen, dass er nicht länger bleiben könne, da es längst an der Zeit sei die beabsichtigte Reise fortzusetzen. Was die Stärke seiner Truppe anbelange, so wolle er nicht mehr Leute, als er jetzt habe, obwohl er gelegentlich wünsche, er hätte zwanzigmal so viele. Die Cimarrones nahmen seine Äußerungen als ein Zeichen nicht nur seiner Freundschaft, sondern auch seiner Großmut und marschierten deshalb an jenem Nachmittag mit viel gutem Willen los.

Unsere Marschordnung sah folgendermaßen aus: Vier der Cimarrones, die am geländekundigsten waren, gingen uns etwa eine Meile voraus. Auf dem Wege brachen sie Zweige ab, um den Nachfolgenden die Richtung zu zeigen. Sie taten das lautlos und verlangten auch von uns größte Ruhe. Ihnen folgten zwölf Cimarrones als unsere Vorhut, wir und ihre beiden Anführer gingen in der Mitte, schließlich folgten wieder zwölf Cimarrones als Nachhut.

Wir marschierten unentwegt durch Wälder. Es war sehr kühl und angenehm, da die hohen und mächtigen Bäume so dicht nebeneinander standen, dass es in jener heißen Gegend unter ihnen kühler war als in den meisten Teilen Englands im Sommer. Es ermutigte uns alle ganz besonders, als wir hörten, dass es auf halbem Wege einen hohen Baum gäbe, von dem aus wir sowohl den Atlantik, von dem wir kamen, als auch den Pazifik, zu dem wir hinwollten, sehen könnten.

Am vierten Tag (am 11. Februar) unseres Marsches gelangten wir gegen zehn Uhr auf den Gipfel eines sehr hohen Berges, eigentlich einer Bergkette, die, von Ost nach West verlaufend, zwischen den beiden Meeren liegt. Die Anführer der Cimarrones ergriffen die Hand unseres Kapitäns und baten ihn zu folgen, wenn er gleichzeitig die beiden Meere sehen wolle, was so lange sein Wunsch gewesen war.

Hier stand der stattliche hohe Baum, in den sie etliche Stufen gehauen hatten, die es ermöglichten, ihn fast bis zur Spitze zu erklimmen. In der Spitze hatten sie eine bequeme Laube gebaut, in der zehn bis zwölf Mann leicht Platz finden konnten. Von dort oben konnten wir ohne Schwierigkeiten klar den Atlantischen Ozean erkennen, von dem wir kamen, und den Pazifik, zu dem wir wollten. Südlich und nördlich dieses Baumes hatten sie etliche Bäume gefällt, um eine bessere Aussicht zu schaffen. In der Nähe standen verschiedene feste Wohnhäuser, die sie und andere Cimarrones vor längerer Zeit gebaut hatten. Sie dienten ihnen, die an verschiedenen Stellen dieser weiten Gebiete lebten, als Unterkunft, wenn sie hier vorbeikamen.

Unser Kapitän kletterte mit dem Anführer der Cimarrones zu der Laube hinauf. Dieser Tag, den Gott uns geschenkt hatte, war wegen der herrschenden Brise sehr klar, und als unser Kapitän das Meer gesehen hatte, von dem er so sagenhafte Berichte gehört hatte, flehte er Gott den Allmächtigen in seiner großen Güte an, Er möge ihm genügend Zeit und die Gelegenheit geben, einmal mit einem englischen Schiff jenes Meer zu befahren. Dann rief er seine gesamte übrige Mannschaft hinauf und machte besonders John Oxenham mit seinem Wunsch und seiner Absicht vertraut, falls es Gott in Seiner Gnade gefallen sollte ihm dieses Glück zu ge-

währen. Daraufhin schwor Oxenham, dass er, wenn unser Kapitän ihn nicht aus seiner Mannschaft wegprügelte, ihm, mit Gottes Gnade, folgen wolle.

Nachdem alle mit großer Befriedigung den Anblick der Meere genossen hatten, stiegen sie wieder hinab. Nach einer Mahlzeit setzten wir unseren gewohnten Marsch durch die Wälder zwei weitere Tage (bis zum 13. Februar) fort, ohne dass sich etwas Nennenswertes ereignete. Aber dann kamen wir in eine Prärielandschaft, wo das Gras nicht nur so lang wird wie der Knöterich an manchen Orten, sondern es erreicht eine solche Höhe, dass die Einwohner genötigt sind, es dreimal im Jahr abzubrennen, damit sich die Rinder, von denen sie tausende haben, davon ernähren können. Denn es ist eine Art Gras, mit einem Halm so dick wie beim Schilf, und ebenso wächst auch der Spross aus der Spitze des Halmes. Obwohl das Vieh täglich davon frisst, wächst das Gras doch jeden Tag höher, bis selbst ein Stier es nicht mehr erreichen kann. Dann setzen die Bewohner das Gras auf einer Fläche von fünf bis sechs Meilen in Brand. Trotz dieses Abbrennens sprießt es binnen dreier Tage wieder wie junges Korn. So groß ist die Fruchtbarkeit des Bodens wegen der gleichmäßigen Temperatur am Tage und in der Nacht und wegen der großen Menge Tau, der jeden Morgen fällt.

Bereits während der letzten drei Tagesmärsche durch die Prärie und über die Berge konnten wir Panama fünf- oder sechsmal am Tag sehen, und am letzten Tage (am 14. Februar) sahen wir die Schiffe auf der Reede vor Anker liegen.

Als wir uns Panama bis auf eine Tagesreise genähert hatten, befahl unser Kapitän seiner Mannschaft abseits des üblichen Weges mit großer Vorsicht zu gehen. Denn er hatte von den Cimarrones erfahren, dass die Damen von Panama gern Jäger und Vogelfänger aussenden, um die verschiedenen schmackhaften Vögel zu bekommen, die das Land hervorbringt; wenn wir nicht sehr achtsam marschierten, konnten diese uns leicht entdecken. Wir sollten uns so ruhig und heimlich wie möglich zu dem Hain begeben, der vier Tage zuvor als Treffpunkt vereinbart worden war, eine Meile von Panama entfernt. Dort konnten wir ohne

Furcht vor Entdeckung sicher neben der Hauptstraße lagern, die von dort nach Nombre de Dios führt.

Dann sandten wir einen bestimmten Cimarrone, der einst einem Herrn in Panama gedient hatte, in einem solchen Gewand, wie es die Neger in Panama zu tragen pflegen, als Späher in die Stadt. Er sollte die Zeit und Stunde in Erfahrung bringen, zu der die Schätze aus dem königlichen Schatzhaus verladen würden, um nach Nombre de Dios geschafft zu werden. Denn die Spanier unternehmen die Reise von Panama nach Venta Cruz, das sechs Meilen entfernt liegt, immer bei Nacht, weil das ganze Gebiet Prärie ist und deshalb am Tage sehr heiß. Aber von Venta Cruz nach Nombre de Dios befördern sie ihre Schätze, wenn sie es auf dem Landwege machen, immer bei Tage und nicht nachts, weil der ganze Weg durch Waldgebiet führt und deshalb sehr frisch und kühl ist, wenn nicht die Cimarrones ihnen mit einem fröhlichen Gefecht einheizen und sie aus Furcht ins Schwitzen geraten, wie es schon öfter geschehen war. Deshalb begleiteten die Spanier auf diesem Wege[1] *ihre Mauleselkarawanen mit Soldaten.*

An diesem letzten Tage betrachtete unser Kapitän sorgfältig den größten Teil dieser schönen Stadt und prägte sich die breite Straße gut ein, die von Süd nach Nord direkt von der See in das Land führt.

Gegen drei Uhr gelangten wir in diesen Hain, wobei wir der größeren Vorsicht wegen einen Fluss entlanggingen, der zu der Zeit fast ausgetrocknet war. Wir ließen uns dort nieder und schickten unseren Spion eine Stunde vor Anbruch der Nacht los, damit er, noch bevor die Stadttore geschlossen würden, in die Stadt gelangen könnte. Das tat er auch, kehrte aber sogleich zu uns zurück und brachte uns sehr freudig Botschaft: Er habe von seinen Freunden erfahren, dass der Schatzmeister von Lima beabsichtige, mit dem ersten Kurierschiff (einer Karavelle von dreihundertundfünfzig Tonnen, einem sehr schnellen Schiff) nach Spanien zu fahren. Er wollte in dieser Nacht mit seiner Tochter

1 Einige Spanier glaubten, Drake hätte mehrere Tage verkleidet in Panama zugebracht, um Näheres über die Beförderung der Schätze in Erfahrung zu bringen. Es ist unwahrscheinlich, daß er es hier nicht erwähnt hätte, wenn er es getan hätte.

und seiner Familie nach Nombre de Dios aufbrechen. Er verfüge über vierzehn Maulesel, von denen acht mit Gold beladen seien und einer mit Juwelen. Außerdem hatte unser Späher gehört, dass noch zwei weitere Karawanen von jeweils fünfzig Mauleseln, die zum größten Teil Lebensmittel und nur eine kleine Menge Silber geladen hätten, in jener Nacht der anderen folgen sollten.

Es gibt achtundzwanzig solcher Karawanen. Die größte bestehend aus siebzig, die kleinste aus fünfzig Mauleseln, wenn nicht ein Privatmann je nach Notwendigkeit nur zehn, zwanzig oder dreißig Maulesel mietet.

Auf diese Nachricht hin marschierten wir sofort vier Meilen weiter, bis wir uns Venta Cruz auf zwei Meilen genähert hatten. Unterwegs stießen zwei unserer Cimarrones, die vorausgesandt worden waren, durch den Geruch einer brennenden Lunte auf einen Spanier und nahmen ihn gefangen. Durch den Geruch besagter Lunte angelockt, hatten sie ihn schlafend am Wegesrand gefunden, und als sie näher gekommen waren, hörten sie ihn tief im Schlaf atmen. Da er allein war, fielen sie über ihn her, knebelten ihn, löschten seine Lunte und fesselten ihn derart, dass sie ihn bis zu dem Zeitpunkt, zu dem sie ihn zu uns brachten, fast stranguliert hatten.

Beim Verhör stellte sich heraus, dass alles den Tatsachen entsprach, was unser Spion uns berichtet hatte. Wir erfuhren, dass er Soldat war, im Dienst des Schatzmeisters stand und mit anderen den Schatztransport von Venta Cruz nach Nombre de Dios schützen und begleiten sollte.

Als er hörte, wer unser Kapitän sei, nahm er seinen ganzen Mut zusammen und war kühn genug, zwei Bitten an ihn zu richten: Zum einen, er möge seinen Cimarrones, die die Spanier und besonders die spanischen Soldaten ungeheuer hassten, befehlen sein Leben zu schonen, was sie seiner Meinung nach auf seinen Befehl hin tun würden, zum anderen versicherte er unserem Kapitän, dass er und seine Mannschaft mehr Gold haben sollten – außerdem Juwelen und Perlen von großem Wert –, als sie alle tragen könnten. Sollte dies nicht der Fall sein, könnten sie mit ihm verfahren, wie sie wollten. Aber wenn alles so käme, wie er gesagt habe, dann möge unser Kapitän ihm so viel von der Beute abgeben, dass es für ihn und seine Freundin zum Leben reiche. Er habe gehört, dass unser Kapitän es mit etlichen anderen so gemacht habe. Dafür werde er den Namen unseres Kapitäns so in Ehren halten wie nur irgendeiner, dem eine solche Gnade gewährt worden war.

Als wir an die vereinbarte Stelle kamen, verbarg sich unser Kapitän mit der Hälfte seiner Leute im hohen Gras ungefähr fünfzig Schritt vom Wege entfernt. John Oxenham mit dem Anführer der Cimarrones und der anderen Hälfte lag auf der anderen Seite des Weges in gleicher Entfernung, aber so viel weiter hinten, dass unter den gegebenen Voraussetzungen die erste Gruppe die vordersten Maultiere bei den Köpfen ergreifen konnte. Die Maultiere sind nämlich immer zusammengebunden und werden eines nach dem anderen vorangetrieben. Wir hatten diese besondere Aufstellung auch gewählt, um uns nicht gegenseitig zu gefährden, falls wir in jener Nacht unsere Waffen gebrauchen mussten. Wir hatten nicht viel länger als eine Stunde im Hinterhalt gelegen, als wir die Maultierkarawanen aus der Stadt nach Venta Cruz und von Venta Cruz nach der Stadt kommen hörten. Es ist ein großes Kommen und Gehen, wenn die Flotten dort vor Anker liegen. Wir hörten die Mauleselkarawanen, weil die Spanier viel Freude daran haben, den Tieren tief klingende Glocken umzuhängen, die in einer stillen Nacht weit zu hören sind.

Obwohl der strengste Befehl erteilt worden war, dass keiner unserer Leute sich zeigen oder sich bewegen sollte, und alles, was von Venta Cruz kam, auch die Maultierkarawanen, ruhig vorbeigelassen werden sollte, weil wir wussten, dass sie nichts als Waren von dort brachten, vergaß sich doch einer unserer Leute namens Robert Pike, der zu viel Branntwein ohne Wasser getrunken hatte. Er verleitete einen der Cimarrones, mit ihm ganz nahe an den Wegrand heranzurobben, um seine Keckheit bei den ersten Maultieren unter Beweis zu stellen. Und als ein Herr aus Venta Cruz zu Pferde vorbeikam, begleitet von seinem Pagen, der sich am Steigbügel fest hielt, richtete sich unser Mann unvorsichtig auf, um zu sehen, wer da käme. Der Cimarrone, der mehr Besonnenheit zeigte, riss ihn sofort zu Boden und legte sich auf ihn, damit sie nicht entdeckt würden. Aber der Herr hatte etwas gemerkt, als er einen sah, der ganz in Weiß gekleidet war; denn wir hatten alle unsere Hemden über die sonstige Kleidung gezogen, um unsere Leute sicher in dem Durcheinander der Nacht erkennen zu können. Sofort gab er seinem Pferd die Sporen und ritt in raschem Galopp davon. Er wollte nicht nur selbst der Gefahr entrinnen, in der er sich wähnte, sondern auch andere warnen, damit sie die Gefahr vermeiden könnten.

Unser Kapitän, der wegen der Härte des Bodens und der Stille der Nacht gehört und beobachtet hatte, wie dieser Herr vom Trab in Galopp fiel, argwöhnte zwar, dass er entdeckt worden war; er konnte sich jedoch nicht vorstellen, wer daran schuld war, hatte auch keine Zeit dies zu ergründen. Deshalb meinte er, das Verhalten des Reiters könnte so erklärt werden, dass diese Stelle den Reisenden allgemein als gefährlich bekannt war. So warteten wir weiter auf das Kommen des Schatzmeisters, der zu diesem Zeitpunkt nur noch eine halbe Meile von uns entfernt war und der bestimmt in unsere Falle gegangen wäre, wäre dieser Reiter ihm nicht begegnet. Wie wir später von anderen Mauleselkarawanen hörten, berichtete ihm der Reiter, was er soeben in der Nacht glaubte gesehen zu haben, was er kürzlich von Kapitän Drake gehört hatte und was, seiner Vermutung nach, wahrscheinlich geschehen war, nämlich: dass besagter Kapitän Drake oder irgendein anderer, der in seinem Auftrag handelte, enttäuscht in der Hoffnung, große Schätze in Nombre de Dios oder andernorts zu erbeuten, jetzt auf irgendeine Art heimlich durch die Wälder hierher gekommen sei, um sein Ziel doch noch zu erreichen. Auf diese Weise gewarnt, hieß der Schatzmeister seine Karawane den Weg räumen und ließ die beiden nach ihm kommenden Karawanen vorbeiziehen. Diese waren große Mauleselzüge, die zum größten Teil nur Lebensmittel geladen hatten, sodass ihr Verlust weniger ins Gewicht fallen würde, wenn das Schlimmste geschehen sollte. Sie sollten lediglich dazu dienen, uns zu entdecken.

So verloren wir durch den Leichtsinn eines einzigen Mannes und durch die Aufmerksamkeit eines Reisenden eine überaus reiche Beute. Es mag sein, dass Gott uns diese Beute nicht machen lassen wollte, denn wahrscheinlich waren die Reichtümer von dem Schatzmeister rechtens erworben worden.

Die anderen beiden Mauleselkarawanen befanden sich bald auf unserer Höhe, wo wir sie anhielten und plünderten. Einer der Haupttreiber, ein sehr vernünftiger Bursche, erzählte unserem Kapitän, wie wir entdeckt worden waren. Er riet uns, uns beizeiten aus dem Staub zu machen, falls wir nicht in der Lage seien, es mit der gesamten Streitmacht der Stadt und des Landes, die vor Tagesanbruch über uns herfallen werde, aufzunehmen.

Es erfreute uns wenig, dass uns unsere goldene Karawane entgangen war und dass wir bei den anderen nicht mehr als zwei Pferdelasten Silber fanden. Weit mehr aber bekümmerte unseren Kapitän, dass er entdeckt worden war, und das durch das Verschulden eines seiner Männer. Aber da er wusste, dass es zwecklos war, sich über Vergangenes zu grämen, und aus Erfahrung gelernt hatte, dass jede Sicherheit in extremen Situationen eine Frage schnellen Handelns ist, beriet er sich kurz mit Pedro, dem Anführer unserer Cimarrones. Dieser erklärte, dass es nur zwei Möglichkeiten gebe: Die eine, auf demselben geheimen Weg, auf dem wir gekommen waren, wieder zurückzumarschieren, also vier Meilen durch die Wälder; oder die andere Möglichkeit, auf der Hauptstraße geradewegs nach Venta Cruz zu marschieren, also nur zwei Meilen, und sich mit dem Schwert einen Weg mitten durch den Feind zu bahnen. In Anbetracht der langen und ermüdenden Märsche, die wir besonders in der letzten Nacht und dem davorliegenden Tag hinter uns gebracht hatten, entschloss sich unser Kapitän jetzt den kürzesten und schnellsten Weg zu nehmen. Er wollte sich eher dem Feind stellen, solange er und seine Mannschaft bei Kräften waren, als von diesem gestellt und gejagt zu werden, wenn unsere Kräfte völlig erschöpft waren. Es schien ihm auch besonders günstig, diesen Weg zu wählen, weil uns jetzt die Maulesel auf einem Teil des Weges den Marsch erleichtern konnten.

Er befahl deshalb allen sich mit Maßen aus dem reichlichen Vorrat an erbeuteten Lebensmitteln zu versorgen, und gab dann seinen Entschluss und die Begründung dafür bekannt. Er fragte Pedro nachdrücklich, ob er ihm die Hand darauf geben könne, ihn nicht zu verraten, weil er wusste, dass dann auch die übrigen Cimarrones nicht wanken und nicht weichen würden, so treu waren sie ihrem Anführer ergeben. Pedro, sehr erfreut über diesen Entschluss unseres Kapitäns, gab ihm die Hand und schwor, dass er eher zu seinen Füßen sterben wolle als ihn an die Feinde verraten würde, wenn er diesen Weg einschlüge.

Derart vorbereitet, machten wir uns mit unseren Mauleseln auf den Weg nach Venta Cruz. Als wir uns der Stadt bis auf eine Meile genähert hatten, ließen wir die Maulesel zurück und geboten den Treibern uns ja nicht zu folgen, wenn ihnen ihr Leben lieb wäre. Der Weg ist in einer Breite von zehn bis zwölf Fuß durch die Wälder geschlagen, sodass zwei Maultierkarawanen aneinander vorbei können. Die Fruchtbarkeit des Bodens ist so groß, dass die Wälder trotz häufigen Schneidens und Rodens so dicht wachsen wie unsere dichtesten Hecken in England, die am häufigsten beschnitten werden.

In der Mitte dieses Waldgebietes hatte eine Kompanie Soldaten, die in der Stadt stationiert war, um sie gegen die Cimarrones zu verteidigen, Stellung bezogen, um uns den Weitermarsch zu verwehren, wenn sie es vermochten, wenn nicht, sich in ihre Befestigungen zurückzuziehen und uns dort zu erwarten. Die Mönche eines Klosters, von denen einer ein militärischer Führer geworden war, hatten sich den Soldaten angeschlossen, um sie zu unterstützen.

Zwei unserer Cimarrones gingen völlig lautlos und äußerst vorsichtig weniger als einen Bogenschuss vor uns her. Sie erkannten am Geruch der Lunten und an einem Geräusch, dass der Feind dicht vor uns lag, und bedeuteten uns, dass es Zeit sei, zu den Waffen zu greifen. Daraufhin gab unser Kapitän den Befehl, erst zu schießen, wenn die Spanier ihre erste Salve abgegeben hätten. Er dachte, dass sie das nicht tun würden, bevor sie uns angerufen hatten, und genau das geschah.

Sobald wir in Rufweite waren, rief ein spanischer Hauptmann laut »Hallo!«. Unser Kapitän antwortete ihm auf gleiche Weise und antwortete auf die Frage »Wer da?«: »Engländer!« Aber als der Befehlshaber ihn im Namen des Königs von Spanien, seines Herrn, aufforderte sich zu ergeben (wobei er ihm sein Wort als

Ehrenmann und Soldat gab, dass, wenn er es täte, wir alle ehrenvoll behandelt würden), erwiderte unser Kapitän, indem er sich ihm etwas näherte, dass er im Namen der Königin von England, seiner Herrin, hier passieren müsse, und feuerte seine Pistole auf ihn ab.

Daraufhin schossen die Spanier ihre ganze Salve ab. Sie verwundeten unseren Kapitän und etliche unserer Leute leicht, verursachten aber den Tod von John Harris. Dieser wurde so mit Schrot gespickt, dass wir sein Leben nicht retten konnten, obwohl er den folgenden Tag noch überlebte. Wie es uns schien, verwandten die Spanier dieses Schrot häufig, denn auch andere unserer Leute wurden so verletzt.

Sobald unser Kapitän bemerkte, dass das spanische Feuer abnahm, so wie die letzten Tropfen eines starken Regengusses, gab er uns mit seiner Signalpfeife das übliche Zeichen, ihnen mit unseren Musketen und Bogen zu antworten und auf den Feind zuzumarschieren, um mit ihm den Nahkampf aufzunehmen. Und da wir sahen, dass der Feind versuchte sich in eine bessere Stellung zurückzuziehen, beschleunigten wir unseren Vormarsch, um ihn nach Möglichkeit daran zu hindern. Die Cimarrones, die sich, durch die fortgesetzten Schießereien geängstigt, in den Büschen versteckt gehalten hatten, kamen nun rasch einer nach dem anderen wieder zum Vorschein. Sie hatten ihre Pfeile schussbereit in den Bogen und eilten tänzelnd oder springend nach vorn, wobei sie kräftig »Yo peho! Yo peho!« sangen. So befanden sie sich bald vor uns, wo sie ihren Tanz und Gesang wie bei ihren eigenen Stammesfehden fortsetzten. Bald überholten wir einige unserer Feinde, die sich nahe dem Ausgang der Stadt in die Wälder zurückgezogen hatten, um dort Stellung gegen uns zu beziehen.

Aber unsere Cimarrones, durch unsere Entschlossenheit zum Äußersten ermutigt, brachen in das Dickicht ein, griffen von zwei Seiten gleichzeitig an und zwangen alle, einschließlich der Mönche, zur Flucht, obwohl etliche unserer Leute verwundet wurden. Besonders ein Cimarrone jedoch, der von einer spanischen Pike durchbohrt wurde, zeigte seinen Mut und seine Geisteshaltung. Er rächte seinen eigenen Tod, bevor er starb, indem er den tötete, der ihm die tödliche Wunde beigebracht hatte.

Wir jagten den Fliehenden nach, so schnell wir konnten, und drangen in die Stadt Venta Cruz ein. Sie hat vierzig bis fünfzig Wohnhäuser, einen Statthalter und andere Würdenträger und sonst einige hübsche Bauten sowie viele große und fest gebaute Lagerhäuser für die Waren, die auf dem Chagresfluss von Nombre de Dios hierher gebracht und dann mit Mauleseln nach Panama weiterbefördert werden. Außerdem gibt es dort ein Kloster, in dem wir mehr als tausend Bullen und Ablässe fanden, die kürzlich von Rom eingetroffen waren.

In den Klostergebäuden fanden wir drei vornehme Frauen, die hier kürzlich Kinder zur Welt gebracht hatten, obwohl sie in Nombre de Dios wohnten. Wie sie uns berichteten, hat man seit langem beobachtet, dass die Kinder spanischer oder anderer weißer Frauen nicht in Nombre de Dios geboren werden können, weil sie bereits nach zwei oder drei Tagen sterben. Werden sie dagegen in Venta Cruz oder Panama geboren und verbringen dort die ersten fünf bis sechs Jahre und werden dann nach Nombre de Dios gebracht – sofern sie nicht im ersten oder zweiten Monat krank werden –, so leben sie im Allgemeinen dort so gesund und munter wie an jedem anderen Ort, obwohl man sagt, dass es kein Fremder dort längere Zeit ohne große Gefahr für Leben und Gesundheit aushalten kann.

Bei unserem plötzlichen Eindringen in die Stadt gerieten diese Damen in große Furcht. Unser Kapitän hatte jedoch allen Cimarrones strengen Befehl gegeben, sich, solange sie mit ihm zusammen waren, an keiner Frau zu vergreifen und auch an keinem Mann, der keine Waffe in der Hand hatte und ihnen keinen Schaden zufügen konnte. Die Cimarrones hatten die Einhaltung des Befehls nachdrücklich versprochen und hielten sich getreulich daran. Keiner der Damen wurde ein Unrecht zugefügt oder irgendetwas entwendet, und sei es nur ein Strumpfband. Obwohl die Damen tatsächlich genügend Schutz und Sicherheit durch die Mitglieder unserer Mannschaft erhielten, die unser Kapitän ihnen sandte, und auch von ihnen genügend getröstet wurden, musste auf ihr beständiges Drängen hin zu ihrer größeren Sicherheit unser Kapitän zu ihnen kommen. Erst als er ihrem Wunsche nachkam und in ihrer Gegenwart den Befehl wiederholte, den er

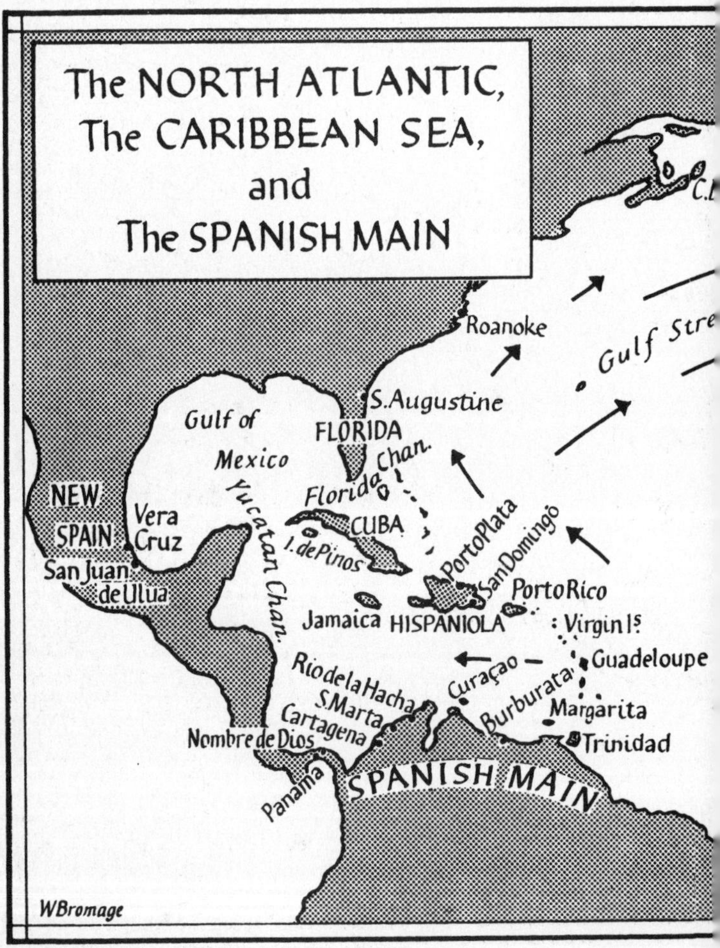

The NORTH ATLANTIC,
The CARIBBEAN SEA,
and
The SPANISH MAIN
Roanoke
Gulf Stre
S.Augustine
Gulf of
Mexico
FLORIDA
Florida Chan.
Yucatan Chan.
NEW
SPAIN
Vera
Cruz
San Juan
de Ulua
CUBA
I. de Pinos
Porto Plata
San Domingo
Porto Rico
Jamaica
HISPANIOLA
Virgin Is
Guadeloupe
Curaçao
Rio de la Hacha
S.Marta
Cartagena
Burburata
Margarita
Trinidad
Nombre de Dios
Panama
SPANISH MAIN
WBromage

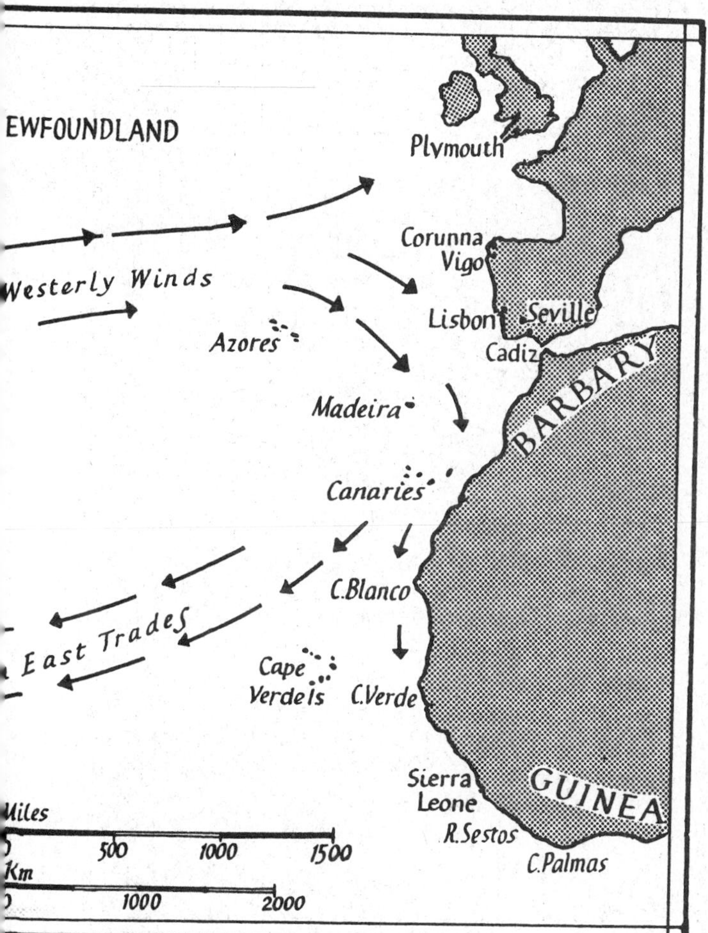
EWFOUNDLAND
Plymouth
Corunna
Vigo
Westerly Winds
Lisbon
Seville
Cadiz
Azores
BARBARY
Madeira
Canaries
C.Blanco
East Trades
Cape
Verde Is
C.Verde
Sierra
Leone
GUINEA
R.Sestos
C.Palmas
Miles
500
1000
1500
Km
1000
2000

seinen Leuten gegeben hatte und dem sie Gehorsam gelobten, zeigten sich die Damen beruhigt.

Wir hatten nicht ohne guten Grund Wachen aufgestellt, sowohl auf der Brücke, die wir überqueren mussten, als auch am Ausgang der Stadt, durch den wir eingedrungen waren. Die Spanier haben keinen weiteren Zugang zur Stadt von der Landseite, es gibt nur noch einen anderen vom Wasser her, wo sie ihre Fregatten ent- und beladen. Unsere Wachen gaben uns Sicherheit und Ruhe, sodass wir uns etwa eineinhalb Stunden in der Stadt aufhalten konnten. In dieser Zeit erfrischten wir uns und machten, zusammen mit den Cimarrones, gute Beute, die unser Kapitän jedoch ganz den Cimarrones überließ, da sie nicht das war, was er wollte. Er wollte nichts haben, was hinderlich oder zu schwer war und unsere Reise aufhalten oder unsere Verteidigung beeinträchtigen konnte.

Kurz bevor wir aufbrachen, ritten zehn bis zwölf Reiter aus Panama zuversichtlich in die Stadt. Aller Wahrscheinlichkeit nach vermuteten sie, dass wir die Stadt bereits wieder verlassen hatten, da alles so still und friedlich war. Aber als sie auf uns stießen, sprengten sie, von Furcht gejagt, schneller wieder davon, als sie voller Hoffuung hereingekommen waren.

Als wir unseren Besuch in dieser Stadt beendet hatten, verließen wir sie über die Brücke in derselben Marschordnung wie zuvor. Auf diese Weise fühlten wir uns alle so sicher, als wären wir von Wall und Graben umgeben. Kein Spanier konnte uns verfolgen, ohne sich in größte Gefahr zu begeben, besonders jetzt, da unsere Cimarrones so tapfer geworden waren. Aber unser Kapitän, der in Betracht zog, dass er noch einen langen Weg zurückzulegen hatte und fast vierzehn Tage fern von seinem Schiff war, auf dem er einen Teil seiner Mannschaft krank und elend zurückgelassen hatte, beschleunigte die Tagesmärsche, sosehr er nur konnte. Er lehnte es ab, andere Städte der Cimarrones zu besuchen – wozu sie ihn dringend einluden –, und ermutigte die Mannschaft so mit Vorbild und Zuspruch, dass der Weg viel kürzer schien. Er marschierte fröhlich und guter Dinge und versprach uns, dass wir alle, bevor er diese Küste verließe, sicher reichlich für die ausgestandenen Strapazen belohnt werden soll-

ten. Die Eile auf dem Weg, die keinen Abstecher in die Städte der Cimarrones dulden wollte, ließ unsere Mägen viele Tage lang hungrig bleiben, sehr zum Unwillen unserer Cimarrones, die uns mit genügend Wild versorgt hätten, wenn wir auch nur einen Tag unseren fortwährenden Marsch unterbrochen hätten.

In unserer Abwesenheit hatten die übrigen Cimarrones eine kleine Ortschaft erbaut, nur drei Meilen von dem Platz entfernt, an dem unser Schiff lag. Auf ihre nachdrücklichen Bitten hin erklärte sich unser Kapitän bereit dort eine Pause einzulegen, zumal sie ihm sagten, sie hätten sie nur seinetwegen gebaut. Er gab desto bereitwilliger seine Zustimmung, um unseren Mangel an Schuhwerk durch die Cimarrones beheben zu lassen. Alle unsere Leute klagten nämlich über Fußbeschwerden und unser Kapitän fiel in diese Klagen ein, manchmal mit und manchmal ohne Grund, und ließ so seine Leute ihre Beschwernisse leichter ertragen.

In der ganzen Zeit, in der wir von den Cimarrones begleitet wurden, leisteten sie uns ständig gute Dienste, ganz besonders auf dieser Reise, auf der sie Späher waren, die uns warnten, Führer auf unseren Wegen, die uns geleiteten, Lieferanten, die Lebensmittel für uns heranschafften, und Baumeister, die uns ein Dach über dem Kopf verschafften. Die Cimarrones waren überaus geschickt und stark und versorgten uns mit allem Lebensnotwendigen. Etliche Male, wenn irgendeiner unserer Männer verletzt oder krank oder einfach erschöpft zusammenbrach, trugen ihn zwei Cimarrones mit Leichtigkeit meilenweit; und bei anderen Gelegenheiten, wenn Not am Mann war, zeigten sie sich ebenso entschlossen wie erfinderisch und hatten ein gutes Urteil.

Sofort nach unserer Ankunft in diesem Ort, am Samstagabend (22. Februar), schickte unser Kapitän einen Boten mit einem Unterpfand und einem Befehl zu seinem Steuermann, der drei Wochen lang Wache gegen den Feind gehalten und Streifzüge in die Wälder unternommen hatte, um unsere an Bord gebliebenen Männer mit frischer Nahrung zu versorgen, die zu ihrer Erholung und Genesung beitragen sollte.

Als dieser Bote ans Ufer kam und zu unserem Schiff hinüberrief, er bringe Neuigkeiten, wurde er sofort von unseren Leuten, die begierig auf eine Nachricht von unserem Kapitän warteten, an Bord geholt. Als er aber nur einen goldenen Zahnstocher vorzeigte, den ihm, wie er sagte, unser Kapitän als Erkennungszeichen für Ellis Hixom mitgegeben habe, mit dem Auftrag, Hixom an diesem Fluss zu treffen, kamen dem Steuermann Bedenken. Obwohl er den Zahnstocher des Kapitäns gut kannte, musste er doch an die Mahnungen und Warnungen des Kapitäns beim Abschied denken. Ohne ein Zeichen des Misstrauens zu geben, stand er doch zögernd da und fragte sich, ob unserem Kapitän möglicherweise etwas Schlimmes zugestoßen sei. Der Cimarrone bemerkte das und erklärte Hixom, es sei Nacht gewesen, als man ihn losschickte; deshalb habe unser Kapitän keine Botschaft schreiben können. Er habe jedoch mit der Messerspitze etwas auf den Zahnstocher eingeritzt, das den Boten hinlänglich als echt ausweisen würde.

Daraufhin schaute der Steuermann genauer auf den Zahnstocher und las die eingravierten Worte »Von mir, Francis Drake«. Nun erst konnte er dem Boten Glauben schenken. Gemäß den Anweisungen des Kapitäns schaffte er so viel Lebensmittel an Bord, als er konnte, und fuhr zur Mündung des Tortugas; so nannten die Cimarrones, die bei ihm waren, diesen Fluss.

An jenem Nachmittag gegen drei Uhr kamen wir anderen am Fluss an. Keine halbe Stunde später sahen wir unsere Pinasse, die bereitlag, um uns aufzunehmen. Es war für uns alle eine doppelte Freude, einmal, dass sie überhaupt da war, und zum anderen, dass sie so schnell gekommen war. Unser Kapitän und alle, die bei ihm waren, dankten Gott von ganzem Herzen, dass sie ihre Pinasse und ihre Landsleute wieder sehen durften.

Mit Ausnahme unseres Kapitäns erschienen denen, die die ganze Zeit in Ruhe und Überfluss an Bord gelebt hatten, alle Übrigen in Ausdruck und Gebärden merkwürdig gealtert. In der Tat hatten das lange Fasten und die Mühen und Plagen der Reise an uns gezehrt und uns mitgenommen. Schwerer wog jedoch die Enttäuschung, leer ausgegangen zu sein, ohne das Gold und die Schätze, auf die wir so gehofft hatten. Dieser Kummer hatte zweifellos seine Spuren auf unseren Gesichtern zurückgelassen.

Einige unserer Männer, die nicht mehr so schnell wie unser Kapitän marschieren konnten, hatten wir in der neuen Ortschaft der Cimarrones zurückgelassen. Am nächsten Tag (am 23. Februar) fuhren wir zum Fluss am Ende der Bucht und nahmen sie alle an Bord. So waren wir, zur großen Freude unserer Mannschaft, wieder von Panama zurückgekehrt. Unser Bericht ermunterte sie sehr, besonders als sie hörten, dass unser Kapitän nicht die Absicht habe, es bei diesem Stand der Dinge zu belassen, sondern dieselbe Reise noch einmal unternehmen wollte, dieses Mal mit allen Mitgliedern seiner Mannschaft.

In der Zwischenzeit wollte unser Kapitän nicht dulden, dass die Schlagkraft und die Tapferkeit seiner Mannschaft nachlasse oder gar einschlafe, weil sie ohne Beschäftigung war. Er wusste sehr gut aus langer Erfahrung, dass keine Krankheit ein Unternehmen so sehr gefährden kann wie langes Warten und Untätigkeit.

Deshalb durchdachte und überlegte er alles, was er in früheren Jahren über andere wichtige Orte dieser Gegend in Erfahrung gebracht hatte, besonders über Veragua, einer reichen Stadt im Westen, die zwischen Nombre de Dios und Nicaragua liegt und die ergiebigste Goldmine dieser Gegend hat. Er beriet sich mit seinen Leuten und fragte sie nach ihrer Meinung, was man in der Zwischenzeit tun wolle und wie sie dazu ständen.

Einige meinten, dass es sehr notwendig sei, die Lebensmittelvorräte aufzubessern, um die Mannschaft so lange bei guter Laune und Gesundheit zu halten, bis unsere Zeit gekommen sei. Dies sei leicht zu bewerkstelligen, da die Fregatten mit Lebensmitteln an Bord ohne großen Schutz führen, wohingegen die Fregatten und Barken mit Schätzen an Bord meistens durch große Schiffe und viele Soldaten gesichert seien.

Andere hingegen waren der Ansicht, dass wir unsere Zeit besser damit verbringen sollten, Schatzschiffe zu kapern. Unsere Lager- und Vorratshäuser seien hinlänglich gefüllt, das Land selbst so reich, dass ein jeder sich selbst versorgen könne, wenn das Schlimmste geschehe. Lebensmittel könnten auch später noch reichlich herangeschafft werden. Der Strom der Schätze hingegen fließe nie so reich und regelmäßig wie eben jetzt, da die Schatz-

flotten im Hafen ankerten. Diese Gelegenheit dürfe man auf keinen Fall ungenutzt vorübergehen lassen.

Auch die Cimarrones wurden nach ihrer Meinung gefragt, denn sie wussten über die Einzelheiten in allen Städten dieser Gegend gut Bescheid, da jeweils der eine oder der andere von ihnen dort schon in Dienst gestanden hatte. Sie erklärten, dass bei Veragua Señor Pezoro wohne, der einst ihr Herr gewesen und von dem sie geflohen seien. Aus Angst vor Überfällen wohne er nicht in der Stadt selbst, doch aus Bequemlichkeit nicht weit von ihr entfernt. Er wohne seit mindestens neunzehn Jahren in einem festen Steinhaus und begebe sich niemals von zu Hause fort, außer einmal im Jahr, um nach Cartagena oder Nombre de Dios zu fahren, wenn die Schatzflotten da seien. Er beschäftigte mindestens hundert Sklaven in den Minen. Jeder Sklave sei verpflichtet einen Tagesertrag – nach Abzug aller Unkosten – von drei Pesos in Gold für ihn selbst und zwei Pesos für seine Frauen zu erbringen. (Der Peso entspricht acht Schilling und drei Pence.) Der tägliche Reingewinn belaufe sich insgesamt auf mehr als zweihundert Pfund Sterling. Er habe eine gewaltige Menge Gold angehäuft, die er in großen Truhen aufbewahre, die zwei Fuß hoch, drei Fuß breit und vier Fuß lang seien. Ungeachtet all seines Reichtums sei er nicht nur zu seinen Sklaven, sondern zu allen Menschen hart und grausam. Deshalb verlasse er auch nie das Haus, ohne eine Leibwache von fünf oder sechs Mann mitzunehmen, um seine Person vor Gefahr zu schützen, die er von allem und überall her befürchte. Was die Durchführung des Planes unseres Kapitäns betreffe, so beteuerten ihm die Cimarrones, dass sie ihn sicher auf denselben Wegen, auf denen sie geflohen waren, durch die Wälder dorthin geleiten würden. Er brauche keine Gefahr zu fürchten, sie würden ihn gut führen. Und wenn das Haus des Spaniers auch aus Stein sei, sodass es nicht brennen könne, so würden sie, wenn unser Kapitän einen Angriff darauf wagen wolle, es unterminieren und niederreißen oder sonst auf eine Art ihm leichten Zugang zu diesem außerordentlichen Schatz verschaffen.

Nachdem unser Kapitän sich alle Meinungen aufmerksam angehört hatte, traf er seine Entscheidung so, dass sich durch Tei-

lung seiner Mannschaft die beiden erstgenannten Ansichten in die Praxis umsetzen ließen. John Oxenham gab er den Befehl, in der Bear *ostwärts nach Tolu zu segeln und zu sehen, was für Proviantlieferungen ihm quer vor die Klüse kämen; er selbst wollte mit der MINION westwärts fahren und sich bei den Cabezas auf die Lauer legen. Dort war die am stärksten befahrene Route der Schiffe, die Schätze von Veragua und Nicaragua zur Flotte beförderten. So wollten wir weder Zeit noch Gelegenheit verstreichen lassen, sowohl bezüglich des Proviants wie auch der Schätze. Was den Anschlag auf Veragua oder Señor Pezoros Haus anging, der nur auf dem Landwege mit einem Marsch durch die Wälder durchzuführen war, so mochte unser Kapitän diesen Gedanken nicht. Er befürchtete, ein solches Unternehmen werde seine Männer überanstrengen, und wollte, dass sie sich für das nächste große Unternehmen erholten und stärkten.*

Wir behandelten die Cimarrones mit größter Höflichkeit und ließen alle, die zu ihren Frauen zurückkehren wollten, reich beschenkt von dannen ziehen. Diejenigen, die noch bei uns an Bord bleiben wollten, wurden entsprechend beschäftigt. Dann machten sich die Pinassen, wie vereinbart, auf den Weg: die MINION nach Westen und die Bear *nach Osten.*

Die MINION kaperte in der Höhe der Cabezas eine Fregatte aus Nicaragua. Auf diesem Schiff befanden sich einiges Gold und ein Lotse aus Genua, der vor weniger als acht Tagen in Veragua gewesen war. (Viele Genuesen sind an jenen Küsten tätig.) Er wurde sehr gut behandelt und berichtete unserem Kapitän von dem Zustand der Stadt und des Hafens. Weiter erzählte er ihm von einer Fregatte, die in wenigen Tagen absegeln werde und Gold im Werte von einer Million an Bord habe. Der Lotse bot unserem Kapitän an, ihn dort hinzugeleiten, wenn er ihn entsprechend belohnen würde. Er sagte, er kenne die Wasserstraße ganz genau und könne ihn in der Nacht unentdeckt und sicher über die Sandbänke und Untiefen hinführen, obwohl der Wasserstand niedrig sei. Die Stadt liege fünf Meilen vom Hafen entfernt und der Weg über Land sei beschwerlich und gefährlich und führe durch Wälder. Sollten wir durch irgendeinen Zufall an der Hafeneinfahrt entdeckt werden, so könnten wir trotzdem unser Unternehmen durchführen und wieder lossegeln, bevor die Stadt Kenntnis von unserem Kommen habe. Bei seinem Aufenthalt in der Stadt habe er von den Spaniern gehört, dass Drake an der Küste sei. Diese Meldung hatte sie in große Furcht versetzt, nicht nur dort, sondern überall; Señor Pezoro z. B. beabsichtige sogar, sich an den Pazifik zu begeben. Es sei von Seiten der Spanier nichts geschehen, sich des Engländers zu erwehren. Die Furcht sei so groß, dass, wie in solchen Fällen üblich, Planung nicht möglich und Verzweiflung weit verbreitet sei.

Unser Kapitän war auf Grund seiner eigenen Kenntnisse und seiner früheren Informationen geneigt zu seinem Schiff zurückzukehren, um von dort einige Cimarrones zu holen, die bei Señor Pezoro gearbeitet hatten, um sich über diesen Punkt Gewissheit zu verschaffen. Aber als der Lotse aus Genua nachdrücklich darauf drang, Zeit zu sparen, und sich unserem Kapitän gegenüber für guten Erfolg verbürgte, wenn wir nicht zögerten, ließ unser Kapitän die Fregatte denn ziehen, um ihre Reise zu beschleunigen. Unter der Leitung des Lotsen bemühten wir uns mit Ruder und Segel zu diesem Hafen zu kommen und bei Nacht einzudringen. Wir gedachten zunächst, die Fregatte zu kapern und anschließend den Überfall auf Pezoros Haus durchführen zu können.

Aber als wir an die Einfahrt zum Hafen kamen, hörten wir zwei Kanonenschüsse und weiter entfernt, etwa eine Meile in der Bucht, zwei weitere, die auf die ersten antworteten. Unser Genueser Lotse argwöhnte gleich, dass wir entdeckt waren, denn, wie er uns versicherte, sei der Befehl zur erhöhten Wachsamkeit erst nach seinem letzten Aufenthalt dort erteilt worden, und zwar wegen der Warnungen, die der Statthalter von Panama allen entlang der Küste gegeben hatte.

Die Spanier fürchteten selbst in ihren Betten ständig unseren Kapitän, deshalb hielten sie, aller Wahrscheinlichkeit nach im Auftrag des reichen Pezoro, diese ständige Wache zu ihrer größeren Sicherheit.

Nachdem sich unsere Hoffnungen so rasch zerschlagen hatten, glaubten wir uns Gottes Willen fügen zu sollen und dieses Mal nicht in den Hafen einzudringen. Diesen Entschluss erleichterte uns der Wind, der die ganze Zeit aus östlicher Richtung gekommen war, jetzt aber von Westen her wehte und uns einlud, wieder zu unserem Schiff zurückzukehren. Dort trafen wir uns gemäß unserer Vereinbarung am Gründonnerstag mit unseren Leuten von der Bear. *Sie hatten ihre Zeit gewinnbringender als wir verbracht.*

Sie hatten nämlich eine Fregatte gekapert, auf der sich zehn Spanier befanden, die sie an Land setzten. Die Fregatte hatte eine große Ladung Mais, achtundzwanzig fette Schweine und zweihundert Hühner an Bord. Unser Kapitän ließ sie entladen, und da sie neu und gut gebaut war, ließ er sie zum Kampfschiff herrichten, indem er alle Kanonen mitsamt der Ausrüstung, die zur Verwendung auf diesem Schiff geeignet war, darauf schaffen ließ. Wir hatten nämlich von den zuletzt gefangen genommenen Spaniern gehört, dass zwei kleine Galeeren in Nombre de Dios gebaut würden, um der Flotte am Chagres als Verbindungsschiffe zu dienen; diese Galeeren seien aber noch nicht vom Stapel gelaufen. Unser Kapitän schlug vor, wir sollten unser Glück bei dieser Flotte versuchen. Um seine Leute anzufeuern, feierte er mit ihnen das Osterfest (am 20. März) mit großer Fröhlichkeit und Heiterkeit.

Am nächsten Tag (am 21. März) stachen wir mit der frisch ausgerüsteten Fregatte aus Tolu und der Bear *in See, um zu den Cativas zu fahren. Zwei Tage später landeten wir dort und blieben bis Mittag. Da sahen wir im Westen ein Schiff, das, wie wir meinten, auf die Insel zusegelte. Wir setzten Segel und fuhren ihm entgegen. Als es uns bemerkte, beschoss es uns, bis die Besatzung erkannte, dass wir keine Spanier waren. Die Leute an Bord vermuteten gleich, dass wir die Engländer seien, von denen sie schon so viel gehört hatten. Und da sie sich in großer Not befanden und Hilfe von uns erhofften, drehten sie nach Lee bei und schossen als Zeichen der Freundschaft ihre Kanonen auf Lee ab, was nicht unbeantwortet blieb.*

Wir erfuhren, dass es Testu[1] *war, ein französischer Kapitän aus Newhaven (Le Havre) mit einem Kriegsschiff, wie wir es hatten, und dass er dringend Hilfe von uns haben wollte. Bei*

1 Guillaume de Testu, ein hugenottischer Freibeuter und Hydrograf.

unserem ersten Zusammentreffen streckte der französische Kapitän seine Arme gen Himmel und flehte unseren Kapitän an, ihm mit Wasser auszuhelfen, er habe nichts außer Wein und Apfelwein an Bord, und dieser Umstand habe zu schwerer Krankheit unter seiner Mannschaft geführt. Er habe uns von dem Zeitpunkt an gesucht, zu dem er von unserer Anwesenheit an der Küste erfahren habe, d. h. seit etwa fünf Wochen. Unser Kapitän sandte einen von uns mit dem Lebensnotwendigsten für den Augenblick zu ihm an Bord und bewog ihn, uns zum nächsten Hafen zu folgen, wo er sowohl Wasser als auch Lebensmittel haben könne.

Als wir vor Anker gingen, sandte der Franzose unserem Kapitän ein Etui mit Pistolen und einen schönen vergoldeten türkischen Krummsäbel. (Dieser hatte Heinrich II., dem verstorbenen König von Frankreich gehört, den Monsieur Montgomery am Auge verletzt hatte. Der französische Kapitän hatte den Säbel von Monsieur Strozzi erhalten.) Unser Kapitän revanchierte sich mit einer goldenen Kette und einer Medaille, die er trug.

Der Franzose brachte uns die ersten Neuigkeiten vom Massaker in Paris anlässlich der Hochzeit des Königs von Navarra am St.-Bartholomäus-Tag letzten Jahres (am 24. August 1572). Er berichtete von der Ermordung des Admirals von Frankreich[1]*, der in seinem Schlafzimmer umgebracht worden war, und von verschiedenen anderen Morden. Er meinte, diejenigen Franzosen seien im Augenblick die glücklichsten, die am weitesten von Frankreich weg seien; Frankreich sei nicht länger Frankreich, sondern ein Land der Raserei, gerade als ob ganz Gallien in Wermut und Galle getränkt worden sei und die italienischen Praktiken die französische Schlichtheit verdrängt hätten. Er fügte hinzu, dass er großartige Berichte von unseren gewaltigen Reichtümern gehört habe. Er wollte von unserem Kapitän wissen, wie er seine Reise auch so erfolgreich gestalten könne.*

Obwohl wir ihm wegen seines äußeren Gehabes mit einiger Besorgnis und einigem Misstrauen begegneten, dachten wir doch eher an die militärische Stärke, die er besaß, als an den guten Wil-

1 Gaspard de Coligny, der große Führer der Hugenotten.

len, den er für uns hegen konnte, und beschlossen nach Beratung darüber, ob es gut sei, ihn als Partner aufzunehmen, ihn und zwanzig seiner Leute teilnehmen zu lassen und mit ihm Halbpart zu machen. Auf diese Weise brauchten wir keine Bedenken wegen ihrer Stärke zu haben, da sie nur zwanzig waren, und brauchten nicht um unseren Anteil zu fürchten, da er nicht kleiner als ihrer sein würde. So konnten wir ihr Anliegen befriedigen und sie unseren Zielen nutzbar machen, die wir ohne weitere Hilfe wohl kaum erreicht hätten. Es war so, dass der Franzose siebzig und wir jetzt nur einunddreißig Mann hatten, sein Schiff hatte etwa achtzig Tonnen, unsere Fregatte aber nur zwanzig und unsere Pinasse gerade zehn. Unser Kapitän hielt dieses Verhältnis für angemessen, da er meinte, dass nicht die Anzahl der Leute, sondern deren Urteilskraft und Kenntnisse die entscheidenden Faktoren seien. Das französische Schiff konnte uns in keiner Weise bei dem Unternehmen, das wir ins Auge gefasst und vorher beschlossen hatten, von irgendeinem Nutzen sein, sowohl was den Zeitpunkt des Unternehmens als auch unseren Treffpunkt, nämlich Rio Francisco, anging.

Nachdem wir uns so mit Kapitän Testu geeinigt hatten, schickten wir nach den Cimarrones, wie vorher ausgemacht war. Zwei von ihnen kamen an Bord jedes Schiffes, um den Franzosen ein Unterpfand für unsere Vereinbarung zu geben. Während der nächsten fünf, sechs Tage versorgten wir uns und verproviantierten zusätzlich die französische Mannschaft. Wir brachten sie dann zu unserem nächstgelegenen Lagerhaus, wo sie so reichlich von uns versorgt wurden, dass sie protestierten und uns schworen, sie würden uns ihr ganzes Leben lang verpflichtet sein. Dann ließen wir unsere Schiffe an einem sicheren Ankerplatz zurück und bemannten unsere Fregatte und die beiden Pinassen mit zwanzig Franzosen, fünfzehn von unseren Leuten und mit unseren Cimarrones und fuhren in Richtung Rio Francisco. (Unsere Lion *hatten wir kurz nach unserer Rückkehr von Panama versenkt, da wir nicht genügend Leute hatten, um sie zu bemannen.) Da der Wasserstand für unsere Fregatte zu niedrig war, musste sie bei den Cabezas liegen bleiben. Sie war mit Engländern und Franzosen bemannt und stand unter dem Kommando von Robert*

Doble. Sie sollte dort bis zur Rückkehr unserer Pinassen warten, ohne irgendwelche Überfälle zu unternehmen. Dann ging es weiter nach Rio Francisco, wo die beiden Kapitäne (am 31. März) mit der vorher erwähnten Streitmacht landeten. Sie befahlen den Männern, die das Kommando auf den Pinassen hatten, um jeden Preis nach genau vier Tagen wieder an dieser Stelle zu sein. Da wir wussten, dass die Schatztransporte jetzt täglich von Panama nach Nombre de Dios gingen, bewegten wir uns heimlich durch die Wälder auf die Hauptstraße zu, die diese beiden Städte verbindet.

Auf dem Seeweg beträgt die Entfernung zwischen Rio Francisco und Nombre de Dios fünf Meilen, die Entfernung auf dem Landweg beträgt, wie wir feststellten, etwa sieben Meilen. Wir gingen in der gleichen Marschordnung und unter Wahrung strengsten Stillschweigens wie bei unseren früheren Unternehmen gegen Panama. Wir marschierten so zum großen Erstaunen des französischen Kapitäns und seiner Mannschaft, die einwandten, sie wüssten unter keinen Umständen, wie sie wieder zu den Pinassen zurückkämen, wenn uns die Cimarrones im Stich lassen sollten. (Für die Cimarrones war das Wort unseres Kapitäns Gesetz, von den Franzosen hielten sie wenig und hatten kein Vertrauen zu ihnen.) Unser Kapitän versicherte ihnen, dass die Cimarrones keinen Anlass zum Misstrauen gäben, das hätten sie bei früheren Anlässen unter Beweis gestellt.

Als wir uns auf eine Meile der Hauptstraße genähert hatten, verbrachten wir dort die Nacht an einem geeigneten Platz. Wir verhielten uns vollkommen still und erholten uns von den Strapazen. Von dort aus hörten wir eine große Anzahl von Zimmerleuten auf den Schiffen arbeiten, wie sie es gewöhnlich tun, da am Tage eine zu große Hitze in Nombre de Dios herrscht. Aufgrund des harten Bodens konnten wir auch die Maultiere hören, die von Panama kamen.

Als die Cimarrones am nächsten Morgen (am 1. April) viele Glöckchen hörten, freuten sie sich so, als hätte ihnen nichts Schöneres begegnen können, besonders, nachdem sie zuvor so enttäuscht worden waren. Sie versicherten uns mit Bestimmtheit, dass wir nun alle mehr Gold und Silber bekommen sollten, als wir alle würden tragen können, eine Aussage, die sich bald als wahr bestätigte.

Denn es kamen drei Maultierkarawanen: Eine bestand aus fünfzig Tieren, die anderen beiden aus jeweils siebzig. Jedes Tier mochte eine Last von etwa dreihundert Pfund Silber tragen, was insgesamt eine Ladung von fast dreißig Tonnen ausmacht.

Wir machten uns bereit und begaben uns in die Nähe der Straße, wo wir die Glöckchen hörten. Wir warteten nicht lange. Als wir sahen, was die Maultiere geladen hatten, griffen wir die Zügel der vordersten und hintersten Maultiere, worauf alle Übrigen anhielten und sich niederlegten, wie es ihre Gewohnheit ist. Diese drei Maultierkarawanen wurden von etwa fünfundvierzig Soldaten bewacht, jeweils fünfzehn bei jeder Karawane. Es kam eine Zeit lang zu einer Schießerei; wir überschütteten die Spanier auch mit Pfeilen. Bei diesem Scharmützel wurde der französische Kapitän durch einen Schrotschuss schwer am Bauch verwundet, ein Cimarrone kam ums Leben. Schließlich hielten die spanischen Soldaten es für das Beste, uns ihre Maultiere zu überlassen und sich nach Verstärkung umzusehen. In der Zwischenzeit gaben wir uns redliche Mühe den Tieren, die am schwersten beladen waren, ihre Last zu erleichtern. Da wir müde waren, begnügten wir uns mit einigen Barren und Platten Gold, die wir gut tragen konnten. Wir vergruben etwa fünfzehn Tonnen Silber, teils in den Höhlen, die die großen Landkrebse in die Erde gewühlt hatten, teils unter alten Bäumen, die umgestürzt waren, und teils in dem Sand und Kies eines Flusses, der nicht sehr viel Wasser führte.[1]

1 »... als die Lastzüge, die den Überlandverkehr in diesem Gebiet durchführen, sich unter Bewachung und Schutz der für notwendig erachteten Soldaten und Truppen von dort nach Nombre de Dios bewegten, beladen mit Gold und Silber, das Eurer Majestät und anderen Privatpersonen gehörte und das an Bord der Schiffe der Flotte geschafft werden sollte, kamen, als der Lastzug etwa eineinhalb Meilen von Nombre de Dios entfernt war, eine Anzahl von Engländern, Franzosen und Cimarrones, um das Gold und Silber wegzunehmen, das von diesen Lastzügen befördert wurde. Da die Soldaten und die anderen, die die Züge beschützen sollten, nicht in der Lage waren, den Raub zu verhindern, erbeuteten die Feinde mehr als 100 000 Pesos in Gold und 18 363 Pesos in Silber, die für Eure Majestät bestimmt waren. Mit dieser Beute machten sie

Nachdem wir etwa zwei Stunden für unser Unternehmen gebraucht und alles erledigt hatten und denselben Weg zurückmarschieren wollten, den wir gekommen waren, hörten wir Männer zu Pferd und zu Fuß sich den Maultieren nähern. Sie folgten uns aber nicht bis in die Wälder. Da der französische Kapitän wegen seiner Verwundung nicht weitermarschieren konnte, blieb er dort in der Hoffnung, dass einige Tage Ruhe ihm neue Kraft verleihen würden. Nach weiteren zwei Meilen stellten die Franzosen fest, dass einer ihrer Leute fehlte. Wir gingen der Sache nach und stellten fest, dass dieser Mann nicht im Kampf gefallen war, sondern zu viel Wein getrunken hatte, sich mit zu viel Beute beladen hatte, uns vorausgeeilt war und sich dabei in den Wäldern verirrt hatte. Später erfuhren wir, dass er am selben Abend von den Spaniern aufgegriffen wurde und ihnen auf der Folter das Versteck unserer Schätze verriet.

In der Hoffnung, schnell zu unseren Pinassen zu kommen, setzten wir unseren Marsch nach Rio Francisco diesen und den ganzen nächsten Tag fort (am 2. und 3. April). Aber als wir an die vereinbarte Stelle kamen und auf See schauten, erblickten wir sieben spanische Pinassen, die schon die ganze Küste abgesucht hatten. Wir schöpften Verdacht, dass die Spanier unsere Pinassen gekapert und vernichtet hätten, hatte doch unser Kapitän diesen einen so strikten Befehl gegeben, sie sollten an diesem Nachmittag von den Cabezas, ihrem Ankerplatz (woher unserer Ansicht nach diese spanischen Pinassen kamen), zu dieser Stelle zurückkommen.

In der Nacht zuvor war sehr viel Regen gefallen, außerdem hatte es starken Westwind gegeben. Dieser Sturm zwang einerseits die Spanier sich früher auf die Rückfahrt zu begeben, hielt aber

sich schnell und in militärischer Ordnung davon. Wir waren machtlos, sie daran zu hindern, obwohl entsprechende Anstrengungen unternommen wurden … Was uns am meisten betrübt, ist, dass wir mit eigenen Augen ansehen müssen, wie der Ruin dieser Kolonie unmittelbar bevorsteht, wenn Eure Majestät nicht schnellstens etwas dagegen unternehmen.« Aus: *Ein Bericht der königlichen Beamten von Panama an die Krone vom 9. Mai 1573.* Einer von mehreren spanischen Berichten über den Überfall in Wright II.

andererseits unsere Pinassen davon ab, die Vereinbarung einzuhalten, da der Wind für unsere Leute aus entgegengesetzter Richtung blies und so stark war, dass sie mit ihren Rudern den ganzen Tag nur die halbe Strecke zurücklegen konnten. Wären sie dem Befehl unseres Kapitäns gefolgt und hätten ihre Fahrt in der Nacht fortgesetzt, als der Wind günstig stand, so wären sie mit weniger Mühe, aber unter größter Gefahr zu unserem vereinbarten Platz gekommen. Genau an dem Tage zur Mittagszeit waren die spanischen Schaluppen, zu diesem Zweck in Nombre de Dios bemannt, in der Absicht an diese Stelle gekommen, unsere Pinassen zu kapern. Denn die Spanier konnten sich gut denken, wo wir waren, nachdem sie von unserem Überfall auf den Schatzzug gehört hatten.

Als unser Kapitän die Schaluppen sah, befürchtete er, die Spanier hätten unsere Pinassen erbeutet und durch Folter unsere Leute gezwungen, den Standort der Fregatte und der Schiffe zu verraten. In diesem Unglück und dieser Verwirrung, als die Mannschaft darüber verzweifeln wollte, dass nun alle Wege der Rückkehr in ihr Land abgeschnitten und all ihre Reichtümer nun ohne Nutzen seien, tröstete und ermutigte unser Kapitän uns alle und sagte, ein jeder möge nur eben so viel Mut aufbringen, wie er selbst es täte. Es sei jetzt nicht an der Zeit, sich zu fürchten, sondern es gehe darum, sich zu beeilen, um das zu verhindern, was zu befürchten stehe. Sollte auch der Feind gegen unsere Pinassen die Oberhand gewinnen, was Gott verhüten möge, so müsse er doch erst Zeit haben, sie zu suchen, Zeit, unsere Leute zu verhören, Zeit, einen Beschluss auszuführen, nachdem er einmal gefasst worden war. Bevor all diese Zeit verstrichen sei, könnten wir zu unseren Schiffen gelangen, wenn wir wollten, wenn auch wegen der Hügel, Dickichte und Flüsse möglicherweise nicht auf dem Landwege, so doch zur See. Er forderte uns deshalb auf, ein Floß aus den Bäumen zu bauen, die sich im Überfluss anboten und zu unserem Glück mit dem letzten Sturm den Fluss herabgeschwemmt worden waren. »Lasst uns in See stechen«, rief er, »ich bin dabei. Wer kommt mit mir?«

John Smith bot sich an. Auch zwei Franzosen, die gut schwimmen konnten, wollten unseren Kapitän begleiten, ebenso die

Cimarrones. (Die Cimarrones hatten unseren Kapitän sehr gedrängt den Landweg zu nehmen, obwohl es ein sechzehntägiger Marsch war. Sollten die Spanier nämlich unsere Schiffe erbeutet haben, so könnten wir immer Unterschlupf bei ihnen bekommen.) Besonders Pedro, den wir jetzt zurücklassen mussten, weil er nicht rudern konnte, hatte sich dafür ausgesprochen.

Das Floß wurde zusammengefügt und festgebunden, ein Segel aus einem Zwiebacksack genäht und ein Ruder aus einem jungen Baum geschnitzt, das als Steuerruder dienen sollte, um das Floß vor dem Wind zu halten. Bei seiner Abfahrt tröstete unser Kapitän die Mannschaft und versprach ihr, dass, wenn Gott es fügen sollte und er wieder sicher an Bord seiner Fregatte käme, er sie alle ungeachtet aller Spanier in Westindien auf die eine oder andere Art wieder an Bord bringen werde.

So stach er in See, segelte sechs Stunden lang auf diesem Floß etwa drei Meilen, bis zur Hüfte ständig im Wasser, bei jeder herankommenden Woge sogar bis zu den Achseln. Durch die stechende Sonne und die Einwirkung des Salzwassers trugen alle auf dem Floß Schwären davon.

Schließlich sahen sie, durch die Gnade Gottes, zwei Pinassen, die in voller Fahrt auf sie zukamen. Zur großen Freude, wie man sich leicht vorstellen kann, erklärte unser Kapitän seinen drei Gefährten, dass dies unsere Pinassen seien und dass sie jetzt in Sicherheit seien und es keinen Anlass zur Furcht mehr gebe.

Aber ach, wegen des Windes und der hereinbrechenden Nacht sahen die Leute auf den Pinassen nicht das Floß, konnten ein solches auch nicht vermuten. Sie fuhren an eine geschützte Stelle hinter eine Landspitze, um dort Zuflucht für die Nacht zu suchen. Unser Kapitän beobachtete ihre Fahrt und schloss, da sie nicht wieder auftauchten, dass sie dort ankern würden. Er setzte sein Floß ans Ufer und lief am Strand entlang zu der Landspitze, wo er unsere Leute fand. Als sie ihren Kapitän erblickten, beeilten sie sich sehr ihn und seine Männer an Bord zu holen. Unser Kapitän wollte absichtlich erproben, wie schnell die Mannschaft der Pinasse im Notfall reagieren würde. Deshalb lief er in größter Eile und zwang seine drei Gefährten, gleich schnell zu laufen, als ob der Feind hinter ihnen her wäre. Die

Mannschaft an Bord der Pinasse befürchtete es schon, weil sie nur so wenig Leute sah.

Nachdem er an Bord gekommen war, fragten ihn die Männer auf der Pinasse, wie es seiner Mannschaft gehe. Er antwortete kühl »Gut!«, sodass sie Zweifel hegten, ob es den Leuten unseres Kapitäns wirklich gut gehe. Aber um alle ihre Bedenken auszuräumen und sie mit Freude zu erfüllen, holte er einen flachen Barren Gold aus seinem Rock hervor und dankte Gott dafür, dass Er uns zum Erfolg geführt hatte. Den Franzosen erklärte er, dass man ihren Kapitän schwer verwundet in Begleitung zweier seiner Leute habe zurücklassen müssen, dies solle jedoch für sie kein Hindernis sein.

In dieser Nacht (des 4. April) ruderte unser Kapitän unter großen Anstrengungen für seine Mannschaft nach Rio Francisco, wo er seine restlichen Leute und die Schätze, die sie mitgenommen hatten, an Bord nahm. Das erfolgte in solcher Eile, dass wir bei Morgengrauen bereits auf der Rückfahrt zu unserer Fregatte waren und von dort direkt zu unseren Schiffen fuhren. Sobald wir dort angekommen waren, teilte unser Kapitän das Gold und Silber in zwei gleiche Teile zwischen den Engländern und Franzosen auf.

Wir setzten alles instand und nahmen von unserem Schiff alle die notwendigen Dinge, die wir für unsere Fregatte brauchten. Dazu benötigten wir etwa vierzehn Tage. Dann übergaben wir das Schiff den Spaniern, die wir die ganze Zeit festgehalten hatten, und verließen zusammen mit dem französischen Schiff den Hafen, um einige Tage zwischen den Cabezas zu kreuzen.

In der Zwischenzeit hatte unser Kapitän ein geheimes Abkommen mit den Cimarrones geschlossen. Zwölf von unseren Männern und sechzehn Cimarrones sollten eine weitere Reise machen, um in Erfahrung zu bringen, in welchem Zustand sich das Land befinde, wenn möglich, Monsieur Testu, den französischen Kapitän, zu retten und weiterhin das an Schätzen wegzuschaffen, was wir bei unserem früheren Unternehmen versteckt hatten, weil wir nicht alles auf einmal wegtragen konnten.

John Oxenham und Thomas Sherwell wurden mit dieser Aufgabe betraut, zur großen Zufriedenheit der gesamten Mannschaft, die nach unserem Kapitän in diese Männer ihre größten Hoffnungen setzte. Unsere Mannschaft wollte um keinen Preis dulden, dass sich unser Kapitän noch ein weiteres Mal einer so gefährlichen Aufgabe unterziehe. Er ließ es sich jedoch nicht nehmen, sie selbst bei Rio Francisco an Land zu setzen. Er fand seine Mühen belohnt, sowohl grundsätzlich wie auch durch die Tatsache, dass er einen der beiden Franzosen, die sich bereit erklärt hatten, bei ihrem verwundeten Kapitän zu bleiben, rettete.

Dieser Franzose, der Raserei der Spanier entkommen, kam jetzt auf unsere Pinasse zu, fiel auf die Knie nieder und dankte Gott, dass unser Kapitän geboren sei und jetzt schon, jenseits aller Hoffnung, zu seinem Retter geworden war. Als er befragt wurde, was aus seinem Kapitän und seinem anderen Gefährten geworden sei, berichtete er, dass eine halbe Stunde nach unserem Aufbruch die Spanier sie eingeholt und seinen Kapitän und den anderen Mann gefangen genommen hätten. Nur ihm sei es gelungen zu fliehen, weil er seine ganze Last, darunter auch ein Kästchen mit Juwelen, weggeworfen habe, um seinen Verfolgern schneller zu entkommen. Aber sein Gefährte habe es aufgehoben und sich so beladen, dass er nicht schnell genug habe laufen können, wie er es doch gekonnt hätte, wenn er seine Beute weggeworfen hätte und nicht so habgierig gewesen wäre. Was das Silber angehe, das wir überall im Erdboden und im Sand versteckt hatten, so glaube er, dass es nicht mehr da sei, denn er denke, es seien an die zweitausend Spanier und Neger gewesen, die danach gegraben und gesucht hätten.

Ungeachtet dieses Berichts führten wir unsere Absicht durch und sandten unsere Leute zu der besagten Stelle. Dort stellten sie fest, dass der Boden auf eine Meile im Umkreis an jeder Stelle durchwühlt worden war, an der möglicherweise etwas versteckt sein konnte. Trotz des sehr genauen Suchens der Spanier war nicht alle Mühe vergebens. Am dritten Tage nach ihrem Aufbruch kehrten unsere Leute alle gesund und munter zurück und führten so viel Silber mit sich, wie sie und die Cimarrones hatten finden können, nämlich dreizehn Barren Silber und einige flache Barren Gold. Damit wurden sie schnell an Bord genommen und wir kehrten eilig und freudig zu unserer Fregatte zurück.

Nun war es höchste Zeit, an die Heimreise zu denken, nach diesem Erfolg, den wir uns sehnlichst gewünscht hatten. Deshalb beschloss unser Kapitän Rio Grande (Magdalena) noch einmal einen Besuch abzustatten, um zu sehen, ob er dort noch auf ein geeignetes Schiff oder eine Bark stieß, die genügend Lebensmittel an Bord hatte und die uns als Fahrzeug dienen konnte, auf dem wir uns in Sicherheit einschiffen und die Heimreise antreten konnten.

Die Franzosen hatten sich schon vorher von uns getrennt, nachdem sie nach unserer ersten Rückkehr mit den Schätzen ihren Anteil erhalten hatten. Es drängte sie sehr, in ihr Heimatland zurückzukehren. Unser Kapitän wünschte ebenfalls ihren möglichst baldigen Aufbruch. Er sah nämlich voraus, dass ihr Schiff sonst Gefahr liefe, von den Spaniern gekapert zu werden, falls sie sich noch lange an der Küste aufhielten. Wir hatten sie noch einmal mit Lebensmitteln versorgt. Sie waren jetzt, bei unserem erneuten Zusammentreffen, sehr abgeneigt, sich von uns zu trennen, und begleiteten uns deshalb bis San Bernardo: Sie wären noch weiter mitgekommen, aber sie wagten es nicht, sich in so große Gefahr zu begeben. Wir hatten nämlich Kunde davon erhalten, dass die Flotte vor dem Hafen von Cartagena bereitliege, um nach Spanien aufzubrechen. So trennten wir uns von ihnen und segelten im Anblick der Flotte ganz nahe an Cartagena vorbei, mit der St.-Georgs-Fahne auf dem Großmars und geschmückt mit Seidenwimpeln und Flaggen. Wir fuhren mit günstigem Wind, bis wir uns auf zwei Meilen dem Fluss (Rio Grande) genähert hatten, als die Nacht hereinbrach. Um zu vermeiden, dass wir an dem Fluss in der Dunkelheit vorbeisegelten, fuhren wir mit gerefften Segeln und legten an und ab, bis gegen Mitternacht der Wind auf Ost umsprang.

Gegen zwei Uhr morgens fuhr eine Fregatte vom Rio Grande mit gerefften Segeln ganz nahe an uns vorbei. Wir begrüßten sie mit unseren Kugeln und Pfeilen. Sie gab uns mit ihren Kanonen den Gruß zurück. Wir enterten die Fregatte und traten so gegen die Mannschaft an, dass sie sich zufrieden geben musste, an Land gesetzt zu werden und uns die Fregatte zu überlassen. Diese hatte fünfundzwanzig Tonnen und war mit Mais, Hühnern und

Schweinen beladen, außerdem hatte sie einigen Honig an Bord, was uns sehr zustatten kam, denn er wurde von unseren erkrankten Leuten als eine willkommene Erfrischung und Abwechslung angesehen.

Sobald wir am nächsten Morgen die Spanier auf das Festland gebracht hatten, nahmen wir ohne Aufenthalt unseren Kurs auf die Cabezas, die wir nach etwa fünf Tagen Fahrt erreichten. Als wir vor Anker gegangen waren, schafften wir sogleich den ganzen Mais an Land, außer drei Fässern, die wir als Vorrat behielten; auch brachten wir alle anderen Lebensmittel an Land. Dann holten wir unsere beiden Fregatten kiel und fetteten sie neu ein.

Wir hielten uns dort sieben Tage auf. In dieser Zeit takelten wir unsere Fregatten auf und rüsteten sie für die Reise aus, schafften unsere Vorräte an Bord und verstauten sie und zerschlugen und verbrannten unsere Pinassen und überließen den Cimarrones die eisernen Teile.

Ein oder zwei Tage vor unserer Abfahrt forderte unser Kapitän Pedro und drei weitere Anführer der Cimarrones auf, sich auf den beiden Fregatten umzusehen und ihm zu sagen, was sie haben wollten. Er versprach, es ihnen zu geben, was immer es auch sein möge, sofern es für seine Rückkehr nach England entbehrlich sei. Für ihre Frauen würde er selbst ihnen Seidenstoffe oder Leinen aussuchen, das ihnen gefallen würde. Während unser Kapitän die Auswahl in seinen Truhen traf, fiel Pedros Blick zufällig auf den türkischen Krummsäbel, den unser Kapitän von Kapitän Testu erhalten hatte. Als Pedro diesen Säbel sah, fasste er einen solchen Gefallen daran, dass er nichts anderes mehr haben wollte und ihn allem anderen vorzog, was ihm hätte gegeben werden können. Da er jedoch annahm, dass unser Kapitän den Säbel ebenso hoch schätzte, wagte er nicht den Mund zu öffnen, um darum zu bitten, sondern bewog einen gewissen Francis Tucker dazu, unserem Kapitän seinen Wunsch und sein Verlangen mitzuteilen. Er versprach Tucker dafür einen schönen Goldbarren, den er noch vorrätig hatte, wenn Tucker unseren Kapitän bewegen könnte, ihm, Pedro, den Säbel zu schenken. Unserem Kapitän wollte er vier andere große Barren dafür geben, die er versteckt hatte und die er eigentlich für eine weitere Reise aufheben wollte.

Nachdem unser Kapitän von Francis Tucker entsprechend informiert worden war, hätte er mit einem solchen Tausch sehr zufrieden sein können. Er wollte Pedro aber zufrieden stellen, der eine Belohnung sehr verdient hatte, und überreichte ihm deshalb den Säbel mit vielen Worten des Dankes. Pedro nahm ihn mit großer Freude entgegen. Er sagte, dass, selbst wenn er seine Frau und seine Kinder (die er herzlich liebe) dafür hergeben müsste, er nicht den entsprechenden Gegenwert aufbringen könnte. (Er beabsichtige nämlich, diesen Krummsäbel seinem König zu überreichen, der, wie er wusste, ihn zu einem großen Mann machen werde, einzig und allein wegen dieses Geschenks.) Als Zeichen seiner Dankbarkeit für dieses Juwel bitte er unseren Kapitän, diese vier Goldbarren entgegenzunehmen, zum Zeichen seines Dankes und als Unterpfand seiner lebenslangen Treue.

Unser Kapitän nahm das Geschenk auf die liebenswürdigste Art entgegen, behielt es aber nicht für sich selbst, sondern ließ es zu den übrigen Schätzen bringen. Er sagte, dass er es nicht erhalten hätte, wenn er nicht zu diesem Ort aufgebrochen wäre, und deshalb sei es nur gerecht, daß diejenigen, die mit ihm zusammen die Bürde des Unternehmens getragen hätten, ihren Anteil am Gewinn bei der Rückkehr erhalten sollten.

So verabschiedeten wir uns in bestem Einvernehmen und großer Freundschaft von den Cimarrones und machten uns auf die Reise nach den Inseln (Name fehlt). Von dort brachen wir am nächsten Tage nach Kap San Antonio[1] *auf, das wir bei erheblicher Windstärke umschifften. Und gleich danach, als wir uns auf dem Wege nach Havanna befanden, waren wir drei oder vier Tage lang genötigt gegen den Wind zu lavieren. Bei diesem Lavieren hatten wir das Glück, eine kleine Bark zu erwischen, die zwei- bis dreihundert Häute geladen und außerdem etwas an Bord hatte, dessen wir dringend bedurften, nämlich eine Pumpe. Diese bauten wir in unsere Fregatte ein. Da die spanische Bark uns keine Dienste leisten konnte, ließ unser Kapitän sie mit den Spaniern an Bord ziehen.*

So kehrten wir zum Kap San Antonio zurück und landeten

1 Die äußerste Westspitze der Insel Kuba.

dort. Wir erfrischten uns an Land und sammelten am Tage einen großen Vorrat an Schildkröteneiern (im Sand), außerdem fingen wir zweihundert Schildkröten in der Nacht. Wir salzten sie ein oder trockneten einige dieser Schildkröten und sie waren uns sehr von Nutzen. Die übrigen verzehrten wir bald.

Zu jener Zeit gab es in den Häfen Cartagena, Nombre de Dios, Rio Grande, Santa Marta, Rio Hacha, Venta Cruz, Veragua, Nicaragua, Honduras und Jamaika etwa zweihundert Fregatten, einige mit einhundertzwanzig Tonnen, andere nur mit zehn oder zwölf Tonnen, die meisten jedoch mit dreißig oder vierzig Tonnen. Sie alle befuhren die Route zwischen Cartagena und Nombre de Dios. Die meisten von ihnen hatten wir während unseres Aufenthaltes in jenen Gegenden einmal gekapert, manche sogar zwei- oder dreimal. Wir haben jedoch nie eine in Brand gesetzt oder versenkt, es sei denn, sie war als Kriegsschiff gegen uns ausgerüstet oder sollte als Köder dienen, um uns in die Falle zu locken.

Gegenüber all den Männern, die wir auf diesen Schiffen gefangen nahmen, verhielten wir uns niemals auch nur gegen einen gewalttätig. Entweder ließen wir sie sogleich wieder frei, oder wenn wir sie in einigen Fällen längere Zeit bei uns behielten, haben wir sie stets genauso versorgt wie uns selbst und sie vor dem Zorn der Cimarrones geschützt. Wenn die Gefahr, dass sie unsere Schiffe verraten könnten, vorüber war – das war der einzige Grund, warum wir sie gefangen hielten –, ließen wir auch sie wieder frei.

Wir sahen und beobachteten auf dieser Reise viele fremdartige Vögel, Tiere und Fische sowie auch Früchte, Pflanzen und dergleichen, die wir jedoch unerwähnt lassen wollen, da wir jetzt zum Ende unserer Reise kommen. Von Kap San Antonio aus wollten wir auf dem direktesten und schnellsten Weg heimfahren und dieses glückte uns auch über alles Erwarten.

Unser Kapitän hatte die Absicht gehabt Neufundland anzulaufen, Halt zu machen und dort Wasser an Bord zu nehmen. Doch als wir großen Wassermangel hatten, sorgte Gott der Allmächtige für uns und schenkte uns einen großen Vorrat an Regenwasser, sodass wir ausreichend versorgt waren. Innerhalb von dreiundzwanzig Tagen gelangten wir von Kap Florida zu den Scilly-Inseln und kamen am Sonntag, dem 9. August 1573, zur Zeit des Gottesdienstes in Plymouth an. Die Nachricht von der Rückkehr unseres Kapitäns verbreitete sich blitzschnell in der ganzen Kirche. Sie erfüllte die Gläubigen so stark mit dem Wunsch und der Freude, unseren Kapitän zu sehen, dass so gut wie niemand bei dem Prediger blieb.

Alle eilten davon, um in den mühevoll errungenen Erfolgen unseres Kapitäns den Beweis göttlicher Liebe und göttlichen Segens für unsere gnädige Königin und für unser Land zu bestaunen.

Soli Deo Gloria

TEIL DREI

Die Reise um die Welt
1577–80

1. Vorspiel und Expeditionsplan

I

Als Drake 1572 nach Panama aufbrach, war er arm und unbekannt. 1573 kehrte er, um Camden zu zitieren, »außerordentlich reich« zurück und hatte bereits den Ruf begründet, der ihn einige Jahre später zu dem berühmtesten – oder berüchtigtsten – Seekapitän Europas und der Neuen Welt machen sollte. Aber er kam zu einer sehr ungünstigen Zeit zurück, als durch den Vertrag von Bristol 1574 der Frieden mit Spanien gerade notdürftig wiederhergestellt wurde. Es bestand die Gefahr, dass Drakes Beute konfisziert und ihm ein Prozess unter der Anklage der Piraterie gemacht würde, um den spanischen Unwillen zu beschwichtigen. Er tat das einzig Sichere, er verschwand, und es gibt anscheinend bis 1575 keinen weiteren Bericht über ihn. In jenem Jahr stand er in Irland in den Diensten des ersten Earl of Essex, der versuchte Ulster zu erobern. Nach dem Bericht von Stow »leistete Drake bei der Eroberung von verschiedenen starken Festen zu Wasser und zu Lande ausgezeichnete Dienste«. Aus den *Irischen Staatspapieren*, lii, S. 49, scheint hervorzugehen, dass er ein Schiff oder ein kleines Geschwader befehligte.

In Irland schloss Drake mit Thomas Doughty jene enge Freundschaft, die drei oder vier Jahre später so tragisch an der Küste Patagoniens endete. Die Freundschaft mag Drake wohl geschmeichelt haben, denn Doughty scheint ein »gentleman« im elisabethanischen Sinne des Wortes gewesen zu sein (was Drake nicht war), ein gebildeter und kultivierter Mann, ein Gelehrter ebenso wie ein Soldat, und wahrscheinlich ausgestattet mit dem Charme des ränkevollen Höflings. Er brachte sich selbst bei dem Earl of Essex in schlechten Ruf oder wurde in einem politischen Schachzug von Essex verleumdet, wurde anscheinend aber noch bei Hof empfangen, wo er bald nach der gemeinsamen Rückkehr Drake dem

1578 geadelten Christopher Hatton vorgestellt haben soll, der damals schnell in der Gunst der Königin stieg.

Drake muss das damalige England als ein Land empfunden haben, das mehr denn je seinen Ambitionen entgegenkam, denn der maritime Unternehmungsgeist war in ständigem Wachsen. Dieses schloss, ganz widersprüchlich, eine Ausweitung des seit langem bestehenden Handels mit Spanien und Portugal ein. Dort waren viele englische Kaufleute ansässig, besonders in Sevilla. Auch der Handel mit dem Mittelmeerraum und der neue Handel mit Russland waren im Anstieg begriffen. Der Sklavenhandel war nach Hawkins' »mühevoller« Reise aufgegeben worden und der Handel mit Westafrika lag darnieder.

Der Hauptfaktor in der maritimen Situation war jedoch die wachsende Spannung zwischen England und Spanien. Die englischen See- und Kaufleute (wie die Franzosen und Holländer) grollten und empörten sich mehr und mehr gegen den Anspruch Spaniens und Portugals auf eine Monopolstellung in den neu entdeckten Ländern. Überfälle auf spanische und portugiesische Flotten in der Karibik wurden immer zahlreicher, in dem Maße, in dem die Möglichkeiten reicher Beute immer offensichtlicher wurden. England entwickelte sich wohl oder übel zum politischen Führer der europäischen Protestanten, und Spanien war in die erfolglosen katholischen Verschwörungen verwickelt, die das Ziel hatten, Elisabeth, die vom Papst exkommuniziert und »entthront« worden war, zu ermorden und Maria, die Königin der Schotten, auf den Thron zu bringen.

1573–74 wurde ein interessanter Plan von einer Gruppe wagemutiger Männer aus dem Südwesten Englands vorgelegt, die von Richard Grenville (der 1577 geadelt wurde) und William Hawkins dem Zweiten angeführt wurden. Die genauen Ziele dieser Männer sind jedoch nicht klar. Das Hauptanliegen mag die Entdeckung der *Terra Australis* und die Anlage einer Kolonie dort gewesen sein oder, noch wahrscheinlicher, die Gründung von Kolonien an der Atlantik- und Pazifikküste Südamerikas südlich der dünn bevölkerten portugiesischen und spanischen Gebiete; oder die Aufnahme des Handels mit den Gewürzinseln und Cathay; oder ganz einfach die Ausplünderung der Spanier. Das Letztere hätte sowohl Grenville wie auch Drake entsprochen. Ein Kaperbrief wurde aufgesetzt und vielleicht auch gewährt, um die Expedition zu genehmigen, aber 1574 von der Königin widerrufen, da sie fürchtete Spanien zu provozieren.

Ungefähr zum Zeitpunkt von Drakes Rückkehr aus Irland im Jahre 1576, als die Beziehungen zu Spanien sich verschlechtert hatten, wurde, anscheinend in London, ein mehr oder weniger ähnliches Unternehmen in Angriff genommen. Dieses war es, das zu Drakes Reise um die Welt führte, obwohl eine solche Reise nicht Bestandteil des ursprünglichen Planes gewesen zu sein scheint.

Aber wie auch immer Drakes endgültige Anweisungen gewesen sein mögen, oder wohin auch immer unsere Vermutungen gehen, die Haupttatsachen sind nie bestritten worden: Die *Golden Hind* segelte um die Welt und kehrte mit einer ungeheuren Beute in ihren Laderäumen zurück.

II

Als am 15. November die kleine Flotte von Plymouth absegelte, war die Möglichkeit künftiger Schwierigkeiten bereits vorgegeben. Wahrscheinlich kannte nur Drake allein – und möglicherweise Doughty – die Anweisungen und Ziele, nicht notwendigerweise dieselben. Die Seeleute waren für eine Reise nach Alexandria angeheuert worden. Einige von ihnen würden die Wahrheit übel aufnehmen, wenn sie offenbar wurde, und elisabethanische Seeleute bedurften nur eines geringen Vorwandes zur Meuterei – Desertion und Meuterei waren weit verbreitet. Die höheren Offiziere wussten vermutlich, dass sie Kurs auf den Pazifik nehmen würden, und mögen gedacht haben, dass die Entdeckung der *Terra Australis* das Hauptziel war. Drakes Hauptziel war fast mit Sicherheit die Jagd nach Beute.

Es gab etwa zehn abenteuerlustige Herren an Bord der Schiffe, die wahrscheinlich wenig oder keine See-Erfahrung hatten; Doughty war der bedeutendste von ihnen. Sie mussten zwangsläufig Reibungen verursachen. Sie verachteten die Seeleute und die Seeleute verübelten ihnen ihre überlegenen Mienen und ihre Untätigkeit. Es gab »einen solchen Ärger zwischen den Herren und den Seeleuten, dass es mich fast wahnsinnig macht, davon zu hören«, sagte Drake. Außerdem müssen die elend beengten, unbequemen und ungesunden Lebensbedingungen auf einem kleinen Schiff, besonders bei der sengenden Hitze der Tropen und der unerträglichen Ruhe der Windstillen, alle Übel noch weiter verschlimmert haben. Schließlich wurden, wie John Cooke es formuliert, »Francis Drake, John Winter (Kapitän des zweitgrößten Schiffes) und Thomas Doughty« allgemein »als gleichberechtigte Gefährten und freundliche Herren« angesehen. Es war bei der elisabethanischen Flotte üblich, dass sie von einer Gruppe von ranghohen Offizieren befehligt wurde. Aber Drake war von seiner Veranlagung her unfähig, eine solche Regelung gutzuheißen, und fest entschlossen, es nicht zu tun. An dem entscheidendsten Punkt der Reise beanspruchte und sicherte er sich die absolute Befehlsgewalt. Es ist nicht überraschend, dass Winter mit der *Elisabeth* scheinbar aus gutem Grund die Expedition in der Magellanstraße verließ und allein zurückkehrte. Überraschend war eher, dass die Freundschaft zwischen Drake und Doughty sich in so bittere Feindschaft verwandelte, zumindest von Seiten Drakes, dass er Doughty den Prozess machen und ihn hinrichten ließ – die fragwürdigste Tat seiner ganzen oft fragwürdigen Laufbahn. Es gibt keine unparteiische Darstellung der Tatsachen und es ist sehr unwahrscheinlich, dass sich die Wahrheit je finden lassen wird. Die Frage bleibt bestehen: Beging Drake aus grundlosem Hass gegen seinen früheren Freund ein gemeines Verbrechen oder tat er das einzig Richtige, um die Expedition vor dem Verderben zu bewahren?

III

Wie Magellan segelte Drake mit fünf Schiffen los. Bei beiden Unternehmungen gelang es nur dem Flaggschiff, die Reise um die Welt zu vollenden. Aber im Gegensatz zu Magellan kehrte Drake auf seinem Schiff zurück, obwohl er beinahe Magellans Schicksal geteilt hätte, als er auf der Insel Mocha am Kopf verwundet wurde.

Drakes Flaggschiff, die *Pelican*, die in der Magellanstraße auf *Golden Hind* umgetauft wurde, war eine kleine Galeone mit einem niedrigen Achterdeck und einem noch niedrigeren Vorderdeck, was – für moderne Augen – den Eindruck entstehen lässt, dass bei diesem Schiffstyp der Vorderteil immer tief im Wasser liegt. Es mag eine Kajüte mit einem Ausgang zum Achterdeck gehabt haben, in der Drake wohnte – in »einiger Pracht und Freude« (siehe S. 167). Es hatte drei Masten, der Großmast und der Fockmast führten Rahsegel und waren mit Toppsegeln, Kreuzbramstangen und Gefechtsmars versehen, der Besan war mit Lateinsegeln getakelt, das Segel wahrscheinlich an eine Spiere gezurrt. Es gibt verschiedene zeitgenössische Schätzungen über die Tonnage des Schiffes, die von achtzig bis einhundertundfünfzig Tonnen gehen. (Die spanischen Schätzungen lagen höher, waren aber auf einer anderen Grundlage berechnet oder übertrieben.)

Das Schiff war schwer bestückt und gut mit Waffen und Munition aller Art versehen. Die Hauptbestückung bestand wahrscheinlich aus vierzehn Kanonen unter Deck, zwei oder mehr Kanonen im Bug und verschiedenen kleineren Kanonen. Die Mannschaft umfasste etwa siebzig Mann, als das Schiff die kalifornische Küste verließ, und neunundfünfzig, als es von Ostindien absegelte. In seiner eidlichen Aussage vor der Inquisition gibt Drakes portugiesischer Lotse, Nuño da Silva, einen Bericht von der *Golden Hind*, den man als verlässlich ansehen darf (obwohl andere Zeugenaussagen davon abweichen). Denn Silva war ein erfahrener Seemann, hatte Monate an Bord der *Golden Hind* verbracht und hatte, soweit

Das älteste bekannte Schiffsmodell Englands (Ashmolean Museum Oxford). Vermutlich stellt es die *Golden Hind* dar, eine kleine Galeone von etwa 100 Tonnen Wasserverdrängung. Sie war Francis Drakes Flaggschiff während seiner Weltumsegelung.

»Drakes Schiff ist sehr fest und sehr stark. Die Außenwände bestehen aus zwei Schichten von Planken mit einer Teerschicht dazwischen, was das Schiff für die Kriegsführung sehr geeignet macht …«

wir sehen können, keinen Nutzen davon, ungenaue Einzelheiten anzugeben. »Drakes Schiff«, so führt er aus (Wagner, S. 348), »ist sehr fest und sehr stark. Die Außenwände bestehen aus zwei Schichten von Planken mit einer Teerschicht dazwischen, was das Schiff für die Kriegsführung sehr geeignet macht. Es ist ein französisches Schiff, mit guten Masten, einer Talje und guten Segeln ausgestattet, und ein guter Segler, der dem Steuer wohl gehorcht. Es ist weder neu, noch ist der Boden mit Blei bedeckt. Es hat sieben Luken an jeder Seite und achtzehn Kanonen unter Deck, sieben an jeder Seite und vier im Bug. Drei davon sind aus Bronze und der Rest aus Gusseisen; außerdem gibt es alle Arten von Kriegsmaterial in Überfluss an Bord ... Es ist wasserdicht, wenn es mit einem nicht zu starken Wind von achtern segelt, aber in schwerer See macht es nicht wenig Wasser.«

IV

Da die Weltumseglung die sensationellste, erfolgreichste und umstrittenste von Drakes Unternehmungen war, ist es nicht überraschend, dass die zeitgenössischen Dokumente reichhaltig, gegensätzlich und oft widerspruchsvoll sind. Es gibt keinen befriedigenden zeitgenössischen Bericht.

Drakes Logbuch wäre eindeutig von großem Wert. »Er führt ein Buch«, berichtete Silva, »in dem er sein Log einträgt und Vögel, Bäume und Robben malt. Er ist begabt im Malen und hat einen Jungen mit sich (seinen Neffen), John Drake ..., der ein großer Maler ist.« (Wagner, S. 348). Der spanische Botschafter Bernardino de Mendoza schreibt in seinem Brief an König Philipp II. vom 16. Oktober 1580, der im Britischen Museum einzusehen ist: »Drake hat der Königin ein Tagebuch über alle seine Erlebnisse während der Zeit seiner dreijährigen Abwesenheit übergeben.« (Nuttall, S. 303 n). Man hat nichts mehr von diesem Logbuch gehört.

Alle anderen wichtigen Dokumente werden in der folgenden Bibliografie aufgeführt.

The World Encompassed (Die Weltumseglung) von 1628 wird hier in vollem Wortlaut abgedruckt, weil es der längste, am meisten in Einzelheiten gehende und am besten geschriebene Bericht ist. Er wurde von dem zweiten Sir Francis Drake, dem Neffen des Seefahrers, »zum Ruhme des Verblichenen« geschrieben, offensichtlich mit der Absicht, ihn und seine Familie zu verherrlichen. Dieses wird auf belustigende Weise bei der Behandlung der Doughty-Affäre sichtbar, die ein Meisterstück der Unklarheit ist und sich so sehr der Angabe irgendwelcher Fakten enthält, dass nicht einmal Doughtys Name genannt wird.

Der erste Teil des Berichtes ist aus Notizen zusammengestellt, die der Marineprediger Francis Fletcher gemacht hat, und aus anderen Quellen, die zahlreich veröffentlicht worden sind. Der zweite Teil der Aufzeichnungen Fletchers, der heute verloren ist, mag auch benutzt worden sein. Von der Insel Mocha an lehnt sich der Bericht sehr eng an die *Famous Voyage* (Die berühmte Reise) an. Dieser anonyme Bericht wurde im Allgemeinen Francis Pretty zugeschrieben, wurde aber wahrscheinlich von Hakluyt oder einem seiner Assistenten zusammengestellt, wobei eine vorsichtige Auswahl aus Cooke und dem *Anonymos Narrative* (Anonymer Bericht) getroffen wurde. Der Verfasser der *World Encompassed* verwandte auch den anonymen Bericht der Schrift *The Course which Sir Francis Drake held … in the South Sea …* (Der Kurs, den Sir Francis Drake … in der Südsee einschlug).

John Cookes *Narrative* (Bericht) wird hier (aus Penzer) in vollem Wortlaut wiedergegeben, da es der wichtigste Anti-Drake-Bericht ist; ein voreingenommenes, aber wichtiges Korrektiv der *World Encompassed*, im Wesentlichen sehr interessant und im Allgemeinen genau (siehe Bibliografie).

Da Cooke unter dem Kommando von Winter auf der *Elizabeth* war und mit ihm zurückkehrte, endet sein Bericht mit den Ereignissen in der Magellanstraße.

Cookes Manuskript, das 1855 erstmalig von Vaux gedruckt wurde, befindet sich im Britischen Museum: Harleian M. S. No. 540, fo. 93. Es soll in der Handschrift von John

Stow geschrieben sein und trägt den Titel: »Für Francis Drake, Ritter. Im Jahre des Herrn 1577«. Da es höchst unwahrscheinlich ist, dass es für Drake bestimmt war, ist diese Überschrift sehr wahrscheinlich Stows Vermerk, dass es für seinen kurzen Bericht der Weltumseglung benutzt werden sollte, der seinerseits anscheinend auf Cooke zurückgeht. Penzer vermutet, dass, »obwohl es von John Cooke unterzeichnet ist, es auf jeden Fall – im Interesse von Drakes Gegnern – von jemandem umgeschrieben wurde, der in dem literarischen Streit bewandert war«. Aber da wir nichts von Cooke und seinen möglichen literarischen Fähigkeiten wissen, muss das reine Vermutung bleiben.

Es mag wohl noch unentdeckte Dokumente geben, z. B. im englischen Staatsarchiv in London oder in den Indien-Archiven in Sevilla, die neue Gesichtspunkte für die Weltumseglung ergeben, aber viele zeitgenössische Dokumente sind bereits veröffentlicht worden. Die vollständigste Erörterung der Quellen findet sich bei Wagner, dessen enzyklopädisches Werk trotz einiger nicht stichhaltiger Schlüsse unentbehrlich für jede genauere Beschäftigung mit der Reise ist.

Sir Francis Drake »The World Encompassed«.
Titelseite der Ausgabe von 1628.

THE VVORLD Encompaſſed

By

Sir FRANCIS DRAKE,

Being his next voyage to that to *Nombre de Dios* formerly imprinted;

Carefully collected out of the notes of Maſter FRANCIS FLETCHER *Preacher in this imployment, and diuers others his followers in the ſame:*

Offered now at laſt to publique view, both for the honour of the actor, but eſpecially for the ſtirring vp of *heroick ſpirits, to benefit their Countrie, and eternize their names by like noble attempts.*

LONDON,

Printed for NICHOLAS BOVRNE and are to be ſold at his ſhop at the *Royall Exchange.* 1628.

An den
wahrhaft edlen
ROBERT EARL OF WARWICK[1]

Exzellenz!
Ruhm und Neid berühren nicht die Toten, die nichts mehr davon wissen, und sind zuweilen gefährlich für die Lebenden, wenn sie zu viel davon erfahren. Das ist Grund genug, warum ich es vorziehe, eher nichts als zu wenig zum Preis und Ruhm des verblichenen Verfassers und Eurer Lordschaft, meines verehrten Herrn, zu sagen. Kolumbus wies geschickt seine Neider in ihre Schranken, indem er seine Stimme erhob und sich ohne Hilfe rechtfertigte. Möge diese Reise für sich selbst sprechen. Wenn Eure Lordschaft diese Schrift gnädig annimmt, ist sie die Eure; wenn der Leser Nutzen und Gewinn daraus zieht, ist es die seine, und ich bin es zufrieden.

Möge sie der Öffentlichkeit ein Beispiel und Eurer Lordschaft zu Gefallen sein – das ist das eigentliche Anliegen

Eures sehr ergebenen
Francis Drake

1 Sir Robert Rich, Earl of Warwick (1587–1658), hatte großen Anteil an freibeuterischen Unternehmungen und der Gründung der amerikanischen Kolonien. Später war er Großadmiral bei den Streitkräften des Parlaments. Der Unterzeichner war der Neffe des Seefahrers.

2. Die Weltumseglung[1]: Sir Francis Drake – seine Reise um die Welt von Francis Fletcher und anderen.

Seit Gott der Allmächtige Adam den Auftrag gab sich die Erde untertan zu machen, hat es zu keiner Zeit an heroischen Geistern gefehlt, die, gehorsam diesem hohen Auftrage, entweder aus offenkundigen Gründen, die sie dazu bewogen, oder aus einem geheimen Instinkt, der sie dazu antrieb, ihr Vermögen und ihre Zeit opferten und sogar ihr Leben riskierten, um die wahren Verhältnisse der Länder und Gegenden dieser Welt zu erforschen.

Von diesen Menschen haben einige sich bemüht, ihr Ziel durch Schluss und Folgerung zu erreichen, die sie aus dem Verhältnis der höheren Sphären zu diesem Erdball zogen, der doch der Mittelpunkt der niedrigeren Regionen ist. Andere, die sich nicht mit Schulwissen und solchen Demonstrationen begnügten (denn ein kleiner Irrtum am Anfang kann sich in der Folge zu großen Unannehmlichkeiten entwickeln), haben ihre eigene Geschichte und Erfahrung hinzugefügt. Sie alle haben das hohe Lob ihrer Zeitgenossen verdient und zu Recht Ruhm bei der ganzen Nachwelt erworben. Denn wenn schon der Landvermesser einiger adliger Herrschaftsgebiete, deren Grenzen und Abmessungen schon vorher bekannt waren, zu Recht seinen Lohn verdient, nicht nur für seine Mühe, sondern auch für sein Geschick bei der Vermessung des Ganzen und eines jeden Teiles davon – wie unvergleichlich viel mehr müssen die berühmten Reisen jener unvergesslich gemacht werden, die ihren Eifer und ihr Bemühen eingesetzt haben, um den fast unmessbaren Erdball zu vermessen und aufzunehmen? Hier ergibt sich nicht die Schwierigkeit, der bei privatem Eigentum große Bedeutung zukommt: Wessen Land vermesse ich? Die großen Ozeane sind rechtlich das Gebiet Gottes allein und von der Natur allen Menschen gleich gegeben, sie bieten im

1 Dieser Text aus *The World Encompassed* wird mit freundlicher Genehmigung des Verlages Chas. J Sawyer aus dem von N. M. Penzer herausgegebenen Text abgedruckt (Argonaut Press, 1926)

Überfluss zum Nutzen aller und sind groß genug, um den Unternehmungen aller Menschen Raum zu geben.

Deshalb übertrifft das tapfere und von glücklichem Erfolg begleitete Unternehmen, das der höchst ungewöhnliche und überaus ehrenwerte Kapitän Francis Drake durchführte, als er als Erster seine Spur rund um die Welt hinterließ, nicht nur das der alten Argonauten, sondern ist auch in vieler Hinsicht höher anzusetzen als das des edlen Seefahrers Magellan[1] *und ist weit bedeutender als dessen gekrönter Sieg. Aber möge die Nachwelt darüber urteilen.*

Für den Augenblick soll es genug sein, sich der Pflicht zu entledigen, die wahre und vollständige Geschichte dieser Reise niederzuschreiben, mit der größtmöglichen Unparteilichkeit und ohne Gemütsaufwallung, wie eine historische Darstellung es fordert, und unter klarer Angabe der wahren Tatsachen, wie sie von einigen der Hauptbeteiligten und verschiedenen anderen Teilnehmern dieses Unternehmens berichtet worden sind.

Der besagte Kapitän Francis Drake hatte auf einer früheren Reise in den Jahren (15)72 und (15)73 (deren Beschreibung der Öffentlichkeit bereits vorgelegt worden ist[2]*) einen Blick, und nur einen Blick auf den Pazifik geworfen. Daraufhin entwickelte sich bei ihm entweder ein neues Verlangen oder ein früher schon vorhandenes kam erneut zur Geltung, nämlich auf diesem Ozean auf einem englischen Schiff zu fahren. Von dieser Zeit an hegte er diesen edlen Wunsch in sich, und sein Entschluss stand fest, sodass ungeachtet der Tatsache, dass er einige Jahre lang an der Ausführung seines Planes gehindert wurde (teilweise durch geheimen Neid in seinem Lande, teilweise durch die Dienste, die er seinem Herrscher und seinem Land im Ausland leistete, wovon*

1 Ferdinand Magellan (1480–1521), ein portugiesischer Seefahrer, befehligte eine spanische Expedition von fünf Schiffen und etwa 270 Mann, die 1519 von Sevilla absegelte, um eine Westroute nach den Gewürzinseln, den Molukken, zu finden. Er entdeckte die nach ihm benannte Straße und gab dem Pazifischen Ozean seinen Namen. Er selbst wurde in einem Kampf auf den Philippinen getötet, aber eines seiner Schiffe, die *Victoria*, das erste Schiff, das die Welt umsegelte, erreichte Spanien 1522 mit neunzehn Überlebenden und einer Ladung von Gewürzen.

2 In *Sir Francis Drake Revived.*

seine Taten in Irland unter Walter, dem Earl of Essex, ehrenvolles Zeugnis ablegen), er sich doch im Jahre 1577 durch die gnädige Gewährung eines Patentes von seiner Königin und mit der Hilfe verschiedener wagemutiger Freunde mit fünf Schiffen ausrüsten konnte.

1. *Die PELICAN (später die GOLDEN HIND), das Flaggschiff, ein Schiff von 100 Tonnen, Generalkapitän Francis Drake.*
2. *Die ELIZABETH, zweites Flaggschiff, ein Schiff von 80 Tonnen, Kapitän John Winter.*
3. *Die MARIGOLD, eine Bark von 30 Tonnen, Kapitän John Thomas.*
4. *Die SWAN, ein Schnellsegler von 50 Tonnen, Kapitän John Chester (Vorratsschiff).*
5. *Die CHRISTOPHER, eine Pinasse von 15 Tonnen, Kapitän Thomas Moone.*[1]

Diese Schiffe bemannte Drake mit 164 fähigen und tauglichen Männern und stattete sie auch mit einem reichlichen Vorrat aller notwendigen Dinge aus, die eine so lange und gefährliche Reise erforderte. Außerdem wurden einige vollständige Pinassen in ihre Einzelteile zerlegt an Bord genommen, die bei entsprechender Gelegenheit in ruhigen Gewässern zusammengebaut werden sollten. Auch hatte er nicht versäumt für Ausschmückung und Vergnügen zu sorgen. Zu diesem Zwecke führte er ausgezeichnete Musikanten mit sich, eine wertvolle Ausstattung (alle Gefäße für seine Tafel, ja selbst viele für die Küche waren aus reinem Silber) und die verschiedensten Paradestücke einer zierlichen Handwerkskunst, an denen die Kultur und Größe seines Heimatlandes von allen Völkern, zu denen er gelangen sollte, gebührend bewundert werden konnte.

So ausgerüstet segelten wir am 15. November des gleichen Jahres (1577) gegen fünf Uhr nachmittags aus der Bucht von Ply-

1 Über Thomas Moone als Schiffszimmermann siehe Seite 85. Der Expedition gehörten auch Drakes Bruder Thomas, sein junger Neffe John Drake und Thomas Doughtys jüngerer Bruder John an.

mouth und hielten uns jene ganze Nacht in Richtung Südwest. Am Morgen (16. November) hatten wir die Höhe des Lizard erreicht, wo der Wind uns aus Südwest entgegenblies und wir (was unserem beabsichtigten Kurs völlig entgegengesetzt war) gezwungen wurden, mit unserer ganzen Flotte im Hafen von Falmouth Schutz zu suchen.

Am nächsten Tage (am 17. November) erhob sich gegen Abend ein Sturm, der die ganze Nacht und den folgenden Tag (den 18. November) anhielt (er war besonders stark zwischen zehn Uhr vormittags und fünf Uhr nachmittags) und der so gewaltig war, dass, obwohl wir uns in einem sehr guten Hafen befanden, doch zwei unserer Schiffe, nämlich das Flaggschiff (auf dem sich unser Generalkapitän befand) und die MARIGOLD, gezwungen waren, ihre Masten zu kappen. Zur Reparatur dieser Masten und vieler anderer Schäden, die der Sturm verursacht hatte, fuhren wir (sobald es das Wetter erlaubte) nach Plymouth zurück, wo wir alle am 13. Tage (am 28. November) nach unserer ersten Abfahrt eintrafen.

Nachdem wir in wenigen Tagen alle Schäden behoben hatten, brachen wir, mehr vom Glück begünstigt, am 13. Dezember 1577 erneut von dort auf.

Sobald wir auf hoher See waren, gab uns unser Kapitän Gelegenheit, wenigstens teilweise zu vermuten, wohin er zu fahren beabsichtigte, und zwar durch die Angabe seines Kurses sowie durch die Vereinbarung eines Treffpunktes bei der Insel Mogador[1]*, (falls eines der Schiffe den Anschluss an die Flotte verlieren sollte). So segelten wir mit günstigen Winden. Das erste Land, das wir am 25. Dezember am Morgen des Weihnachtstags, sichteten, war Kap Cantin*[2] *in der Berberei. Dort ist ein schöner,*

1 Mogador ist jetzt ein Teil von Marokko.

2 Kap Cantin liegt in Marokko. Die Berberei oder die Berberküste ist die Nordwestküste Afrikas. »Durch die gütige Vorsehung Gottes gelangten wir am 25. Tage desselben Monats zum Kap Cantin, von wo wir unsere Fahrt die Küste der Berberei entlang fortsetzten. Wir segelten nahe an der Löwenstadt vorbei, die einst eine sehr berühmte Stadt gewesen sein soll und von Kaufleuten vieler Nationen und Reiche häufig besucht wurde. Da aber die Bewohner hochmütig und voller Schlechtigkeit waren, ließ der Herr ein Heer von Löwen auf sie los, die weder Mann

weißer Sandstrand, das Inland ist sehr hoch und gebirgig und liegt auf 32 Grad 30 Minuten nördlicher Breite. Von dort fuhren wir an der Küste entlang etwa 18 Meilen südwärts und erreichten am selben Tage Mogador, die vorher genannte Insel.

Dieses Mogador[1] *steht unter der Herrschaft des Königs von Fez und liegt auf einer Breite von 31 Grad 40 Minuten etwa eine Meile von der Küste entfernt, sodass der Raum zwischen der Insel und dem Festland einen guten Hafen bildet. Die Insel ist unbewohnt, hat einen Umfang von etwa einer Meile und ist nicht sehr hoch. Sie ist mit einer Art brusthohem Gesträuch überzogen, das unserem Liguster recht ähnlich ist, voller Tauben und deshalb viel von Hühnerhabichten und anderen Raubvögeln besucht, außerdem finden sich dort viele Arten von Seevögeln. Auf der Südseite der Insel gibt es drei ausgehöhlte Felsen, unter denen man große Mengen von wohlschmeckenden, aber sehr hässlichen Fischen sehen kann. Wir lagen hier etwa eine Meile vom Festland entfernt und sandten ein Boot aus, um den Hafen auszukundschaften. Und als wir feststellten, dass er sicher und an der Nordseite etwa 5 oder 6 Faden tief war (aber an der Südseite war es sehr gefährlich), segelten wir am 27. Dezember mit der ganzen Flotte in den Hafen und blieben bis zum letzten Tage des gleichen Monats dort. Unsere Mußezeit verbrachten wir damit, eine der vier Pinassen zusammenzubauen, die wir aus der Heimat mitgebracht hatten. Unser Aufenthalt dort wurde bald von den Einwohnern des Landes bemerkt, die an das Ufer kamen und durch Zeichen und Rufe zu verstehen gaben, dass sie an Bord genom-*

noch Frau noch Kind verschonten, sondern alle vom Angesicht der Erde vertilgten und die Stadt für sich selbst und ihre Nachkommen bis auf den heutigen Tag in Besitz nahmen, die deshalb seitdem CIVITAS LEONUM genannt wird. Von dorther kamen die Löwen in der Nacht mit großer Wildheit und wüteten mit fürchterlichem Gebrüll entlang der Küste und versuchten immer wieder, sich in das feuchte Element zu begeben, um unser Schiff, das an der Küste entlangruderte, zu ihrer Beute zu machen, aber wie es in ihrer Natur liegt, scheuen sie nicht das Licht der Sonne oder das Feuer, scheinen das Wasser aber nicht ertragen zu können.« Fletcher (Penzer, S. 88).

1 Winter berichtet, sie erreichten Mogador am 27. Dezember (Winter, S. 147).

men werden wollten. Unser Kapitän sandte ihnen ein Boot, das zwei der Anführer der Mohren aufnahm; dafür blieb einer der Unsrigen als Bürge für ihre Rückkehr an Land.

Die beiden, die an Bord kamen, wurden auf das Höflichste mit einem schmackhaften Festessen bewirtet und erhielten Geschenke, die sie außerordentlich zu erfreuen schienen, sodass sie erkennen konnten, dass diese Flotte in Frieden und Freundschaft gekommen war und mit ihnen Handel mit den Waren treiben wollte, die ihr Land erzeugte, sodass sie zufrieden sein konnten. Dieses Angebot schienen sie freudig anzunehmen und versprachen am nächsten Tag mit den Dingen zurückzukehren, die sie gegen unsere einzutauschen hatten. Sie haben ein Gesetz, das ihnen verbietet Wein zu trinken; nichtsdestoweniger trinken sie ihn heimlich gern und viel, wie die Erfahrung hier zeigte. Bei ihrer Rückkehr an das Ufer überstellten sie uns ruhig den Bürgen, den sie zurückbehalten hatten, und kamen am nächsten Tag zur festgesetzten Zeit wieder zurück. Sie führten Kamele mit sich, die sichtbar mit Waren beladen waren, die sie gegen unsere Waren eintauschen wollten. Sie riefen in Eile nach einem Boot, das ihnen gesandt wurde, gemäß dem Befehl, den unser Kapitän (der zu diesem Zeipunkt abwesend war) vor seiner Wegfahrt zur Insel gegeben hatte.

Als unser Boot zu dem Landeplatz kam (der zwischen den Felsen lag), sprang einer unserer Leute namens John Fry, der keine Gefahr argwöhnte, noch irgendein Unheil von ihnen befürchtete und deshalb die Absicht hatte, sich als Bürge gemäß der Regelung des Vortages zur Verfügung zu stellen, bereitwillig aus dem Boot und lief an Land. Die Mohren (die das erwartet hatten) nahmen die Gelegenheit wahr, und nicht nur diejenigen, die zu sehen waren, ergriffen ihn, um ihn mit sich wegzuführen, sondern noch etliche mehr, die sich insgeheim versteckt hatten, brachen jetzt hinter den Felsen hervor, wohin sie sich (wie es schien, in der Nacht zuvor) begeben hatten. So zwangen sie unsere Leute die Rettung des Gefangenen aufzugeben und eiligst ihr Heil in der Flucht zu suchen.

Die Ursache dieses Gewaltaktes war der Wunsch des Königs von Fez herauszufinden, was für eine Flotte dies sei, ob sie ein Vor-

läufer der Flotte des Königs von Portugal[1] *sei oder nicht und welche sicheren Neuigkeiten die Flotte ihm geben könne. Deshalb wurde er, nachdem er vor den König gebracht worden war und berichtet hatte, dass wir Engländer seien, die unter der Führung von General Drake zu der Straße*[2] *segeln wollten, mit einem Geschenk für unseren Kapitän und dem Angebot großen Entgegenkommens und großer Freundschaft, die dieses Land für uns hege, wieder zurückgeschickt. Aber in der Zwischenzeit hatte unser Kapitän, der über dieses schreiende Unrecht sehr betrübt war und die Absicht hatte, wenn möglich, seinen Mann wieder zu finden oder freizukaufen, seine Pinasse fertig machen und seine Mannschaft landen lassen und war ein Stück in das Land marschiert, ohne auf irgendeinen Widerstand zu stoßen. Die Mohren machten nicht den geringsten Versuch sich unseren Leuten zu nähern oder sich mit ihnen auseinander zu setzen. So sammelten wir einigen Vorrat an Holz, besuchten auch eine alte Festung, die einst von dem König von Portugal gebaut, dann aber vom König von Fez zerstört worden war, und fuhren am 31. Dezember nach Kap Blanco ab. So musste Fry bei seiner Rückkehr zu seiner großen Betrübnis feststellen, dass die Flotte abgesegelt war. Er wurde jedoch durch die Gnade des Königs nicht lange darauf auf einem englischen Handelsschiff nach England zurückgeschickt.*

(1578) Kurz nachdem wir diesen Hafen verlassen hatten, kamen wir in widrige Winde und schlechtes Wetter, das bis zum 4. Januar anhielt. Wir hielten aber trotzdem unseren Kurs und erreichten am dritten darauffolgenden Tag (am 7. Januar) Kap de Guerre in der Höhe von 30 Grad und (?) Minuten, wo wir auf drei spanische Fischerboote, drei Schmacken, stießen, die wir mit unserer neuen Pinasse kaperten und mit uns führten, bis wir (am 13. Januar) zum Rio del Oro kamen, der genau im Wendekreis des Krebses liegt und wo wir mit unserer Pinasse noch eine Karavelle kaperten. Von dort segelten wir bis zum fünfzehnten

1 Der König von Portugal bereitete gerade einen Kreuzzug gegen die Mohren vor. Im folgenden Jahr, 1578, wurde die portugiesische Armee geschlagen und der König getötet (siehe S. 234).

2 Vermutlich die Magellanstraße. Das Ziel war nicht mehr geheim.

Tag (dem 15. Januar) zum Kap Barbas, wo die MARIGOLD eine weitere Karavelle kaperte, und von dort weiter nach Kap Blanco bis zum Abend des darauf folgenden Tages (dem 16. Januar).

Das Kap liegt auf einer Breite von 20 Grad und 30 Minuten und bietet sich dem Beschauer, der von Norden kommt, wie die aufrecht stehende Ecke einer Mauer dar. Zwischen diesem und dem Kap Barbas ist die Küste den ganzen Weg entlang flach, sandig und sehr weiß. Hier bemerkten wir am Horizont bei 9 Grad 30 Minuten die South Guards, genannt die Crosiers. Am Kap erbeuteten wir ein weiteres spanisches Schiff, das dort vor Anker lag (alle Männer der Besatzung waren mit Ausnahme von zweien mit dem Boot ans Ufer geflohen). Dieses Schiff führten wir mit den anderen, die wir zuvor erbeutet hatten, in den Hafen, drei Meilen vom Kap entfernt.

Hier beschloss unser Generalkapitän einige Tage lang zu verweilen, und zwar zum einen, weil der Ort frische Lebensmittel in Fülle bot, die für den Augenblick unsere Männer wieder zu Kräften kommen ließen und auch ihrer zukünftigen Versorgung auf See dienen konnten (wegen des unendlichen Reichtums verschiedener Sorten guter Speisefische, die man dort leicht, sogar innerhalb des Hafens fangen kann – was ähnlich sonst kaum irgendwo zu finden ist), zum anderen, weil der Ort sehr geeignet für die Erledigung einiger anderer Dinge war, die anstanden. Während unseres Aufenthalts an diesem Ort wurde unser Generalkapitän, als er einmal an Land war, von einigen Bewohnern der Gegend besucht, die eine Frau, eine Mohrin, mit sich hatten (mit ihrem Kleinkind, das sich an ihren trockenen Busen klammerte), die kaum noch Lebenskraft in sich hatte (geschweige denn Milch, um ihr Kind zu nähren). Sie sollte wie ein Pferd oder eine Kuh mit ihrem Kalb verkauft werden, eine Art von Handel, auf den sich unser Kapitän nicht einließ. Aber sie hatten auch kleine Stücke von Bernstein, darunter einige Stücke, die wertvoller waren, die sie mitgebracht hatten, um sie bei unseren Männern gegen Wasser einzutauschen (woran sie großen Mangel leiden). Sie kamen mit ihren Behältern (Ledersäcke zum Transport von Flüssigkeit), um Wasser zu kaufen, und es war ihnen gleichgültig, zu welchem Preis sie es kauften, um ihren Durst stillen zu können. Eine schwere

Sir Francis Drake,
nach einem Stich, der Jodocus Hondius zugeschrieben wird.

Heimsuchung Gottes für jene Küste! Unter Berücksichtigung dieser Umstände wollte unser Kapitän nichts von ihnen für das Wasser haben, sondern gab es freizügig denen, die zu ihm kamen, ja versorgte sie auch mit unseren Lebensmitteln. Ihre Essgewohnheiten erschienen uns nicht nur hässlich und grob, sondern waren auch an sich unmenschlich und Ekel erregend.

Wir wuschen unsere Schiffe und machten sie seeklar und entließen alle unsere spanischen Prisen mit der Ausnahme einer Schmacke (für die wir dem Eigentümer eines unserer eigenen Schiffe, nämlich die CHRISTOPHER, gaben) und einer Karavelle, die ursprünglich nach Santiago fahren sollte und die uns bis dort zu begleiten hatte, wo wir sie ebenfalls entließen. Nach einem Aufenthalt von sechs Tagen an diesem Ort[1] *brachen wir (am 21. Januar) mit Kurs auf die Kapverdischen Inseln auf, wo wir (wenn überhaupt) vor der Notwendigkeit standen unsere Flotte für einen langen Zeitraum mit frischem Wasser zu versorgen, denn unser Kapitän beabsichtigte von dort eine lange Fahrt (möglichst bis zur Küste Brasiliens) ohne Zwischenlandung zurückzulegen. So erreichten wir bei einem Wind, der beständig aus Nordost oder Ostnordost blies, was in jenen Gegenden die Regel ist, weil er beinahe immer von der Küste weht, am 27. Januar Bonavista, und am nächsten Tage (am 28. Januar) ankerten wir am westlichen Teil (Richtung Santiago) der Insel Mayo*[2]. *Die Insel liegt auf dem 15. Grad und hat vorwiegend Steilküste, außer dem Nordwestteil, der sich in einer Länge von einer Meile in die See erstreckt und sehr flach ist. Die Insel wird von Untertanen des Königs von Portugal bewohnt.*

Wir landeten hier in der Hoffnung, von den Einwohnern Wasser zu erhalten, und fanden nicht weit vom Ufer eine Stadt mit einer großen Anzahl verlassener und verfallener Häuser mit einer armen, kahlen Kapelle oder einem Bethaus[3], *das kleinen Ansprüchen dienen und genügen konnte und von geringem Nutzen*

1 »Wir blieben vier Tage lang dort und in dieser Zeit musterte und drillte unser Kapitän seine Männer an Land in kriegsmäßiger Weise, um sie auf alle Möglichkeiten vorzubereiten.« *Famous Voyage* (Hakluyt, XI, S. 103).

2 Mayo und Bonavista gehören zu der Gruppe der Kapverdischen Inseln.

zu sein schien. Die Stadt schien nur einen Eindruck erwecken zu sollen, und zwar einen falschen, der dem Zweck einer Vogelscheuche gerade entgegengesetzt war, die die Vögel vom Näherkommen abschrecken soll; sie sollte die Vorbeikommenden dazu verleiten, herzukommen und sich nach Proviant umzusehen, den es dort gar nicht gab, obwohl solcher im inneren Teil der Insel in großem Überfluss zu finden war.

Als wir feststellten, dass die Brunnen und Quellen, die (wie es schien) da gewesen waren, versiegt waren und es kein anderes Wasser gab, um unseren Bedarf zu befriedigen, marschierten[1] *wir landeinwärts, um eine bessere Stelle zu finden und uns zu versorgen oder zumindest festzustellen, ob die Leute, die uns begegneten, uns helfen könnten. Bei diesem Marsch bemerkten wir, dass der Boden sehr fruchtbar war, überall wuchsen große Feigenbäume, die meisten von ihnen waren voller Früchte. Aber in den Tälern und Niederungen, in denen kleine, niedrige Hütten standen, waren schöne Weingärten angelegt, deren Rebstöcke voller reifer und wohlschmeckender Trauben hingen. Dort standen auch große Bäume, die bis auf die Spitze ohne Zweige waren und die Kokosnüsse trugen. Auch gab es eine große Anzahl von niedrigeren Bäumen mit langen und breiten Blättern, die eine Frucht trugen, die sie Paradiesfeige nennen und die in Büscheln wächst und sehr wohlschmeckend und bekömmlich ist. Alle diese Bäume waren ständig mit Früchten überladen, einige waren gerade richtig zum Verzehr, andere reiften, weitere waren über-*

3 »Die Ursache dieses Verfalls war, wie wir meinten, nicht das Fehlen entsprechender Zuneigung bei den Portugiesen, denen die Insel gehörte, sondern die Generation der Faulenzer, ich meine, der Piraten, die einen besonderen Groll und Hass gegen die Portugiesen hegen und in Hoffnung auf Beute sich die Beschaffenheit dieses Ortes zunutze machen und auf Lauer nach Schiffen und Waren liegen, die entweder von Portugal nach den Kolonien oder von Brasilien in das Mutterland gingen. Diese Schiffe machten an der Insel St. Jago (Santiago), einer anderen der Kapverdischen Inseln, Zwischenstation, um Lebensmittel und Wasser aufzunehmen.« Fletcher (Penzer, S. 95).

1 »Unser Kapitän sandte zur Erkundung der Insel ... zweiundsechzig Mann unter der Führung und dem Befehl von Kapitän Winter und Kapitän Doughty.« *Famous Voyage* (Hakluyt, XI. S. 104).

reif. Dieses war nicht so seltsam, wie es scheint, obwohl es bei uns zu Hause in England tiefster Winter war, denn dort verliert die Sonne niemals ihre wärmende Kraft, sondern begünstigt mit ihrer Leben spendenden Wärme die Ergiebigkeit des Bodens und das Wachstum der Pflanzen. Es gibt dort niemals eine so strenge Kälte oder einen so starken Frost, dass die Bäume ihr grünes Kleid verlören.

An verschiedenen Stellen fanden wir sehr gutes Wasser, aber so weit von der Straße entfernt, dass wir keinen sinnvollen Gebrauch davon machen konnten. Die Einwohner konnten durch nichts dazu bewogen werden, mit uns irgendeinen Kontakt aufzunehmen, sondern verbargen sich in den reizenden und fruchtbaren Tälern zwischen den Hügeln, wo ihre Orte und Wohnstätten waren, und gaben uns ohne Einschränkung Gelegenheit die Insel in Augenschein zu nehmen, da sie einigen Grund hatten sich nicht in Gefahr zu begeben; denn sie sahen, dass sie sich nur Schaden und Schimpf einhandeln konnten, wenn sie denen gewaltsam entgegenträten, die in Frieden gekommen waren und nichts Böses gegen sie im Schilde führten.

Die Insel bietet einen Überfluss an anderen Dingen, wie wunderbare Ziegenherden und einen unbegrenzten Vorrat an wildem Geflügel. Außerdem wird Salz ohne Mühe gewonnen (wenn man lediglich vom Einsammeln absieht). Es wird ständig in beträchtlicher Menge durch die Gezeiten auf dem Strand abgelagert und die Sonnenhitze macht es körnig. Mit diesem Artikel betreiben sie einen ständigen Handel mit ihren Nachbarn auf den umliegenden Inseln. Am 30. Tage (am 30. Januar) stachen wir wieder in See.

Nach unserer Abreise von Mayo kamen wir am nächsten Tag (am 31. Januar) an der Insel Santiago vorbei, die zehn Meilen westlich von Mayo auf derselben Breite liegt und von Portugiesen und Mohren gemeinsam bewohnt wird.

Der Grund hierfür sollen die Portugiesen selbst gewesen sein, die lange Zeit auf dem besagten Eiland die Herren gewesen sind und ihren Sklaven gegenüber so große und unvernünftige Grausamkeit an den Tag legten, dass diese (da ihre Knechtschaft unerträglich geworden war) gezwungen waren Mittel und Wege zu fin-

den, um sich selbst zu helfen und ihr so schweres Los zu erleichtern. Deshalb flohen sie in die gebirgigsten Teile der Insel. Schließlich sind sie durch ständige Flucht zu einem Volk von großer Zahl und Stärke angewachsen. Sie üben jetzt auf ihre ehemaligen Unterdrücker einen solchen Schrecken aus, dass diese jetzt geistig keine geringere Knechtschaft zu erdulden haben als die forcatos[1] *zuvor körperlich. Außerdem kommt der Schaden hinzu, den sie den Portugiesen täglich an Hab und Gut und Vieh zufügen, zusammen mit der Einschränkung ihrer Freiheiten bei der Nutzung verschiedener ertragreicher Gebiete besagter Insel, die sehr groß, außerordentlich fruchtbar (eine Zuflucht für alle Schiffe, die nach Brasilien, Guinea, Ostindien, Binny, Calicut usw. fahren) und ein Ort von großer Schönheit ist, gäbe es nicht die vorher erwähnte Einschränkung, die viel dazu beigetragen hat, den Stolz der Portugiesen zu mäßigen und ihren Mut zu kühlen. Sie, die zunächst unter dem Vorwand Handel in Freundschaft treiben zu wollen, Fuß gefaßt hatten, hintergingen unablässig die armen Insulaner (der überlebende Rest der ersten dortigen Pflanzer, die anscheinend von der Küste Guineas gekommen waren), bis sie sie von der Regierung ausgeschlossen und der Freiheit, ja beinahe des Lebens beraubt hatten.*

Im Südwesten dieser Insel[2] *kaperten wir ein portugiesisches Schiff, das vorwiegend Wein geladen hatte und viel gutes Tuch, sowohl Leinen als auch Wollstoffe, und andere brauchbare Dinge. Außerdem hatte es viele Herren und Kaufleute an Bord, die nach Brasilien unterwegs waren.*

Als wir in Sichtweite von dreien ihrer Städte vorbeifuhren, schienen sie sich sehr darüber zu freuen, dass wir nicht an ihrer Küste anlegten, und als sie sahen, dass wir friedlich von dannen fuhren, schossen sie zu Ehren unserer Flotte und ihres Befehlshabers, oder vielleicht auch um zu zeigen, dass sie für einen Angriff

1 Leute, die zur Zwangsarbeit verurteilt worden sind. Fletcher bringt ausführliche Kommentare über die Einwohner, Tiere, Fische usw., die vom Kompilator von *The World Encompassed* ausgelassen wurden. Siehe Penzer, S. 87 ff.

2 Nähere Einzelheiten dieser Prisennahme und des Streites zwischen Drake und Doughty entnehme man Cooke.

vorbereitet waren, zwei große Kanonen in Richtung See ab, worauf wir mit einem Kanonenschuss antworteten.

Südwestlich von Santiago liegt auf 14 Grad 30 Minuten in etwa zwölf Meilen Entfernung eine andere Insel, die jedoch wegen ihrer Höhe nicht mehr als drei Meilen entfernt zu sein scheint. Die Portugiesen nennen sie Fuego, die brennende Insel, oder den feurigen Schmelzofen. Auf dieser Insel erhebt sich ein steiler Berg schätzungsweise mindestens sechs Seemeilen oder achtzehn englische Meilen über der Wasseroberfläche. In seinem Inneren brennt ein verzehrendes Feuer, das von schwefelhaltiger Materie genährt wird und von großartiger Tiefe und auch Breite zu sein scheint. Das Feuer selbst ist nur viermal in der Stunde zu sehen, es bricht dann jedes Mal mit einer solchen Gewalt und Stärke aus und ist von einem solchen Umfang, dass es nicht nur wie der Mond ein weit reichendes Licht wirft, sondern auch so weit aufzusteigen scheint, dass es den Himmel selbst berührt. In diesem ausbrechenden Feuerstrom sind große Mengen von Bimssteinen, die mit der starken Hitze des Feuers durch die Öffnung des feurigen Schlundes getragen werden und mit anderem groben und schleimigen Material herabfallen und sich auf dem Berg auflagern, wodurch er sich ständig erhöht. Häufig fallen diese Steine in die See und werden aufgefischt und verwandt, wie wir es auch taten, als wir sie auf dem Wasser schwimmen sahen. Der übrige Teil der Insel ist dennoch fruchtbar und von Portugiesen bewohnt, die sehr bequem dort wohnen wie auf den anderen umliegenden Inseln.

Etwa zwei Seemeilen südlich dieser Insel des Feuers liegt eine sehr freundliche und liebliche Insel. Ihre Bäume sind immer grün und hübsch anzusehen, der Boden ist fast ganz mit Bäumen bestanden, weshalb sie auch die »Herrliche Insel« genannt wird, denn sie ist ein wahres Lagerhaus an Früchten und Lebensmitteln, hier reifen Feigen, Kokosnüsse, Paradiesfeigen, Orangen, Zitronen, Baumwolle usw. Von den Hügeln laufen an vielen Stellen silberne Bäche mit frischem und bekömmlichem Wasser in die See, das man mit Booten oder Pinassen leicht übernehmen kann. Aber es gibt keinen geeigneten Platz oder Weg für Schiffe und überhaupt keinen Ankerplatz. Nach langen Versuchen und nach häufigem Ausloten konnte an keiner Stelle Grund gefunden werden, noch wurde je bekannt (wie berichtet worden ist), dass das Lot an irgendeiner Stelle um jene Insel herum Grund gefunden hätte. Der Gipfel von Fuego brennt nicht so hoch in den Lüften, wie der Sockel von Brava (so heißt die Insel) in der Tiefe des Meeres begraben liegt. Der einzige Bewohner dieser Insel ist ein Einsiedler, wie wir annehmen, denn wir fanden keine anderen Häuser außer einem, das, wie es schien, zu diesem Zweck gebaut worden war. Dieser Einsiedler schätzte sein einsames Leben so sehr, dass er um keinen Preis unser Kommen abwarten wollte, sondern floh und die Überbleibsel seiner falschen Gottesverehrung zurückließ, so ein Kruzifix, einen Altar mit seinem Altarstein und gewisse andere hölzerne Götzenbilder, die grob geschnitzt waren.

Hier entließen wir die Portugiesen[1]*, die wir in der Nähe von Santiago gefangen genommen hatten, und gaben ihnen als Gegenleistung für ihr altes Schiff unsere neue Pinasse, die wir bei Mogador zusammengebaut hatten, außerdem Wein, Brot und Fisch als Proviant und schickten sie am 1. Februar weg.*

Nachdem wir, wie beschrieben, die Kapverdischen Inseln besucht und uns so weit mit Wasser versorgt hatten, wie wir konnten, brachen wir am 2. Februar von dort auf und nahmen Kurs auf die Magellanstrasse, um von dort zum Pazifik zu gelangen. Diesen Kurs segelten wir 63 Tage lang, ohne Land in Sicht zu bekommen (am siebzehnten Tage des gleichen Monats überquerten wir die Äquinoktiallinie), bis wir am 5. April an die Küste Brasiliens kamen.

Während dieser langen Überfahrt über das weite Meer, wo nichts außer der See unter und dem Himmel über uns zu sehen war, erblickten unsere Augen die wundervollen Werke Gottes, die ER an seinen Geschöpfen vollbracht hat, die unermessliche Anzahl großer und kleiner Tiere in den großen und weiten Meeren, die ER geschaffen hat. SEINE Güte nährte uns zu allen Zeiten und Orten in solcher Reichhaltigkeit, als hätte ER befohlen

1 »Wir hielten nur einen ihrer Mannschaft, Sylvester, ihren Lotsen, in unseren Diensten. Er hatte Brasilien und die meisten Teile Indiens viel bereist, und als er hörte, dass unsere Reise in das Mare del Sur, das ist der Pazifik, führe, war er sofort bereit, mit uns zu fahren.« Fletcher (Penzer, S. 99). Es war Nuño da Silva.

und bestimmt, dass die nützlichsten und großartigsten Werke SEINER Hand uns zu Diensten seien, nicht nur zur Befriedigung unserer Bedürfnisse, sondern auch, um uns Freude an der Kontemplation SEINER Güte zu bereiten, bei der Erkenntnis der Vielfalt und Ordnung SEINER Vorsehung, im Bewusstsein SEINER väterlichen Sorge für uns während der ganzen Zeit.

Die Wahrheit ist, dass wir oft widrige Winde und unwillkommene Stürme hatten und für uns zu jener Zeit noch weniger willkommene Windstillen[1], *und da wir uns mitten in der heißen Zone befanden, fühlten wir die Auswirkung einer drückenden Schwüle nicht ohne die Schrecken niederzuckender Blitze und häufiger Donnerschläge, und doch nicht ohne entsprechende Entschädigung. Denn wir mussten bemerken, dass wir, da wir nun (in unserem Falle) schlecht mit Trinkwasser versorgt waren (da wir überhaupt nirgendwo auf unserer Reise Wasser in nennenswertem Umfang an Bord nehmen oder auch nur sagen konnten, dass wir in dieser Hinsicht beim Verlassen Englands besser gestellt waren als die ganze Zeit danach, und auch an keinen Ort gekommen waren, wo wir genügend Wasser hätten an Bord nehmen können, bis wir viel später zum Rio de la Plata kamen), ständig, nachdem wir uns am 10. Februar dem Äquator auf vier Grad genähert hatten, bis zum 27. Februar, als wir uns genauso viele Grade südlich des*

1 Die Gegend der Kalmen. »Drake hatte eine langsame und langweilige Überfahrt, und es dauerte über zwei Monate, bevor er wieder Land sichtete. Die Gegend der Kalmen war immer eine mögliche Brutstätte der Meuterei gewesen, und da an Bord ein Mann wie Doughty war und eine Besatzung, die man glauben gemacht hatte, sie führe nur nach Alexandria, ist es kaum überraschend, dass Unruhen ausbrachen. Historiker haben wohl die Tendenz zum Aberglauben in Rechnung gestellt, die bei Drake und seiner Mannschaft herrschte, haben aber leicht die zum Zank führende schiere Langeweile vergessen, die Menschen überkommt, die für endlose Zeit auf kleinen Schiffen zusammengepfercht sind. Winzige persönliche Eigenheiten werden unerträglich, und den Menschen fällt es schwer, irgendetwas Gutes an ihren besten Freunden zu sehen ... Nur zu oft gehen moderne Segelexpeditionen, die von England aus um die Welt führen sollen, im Streit auseinander ...« Ernle Bradford, *Drake*, S. 105–6. Bezüglich des Streites, der tatsächlich ausbrach, siehe Cooke, *Narrative*.

Äquators[1] *befanden, keinen Tag ohne Regen hatten, wodurch unser Bedarf an Wasser weitgehend gedeckt wurde.*

Bemerkenswert war auch, dass unsere ganze Flotte, die jetzt aus sechs Schiffen bestand, ungeachtet der Unkenntnis der Route und anderer Schwierigkeiten, zum Beispiel des Wetters, zusammenblieb; kein Schiff verlor während dieser ganzen Zeit die Verbindung mit den anderen. Eine Ausnahme machte lediglich einen Tag lang unsere portugiesische Prise, die uns am 28. März verlor, aber am folgenden Tag, dem 29. März, wieder zu uns stieß, zu ihrem und unserem nicht geringen Trost; denn sie hatte 25 unserer Leute an Bord und den besten Teil unserer Getränkevorräte. Ihre kurze Abwesenheit verursachte viel Zweifel und Sorge bei der ganzen Mannschaft, sie hätte uns nicht verloren gehen dürfen, ohne dass gleichzeitig die ganze Reise in Frage gestellt worden wäre.

Unter den vielen unbekannten Tieren, die wir sahen, fiel uns besonders eines auf, das wirklich ganz ungewöhnlich war: der fliegende Fisch, ein Fisch von der Größe und den Maßen einer kleineren oder mittleren Sardinenart. Er hat Flossen, die so lang wie sein ganzer Körper sind und von der Körpermitte bis zum Ende des Schwanzes reichen und die die Form und die Funktion von Flügeln bei anderen Tieren haben. Wenn der fliegende Fisch von dem gestreiften Thunfisch, der großen Makrele (die ihrerseits wieder vom Delfin verfolgt wird) gejagt wird und nicht mehr die Kraft hat, schwimmend zu entkommen, erhebt er sich mittels dieser Flossen aus dem Wasser und fliegt in einer erheblichen Höhe, wobei er manchmal in Schiffe oder Barken fällt, die gerade vorbeisegeln. Die Kiele der Flossen sind so wohlproportioniert und so gut zusammengesetzt und mit einem dünnen und feinen Überzug versehen, dass sie für einen viel längeren oder viel höheren Flug geschaffen zu sein scheinen. Der dünne Überzug an seinen Flossen wird aber nach zehn oder zwölf Flossenschlägen so trocken, dass der Fisch unbedingt wieder in das Wasser muss, um ihn anzufeuchten, da die Flossen sonst steif und bewegungsunfähig

1 »Überquerten den Äquator am zwanzigsten Tage dieses Monats«, Februar 1578. Silva, Logbuch (Nuttall, S. 277).

würden. Die Vermehrung dieses kleinen und wunderbaren Geschöpfs ist in gewisser Weise unbegrenzt, seine Fischbrut liegt auf der Oberfläche des Wassers in der Hitze der Sonne, wie Staub auf der Oberfläche der Erde. Er hat die Dicke einer Weizenähre und die Länge von etwa einem Zoll. Diese Fische üben sich beständig in ihren beiden von der Natur gegebenen Fähigkeiten. Hätte der Herr ihnen nicht diese Gaben verliehen, dann wären sie längst ausgestorben, da sie eine so begehrte Beute für so viele sind, die ihnen gierig nachstellen und sie zwingen fliegend zu entweichen, wenn sie im Wasser nicht in Frieden leben können. Auch bei ihrem Fluge sind sie nicht immer frei und außer Gefahr, sondern geraten manchmal, wenn sie einem Feind im Wasser entgangen sind, beim Fliegen in eine ebenso große Gefahr, und zwar durch einen großen und raubgierigen Vogel, der sich hauptsächlich von solchen Fischen ernährt, an die er leicht gelangen kann, wenn sie im seichten Wasser schwimmen oder herausspringen. Er stürzt sich dann augenblicklich mit großer Gewalt auf sie und richtet große Verheerung an, besonders unter den fliegenden Fischen, wenn er auch selbst geringen Nutzen davon hat.

Es gibt noch eine andere Fischart, die sich ebenfalls in die Lüfte erhebt und die den Namen Blackfisch trägt. Es ist dieselbe Art, deren Bein die Goldschmiede gewöhnlich verwenden, oder zumindest sind sie dieser Art nicht unähnlich. Einmal ist eine Menge davon bei ihrem Flug in unser Schiff mitten unter unsere Leute gefallen.

So fuhren wir dahin und erblickten die vollendetsten Werke des ewigen Gottes im Meer, als wären wir in einem Lustgarten. Am 5. April[1] *erreichten wir bei 31 Grad 30 Minuten, bezogen auf den Pol der Antarktis, die Küste Brasiliens. In Meeresnähe ist das Land flach, steigt aber zum Inneren hin an. Drei Seemeilen vor der Küste ist die Wassertiefe keine zwölf Faden. Nachdem die Einwohner uns erspäht hatten, sahen wir, wie sie an verschiedenen Stellen große und mächtige Feuer entfachten. Obwohl der Brauch*

1 »Den ganzen Monat (März) fuhr er an der Küste Brasiliens entlang ... Am fünften Tage des Monats April sichteten wir beim 30. Grad Land.« Silva, Logbuch. (Nuttall. S. 275).

des Feuermachens unter Christen wie auch unter Heiden allgemein ist, ist es doch unwahrscheinlich, dass viele das Feuer zum gleichen Zweck wie die Brasilianer verwenden, nämlich als ein Opfer an die Teufel. Damit verbinden sie die verschiedensten feierlichen Beschwörungen und errichten große Sandhügel, damit jedes Mal, wenn Schiffe an ihren Küsten entlangfahren und einen Liegeplatz suchen, ihre dienenden Geister diese Schiffe stranden lassen sollen, eine Erfahrung, die die Portugiesen durch den Verlust etlicher ihrer Schiffe gemacht haben.

In den Berichten über Magellans Reise wird gesagt, dass dieses Volk keinerlei Anbetung kennt, sondern nur seinen Naturinstinkten gemäß lebt. Wenn das wahr gewesen wäre, dann scheint sich eine merkwürdige Änderung seit jener Zeit bei ihnen vollzogen zu haben, und zwar insofern, als diese einfachen und natürlichen Geschöpfe Teufelsanbeter geworden sind. Aber ich bin der Meinung, dass es bei ihnen schon damals so war, wie es heute ist, nur dass sie nicht die entsprechende Gelegenheit hatten ihre Vorstellungen in die Praxis umzusetzen. Damals lebten sie als freies Volk unter den Ihren, aber jetzt in elendigster portugiesischer Knechtschaft und Sklaverei, an Leib und Leben, Hab und Gut, mit ihren Frauen und Kindern. Das harte und grausame Verhalten der Portugiesen gegen sie zwingt sie, in die unfruchtbareren Teile ihres eigenen Landes zu fliehen und eher dort zu verhungern oder zumindest armselig in Freiheit zu leben, als so eine unerträgliche Knechtschaft zu dulden, wie diese über sie ausüben. Die Eingeborenen bezwecken mit den vorher erwähnten Teufels-Praktiken einmal, sich an ihren Unterdrückern zu rächen, und zum anderen, sich zu verteidigen, damit die Portugiesen nicht weiter in ihr Land eindringen. Wenn man bedenkt, dass tatsächlich kein anderer das Meer mit Schiffen befahren hat als nur ihre Feinde, ist es erklärlich, dass sie ihre Mittel bei unserem Kommen anwandten. Unser Gott jedoch ließ ihre teuflischen Absichten ohne Wirkung bleiben, denn obwohl heftige Stürme und Unwetter (während unserer Fahrt entlang dieser Küste) nicht ausblieben, erlitten wir doch keinen Schaden, lediglich unsere Schiffe gerieten für einige Tage außer Sichtweite voneinander. In dieser Gegend wollte unser Kapitän an Land gehen, aber wir konnten viele Seemeilen lang keinen Hafen finden. Wir fuhren deshalb in Richtung Süden die Küste entlang. Am 7. April gerieten wir für die Dauer von drei Stunden in einen heftigen Sturm, begleitet von Donner, Blitz und starkem Niederschlag. Ein starker Südwind blies uns direkt entgegen und führte dazu, dass die CHRISTOPHER uns verlor. (Das war die Schmacke, die wir bei Kap Blanco gekapert hatten und die dann den Namen unserer alten CHRISTOPHER trug, die wir den Portugiesen im Austausch gegeben hatten.)

Danach hielten wir unseren Kurs manchmal ein wenig mehr auf die See, manchmal ein wenig mehr auf die Küste zu, aber immer in Richtung Süden, so gut wir es vermochten, bis wir am 14. April am Kap Saint Mary vorbeikamen, das auf dem 35. Grad nahe der Mündung des Rio de la Plata liegt. Wir fuhren auf diesem Fluss etwa sechs bis sieben Seemeilen in das Land hinein und ankerten in einer Bucht an einem anderen Kap, das unser Kapitän später Kap Joy[1] *(Kap der Freude) taufte, weil am zweiten Tage, nachdem wir dort vor Anker gegangen waren, die CHRISTOPHER (die wir in dem vorhergegangenen Sturm verloren hatten) wieder zu uns stieß.*

Neben anderen Anstrengungen, die unser Kapitän bei dieser Gelegenheit unternahm, waren außer dem Hauptbemühen, die Reise selbst durchzuführen, folgende die wichtigsten und hauptsächlichsten: unsere ganze Flotte (so nahe wie möglich) zusammenzuhalten, frisches Wasser, das ständig gebraucht wird, zu bekommen, sooft sich die Gelegenheit ergab, und unsere Leute sich erholen zu lassen, die von den Anstrengungen auf hoher See erschöpft waren. Aus diesem Grunde wurde bei unserer Abfahrt von den Kapverdischen Inseln festgesetzt und öffentlich bekannt gegeben, dass der nächste Treffpunkt für unsere Flotte (falls sie

1 »Am 14. April kamen wir zu einem Kap, das wir Kap Joy nannten. Drei oder vier Seemeilen südlich dieses Kaps gerieten wir in große Gefahr und waren gezwungen, vor Anker einen heftigen Sturm zu überstehen, denn wir lagen so in einer Bucht, dass wir nicht hinausfahren konnten. Wir hätten den Sturm nicht überstanden, wenn er angedauert hätte, denn unsere Schiffe wurden stark abgetrieben. Die *Pelican* trieb in eine Tiefe von 4 Faden, und die *Elizabeth* geriet dwars (quer) der Klüse der *Marigold.* Wir wären alle verloren gewesen, wenn Gott nicht der Gewalt des Sturmes Einhalt geboten hätte ...« Winter, S. 148.

auseinander getrieben werden sollte) und für Wasseraufahme und Versorgung der Rio de la Plata sein sollte, wo wir uns alle mit der größtmöglichen Eile hinbegeben und aufeinander warten sollten, falls es sich so ergäbe, dass wir nicht zur gleichen Zeit dort ankämen. Es kam so, wie wir es erwartet hatten, denn hier fand uns unser verloren gegangenes Schiff (wie schon berichtet) wieder, und wir hatten die Versorgungsmöglichkeiten, derer wir so sehr bedurften. Das Land dort hat ein gemäßigtes Klima und eine sehr angenehme Luft, bietet sich dem Beschauer sehr reizvoll dar, hat außerdem einen sehr fruchtbaren Boden und eine Vielzahl von Großwild.

Ungeachtet der Tatsache, dass wir in dieser ersten Bucht gutes, zuträgliches Wasser im Überfluss fanden, segelten wir doch am selben Tage (am 16. April) nach der Ankunft der Schmacke zwölf Seemeilen weiter in eine andere Bucht, wo wir einen Felsen oder vielmehr eine Felseninsel nicht weit vom Festland fanden, die mit diesem einen geräumigen Hafen bildete, der uns besonders vor dem Südwind schützte. Dort machten wir Halt und lagen bis zum zwanzigsten Tage vor Anker. In dieser Zeit töteten wir etliche Robben oder Seewölfe (wie die Spanier sie nennen), die sich in großer Zahl auf diesen Felsen aufhalten. Sie liefern ein gutes Fleisch und waren uns eine willkommene Nahrung während der Zeit dort und eine gute Bereicherung unseres Speisezettels für die weitere Fahrt.

Am 20. April lichteten wir wieder die Anker und segelten noch weiter den Fluss hinauf, bis wir nur noch drei Faden Wassertiefe hatten und uns mit unseren Schiffen auf Süßwasser befanden. Wir machten aber weder dort noch an irgendeiner anderen Stelle des Flusses Halt, da die Winde sehr stark sind, es viele Untiefen gibt und kein sicherer Ankerplatz zu finden war, wo wir ohne große Gefahr hätten verweilen können.

Deshalb segelten wir wieder dem Meere zu und kamen am 27.[1] *des gleichen Monats (nachdem wir zur großen Erquickung unse-*

1 Nach Silva fuhren sie am 14. April 1578 in den Rio de la Plata, segelten mehr als dreißig Seemeilen flussaufwärts, nahmen Trinkwasser auf, fingen drei Robben und segelten am 25. April wieder auf das Meer hinaus, und zwar in südöstlicher Richtung. Nuttall,. S. 278.

rer gesamten Mannschaft vierzehn Tage auf dem Fluss verbracht hatten) an dem südlichen Ufer der Mündung vorbei. Das Land verläuft in Richtung Süd, Südwest und Nordnordost; die Untiefen erstrecken sich drei bis vier Seemeilen in das Meer, die Position liegt bei etwa 36 Grad 20 Minuten südlicher Breite.

Nachdem wir wieder das Meer erreicht hatten, das heißt am gleichen Abend (des 27. April), geriet unser Schnellsegler, die SWAN[1]*, außer Sichtweite. Obwohl unser Kapitän keinen Zweifel daran hegte, dass sie unbeschadet wieder zum Rest der Flotte stoßen würde, beschloss er, weil es misslich war, so häufig zeitweilige Abgänge zu haben, und weil es seine Pflicht war, soweit es in seiner Macht stand alle Schwierigkeiten, außer denen, die unumgänglich waren, zu vermeiden, die Anzahl seiner Schiffe zu verringern und seine Leute auf weniger Raum zusammenzufassen, um so die geringere Anzahl von Schiffen besser zusammenhalten zu können, besser mit Lebensmitteln und Leuten versehen zu sein und somit gleichzeitig zwei Sorgen loszuwerden. Er tat das besonders, weil er voraussah, dass an dieser Küste (an der es allmählich Winter wurde) viele und heftige Stürme toben würden. Deshalb setzte er die Reise auf seinem Kurs fort, um für diese Zwecke einen geeigneten Hafen zu finden. (Soweit es widrige Winde und mannigfache Stürme erlaubten*[2]*, suchte er die ganze Küste vom 36. bis zum 47. Breitengrad ab, ohne einen entsprechenden Hafen zu finden. In der Zwischenzeit, und zwar am 8. Mai, geriet die Schmacke in einem anderen Sturm wiederum außer Sichtweite.*

Am 12. Mai hatten wir auf dem 47. Grad südlicher Breite Land in Sicht. Wir waren gezwungen dort vor Anker zu gehen und mit dem Liegeplatz vorlieb zu nehmen, den wir finden konnten. Trotzdem taufte unser Kapitän diesen Ort Kap der Hoffnung[3]*, weil wir eine Bucht im Festland entdeckten, die einen guten und geräumigen Hafen abzugeben versprach. Aber weil*

1 Über Doughtys Prozess auf der *Swan* siehe Cooke.

2 Drake, der Doughty anklagte, ein »Zauberer und Hexer« zu sein, schwor »heilige Eide«, dass diese widrigen Winde aus »Tom Doughtys Hutschachtel« kämen (siehe Cooke).

3 Möglicherweise Tres Puntas.

überall so viele Felsen aus dem Wasser herausragten, wagten wir uns nicht mit unseren Schiffen hinein, ohne ihn vorher gründlich erforscht zu haben.

Unser Kapitän verließ sich in entscheidenden Situationen niemals auf andere, wie vertrauenswürdig oder geschickt sie auch immer scheinen mochten, sondern war, ohne Rücksicht auf Gefahr und Mühen, immer selbst der Erste, und zwar bei jeder Gelegenheit, die Mut, Geschicklichkeit oder Anstrengung erforderte. So wollte er auch dieses Mal die Erforschung der Gefahren keinem anderen überlassen, sondern wollte sie selbst mit seiner Erfahrung auskundschaften. Deshalb wurde am nächsten Morgen, am 13. Mai, ein Boot zu Wasser gelassen und er ruderte zusammen mit einigen anderen in die Bucht. Als er recht nahe an das Ufer gekommen war, zeigte sich ihm einer der Bewohner des Landes. Er schien sehr freundlich zu sein und sang und tanzte nach dem Klang einer Rassel, die er mit der Hand schüttelte, und erwartete aufmerksam die Landung unseres Kapitäns.

Aber plötzlich gab es einen großen Wetterumschwung, ein dichter, alles verhüllender Nebel kam auf und ein solch wütender Sturm erhob sich, dass unser Kapitän, der jetzt drei Seemeilen von seinem Schiff entfernt war, es für besser hielt umzukehren, als an Land zu gehen oder dort länger zu verweilen. Der Nebel verdichtete sich so sehr, dass er ihm die Sicht seines Schiffes raubte, und wenn Kapitän Thomas (aus treuer Anhänglichkeit und Ergebenheit für seinen Befehlshaber) sich nicht mit seinem Schiff in dieser Verwirrung in die Bucht gewagt hätte, in die wir vernünftigerweise nicht einmal gesegelt waren, als der Wind erträglicher und die Sicht besser gewesen waren, hätten wir einen großen Verlust erlitten, oder unser Befehlshaber, der jetzt schnell an Bord des Schiffes geholt wurde, wäre in noch größere Gefahr geraten.

Sie warfen in der Bucht Anker und lagen dort (Gott sei Lob und Dank) in Sicherheit, aber unsere anderen Schiffe, die draußen geankert hatten, wurden so von der Gewalt des Sturmes erfasst, dass sie gezwungen waren, in See zu stechen, um sich in Sicherheit zu bringen. Unsere Leute dort konnten nur hoffen, dass das Schiff, das versuchen wollte unseren Befehlshaber zu retten, Erfolg gehabt hatte. Bevor dieser Sturm sich erhob, hatte die Schmacke,

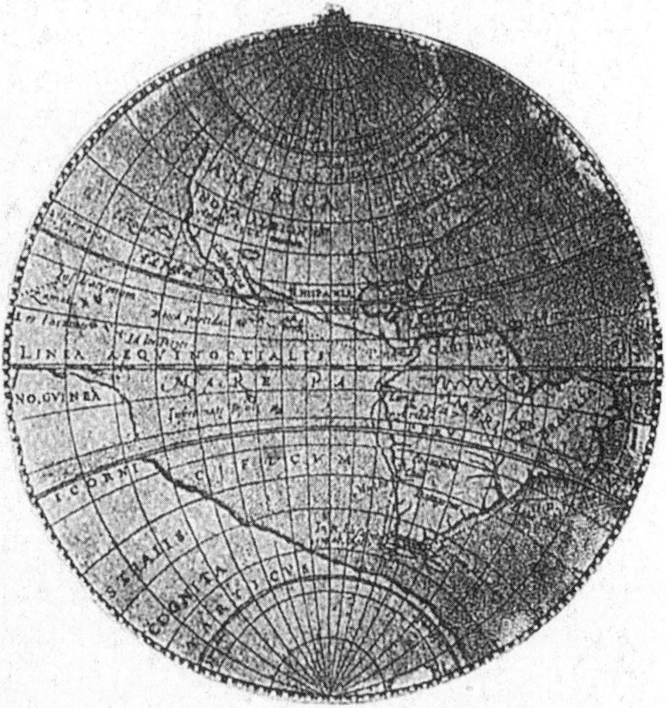

Eine silberne Weltkarte, gearbeitet nach der berühmten Karte von Mercator. Sie zeigt Drakes Reiseroute und die *Terra Australis Incognita*. Drake besaß eine dieser Karten.

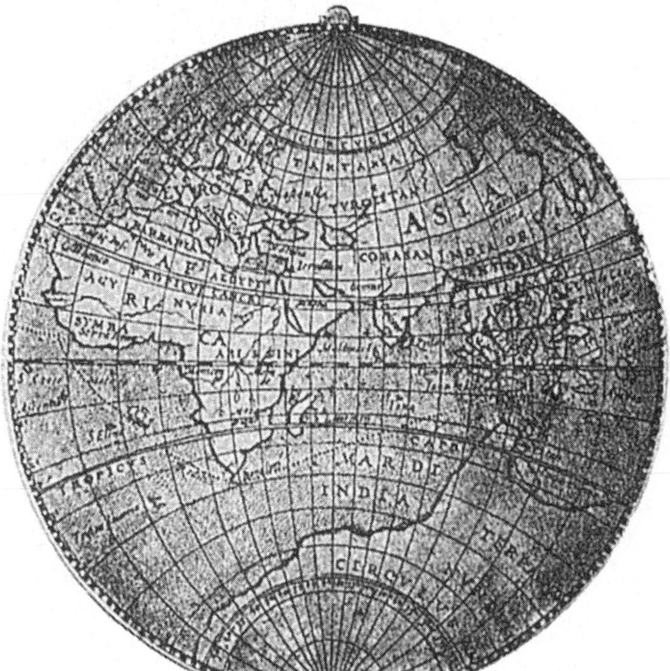
TARTARIA
ASIA

die uns verloren hatte, den Liegeplatz erreicht, musste aber jetzt am selben Abend mit dem Rest der Flotte wieder auslaufen.

Als am nächsten Tage, dem 14. Mai, das Wetter schön war und der Wind nachgelassen hatte und unsere Flotte noch außer Sichtweite war, beschloss unser Kapitän an Land zu gehen, um am Ufer Feuer zu entfachen und der verstreuten Flotte Zeichen zu geben sich wieder an diesem Ankerplatz einzufinden. So versammelten sich schließlich alle unsere Schiffe wieder dort, mit Ausnahme der Swan, *die uns schon vor längerer Zelt verloren hatte, und unserer portugiesischen Prise, der* Mary, *die in dem Sturm der vergangenen Nacht die Anker gelichtet und uns jetzt verloren hatte und erst viel später wieder zu uns stieß.*

An Land stellten wir fest, dass sich die Einwohner in das Landesinnere zurückgezogen hatten, wahrscheinlich, weil sie Furcht vor uns hatten. In der Nähe der Felsen wie auch an verschiedenen Stellen fanden wir in Gebäuden, die zu diesem Zweck gebaut worden waren, eine große Anzahl von erjagten Straußen, mindestens fünfzig, sowie auch viel anderes Geflügel. Zum Teil war das Fleisch schon getrocknet, zum Teil war es dabei zu trocknen, um dann, so schien es, als Vorrat zu den Wohnstätten der Leute dort gebracht zu werden. Die Straußenkeulen waren genau so groß wie mittlere Hammelkeulen. Der Strauß kann überhaupt nicht fliegen, aber so schnell laufen und so lange Sätze machen, dass es dem Menschen nicht möglich ist, ihn laufend zu fangen, noch so nahe an ihn heranzukommen, dass man mit Bogen oder Flinte auf ihn schießen könnte. Dies haben unsere Leute an anderen Teilen der Küste oft festgestellt; das ganze Land ist nämlich voller Strauße. Wir fanden dort die Werkzeuge oder Instrumente, die die Einwohner verwenden, um die Strauße zu erjagen.

Neben anderen Instrumenten, die sie gebrauchen, um die Strauße zu überlisten, haben sie einen großen Busch von Straußenfedern, der ordentlich gebündelt an einem Stabende angebracht ist und von vorne dem Kopf, Hals und der Brust eines Straußen ähnelt; hinten sind die Federn weit ausgestellt und bieten genügend Platz, um den größten Teil eines menschlichen Körpers zu verbergen. Es scheint, dass sie sich damit an die Strauße heranpirschen, sie in die Enge oder auf eine Landzunge treiben, wo sie lange, starke Netze gespannt haben, um sie dann mit ihren Hunden, die sie immer bei sich haben, zu überwältigen und zu erlegen. Das Land ist sehr schön und scheint einen fruchtbaren Boden zu haben.

Als es sich später so ergab, dass wir noch einmal an diesen Ort kamen, wurden wir mit den Einwohnern, die sich über unser Kommen und unsere Freundschaft sehr freuten und merkten, dass wir nichts Böses gegen sie im Schilde führten, sehr vertraut und bekannt. Aber da dieser Ort keinen passenden oder geeigneten Hafen für uns bot, um unsere dringenden Geschäfte durchzuführen, und auch nicht die Dinge hatte, derer wir bedurften, wie Wasser, Holz und dergleichen, brachen wir am 15. Mai von dort auf.

Nach unserer Abfahrt von dort hielten wir einen südwestlichen Kurs. Wir führten nur wenig Segel und legten daher in 24 Stunden etwa 9 Seemeilen zurück, um so unseren anderen Schiffen, die wegen widriger Winde zurückgeblieben waren, bessere Gelegenheit zu geben, uns einzuholen.

Auf einer Breite von 47 Grad und 30 Minuten fanden wir eine Bucht, die günstig, sicher und nützlich für uns war und sehr geeignet für unsere Zwecke. Wir fuhren in diese Bucht ein und ankerten dort am 17. Mai. Am nächsten Tage, am 18. Mai, fuhren wir tiefer in diese Bucht, wo wir Anker warfen und uns dann volle fünfzehn Tage aufhielten.

Am Tage unserer Ankunft dort erteilte unser Kapitän etliche Befehle zur Erledigung der dringendsten Angelegenheiten. Da er sich wegen seiner zwei fehlenden Schiffe Sorgen machte, sandte er Kapitän Winter mit der ELIZABETH, dem zweiten Flaggschiff, gen Süden, er selbst fuhr mit dem Flaggschiff gen Norden. Beide Kapitäne wollten versuchen die verloren gegangenen Schiffe wieder zu finden. Durch die gütige Vorsehung Gottes stieß unser Kapitän auf die Swan, *die uns zuvor bei unserer Abfahrt vom Rio de la Plata verloren hatte, und geleitete sie am selben Tage in unseren Hafen. Dort wurde sie entladen und abgetakelt; die Eisenteile und andere notwendige Dinge wurden zur besseren Versorgung der übrigen Schiffe aufgehoben; aus den sonstigen Überbleibseln machten wir Brennholz oder Geräte, die wir brauchten.*

Während dieser ganzen Zeit hörten wir nichts von dem anderen Schiff[1], *das wir kürzlich in unserer großen Not verloren hatten.*

Wir befanden uns auf einer Insel nahe dem Festland, von der aus man bei Ebbe zu Fuß zur anderen Seite hinübergelangen konnte. Nachdem wir uns einige Tage an diesem Orte aufgehalten hatten, zeigten sich uns, während wir mit den oben erwähnten Angelegenheiten beschäftigt waren, die Bewohner des Landes[2], *die am Ufer sprangen, tanzten, ihre Hände emporhielten und Schreie nach ihrer Art ausstießen. Da zu diesem Zeitpunkt jedoch Flut war, konnten wir nicht zu Fuß zu ihnen hinübergelangen. Deshalb befahl unser Kapitän sofort, ein Boot zu Wasser zu lassen, und sandte ihnen solche Dinge, von denen er dachte, dass sie ihnen Freude machen würden, wie Messer, Glocken, Glasperlen usw. Die Eingeborenen, die sich alle auf einem Hügel eine halbe englische Meile vom Ufer entfernt versammelt hatten, schickten zwei ihrer Leute zum Wasser hinunter. Sie liefen mit großer Anmut einer hinter dem anderen her, überquerten das Gelände, als seien sie auf Kriegspfad, und kamen sehr schnell zum Ufer herab. Als sie nahe dem Ufer waren, machten sie Halt und wollten nicht näher an unsere Leute herankommen. Als die Unsrigen das bemerkten, banden sie die Dinge, die sie mit sich hatten, mit einer Schnur an eine Rute und steckten diese in geziemender Entfernung in den Sand, sodass sie sie sehen konnten. Sobald unsere Leute sich von der Stelle entfernt hatten, kamen die Eingeborenen und nahmen diese Dinge und ließen dafür als Gegenleistung Federn, wie sie sie auf ihrem Haupt zu tragen pfle-*

1 Die *Mary*. Siehe Cooke. *Narrative.*

2 »Hier sah ich zum ersten Mal diese Leute, die sie Riesen nennen, was sie tatsächlich überhaupt nicht sind, obwohl man, wenn man weit von ihnen weg ist, es wegen ihrer gewaltigen Stimmen glauben könnte. Diejenigen, denen wir näher kamen, schienen eher Teufel als Menschen zu sein.« (Winter, S. 148–149). Fletcher (wahrscheinlich der weniger zuverlässige Beobachter) führt aus, dass sie durch ihre »Höhe und Größe« so außergewöhnlich sind, dass sie keinem der Menschensöhne dieser Welt vergleichbar seien! Er beschreibt sie und ihre Sitten und Gebräuche ausführlich und sagt, dass sie einen Gott namens »Settaboth« verehren. (Vgl. Setebos, der Gott von Calibans Mutter: Der Sturm, I, 2). Siehe Fletcher (Penzer, S. 114–121).

gen, und einen Knochen, der in der Art eines Zahnstochers gefertigt war – an der Spitze abgerundet, etwa sechs Zoll lang und sehr glatt poliert. Später begab sich unser Kapitän mit etlichen Herren und Leuten seiner Mannschaft bei Ebbe zu den Eingeborenen auf das Festland.

Bei seiner Ankunft blieben sie weiterhin auf dem Hügel und stellten sich einer nach dem anderen in Reih und Glied auf. Einer der Ihren erhielt die Aufgabe, von einem Ende der Reihe zum anderen und wieder zurück zu laufen, ständig von Ost nach West und von West nach Ost. Er hielt dabei die Hände über dem Kopf und verneigte sich beim Laufen gen Sonnenaufgang und Sonnenuntergang; bei jeder zweiten oder zumindest dritten Kehre richtete er seinen Körper in der Mitte der Reihe seiner Leute steil auf, indem er sich mit einem Sprung vom Boden zum Mond hin bewegte, der über unseren Köpfen stand. Wie wir meinten, riefen die Eingeborenen die Sonne und den Mond (die sie als Gottheiten verehren) zu Zeugen, dass sie uns gegenüber nichts als friedliche Absichten hätten. Aber als sie bemerkten, dass wir schnell den Hügel erstiegen und uns ihnen näherten, schienen sie unser Kommen sehr zu fürchten.

Deshalb gab unser Kapitän, der den Eingeborenen keinen Grund zum Missverständnis oder zur Verwirrung geben wollte, seinen Leuten den Befehl sich zurückzuziehen. Durch diese Maßnahme wurden sie so beruhigt und so in ihrer Meinung über uns bestärkt, dass wir nicht als Feinde kämen und ihnen nichts Übles wollten, dass etliche von ihnen ohne alle Furcht schnellstens den Hügel herunterkamen und alsbald mit unseren Männern zu handeln begannen. Trotzdem wollten sie nichts aus unseren Händen entgegennehmen, sondern die Waren mussten zunächst auf die Erde geworfen und die Wörter »Zussus« für Tausch und »Toytt«, auf den Boden werfen, gesagt werden. Wenn ihnen etwas nicht gefiel, riefen sie »Coroh, Coroh«, ein Wort, das sie mit einem Rasseln in der Kehle aussprachen. Die Waren, die wir von ihnen bekamen, waren Rohrpfeile, Federn und solche Knochen wie schon vorher beschrieben.

Diese Leute gehen nackt bis auf einen Lederschurz, den sie über ihre Schultern werfen, wenn sie im Kalten sitzen oder liegen;

wenn sie gehen oder eine Arbeit verrichten, haben sie ihn um ihre Hüften geschlungen. Sie tragen ihr Haar sehr lang, aber damit es sie bei ihren Tätigkeiten nicht belästigt, stecken sie es mit einer Rolle von Straußenfedern hoch. Sie verwenden die Rollen zusammen mit ihrem Haar als Köcher für ihre Pfeile und als Behälter, in dem sie die meisten Dinge, die sie mit sich tragen, aufheben. Einige der Eingeborenen stecken in diese Rollen, die sie auf beiden Seiten des Kopfes tragen, eine große, einfarbige Feder (als Ehrenzeichen), die wie ein Horn weit absteht, sodass solch ein Kopf über einem nackten Körper dem Teufelskopf sehr ähnlich sehen mag (wenn Teufel Hörner haben). Ihr ganzer Putz und Schmuck besteht darin, dass sie ihren Körper mit verschiedenen Farben anmalen, und zwar in solchen Mustern, wie sie sie ersinnen können. Einige schminken ihre Gesichter mit Schwefel oder einer ähnlichen Substanz, andere malen ihren ganzen Körper schwarz an und lassen nur den Hals vorne und hinten frei, vergleichbar der Tracht unserer jungen Mädchen, die vorne und hinten einen Ausschnitt tragen. Wieder andere bemalen eine Schulter schwarz, die andere weiß und ihre Seiten und Beine wechselweise mit der einen oder anderen Farbe. Auf den schwarz bemalten Teil ihres Körpers haben sie weiße Monde, auf den weiß bemalten schwarze Sonnen gesetzt; die Zeichen und Symbole ihrer Gottheiten, wie schon vorher erwähnt.

Das Anmalen der Körper ist für sie von Nutzen; das ist der Grund, warum es bei ihnen so verbreitet ist; ich vermute, es ist wegen des Schutzes, den die Farbe gegen die durchdringende und beißende Kälte verleiht. Denn die Farben werden so dicht auf die Haut aufgetragen und dringen durch die ständige Erneuerung so sehr in das Fleisch ein, dass sich die Poren fest schließen und keine Luft oder Kälte eindringen kann oder die Haut auch nur schrumpfen lässt.

Die Eingeborenen sind sauber, anmutig und kräftig gebaut, sie sind schnell zu Fuß und scheinen sehr rührig zu sein. (Meiner Meinung nach) gibt es nichts Beklagenswerteres als die Tatsache, dass so schöne Menschen, so lebhafte Geschöpfe Gottes so in Unwissenheit des wahren und lebendigen Gottes sein sollten. Dies ist umso bedauernswerter, als sie sehr fügsam sind und leicht zu der Herde des Herrn geführt werden könnten. Sie haben wahrhaftig ein Land, das hinreichte einen jeden christlichen Fürsten auf dieser Welt für die ganze Arbeit und die Mühen, die Kosten und Aufwendungen, die dies erforderte, zu belohnen, zum einen mit einer wunderbaren Vergrößerung seines Reiches, zum anderen mit einer Steigerung des Ruhmes Gottes und einem Anwachsen der Kirche Christi.

Es war wunderbar, wie sie, die nie zuvor Christen gekannt hatten, in kurzer Zeit mit uns vertraut wurden, wie sie uns freundlich entgegenkamen und nichts Böses oder Übles gegen uns unternahmen, wie sie unserem Kapitän wie einem Vater und uns wie Brüdern und engen Freunden entgegentraten und uns nur Gutes erwiesen. Als einer ihrer Anführer eine Mütze erhielt, die unser Kapitän täglich auf seinem Haupte getragen hatte, entfernte er sich ein wenig von uns und stach mit einem Pfeil tief in sein Bein, sodass sein Blut zu Boden strömte. Er wollte damit zeigen, wie sehr er unseren Kapitän liebte, und gleichzeitig damit den Frieden besiegeln. Die Zahl der Eingeborenen, die sich häufig bei unserer Mannschaft aufhielten, belief sich auf etwa fünfzig. Im südlichen Teil dieser Bucht gibt es einen Fluss, der gutes Trinkwasser führt, mit vielen Inseln, die für unsere Versorgung günstig waren. Auf einigen dieser Inseln leben solche Mengen von Robben oder Seewölfen, dass man mit ihnen eine riesige Armee ernähren könnte. Viele andere und große Inseln sind so voller Wildvögel, dass sie ausreichen würden eine gewaltige Menge von Menschen über Generationen hinaus zu ernähren. Wir jagten einige dieser Vögel mit unseren Musketen und erschlugen andere mit Stöcken, weitere fingen wir mit der Hand, als sie sich auf den Köpfen und Schultern unserer Leute niederließen. Wir konnten nicht feststellen, ob die Eingeborenen dieses Landes irgendwelche Boote oder Kanus hatten, um zu diesen Inseln zu gelangen. Soweit wir es beobachten konnten, verzehren sie ihre Nahrung im Allgemeinen roh. Wir fanden nämlich manchmal die blutigen Überbleibsel von Robben, die die Eingeborenen wie Hunde mit ihren Zähnen benagt hatten. Die Eingeborenen sind alle mit einem kurzen Bogen bewaffnet, der etwa eine Elle misst, und mit Rohrpfeilen, die eine Feuersteinspitze haben, die sehr geschickt behauen und befestigt ist.

Weil wir in dieser Bucht so viele Robben vorfanden (es waren so viele, dass wir in einer Stunde zweihundert töten konnten), nannten wir sie die Robbenbucht[1]. *Nachdem wir uns nun hinlänglich mit Lebensmitteln und anderen Lebensnotwendigkeiten versorgt und auch glücklich alle unsere anderen Geschäfte erledigt hatten, segelten wir am 3. Juni von dort ab und fuhren bis zum 12. Juni die Küste entlang auf den antarktischen Pol zu. An diesem Tage stießen wir auf eine kleine Bucht, in der wir zwei Tage lang vor Anker gingen und wo wir unsere Schmacke, die* Christopher, *abtakelten.*

Am 14. Tage (am 14. Juni) stachen wir wieder in See und hielten uns bis zum 17. Juni auf südlichem Kurs. Dann gingen wir in einer anderen Bucht, die auf einer Breite von 50 Grad und 20 Minuten lag, vor Anker. Wir befanden uns jetzt nur wenig mehr als ein Grad von der Einfahrt zur Magellanstraße entfernt, durch die wir unsere so sehnsüchtig erwartete Fahrt in den Pazifik antreten wollten.

Nach sorgfältiger Beratung beschloss hier unser Kapitän, den Kurs zu ändern und wieder gen Norden zu fahren, um, falls es Gott gefalle, unser Schiff[2] *und unsere Freunde wieder zu finden, die wir in dem großen Sturm aus den Augen verloren hatten, wie schon vorher erwähnt. (Führen wir nämlich in die Magellanstraße ein, ohne sie bei uns zu haben, so würde es sehr schwer für sie werden; auch würde uns in der Zwischenzeit die Unsicherheit ihres Schicksals nicht geringe Sorgen bereiten.)*

Deshalb begaben wir uns am Morgen des 18. Juni wieder auf See. Wir verbanden inbrünstige und häufige Gebete mit sorgfältiger Ausschau nach unserem Schiff. Wir hatten die Absicht, bis zu der Breite wieder zurückzufahren, auf der wir unser Schiff ursprünglich verloren hatten.

Am 19. Tage des Juni gegen Abend, nachdem wir uns bis auf einige Seemeilen Port Saint Julian genähert hatten, sichteten wir unser Schiff und dankten Gott mit freudigem Herzen dafür. Da

1 »Hier ließ er den Schnellsegler entladen und nahm die ganze Verpflegung zu sich an Bord. Hier schlug er Thomas Doutie (sic) und ließ ihn am 20. Mai an den Großmast binden.« Winter, S. 148, siehe auch Cooke.

2 Die *Mary*, die portugiesische Prise.

sich unser wieder gefundenes Schiff wegen der Unwetter sowohl vor als auch während seiner Abwesenheit von der Flotte in sehr schlechtem Zustand befand und sehr leck war, hielt es unser Kapitän für richtig, Port Saint Julian mit seiner Flotte anzulaufen, weil es so greifbar nahe lag und ein sehr geeigneter Ort war. Er beabsichtigte seinen erschöpften Leuten dort eine Ruhepause zu gönnen und die Männer wieder aufzumuntern, die in der Zeit ihrer Abwesenheit so viel bittere Unbequemlichkeiten und Mangel an Lebensnotwendigem hatten hinnehmen müssen.

So liefen wir am nächsten Tage, dem 20. Juni, in Port Saint Julian ein, das auf einer Breite von 49 Grad und 30 Minuten liegt. Die Südseite des Hafens hat viele spitze Felsen, die wie Türme aufragen, im Hafen selbst liegen viele Inseln, an denen man gut ankern kann, jedoch beim Einfahren muss man sich nahe dem nördlichen Ufer halten.

Als wir jetzt vor Anker lagen und alle Dinge an Bord in Ordnung gebracht hatten, ruderte am 22. Juni unser Kapitän mit einigen Leuten seiner Mannschaft (nämlich Thomas Drake, seinem Bruder, John Thomas, Robert Winter, Oliver, dem Geschützmeister, John Brewer und Thomas Hood) mit einem Boot weiter in die Bucht hinein, um eine geeignete Stelle zu finden, wo wir während unseres Aufenthalts Trinkwasser aufnehmen und uns bei unserer Abfahrt mit Lebensmitteln für die Weiterreise versorgen konnten. Da dies von großer Bedeutung war und deshalb sehr sorgfältig ausgeführt werden musste, meinte unser Kapitän seiner Pflicht nur dann gerecht zu werden, wenn er selbst sich darum kümmerte, wie es immer und bei allen Gelegenheiten, wo es um die Befriedigung unserer Bedürfnisse, die Erhaltung unseres guten Gesundheitszustandes und die Versorgung mit dem Notwendigen ging, bei ihm üblich war. Sogleich bei seiner Landung suchten ihn zwei Bewohner des Landes auf, die Magellan Patagonen oder besser Pentaguren – wegen ihrer riesigen Gestalt und entsprechender Stärke – genannt hatte. Diese schienen sich sehr über sein Kommen zu freuen und gaben sich sehr ungezwungen. Sie nahmen aus der Hand unseres Kapitäns Geschenke entgegen und freuten sich sehr zu sehen, wie Meister Oliver, der Geschützmeister des Flaggschiffes, einen englischen Pfeil abschoss. Sie ver-

suchten mit ihm um die Wette zu schießen, erreichten ihn aber nicht annähernd.

Bald darauf kam ein weiterer Angehöriger des gleichen Stammes, aber von unfreundlicher Natur, denn ihm missfiel die Vertrautheit, mit der seine Stammesgenossen mit uns umgingen. Er bemühte sich sehr, sie von uns wegzubringen und sie zu unseren Feinden zu machen. Unser Kapitän und seine Leute ahnten nichts Böses und behandelten sie wie zuvor. Mr. Robert Winter wollte, so wie Mr. Oliver es vorher getan hatte, zum Spaß mit einem Pfeil Weitschießen machen, damit derjenige, der zuletzt gekommen war, auch einen Eindruck davon bekäme. Die Sehne seines Bogens riss jedoch und hatte der Bogen zuvor bei den Eingeborenen Schrecken verbreitet, so machte ihnen jetzt dieses Missgeschick großen Mut. Sie meinten einen großen Vorteil bei ihren verräterischen Absichten und Zielen zu haben, und konnten sich nicht vorstellen, dass unsere leichten Musketen, Schwerter und Schilde irgendwelche Kriegswerkzeuge waren.

Als deshalb der Kapitän und seine Männer ruhig und ohne irgendeinen bösen Verdacht zu hegen zu ihrem Boot zurückkehrten, schossen die Eingeborenen, die sich darauf vorbereitet und heimlich hinter unsere Leute geschlichen hatten, plötzlich Pfeile auf sie ab, und zwar hauptsächlich auf den, der den Bogen hatte. Sie gaben ihm keine Gelegenheit den Bogen neu zu bespannen, wie er es, so gut er konnte, tun wollte, sondern verwundeten ihn durch einen Pfeilschuss an der Schulter. Als er sich umwandte, traf ihn ein anderer Pfeil, der seine Lungen durchdrang, ihn aber nicht zu Boden zwang. Aber der Geschützmeister, der seine leichte Muskete schussbereit hatte, sie aber nicht abfeuern konnte, weil das Pulver nicht zündete, wurde sofort getötet. Wenn in dieser äußersten Not unser Kapitän nicht ein Meister solcher Situationen gewesen wäre, der richtig entscheiden und schnell Anweisungen geben konnte und tapfer den Kampf mit den Ungeheuern aufnahm, dann wäre keiner unserer Leute, die gelandet waren, mit dem Leben davongekommen. So gab er seinen Leuten Befehl, keine feste Stellung zu beziehen, sondern sich an den Feind heranzuarbeiten und ihn anzugreifen. Dabei sollten unsere Leute ihre Schilde und ihre anderen Waffen benutzen, um sich vor Ver-

letzungen zu schützen und auf dem Wege so viele feindliche Pfeile, die auf sie abgeschossen wurden, zerbrechen, wie es ihnen nur möglich war. Unser Kapitän war darin sehr geschickt, er wusste, dass die Eingeborenen, wenn sie einmal ihre Pfeile verschossen hätten, uns auf Gnade oder Ungnade ausgeliefert wären. Sein Befehl wurde von seinen Leuten entsprechend befolgt. Er selbst nahm mit Mut und Gottvertrauen eben die Muskete, die der Geschützmeister nicht hatte zünden können, schoss sie ab und traf denjenigen, der zuerst den Kampf begonnen hatte, denselben Mann, der unseren Geschützmeister ermordet hatte. Die Muskete, die mit einer Kugel und mit Schrot geladen war und gut gezielt abgfeuert wurde, zerriss den Bauch des Eingeborenen und seine Eingeweide. Die Verwundung verursachte ihm große Qualen, wie sein Gebrüll zeigte, das so entsetzlich und schrecklich war wie das von zehn Bullen, die gleichzeitig ihre Stimme erheben. Dadurch sank der Mut seiner Landsleute so sehr und sie waren so tief erschrocken, dass, ungeachtet der Tatsache, dass etliche ihrer Stammesgenossen aus allen Teilen des Waldes auftauchten, sie schleunigst ihr Heil in der Flucht suchten und es unseren Landsleuten überließen, ob sie dableiben oder sich von dannen begeben wollten. Unser Kapitän zog es vor, sich lieber zurückzuziehen, als weitere Rache an ihnen zu nehmen. Er beschloss das wegen seines verwundeten Mannes, dem er aus vielen Gründen sehr zugetan war und den er deshalb lieber retten als weitere hundert Feinde erschlagen wollte. Unser Mann war jedoch zu schwer verletzt und starb am zweiten Tage, nachdem er wieder an Bord geschafft worden war.

In jener Nacht ließen wir den Leichnam unseres Geschützmeisters am Ufer zurück, um unseren Verwundeten schneller an Bord bringen zu können. Am nächsten Tage kehrte unser Kapitän mit einem gut ausgerüsteten Boot an das Ufer zurück, um auch ihn zu holen. Sie fanden ihn dort, wo sie ihn zurückgelassen hatten. Er war seiner Oberkleidung beraubt und sein rechtes Auge war mit einem englischen Pfeil durchbohrt worden.

Wir legten unsere beiden Toten zusammen in ein Grab und bestatteten sie mit den Ehren, die den irdischen Hüllen unsterblicher Seelen angemessen sind; mit den feierlichen Zeremonien, wie sie Soldaten, die sie wahrhaftig und zu Recht verdient haben, in Kriegszeiten zustehen.

Magellan hatte nicht so Unrecht, die Eingeborenen dort Riesen zu nennen, denn sie unterscheiden sich grundsätzlich von dem gewohnten Menschenbild, sowohl in ihrer Gestalt, ihrer Größe, ihrer Körperstärke wie auch durch ihre abstoßenden Stimmen. Sie sind jedoch nicht so ungeheuerlich oder riesig, wie es berichtet worden ist, es gibt Engländer, die ebenso groß sind wie die größten, die wir sehen konnten. Vielleicht hatten die Spanier nicht gedacht, dass je ein Engländer dort hinkommen und sie widerlegen würde und dass sie deshalb desto frecher lügen könnten. Die größten der besagten Pentaguren messen in voller Höhe fünf Ellen, d. h. siebeneinhalb Fuß (vielleicht ein wenig mehr).

Aber eines ist gewiss, dass die Grausamkeiten, die die Spanier dort begangen haben, sie in ihrer Einstellung und ihrem Verhalten ungeheuerlicher gemacht haben, als sie es von Natur aus sind, und auch weit ungastlicher gegenüber anderen, die nach den Spaniern kommen sollten. Denn der Verlust ihrer Freunde – die Erinnerung an sie wird von einer Generation an die andere weitergegeben – nährt einen alten Groll, der von einem so streit- und rachsüchtigen Volk nicht so leicht vergessen wird. Der Schrecken jedoch, den wir ihnen eingejagt hatten, dämpfte ihr Feuer und nahm ihnen ihre Angriffslust. Sie vergaßen ihre Rache und schienen durch ihr Verhalten für das Unrecht, das sie uns, die ihnen nichts Böses wollten, zugefügt hatten, Reue üben zu wollen. Sie ließen es zu, dass wir während des ganzen Zeitraumes von zwei Monaten nach diesem Geschehen das taten, was wir wollten, ohne von ihnen irgendwie belästigt zu werden. Vielleicht hat dieses Ereignis sie friedfertiger gegenüber allen Leuten gestimmt, die nach uns hierher kommen werden.

Zu dem Unheil, das uns aus der Hand der Ungläubigen widerfahren war, gesellte sich noch ein anderes, das sich aus unserem engsten Kreise entwickelte und das ebenso groß, ja, weit größer und von viel schwerwiegenderen Folgen als das vorangegangene war. Es wurde durch Gottes gütige Vorsehung zur rechten Zeit entdeckt und verhindert, sonst hätte es gewaltige Ausmaße angenommen und nicht nur dazu geführt, dass unschuldiges Blut vergossen und unser Kapitän und etliche andere, die fest und treu zu ihm standen, ermordet worden wären, sondern auch dazu, dass unser ganzes beabsichtigtes Unternehmen zunichte gemacht worden wäre und weitere gefährliche Folgen[1] *sich ergeben hätten.*

Diese Ränke waren in England geschmiedet worden, bevor die Reise begann, die verschwörerischen Vorbereitungen waren unserem Kapitän in seinem Garten in Plymouth aufgedeckt worden. Er wollte ihnen jedoch entweder nicht Glauben schenken und sie für wahr oder auch nur wahrscheinlich halten, da sie von einem Menschen kamen, den er so herzlich liebte und von dem er überzeugt war, dass er ihn ebenso ehrlich liebte; oder er dachte, dass er durch Liebe und Güte alles aus dem Wege räumen könnte, was an üblen Absichten gegen ihn bestünde.

Deshalb begegnete er nicht nur weiterhin (diesem verdächtigen und angeklagten Menschen) mit aller Gunst, Artigkeit und Hochachtung, die er ihm in gewohnter Weise zollte, sondern verstärkte diese noch und behandelte ihn wie sein anderes Ich; stellte ihn an den zweithöchsten Platz in seiner Gegenwart, übergab ihm das Kommando über alle in seiner Abwesenheit, teilte ihm alle seine Beschlüsse mit, gab ihm freie Entscheidung bei allen Dingen, wo es vertretbar war, und ertrug oft aus dessen Hand große Kränkungen, ja war sogar der Ansicht, dass eine jede private Beleidigung zu gering zu achten sei, als dass sie eine solche Freundschaft, wie er für ihn hege, erschüttern könne. Des-

1 Siehe Cookes Bericht über den Prozess. Dieser unterscheidet sich vollkommen von dem Bericht, der oben gegeben wird.
»(Die Geschworenen) setzten sich ziemlich gleichmäßig aus Freunden und Feinden des Angeklagten zusammen. Dort wurde inmitten von Schmähungen und gegenseitigen Beschuldigungen das Beweismaterial in einer Weise zusammengewurstelt, die für alle Prozesse jener Zeit bezeichnend war. Weder Doughty noch seine Freunde erhoben Einspruch, dass irgendetwas an der Verfahrensweise ungerecht sei, das Einzige, was sie bezweifelten, war Drakes Zuständigkeit für diesen Prozess. Drakes Stellungnahme dazu ist vage …« James A. Williamson: *The Age of Drake*, S. 179.
Vielleicht sollten wir uns an diesem Punkt daran erinnern, dass Drake noch nicht wissen konnte, ob seine Expedition gelingen oder scheitern würde.

halb war er oft nicht wenig erzürnt, sogar über diejenigen, die (aus Gründen der Pflichterfüllung und aus der Erkenntnis, dass sie sonst wirklich Grund zum Zorn bieten würden) ihm von Zeit zu Zeit enthüllten, wie das Feuer sich ausbreitete, das ihn und mit ihm zusammen das ganze Unternehmen zu zerstören drohte.

Aber schließlich musste er feststellen, dass seine Nachsicht und seine Gunstbeweise wenig Gutes bewirkten und dass es schien, als könne das Feuer des Ehrgeizes nicht unterdrückt oder gelöscht werden, es sei denn mit Glut, und dass die vielfältigen Intrigen sich täglich steigerten und bis zum Äußersten gingen. Drake hielt es jetzt für die höchste Zeit, diese Ränke zu durchleuchten, bevor es zu spät sei, überhaupt noch etwas näher zu untersuchen. Deshalb stellte er ihn unter scharfe Bewachung und versammelte alle Kapitäne und Herren seines Unternehmens um sich. Er zeigte ihnen allen die guten Seiten dieses Herrn und sprach von dem guten Willen und der mehr als brüderlichen Zuneigung, die er für diesen Herrn seit ihrem ersten Kennenlernen gehegt habe, und vergaß auch nicht die Achtung zu erwähnen, die dieser Herr bei hochgestellten Persönlichkeiten in England genoss. Dann legte er seinen Kapitänen und Herren die Briefe vor, die er erhalten hatte, zusammen mit den Einzelheiten, die von Zeit zu Zeit beobachtet worden waren, und zwar nicht in erster Linie von ihm, sondern von seinen guten Freunden, nicht nur auf See, sondern bereits in Plymouth, nicht bloße Worte, sondern Schriftstücke, nicht allein Schriftstücke, sondern Taten, die darauf abzielten, das ganze anstehende Unternehmen zu Fall zu bringen und ihn (Drake) zu beseitigen. Beweise wurden gefordert und vorgelegt, die so zahlreich und so schlüssig waren, dass dieser Herr, der von Reue über sein unüberlegtes und rücksichtsloses Handeln erfüllt wurde, selbst gestand, dass er den Tod, ja, viele Tode verdient habe. Er habe sich nicht nur verschworen, das ganze Unternehmen zu Fall zu bringen, sondern auch den Befehlshaber dieses Unternehmens, der ihm nicht übel wolle und ihm kein Fremder sei, sondern ein lieber und treuer Freund. In der großen Versammlung flehte er diejenigen, in deren Hand die Rechtsprechung lag, an, Maßnahmen gegen ihn zu ergreifen, damit er nicht gezwungen sei, Hand an sich zu legen und sein eigener Henker zu werden.

Die Verwunderung und das Erstaunen über seine Worte war bei allen Zuhörern, selbst bei denen, die seine nächsten Freunde waren und ihn am meisten liebten, groß, ja, auch bei denen, die wegen vieler Wohltaten, die sie von ihm empfangen hatten, guten Grund hatten, ihn zu lieben; aber unser Kapitän war am meisten von allen verwirrt und zog sich deshalb zurück, weil er nicht in der Lage war, seine warme Zuneigung zu verbergen. Er bat diejenigen, die die ganze Aussage gehört hatten, ihr Urteil abzugeben und dabei zu bedenken, dass sie eines Tages vor ihrem König und vor dem Allmächtigen Gott, dem Ewigen Richter, Rechenschaft ablegen müssten. Nachdem sie alle, etwa vierzig an der Zahl, die ranghöchsten und weisesten Männer der ganzen Flotte, den Fall im Einzelnen erörtert und das vorgebracht hatten, was sie zu sagen hatten oder was von irgendeinem Freund des Angeklagten vorgelegt werden konnte, kamen sie zu folgendem Urteil, das sie eigenhändig besiegelten: Er habe den Tod verdient. Es sei mit ihrer aller Sicherheit nicht vereinbart ihn am Leben zu lassen, deshalb legten sie die ganze Angelegenheit und das ganze Beweismaterial in die Hand des Befehlshabers.[1]

Dieses Gericht wurde, da es ein Geschworenengericht war, an Land auf einer der Inseln dieses Hafens abgehalten. Die Insel wurde später zur Erinnerung an dieses Verfahren die Insel des »wahren Gerichts und der Gerechtigkeit« genannt.

Nachdem jetzt der endgültige Urteilsspruch die Sache unseres Befehlshabers war (dem vor seiner Abreise Ihre Majestät ihr Schwert, das er zu seiner eigenen Sicherheit verwenden sollte, mit den Worten überreicht hatte: »Wir halten dafür, dass der, der dich, Drake, schlägt, uns schlägt.«), ließ er den Angeklagten vorführen und ihm die verschiedenen Schuldsprüche vorlesen, die schriftlich und mündlich über ihn gefällt worden waren und die zum größten Teil von ihm bestätigt worden waren (denn keiner

1 Silvas Logbuch gibt das Datum des 30. Juni an (Nuttall, S. 281). Die normal gedruckten Zeilen mögen die tatsächlichen Worte der Sprecher gewesen sein.

hatte ein härteres Urteil gegen ihn gefällt als er gegen sich selbst), und legte ihm die folgende Wahl vor: Wolle er auf dieser Insel hingerichtet werden? Oder wolle er auf das Festland gebracht und dort ausgesetzt werden oder wolle er nach England zurückkehren, um sich dort vor den Lords des Rates Ihrer Majestät zu verantworten?

Er dankte unserem Befehlshaber ganz demütig für die Milde, die er ihm gegenüber in so hohem Maße walten ließ. Er bat um einen Aufschub, um mit sich zu Rate zu gehen und seine Entscheidung wohl überlegt zu treffen. Am nächsten Tage legte er die folgende Antwort vor: Obwohl er schwach gewesen sei und eine große Sünde begangen habe, für die er jetzt zu Recht verurteilt worden sei, hege er doch eine Sorge, die über allen anderen stehe, nämlich als ein Christenmensch zu sterben. Was immer auch mit seiner sterblichen Hülle geschehe, so wolle er doch die Gewissheit haben, dass er in der Ewigkeit in ein besseres Leben eingehe. Wenn er unter Ungläubigen an Land gesetzt werde, so fürchte er, sei diese Gewissheit nicht gegeben, da er aus seiner eigenen Familie wisse, wie ungeheuer ansteckend die Unzucht ist. Deshalb flehe er unseren Befehlshaber dringend an, auf sein Seelenheil Rücksicht zu nehmen und es nicht unter Heiden und ungläubigen Wilden in Gefahr zu bringen. Wenn er nach England zurückkehren sollte, müsse er zunächst ein Schiff haben, außerdem eine Besatzung, die es nach England geleite, und genügend Lebensmittel. Zwei dieser Bedingungen seien erfüllbar, von der dritten glaube er jedoch, dass ihn keiner begleiten werde, da es sich um eine zu traurige Fahrt vor einem zu niederträchtigen Hintergrund handele, um dafür einen so ehrenvollen Dienst aufzugeben. Aber selbst wenn es Männer gäbe, die sich dazu bewegen ließen, mit ihm nach England zurückzukehren, wäre doch die Schande der Rückkehr wie der Tod oder noch schwerer, wenn das möglich ist, denn es wäre für ihn ein langer und sich häufig wiederholender Tod. Deshalb erkläre er, dass er den ersten Vorschlag des Angebots des Befehlshabers annehme. Er erbitte nur eine Gnade von ihm, dass er vor seinem Tode noch einmal mit ihm zusammen das heilige Abendmahl empfangen dürfe und keinen anderen Tod als den eines Herrn sterben müsse.

Obwohl verschiedene Argumente von vielen Seiten vorgebracht wurden, eine der beiden anderen Möglichkeiten zu wählen, blieb er doch fest entschlossen bei seiner ursprünglichen Entscheidung. Seine beiden letzten Wünsche wurden ihm gewährt, und am nächsten passenden Tage wurde von Mr. Francis Fletcher, dem damaligen Prediger und Pfarrer der Flotte, das heilige Abendmahl gefeiert. Unser Kapitän selbst nahm das heilige Abendmahl zusammen mit dem verurteilten bußfertigen Herrn, der sich sehr reumütig und zerknirscht zeigte und über sein eigenes Handeln weitaus mehr erschüttert war als irgendein anderer. Nach dem heiligen Abendmahl speisten sie zusammen am gleichen Tische in fröhlichem Ernst, wie sie es häufig zuvor in ihrem Leben getan hatten, munterten einander durch fröhlichen Zuspruch auf und nahmen Abschied voneinander, indem sie sich zutranken, so, als ob lediglich eine Reise bevorstehe.

Als nach dem Mahl alles von dem Profosen vorbereitet worden war, kam der Verurteilte unverzüglich heraus und kniete nieder und bereitete seinen Nacken für die Axt und seine Seele für den Himmel vor. Er machte das ohne lange Umstände wie ein Mann, der schon in Gedanken die ganze Tragödie vorweggenommen hatte. Er bat alle Anwesenden für ihn zu beten und forderte den Scharfrichter auf, seines Amtes zu walten und nichts zu füchten und nicht zu zögern.[1]

So löschte er durch die standhafte Art seines Todes (der so ehrenwert war, wie seine anderen Taten tadelnswert waren) den Makel, der ihm durch sein Vergehen anhaftete. Er gab unserer Flotte das beklagenswerte Beispiel eines stattlichen Herrn, der sich selbst aufgab, weil er ein Emporkommen anstrebte, für das er ungeeignet war. Der Nachwelt gab er ein Beispiel unbeschreiblichen schicksalhaften Unglücks. Es hatte schon ein Ereignis in dem gleichen Hafen gegeben, unter so ähnlichen Umständen, dass beide Ereignisse wohl eine neue Parallele bilden könnten, die man denen des Plutarch hinzufügen könnte: Der gleiche Ort sah nahezu zur gleichen Zeit des Jahres die Hinrichtung

1 Silvas Logbuch gibt den 2. Juli (1578) an (Nuttall, S. 282). Cliffe bestätigt dieses Datum.

von zwei Herren, die beide aus dem gleichen Grund ihre Strafe erlitten, in gleichen Diensten standen, hervorragende Stellungen hatten und Männer von ausgezeichneten Fähigkeiten waren, nur erfolgte die eine Vollstreckung 58 Jahre nach der anderen.

Auf dem Festland nämlich fanden unsere Männer einen niedergestürzten Galgen, der aus Fichtenholz gezimmert war. Darunter fanden sie Menschengebeine. Sie vermuteten, dass es derselbe Galgen[1] *war, den Magellan im Jahre 1520 zur Hinrichtung von John Cartagena aufstellen ließ, dem Vetter des Bischofs von Burgos, der auf Befehl des Königs gemeinsam mit Magellan das Kommando führte und sein Vizeadmiral war.*

Als wir auf der Insel das Grab für unseren Herrn aushoben, fanden wir einen großen Mühlstein, der in zwei Teile zerbrochen war. Wir nahmen ihn und stellten den einen Teil am Kopf-, den anderen am Fußende des Grabes auf; die Mitte des Grabes bedeckten wir mit Steinen und Erdschollen. In die Steine ritzten wir die Namen der dort Beerdigten ein und die Daten ihres Todes, außerdem zum Gedenken den Namen unseres Befehlshabers auf Latein, auf dass er besser verstanden werde von allen, die nach uns kämen.[2]

Nachdem wir das alles getan und in Ordnung gebracht hatten, ließ unser Kapitän die MARY, unsere portugiesische Prise, abtakeln, weil sie leck und unbrauchbar geworden war. Die Schiffsrippen und den Kiel ließen wir auf der Insel zurück, auf

1 Da nun Magellan seine erste Reise um die Welt machte, kam er zu demselben Hafen wie wir und taufte ihn Port St. Julian. Während er dort weilte, meuterten einige seiner Leute gegen ihn, deshalb ließ er einige an einem (Fichtenholz)galgen hinrichten. Wir fanden den Galgen noch völlig erhalten, obwohl er mindestens 50 Jahre vor unserem Kommen errichtet worden war. Aus dem Holz des Galgens machte unser Böttcher Krüge und Kannen für die Leute der Mannschaft, die daraus trinken mochten. Ich für mein Teil hatte daran keinen Geschmack und sah auch keine Notwendigkeit. Fletcher (Penzer, S. 126).

2 Am 11. August musterte Drake seine ganze Mannschaft an Land und richtete seinen historischen Appell an sie einig untereinander zu sein. »Ich will, dass der Herr mit dem Seemann und der Seemann mit dem Herrn am selben Strang zieht.« Siehe Cooke.

der wir zwei Monate lang unsere Zelte aufgeschlagen hatten. Nachdem wir so unsere Schiffe ausgebessert, gesäubert, Wasser an Bord genommen und alle anderen Geschäfte erledigt hatten und die Anzahl unserer Schiffe auf die kleinstmögliche Zahl, nämlich auf nur drei – abgesehen von unseren Pinassen – verringert hatten, um leichter zusammenzubleiben, uns leichter versorgen zu können und stärker bemannt zu sein, falls kritische Situationen auftreten sollten, fuhren wir am 17. August von diesem Hafen ab. Wir hegten jetzt große Hoffnungen auf ein glückliches Gelingen unseres Unternehmens, das Gott der Allmächtige bisher so gesegnet und begünstigt hatte, und gingen auf Südwestkurs zur Magellanstraße.

Am 20. August erreichten wir das Kap, in dessen Nähe die Einfahrt in die Magellanstraße liegt und das die Spanier Capo Virgin Maria nennen. Man sieht es schon aus einer Entfernung von vier Seemeilen, mit seinen hohen, steilen grauen Klippen, die mit schwarzem Gestein versetzt sind und gegen die die See donnert und spritzt, als seien es die Fontänen von Walfischen; der höchste Punkt gleicht Kap Vincent in Portugal. An diesem Kap ließ unser Befehlshaber alle Schiffe seiner Flotte als Huldigung für Ihre Majestät, die Königin, ihre Toppsegel streichen zum Zeichen seiner willigen Bereitschaft, Ihrer Hoheit schuldigsten Gehorsam zu erweisen und zu betonen, dass ihr alle Rechte an dieser neuen Entdeckung zukämen. Zugleich änderte er im Gedenken an seinen ehrenwerten Freund, Sir Christopher Hatton, den Namen seines Schiffes von PELICAN in GOLDEN HIND[1] um. Nachdem die Feierlichkeiten mit einer Predigt, die den wahren Glauben lehrte, mit Gebeten und Danksagungen an Ihre Majestät und den Hohen Staatsrat, das ganze Gemeinwesen und die Kirche Gottes zu Ende gegangen waren, setzten wir unsere Fahrt in die besagte Straße[2] fort. Bei der Durchfahrt

1 Hattons Wappen war eine goldene Hindin. Hatton stand hoch in der Gunst der Königin und Drake mag wohl in diesem Punkt das Gefühl gehabt haben, dass er bei seiner Rückkehr gegen das königliche Missfallen Protektion brauche.

2 Nach Silvas Logbuch fuhren sie am 23. August 1578 in die Magellanstraße ein (Nuttall, S. 282).

hatten wir auf beiden Seiten Land in Sicht. Bald wurde die Straße so eng, so stürmisch und so voller Windungen und Gefahren, dass es der Kunst eines erfahrenen Lotsen bedurfte, um sie durchfahren zu können. Der Wasserweg verläuft Westnordwest und Ostsüdost. Aber nachdem wir die Straße hinter uns gelassen hatten, schienen wir aus einem zwei Seemeilen breiten Fluss in ein großes und weites Meer zu kommen. In der folgenden Nacht kam eine Insel in Sicht (die an Höhe nicht hinter der vorher erwähnten Insel Fuego zurücksteht) und die (ebenso wie Fuego) ununterbrochen und auf wunderbare Weise ihren Feuerschein hoch in die Lüfte erstrahlen lässt.

Es ist früher für eine unbestreitbare Wahrheit gehalten worden, dass die Meere eine ständige Strömung von Ost nach West durch die Magellanstraße haben, aber unsere Erfahrung belehrte uns eines anderen; Ebbe und Flut (bei denen das Wasser mehr als fünf Faden steigt oder fällt) sind hier genauso wie an anderen Küsten.

Am 24. August, dem St.-Bartholomäus-Tag, erreichten wir drei Inseln, die in einem Dreieck zueinander liegen. Eine dieser Inseln war sehr schön und groß und hatte fruchtbaren Boden. Weil wir ganz nahe an dieser Insel waren und die See ruhig war, landete unser Kapitän mit seinen Herren und einigen seiner Matrosen dort, ergriff im Namen Ihrer Majestät Besitz davon und nannte sie Elisabethinsel.

Obwohl die beiden anderen Inseln nicht so groß und schön waren, waren sie uns doch äußerst nützlich, denn auf ihnen fanden wir große Mengen von seltsamen Vögeln[1]*, die überhaupt*

1 Unermesslich war die Zahl der Wilddvögel, die die Waliser Pinguine nennen, Fletcher (Penzer, S. 128). S. O. E. D. gibt den Ursprung des Namens »Pinguin« als ungewiss an.
»Sie sind ziemlich schwarz und haben weiße Stellen am Bauch und am Hals. Sie gehen so gerade aufgerichtet, dass man sie von weitem fälschlicherweise für kleine Kinder halten könnte. Wenn man sich ihnen nähert, verkriechen sie sich in Höhlen im Erdboden … Um sie zu fangen, verwandten wir Stöcke, an deren Enden wir Haken befestigt hatten. Damit zogen wir sie aus ihren Höhlen heraus. Andere standen bereit und schlugen ihnen mit Knüppeln die Köpfe ein, denn sie beißen mit ihren krummen Schnäbeln so grausam, dass keiner von uns sie lebend greifen konnte.« Cliffe (Hakluyt, XI, 158)

nicht fliegen oder so schnell laufen konnten, dass sie uns lebend entkommen konnten. Sie sind kleiner als eine Gans und größer als eine Wildente, sind kurz und gedrungen, haben keine Federn, sondern einen gewissen harten und eng verwachsenen Flaum. Ihre Schnäbel sind denen der Krähen nicht unähnlich; sie wohnen und brüten an Land, wo sie wie die Kaninchen ihre Höhlen in die Erde graben, sie legen Eier und ziehen ihre Jungen auf. Ihre Nahrung beziehen sie aus dem Meer, in dem sie so gewandt schwimmen, dass man sagen kann, die Natur habe ihnen keinen geringen Vorteil durch ihre Geschwindigkeit gegeben. Diese Schnelligkeit hilft ihnen sowohl Beute zu machen als auch zu entkommen, wenn sie selbst von anderen gejagt werden. Die Menge dieser Vögel auf diesen Inseln ist so groß, dass wir innerhalb eines Tages nicht weniger als 3000 töteten, und wenn ihre Vermehrung gleich groß ist, so muss man sagen, dass die Natur keinen größeren Reichtum einer Art auf so kleinem Raum hervorgebracht hat, einer Art, die in so weit reichendem Maße den Zwecken des Menschen dient; denn das Fleisch dieser Vögel ist eine gute und bekömmliche Nahrung. Nach altem Brauch taufte unser Kapitän die eine dieser Inseln Bartholomäusinsel, weil wir gerade den St.-Bartholomäus-Tag hatten, die andere erhielt, zu Ehren Englands, den Namen St.-Georgs-Insel.

Auf der St.-Georgs-Insel fanden wir die sterblichen Überreste eines Mannes, der schon so lange tot war, dass sein Skelett zerfiel, als wir es von der Stelle entfernten, an der es lag. Von diesen Inseln bis zur Einfahrt in den Pazifik hat die Durchfahrt viele Krümmungen, Kehren und Engpässe, die den Eindruck erwecken, als gebe es dort keine Möglichkeit des Weitersegelns. Wir hatten mit widrigen Winden zu kämpfen, sodass einige unserer Schiffe auf eine Landspitze zufuhren und in einen anderen Wasserlauf kamen; die anderen waren gezwungen ihren Kurs zu ändern und dort zu ankern, wo es möglich war. Es stimmt, was Magellan über diese Wasserstraße berichtet, nämlich, dass es dort viele Häfen gibt und reichlich Trinkwasser; aber einige Schiffe hätten mit nichts anderem als Ankern und Tauen beladen sein müssen, um in diesen Häfen ankern zu können. Große Stürme und widrige Winde (für die diese Gegend berüchtigt ist) sind ein großes Hindernis bei der Durchfahrt und stellen keine geringe Gefahr dar.

Das Land auf beiden Seiten der Wasserstraße ist sehr hoch und gebirgig. Im Norden und Westen der Durchfahrt liegt der amerikanische Kontinent, im Süden und Osten nichts als Inseln, zwischen denen es unzählige Durchfahrten zum Pazifik gibt. Die Berge strecken solche Gipfel und Zinnen in die Lüfte und sind von einer solchen gewaltigen Höhe, dass sie getrost zu den Weltwundern gerechnet werden können. Sie sind auf weite Strecken von erstarrten Wolken und gefrorenen Meteoren umgeben, wodurch sie ständig an Umfang und Höhe zunehmen. Sie bewahren ihr einmal erreichtes Volumen, dem die Hitze der Sonne nur wenig anhaben kann, da ihre Kuppen so weit weg von jeder Erwärmung und so nahe der kalten, eisigen Region sind.

Aber ungeachtet aller dieser Tatsachen sind doch die niedrig gelegenen Ebenen sehr fruchtbar, das Gras grün und frisch, die Kräuter, die uns sehr fremd sind, gut und zahlreich, die Bäume sind zum größten Teil immer grün, die Luft hat eine Temperatur wie in unserem Land; das Wasser ist höchst angenehm; der Boden ist für jede Art von Korn, die wir in unserem Land anbauen, geeignet. Es fehlt dem Land zweifellos nichts anderes als Leute, die es zum Ruhme des Schöpfers und zum Gedeihen der Kirche nutzen. Die Leute, die diese Gegend bewohnen, machten, als wir vorbeifuhren, an verschiedenen Orten Feuer.

Als wir uns der Einfahrt in den Pazifik näherten, fanden wir solche engen Durchfahrten nach Norden und so weite und offene Passagen nach Süden vor, dass es ohne nähere Erkundung zweifelhaft war, welchen Kurs wir einschlagen sollten. Aus diesem Grunde ließ unser Befehlshaber seine Flotte bei einer Insel vor Anker gehen und ruderte selbst mit einigen Herren in einem Boot los, um die Möglichkeit einer Durchfahrt zu erkunden. Sie stellten fest, dass die nördliche Fahrtroute hinlänglich gut war. Bei der Rückfahrt zu ihren Schiffen begegnete ihnen an der gleichen Insel, vor der wir vor Anker lagen, ein Kanu mit mehreren Leuten.

Dieses Kanu oder Boot war aus der Borke verschiedener Bäume gefertigt. Der Bootsschnabel und das Heck standen empor und waren halbkreisförmig wie aus einem Guss nach innen geneigt, der Bootskörper bildete eine elegante Form und zeugte von großem Ebenmaß und ausgezeichneter Handarbeit. Sowohl unser Befehlshaber als auch wir meinten, es könne niemals ohne ausgetüftelte und fachmännische künstlerische Beratung gebaut worden sein und sei nicht für den Gebrauch durch so unzivilisierte und barbarische Leute bestimmt, sondern zur Lust und Erbauung einer großen und edlen Person, ja eines Herrschers. Die Bespannung wurde an den Nähten nur mit Lederschnüren aus dem Fell eines Seehundes oder eines anderen Tieres zusammengehalten, war jedoch so dicht, dass das Boot wenig oder kein Wasser nahm.

Die Eingeborenen sind von mittlerem Wuchs, aber gut gebaut und haben einen kräftigen Körper und starke Glieder. Sie haben viel Freude daran, ihre Gesichter anzumalen, wie die anderen, von denen wir zuvor berichtet haben. Auf der besagten Insel haben sie ein Haus von mittlerer Größe, das aus Pfählen gebaut und mit Tierfellen gedeckt ist. Im Hause haben sie Feuer, Wasser und die Fleischsorten, die gewöhnlich für sie greifbar sind, wie Robben, Muscheln und dergleichen.

Die Gefäße, in denen sie ihr Wasser aufbewahren, und die Becher, aus denen sie trinken, sind genauso wie ihr Kanu aus Baumrinde gefertigt, und zwar mit nicht geringerer Geschicklichkeit (wenn man die Größe der Gegenstände bedenkt). Ihre Gebrauchsgegenstände haben eine sehr gelungene Form und zeigen viel Geschmack.

Ihre Arbeitswerkzeuge, die sie zum Schnitzen dieser und anderer Gegenstände verwenden, sind Messer, die aus ungeheuer großen Muschelgehäusen gefertigt werden. (Von diesen Muscheln, deren Fleisch sehr würzig und wohlschmeckend ist, dürfte kaum ein Reisender bislang etwas gesehen oder gehört haben.) Die Eingeborenen brechen zunächst die dünne und brüchige Substanz an der Seite der Muschel weg, dann reiben und schleifen sie sie mit Steinen, die sie zu diesem Zwecke haben, bis sie sie so scharf gemacht haben, dass sie selbst das härteste Holz damit schneiden können, wovon wir uns überzeugen konnten. Ja, sie schneiden damit sogar Knochen von größter Härte und machen daraus Harpunen, mit denen sie Fische jagen. Sie haben darin viel Übung und sind sehr gewandt.

Am 6. September (1578)[1] *hatten wir alle diese beschwerlichen Inseln hinter uns gelassen und hatten den Pazifik, oder das Mare del Zur, erreicht. An dem Kap an der Einfahrt zum Pazifik hatte unser Befehlshaber eigentlich die Absicht gehabt mit seiner ganzen Mannschaft an Land zu gehen und dort nach einem Gottesdienst zur ewigen Erinnerung eine Gedenktafel mit einer in Metall gravierten Inschrift für Ihre Majestät zu befestigen, die er zu diesem Zwecke bereithielt. Aber weder gab es eine Möglichkeit, dort zu ankern, noch erlaubte uns der Wind einen Aufenthalt.*

Nur durch die Beobachtung aller unserer Leute kamen wir zu den folgenden Ergebnissen: Die Einfahrt, durch die wir in die Magellanstraße kamen, liegt auf einer Breite von 52 Grad, der mittlere Teil auf 53 Grad und 15 Minuten und die Ausfahrt auf 52 Grad und 30 Minuten. Die Straße ist 150 Seemeilen lang und an der Einfahrt etwa zehn Seemeilen breit. Nachdem wir die Straße zehn Seemeilen lang befahren hatten, war sie nur noch eine Seemeile breit, später wurde sie an einigen Stellen sehr breit, an anderen sehr schmal, auf dem letzten Teil fanden wir überhaupt keine Straße mehr, sondern nur noch Inseln.

Als jetzt unser Kapitän feststellte, dass die schneidende Kälte eines so harten und grausamen Winters die Gesundheit einiger unserer Leute stark angegriffen hatte, wollte er so schnell wie möglich Kurs auf den Äquator nehmen und nicht weiter in Richtung auf den antarktischen Pol segeln, da wir dann noch

1 Silvas Logbuch bestätigt dieses Datum und berichtet, dass sie den ganzen September hindurch von einem starken Nordwestwind in südöstliche Richtung getrieben wurden (Nuttall, S. 284). Magellan brauchte 37 Tage, um die Straße zu durchqueren, Drake 16 Tage, Cavendish 51 und Sir Richard Hawkins 46 Tage (Hawkins). Das gleiche Buch enthält eine Karte im großen Maßstab von der Straße und zeigt ihre labyrinthhafte Verzweigtheit. »Viele von Drakes Leuten starben vor Kälte, als wir die Straße durchquerten.« Silva (Wagner, S. 348).

weiter von der Sonne weg und näher der Kälte wären und möglicherweise von noch schwereren Krankheiten bedroht würden. Aber Gott, der es den Menschen freigestellt hat zu planen, behält sich die Entscheidung über alle Dinge vor; Er lässt die Absichten der Menschen hinfällig werden oder kehrt sie häufig genau in das Gegenteil um, wie es Ihm zu Seinem Ruhme und Seiner Ehre gefällt.

Am 7. September, dem zweiten Tage nach unserer Einfahrt in den Pazifik (der von manchen das »Friedliche Meer« genannt wird, uns gegenüber sich aber als das »Wütende Meer« zeigte), schien Gott sich durch einen widrigen Wind und einen unerträglichen Sturm gegen uns zu stellen. Er zwang uns, nicht nur unseren Kurs und unser Ziel zu ändern, sondern uns auch nach langer Zeit, nach vielen Mühen und Gefahren, die wir kaum überstanden und in der sich unser Flottenverband schließlich auflöste, uns Seinem Willen zu unterwerfen. Der Sturm war von einer solchen Wildheit, dass es uns schien, als habe Er ein Urteil gesprochen uns nicht zu helfen oder Seinen Spruch aufzuheben, bis Er uns und unsere Schiffe in der endlosen Tiefe der wütenden See begraben habe.

Am 15. September, zur Zeit dieses unglaublichen Sturmes, verfinsterte sich der Mond im Zeichen des Widders eine Stunde lang an drei Stellen. Das Ende der Mondfinsternis gab uns ein wenig Hoffnung auf eine Änderung und Besserung des Wetters. So wie die Mondfinsternis unseren elenden Zustand nicht mehr verschlimmern konnte, so konnte auch das Ende dieser Mondfinsternis uns unser Los nicht erleichtern oder uns auch nur einen Teil unserer Sorgen abnehmen: Unsere Finsternis dauerte unvermindert an und machte uns so zu schaffen, dass wir volle 52 Tage lang in zwanzigfach stärkerer Finsternis als der Mond waren. Wir hätten diese Zeit nicht überstanden und wären niemals wieder ans Licht gekommen, wenn nicht der Sohn Gottes, der diese Bürde auf unsere Schultern gelegt hatte, sie barmherzig mit uns getragen hätte und uns mit Seiner Kraft, die die Stärke und Geschicklichkeit des Menschen übertrifft, aufrechterhalten hätte. Wir überstanden diese Zeit auch nicht unbeschadet, denn große Sorgen blieben zurück.

Denn dieser wilde und außerordentlich wütende Sturm (den man mit einer solchen Heftigkeit selten erlebt) dauerte an und steigerte sich noch in der Nacht[1] *des 30. September und führte dazu, dass wir zu unserem Schmerz die MARIGOLD*[2] *verloren. Auf ihr befand sich Kapitän John Thomas mit vielen anderen unserer lieben Freunde, die, soweit wir sehen konnten, sich nicht helfen konnten, sondern sich treiben lassen mussten. (Unser Kapitän hatte zuvor den Befehl gegeben, dass, wenn irgendein Schiff unserer Flotte den Anschluss an die anderen verlieren sollte, der Sammelplatz etwa beim 30. Breitengrad an der Küste Perus in Höhe der Äquinoktiallinie sein sollte). Obwohl wir uns nie wieder treffen sollten, hofften wir doch lange Zeit (bis die Erfahrung uns zeigte, dass die Hoffnung vergeblich war), dass wir sie glücklich wieder treffen würden, besonders, weil sie gut mit Proviant versorgt waren und (außer ihrem Kapitän) geschickte und tüchtige Männer an Bord hatten, um das Schiff an die vereinbarte Stelle zu bringen.*

Vom 7. September (an dem der Sturm begann) bis zum 7. Oktober konnten wir nirgendwo Land erreichen. (In der Zeit waren wir weit nach Süden, bis etwa zum 57. Breitengrad, abgetrieben worden). An diesem Tage fuhren wir gegen Abend etwas nördlich vom Kap von Amerika (das oben bei der Beschreibung

1 Silvas Logbuch gibt das Datum des 28. September (1578) an. (Nuttall, S. 284). Winter sagt dazu: »Am 30. Tage des September verloren wir die *Marigold*. Jene Nacht war die stürmischste, die wir in diesem abscheulichen Wetter erlebt hatten. Die meisten unserer Leute bekamen die Krankheit, von der Magellan berichtet hat (Skorbut ?), sodass von fünfzig gerade fünf gesund blieben.« Winter, S. 241.

2 Fletchers Bericht ist wiederum sehr hübsch von dem Kompilator zusammengestellt worden: »56 Tage lang folgte eine undurchdringliche Finsternis ohne das Licht der Sonne, des Mondes und der Sterne ... der Sturm war so heftig und wütend, dass die Bark *Marigold*, auf der Edward Bright, einer der Ankläger von Thomas Doughty, Kapitän war, mit 28 Seelen von den schrecklichen und gnadenlosen Wogen oder besser den Bergen von Wasser verschlungen wurde. Es geschah während der zweiten Nachtwache, als ich und John Brewer, unser Trompeter, Wache hielten. Wir hörten ihre furchtbaren Schreie, als die Hand Gottes sie ergriff ...« (Randbemerkung: Gottes Gericht wider falsches Zeugnis). Fletcher (Penzer, S. 132–133).

unserer Ausfahrt aus der Magellanstraße in den Pazifik erwähnt wurde) traurigen Mutes in einen Hafen ein. Wir hofften dort einige Ruhe und Entspannung zu finden, bis sich der Sturm gelegt hatte; aber einige Stunden nachdem wir vor Anker gegangen waren, wurde uns ein vernichtender Schlag versetzt. Durch die Gewalt und Wut des Sturmes verlor unser Flaggschiff nicht nur einen Anker, sondern es verlor auch unser zweites Flaggschiff, die ELIZABETH, teils durch die Nachlässigkeit derer, die das Kommando führten, teils durch den Wunsch einiger Leute sich all den Schwierigkeiten zu entziehen und wieder nach Hause zu kommen; was sie (wie mittlerweile bekannt ist) von da an mit allen Mitteln versuchten und auch erreichten. Denn am nächsten Tage, dem 8. Oktober[1]*, erreichten sie wieder die Einfahrt in die Magellanstraße (der wir jetzt so nahe waren) und fuhren denselben Weg zurück, den sie gekommen waren, segelten an der Küste Brasiliens entlang und erreichten England am 2. Juli des folgenden Jahres.*

So hätte man von unserem Flaggschiff – wenn es seinen alten Namen PELICAN, den es bei unserer Abreise aus unserem Lande getragen hatte, beibehalten hätte – jetzt sagen können, es sei wirklich wie ein Pelikan allein in der Wildnis. Denn obwohl unser Kapitän die anderen Schiffe der Flotte sehr sorgfältig suchte, konnten wir von ihnen weder etwas sehen noch hören.

Von diesem Tage an, an dem wir von unseren Freunden getrennt wurden, wurden wir mit Macht wieder bis zum 55. Breitengrad in Richtung Antarktis abgetrieben. In dieser Breite fuhren wir wieder zwischen den vorher erwähnten, südlich von Amerika liegenden Inseln umher, durch die wir vom einen Meer zum anderen kamen, wie schon vorher erwähnt. Als wir dort ankerten, stellten wir fest, dass das Wasser eine starke Strömung hat und freie Durchfahrt bietet, und zwar nicht durch kleine Durchgänge und enge Kanäle, sondern durch solche großen Durchfahrten, wie man sie in der Magellanstraße findet, durch die wir gekommen waren.

1 Silva bestätigt dieses Datum.

Zwischen diesen Inseln verweilten wir kurze Zeit (nämlich zwei Tage) und hatten eine gewisse Ruhe. Wir fanden dort verschiedene gute und bekömmliche Kräuter und auch Trinkwasser. Unsere Männer, die vorher schwach und in ihrer Gesundheit mitgenommen waren, begannen sich zu erholen, besonders durch den Genuss des Aufgusses eines Krautes (das nicht unähnlich dem Kraut ist, das wir gewöhnlich Nabelkraut nennen), das eine sehr reinigende Wirkung hat und uns sehr dienlich war, unsere müden und kranken Körper zu erfrischen. Aber die Stürme kehrten mit alter Macht wieder und das Meer wütete wie zuvor, alles war so, als wende es sich gegen unseren Frieden und unsere ersehnte Ruhe; unseres Bleibens hier war nicht länger, Sicherheit war nicht zu erwarten.

Die anstehende Gefahr durch gewaltige und ständige Böen war so groß, dass wir uns eher auf einen baldigen Tod vorbereiten mussten, als auf eine Erlösung aus dieser Gefahr hoffen konnten, wenn Gott, der Allmächtige uns nicht gnädig war. Die Winde waren so stark, als sei das Innerste der Erde nach außen gekehrt oder als ob alle Wolken unter dem Himmel zusammengerufen worden seien, um ihre vereinte Kraft an dieser einen Stelle wirksam werden zu lassen. Die Seen, die ihrer Natur und Substanz nach schwer und gewichtig sind, rollten aus den Tiefen wie von den Sockeln der Felsen selbst heran, als seien sie Pergamentrollen, die unter großer Hitzeeinwirkung zusammenlaufen, und nachdem sie oben waren, wurden sie auf höchst seltsame Art, wie Federn oder Schneewehen, durch die Gewalt des Sturmes emporgetragen und erreichten die letzten Gipfel der hohen Berge. Wie falsche Freunde in Gefahr ließen uns unsere Anker im Stich; als ob sie von Entsetzen gepackt seien, sanken sie in die Tiefe, um sich vor diesem elenden Sturm zu verstecken, und überließen das in Not geratene Schiff und seine hilflose Mannschaft der Ungewissheit der Brecher, für die unser Schiff ein Spielball war. Es hätte uns in diesem Falle nichts genützt, weitere Anker zu werfen; wir waren so weit von unserem ersten Ankerplatz in so unermessliche Tiefen abgetrieben worden, dass selbst bei 500 Faden kein Grund war. Der heftige, unaufhörliche Sturm, die Unmöglichkeit, vor Anker zu gehen oder Segel zu setzen, das wild gewordene Meer, das Land in Lee, die gefährlichen Felsen, die widrigen und unerträglichen Winde, die Unmöglichkeit auszulaufen, das verzweifelte Verweilen und die unvermeidlichen Gefahren von allen Seiten ließen uns nur geringe Hoffnung, der bevorstehenden Vernichtung zu entgehen. Wenn die besondere Vorsehung Gottes uns nicht geholfen hätte, hätten wir niemals dieses Elend, bei dem wir von den schrecklichsten und fürchterlichsten Heimsuchungen rings um uns herum bedroht wurden, überstanden. Denn wahrlich, es war wahrscheinlicher, dass die Berge vom Gipfel bis zum Fuß auseinander brechen und durch diese unnatürlichen Winde kopfüber in das Meer stürzen würden, als dass auch nur einer von uns durch irgendeines Menschen Klugheit und Geschick überleben sollte.

Ungeachtet dessen schaute derselbe Gott der Barmherzigkeit, der Jonas aus dem Bauche des Walfisches errettete und alle die erhört, die ihn gläubig in ihrer Not anrufen, vom Himmel auf uns hernieder und gewahrte unsere Tränen und hörte unsere demütigen Bitten, die wir mit feierlichen Gelöbnissen verbanden. Gott selbst (dem nicht nur die Stürme und die Meere, sondern sogar die Teufel und Höllenmächte gehorchen) erlöste uns so wunderbar aus unseren Nöten und bahnte uns den Weg, als hätte Er Seine heiligen Engel ausgeschickt, um uns zu führen und zu geleiten, sodass wir, abgesehen von dem Schrecken und Entsetzen, unbeschadet von dannen kamen.

Aber nachdem wir diesen Nöten mit äußerster Mühe, gleichsam wie durch ein Nadelöhr (auf dass Gott größerer Ruhm für unsere Errettung zukomme), durch die große und ungeheure Anstrengung unseres Kapitäns, der Gottes Werkzeug war, entgangen waren, konnten wir nicht mehr weiter, sondern mussten einen Zufluchtsort suchen, einmal, um uns mit Wasser, Holz und anderen Lebensnotwendigkeiten zu versorgen, zum anderen, um unseren Männern, die von so vielen und so langen unerträglichen Anstrengungen müde und erschöpft waren, Gelegenheit zu geben, sich zu erholen. Man darf annehmen, dass kein Reisender je etwas Ähnliches erlebt hat, noch hat es je seit der Sintflut einen solchen Sturm gegeben (soweit wir aus Berichten wissen), der so heftig und so andauernd gewesen ist; denn, wie schon gesagt, dauerte unser Sturm volle 52 Tage, vom 7. September bis zum 28. Oktober.

Deshalb fuhren wir wiederum wenige Meilen südlich von unserem früheren Ankerplatz zwischen diese Inseln, wo erneut größere Wahrscheinlichkeit bestand, einige Zeit in Ruhe zu verbringen, und das umso mehr, als wir auf Bewohner des Landes stießen, die in ihren Kanus von einer Insel zur anderen fuhren; Männer, Frauen und kleine Kinder. Letztere waren in Felle gehüllt und wurden von ihren Müttern auf dem Rücken getragen. Wir handelten bei ihnen die Dinge ein, die sie hatten, wie z. B. Muschelketten und andere Kleinigkeiten. Hier gab uns der Herr drei Tage lang Gelegenheit, uns zu erholen und uns mit den Dingen zu versehen, die wir brauchten, obwohl das mit ständiger Vorsicht und Angst geschah, um mögliche Gefahren zu vermeiden, mit denen das aufgewühlte Meer und die tobenden Stürme uns zu jeder Stunde bedrohten.

Aber als wir uns dort schon zu lange aufgehalten hatten, wurden wir noch unerbittlicher von dem Sturm erjagt, der sich nicht völlig gelegt hatte und sich jetzt erneut mit ganzer Kraft erhob. Wir wurden von dort unter erheblicher Gefahr abgetrieben, wobei wir den größeren Teil unserer Ankerkette einschließlich des Ankers verloren. Wir wurden von den Winden gejagt und von den Wogen unaufhörlich überall angegriffen. (Unser Befehlshaber legte dieses Toben der Naturkräfte so aus, als habe Gott sie absichtlich gesandt, damit wir dorthin kämen, wohin wir kommen sollten.) Schließlich erreichten wir die äußerste südliche Landspitze dieser Inseln und hatten gewisslich entdeckt, wie weit sie sich noch vom amerikanischen Kontinent nach Süden erstrecken.

Das äußerste Kap[1] *oder Vorgebirge aller dieser Inseln liegt etwa auf dem 56. Breitengrad, weiter ist kein Festland und keine Insel*

1 Höchstwahrscheinlich Kap Hoorn.
»Es ist seit der ersten Entdeckung dieser Durchfahrt (der Magellanstaße) durch die Spanier immer ungewiss gewesen und konnte auch von Magellan selbst nicht festgestellt werden, dass das Land südlich der Straße ein Kontinent war, sondern man ließ es unter der Bezeichnung *Terra Incognita.* Was andere zuvor oder später geschrieben haben, sind nur Vermu-

in südlicher Richtung zu sehen, sondern nur der Atlantische und der Pazifische Ozean, die hier ineinander übergehen.

Es ist lange Zeit ein Traum gewesen, dass diese Inseln einmal ein Festland bildeten, die TERRA INCOGNITA, *wo viele merkwürdige Ungeheuer lebten. Man darf es gewisslich vor diesem Zeitpunkt* INCOGNITA *nennen, denn wie immer auch die Karten und allgemeinen Beschreibungen der Kosmographen, die entweder auf trügerischen Berichten anderer Leute oder auf den falschen Vorstellungen dieser Leute selbst beruhten (die annahmen, sie würden nie berichtigt werden), diese Gebiete aufzeichneten, so ist es doch wahr, dass vor dieser Zeit diese Gegend von keinem Reisenden, soweit wir wissen, entdeckt oder mit Sicherheit gekannt wurde.*

Hier ist auch der geeignete Platz, sich gegen die falsche Auffassung vieler Leute zu wenden, dass es nämlich unmöglich ist, vom Mare del Zur in den Atlantischen Ozean zurückzusegeln, und zwar wegen der angeblichen östlichen Strömung und der östlichen Winde, die (wie sie behaupten) ein Schiff schnell von Ost nach West kommen lassen, aber eine Fahrt in umgekehrter Rich-

tungen oder Erfindungen … Wir haben durch eigene Erfahrung einwandfrei festgestellt, dass es keinen festländischen Kontinent, sondern nur einzelne Inseln gibt, die durch viele Durchfahrten voneinander getrennt und von allen Seiten von der See umgeben sind … Die beiden Ozeane (der Pazifik und der Atlantik) bilden vom 55. Breitengrad an und weiter südlich eine Einheit.« Fletcher (Penzer, S. 135–36). Diese Entdeckung war offensichtlich von sehr großer Bedeutung, aber zu der Zeit war es lediglich eine Vermutung (Drake hatte nicht wirklich das Kap Hoorn umschifft) und wurde sicherlich nicht von allen Seefahrern akzeptiert. Außerdem war die Magellanstraße für die Seeleute des 16. Jahrhunderts der reizvollere Weg, weil sie sich dort mit Pinguinen und frischem Wasser versorgen konnten.

»Sir Francis Drake erzählte mir … dass, als der Wind sich drehte, er nicht gut die südlichste Insel umsegeln konnte und deshalb an der vom Wind abgekehrten Seite ankerte. Er ging an Land und führte einen Kompass mit sich und suchte den südlichsten Teil der Insel. Hier warf er sich zu Boden und kroch auf dem Bauche vorwärts, bis sein Körper über den Vorsprung ragte. Kurz darauf schiffte er sich ein und erzählte seinen Leuten, er sei auf dem südlichsten Punkt der Erde gewesen, der bekannt sei, weiter südlich als irgendeiner von ihnen oder irgendein anderer.« (Hawkins, S. 96).

tung unmöglich machen. Sie befinden sich hierin ebenfalls völlig im Irrtum, denn wir konnten keinerlei solche Strömungen oder Winde von solcher Kraft bemerken. Während der ganzen Zeit unserer Fahrt dort fanden wir häufiger Gelegenheit, wieder in den Atlantik zurückzufahren, als weiter in das Mare del Zur hinauszusegeln, und das wegen der dort herrschenden Strömungen und Winde, die wir besser kennen lernten, als wir wollten: Denn oft waren wir froh, unseren Kurs zu ändern und bei einem gleichmäßigen Wind (ohne jede Behinderung durch eine solche vermutete Strömung) an einem Nachmittag weiter zurückzufallen, als wir bei mäßigem Sturm an einem ganzen Tag aufholen konnten. Die Leute irrten sich ebenso wie im ersten Falle, wenn sie behaupten, die Durchfahrt sei zu eng, es fehle an Seeräumte, und das sei die Ursache für die heftige Strömung. Abgesehen davon, dass man nicht sagen kann, es gebe nur eine Durchfahrt – es gibt unzählige –, ist es auch ganz sicher, dass sich seewärts dieser Inseln ein großes und weites Meer befindet. Wenn jemand davon nicht überzeugt ist und unserer Erfahrung und unserem Zeugnis nicht glauben will, so möge er sein Urteil so lange zurückstellen, bis er entweder selbst durch eine eigene Reise sich davon überzeugt hat oder von anderen Reisenden weitere Einzelheiten erfährt, die ihm die Tatsachen bestätigen.

Als wir jetzt am 28. Oktober zu der äußersten Spitze dieser Inseln gekommen waren, nahmen unsere Mühen ein Ende, der Sturm legte sich, und alle unsere Sorgen (außer der über die Abwesenheit unserer Freunde) wurden behoben, als ob Gott uns die ganze Zeit durch Seine geheime Vorsehung geführt hätte, damit wir diese Entdeckung machten, und nachdem wir sie gemäß Seinem Willen gemacht hatten, Seine Hand über uns hielt, wie es Seinem Willen gefiel, und uns, Seine Knechte, erfrischte.

In diesen südlichen Gegenden stellten wir fest, dass die Nacht im letzten Drittel des Oktober nur zwei Stunden währt; die Sonne ist etwa 7 Grad vom Wendekreis entfernt, es scheint, dass es kaum eine oder gar keine Nacht in diesen Breiten gibt, wenn sie im Wendekreis steht.

Nur wenige aller dieser Inseln haben einige Einwohner, deren

Sitten und Gebräuche, Aussehen, Häuser, Kanus und Lebensweise denen gleicht, die weiter oben, kurz vor unserer Abfahrt von der Magellanstraße, erwähnt worden sind. Allen diesen Inseln gab unser Befehlshaber einen Namen, nämlich den der Elisabetheninseln.

Nach einem zweitägigen Aufenthalt, den wir auf und vor diesen Inseln machten, setzten wir am 30. Oktober die Segel und fuhren mit Kurs Nordwest auf die Küsten Perus zu (dort sollte nach den Karten dieses Land liegen). Wir taten das zum einen, um mit entsprechender Geschwindigkeit den 30. Breitengrad zu erreichen, der als Sammelplatz für unsere Flotte vereinbart worden war, zum anderen, um keine Gelegenheit in der Zwischenzeit zu versäumen unsere verlorenen Freunde wieder zu finden, falls es Gott gefallen sollte sie unseren Weg kreuzen zu lassen.

Auf diesem Kurs kamen wir (am nächsten Tage) zufällig zu zwei Inseln, die uns höchst reichlich mit Lebensmitteln – mit Wildvögeln – versorgten. Sie boten nicht nur einen hinlänglichen und ausreichenden Vorrat für uns, die wir dort waren, sie hätten auch noch genug für alle anderen geboten, die nicht bei uns waren.

Nachdem wir uns hinlänglich versorgt hatten, setzten wir am 1. November von dort unsere Reise fort, und zwar weiterhin in Richtung Nordwest, wie wir auch zuvor gefahren waren, erkannten aber bald, dass wir so leicht in die falsche Richtung fahren könnten. Wir warfen deshalb das Steuer herum und segelten in eine andere Richtung. Dabei stellten wir fest, dass die allgemeinen Karten insofern von den tatsächlichen Gegebenheiten abweichen, als dass sie die Küste Perus mit mindestens 12 Grad nördlich der bewussten Straße angeben, als ob es keinen Unterschied zwischen Nordwesten und Nordosten auf dem Kompass gebe. Wir mussten somit feststellen, dass bislang kein Mensch aus eigener Erfahrung irgendeinen Teil dieser Gegend kennen gelernt hatte und dass deshalb denjenigen, die Beschreibungen dieser Gebiete gegeben hatten, nicht zu trauen ist und dass kein Verlass auf ihre falschen und irreführenden Vermutungen ist, die sie nicht nur in diesem Punkte allein, sondern auch in verschiedenen anderen Punkten von erheblicher Bedeutung verbreitet haben.

Wir fanden diesen Teil Perus bis zur Höhe von Lima, das auf dem 12. Breitengrad südlich des Äquators liegt, gebirgig und sehr unfruchtbar, zum größten Teil ohne Wasser und ohne Wald, bis auf einige Stellen, die von Spaniern bewohnt werden, und wenigen anderen, die sehr fruchtbar und ergiebig sind.

Nachdem wir wieder Land in Sicht hatten, fuhren wir ständig die Küste entlang, bis wir etwa die Höhe des 37. Grades erreicht hatten. Da wir keinen entsprechenden Ankerplatz fanden und die Wahrscheinlichkeit schwand, etwas von unseren anderen Schiffen zu erfahren, suchten wir wiederum eine Insel auf, die in Sichtweite lag. Die Spanier nennen diese Insel wegen ihrer Größe und ihres Umfangs Mucho.[1]

Als wir am 25. November bei dieser Insel vor Anker gingen, stellten wir fest, dass sie sehr fruchtbar war und viele Arten von guten Dingen im Überfluss bot: Schafe und anderes Vieh, Mais (das ist eine Art von Korn, aus dem sie Brot machen), Kartoffeln und andere essbare Wurzeln. Außerdem sagt man, die Insel sei wunderbar reich an Gold und ihr mangle an nichts Gutem, dessen der Mensch zum Leben bedarf. Die Bewohner sind Indianer, die durch die grausame und sehr harte Behandlung durch die Spanier gezwungen waren vom Festland zu fliehen und sich so zu befreien und zu verschanzen. Unser Kapitän hielt es für zweckmäßig, mit diesen Leuten in Verbindung zu treten, um frische Lebensmittel und Wasser zu erhalten. Aus diesem Grunde gingen er und verschiedene Leute seiner Mannschaft sofort am ersten

1 So weit waren die mehrfach herausgegebenen Aufzeichnungen Fletchers die Grundlage des Berichtes. Die Kopie seiner Notizen bricht in der Mitte des Satzes ab, das Letzte ist eine Karte der Insel Mucho (Penzer, S. 141). Er sagt, dass er »versuchen wird den zweiten Teil dieser Weltumseglung mit größtmöglicher Eile fertig zu stellen«, aber es ist nichts darüber bekannt, dass dieser zweite Teil existiert.
Im Weiteren ist die Grundlage für die *Weltumseglung* der Bericht *Die berühmte Reise (Famous Voyage)*, der von Hakluyt gedruckt wurde und der – was recht fragwürdig ist – Francis Pretty zugeschrieben wird. Dieser Bericht wird oft wörtlich übernommen. Aber es wird zumindest noch eine weitere Quelle benutzt.

Abend unserer Ankunft dort an Land. Die Bewohner begegneten ihnen mit großer Höflichkeit und brachten ihnen die Früchte und andere Nahrungsmittel, die sie hatten, sowie auch zwei sehr fette Hammel, die sie unserem Kapitän als Geschenk überreichten. Als Gegengeschenk überreichte er ihnen viele gute und nützliche Dinge und bedeutete ihnen, dass der Zweck seines Kommens kein anderer sei, als von ihnen auf dem Wege des Tausches solche Sachen einzuhandeln, die wir brauchten und die sie entbehren konnten, und zwar besonders solche Dinge, wie sie sie uns schon gebracht hatten, außerdem Trinkwasser, dessen wir dringend bedurften. Damit waren sie sehr zufrieden. Sie schienen sich sehr über unser Kommen zu freuen und vereinbarten mit uns, wo wir am nächsten Morgen Wasser nach Belieben haben könnten, und gaben uns zu verstehen, dass sie uns dann auch die anderen Dinge bringen würden, die wir für unsere Zwecke wünschten.[1]

Nachdem alle Dinge für den Tausch bereitgelegt und unsere Schiffe für die Wasserübernahme vorbereitet worden waren, fuhr am nächsten Tage, dem 26. (November), sehr früh am Morgen unser Kapitän, dem an der wichtigen Wasserversorgung sehr viel lag, wieder an das Ufer, setzte zwei seiner Leute an Land und schickte sie mit ihren Wasserfässern zu der am Vorabend vereinbarten Wasserstelle. Nachdem diese beiden friedlich die Hälfte des Weges zurückgelegt hatten, wurden sie von diesen verräterischen Leuten mit großer Gewalt überfallen und plötzlich erschlagen. Die Eingeborenen hatten unmittelbar hinter den Felsen einen Hinterhalt von (wie wir vermuteten) 500 bewaffneten Männern gelegt, die für eine solche Untat gut ausgerüstet waren. Sie wollten damit erreichen, dass unser Befehlshaber mit den restlichen Leuten sei-

1 »… ihre Waren waren genau die, die wir brauchten, fette Hammel, Hühner, Mais oder, wie er üblicherweise genannt wird, Guineaweizen usw. An diesem Abend hatten wir bereits einen erheblichen Vorgeschmack auf alle diese Dinge … An jenem Abend schmeckten uns unsere Hammel und die Hühner so gut, dass wir den Tag herbeisehnten, um weitere Geschäfte mit den Eingeborenen zu machen, ja, ein jeder wollte ein Pazifikkaufmann werden. Aber als die Zeit gekommen war, traf unser Kapitän die Auswahl unter seinen Leuten, die er für das Unternehmen für richtig hielt, und brach mit seinen Männern voller Vorfreude auf, um ans Land zu gehen …« Fletcher (Penzer, S. 138).

ner Mannschaft nicht nur daran gehindert wurde, seinen beiden Männern beizustehen, sondern (wenn irgend möglich) ihnen mit seinen Leuten auf die gleiche Art und Weise in die Hände fiele. Die Felsen waren sehr gefährlich für das Boot und die Dünung ging außerordentlich hoch, als die Eingeborenen plötzlich zum Angriff übergingen, ihre Pfeile abschossen und einen jeden unserer Leute verletzten und verwundeten, bevor diese sich entfernen oder ihre Waffen verwenden konnten. Der Befehlshaber selbst wurde im Gesicht unter dem rechten Auge nahe der Nase getroffen, der Pfeil verletzte ihn unter der basis cerebri, was lebensgefährlich war, außerdem wurde er schwer am Kopf verwundet. Die Übrigen, es waren neun Leute in dem Boot, wurden sehr schwer an den verschiedensten Teilen ihres Körpers getroffen, aber Gott heilte sie auf beinahe wundersame Weise.[1]

Unser Hauptarzt war nämlich tot, unser anderer Arzt nicht greifbar, weil wir unser zweites Flaggschiff verloren hatten, und so stand uns nur ein junger Mann zur Verfügung, der mehr guten Willen als ärztliche Kenntnisse hatte. So waren wir fast bar jeder notwendigen ärztlichen Versorgung, wie sie der bedenkliche Zustand so vieler Verwundeter erforderte. Ungeachtet dieser Tatsachen schritt mit Gottes Hilfe und dem Bemühen unseres Kapitäns und aller Mitglieder der Mannschaft die Heilung der Verwundeten so schnell und wunderbar voran, dass wir alle sehr getröstet waren und Gott dafür dankten.

Der Grund für diesen Gewaltakt und dieses Unrecht, das uns die Insulaner zugefügt hatten, war kein anderer als der tödliche Hass, den sie gegen ihre grausamen Feinde, die Spanier, wegen der blutigen und höchst tyrannischen Unterdrückung hegen. (Sie verdächtigten uns tatsächlich Spanier zu sein, und das eigentlich

1 »Die Indianer … töteten seinen Lotsen und den Arzt und verwundeten neun oder zehn Leute. Der Kapitän wurde durch zwei Pfeile verwundet, einer traf seinen Kopf, der andere sein Gesicht. Es gab einen Mann, der fünfundzwanzig Pfeilwunden davontrug, einen anderen, der dreiundzwanzigmal getroffen wurde.« Gamboa (Nuttall, S. 65). Drake »hat die Narbe einer Pfeilwunde, die nicht sichtbar ist, wenn man nicht sehr genau hinsieht, an seiner rechten Wange«. Silva, *Deposition* (Nuttall, S. 301).

mit gutem Grund, denn obwohl ein entsprechender Befehl gegeben worden war, verwandten doch einige unserer Leute, als sie um Wasser baten, das spanische Wort »aqua«.) So wandten sich die Eingeborenen, die sich an den Spaniern rächen wollten, gegen uns, da sie uns für Spanier hielten.

Obgleich unser Befehlshaber dieses Unrecht ohne großes Risiko oder große Gefahr hätte rächen können, lag ihm doch mehr daran, das Leben auch nur eines seiner Männer zu retten, als das von hundert seiner Feinde zu vernichten, deshalb überließ er Gott die Vergeltung. Er wünschte ihnen nur die Strafe, dass sie wüssten, wem sie Unrecht zugefügt hatten, dass sie es nicht einem Feind, sondern einem Freund angetan hatten, nicht den Spaniern, sondern den Engländern, die eher zu ihrer Verteidigung angetreten wären, als ihnen in irgendeiner Weise ein Unrecht zuzufügen. Die Waffen, die diese Eingeborenen bei ihren Kriegszügen verwenden, sind Rohrpfeile mit sehr brüchigen und gezackten Steinspitzen sowie Wurfspeere von großer Länge, die Eisen- oder Knochenspitzen haben.

Am Nachmittag desselben Tages, an dem uns diese fürchterliche Schmach zugefügt wurde, brachen wir von dort auf. Da wir uns jetzt nahe der vereinbarten Breite befanden, auf der sich unsere Schiffe sammeln sollten, und auch wegen des höchst bedenklichen Zustandes unserer verletzten Leute schien es uns ratsam, einen geeigneten Ruheplatz zu finden, der ihnen die Möglichkeit zur Genesung und uns die notwendige Versorgung mit frischen Lebensmitteln als Schonkost für sie bot. Deshalb änderten wir unseren Kurs, soweit es der Wind erlaubte, und steuerten geradewegs auf das Festland zu. Wir kamen am 30. November zu einer Bucht, die den Namen Philipsbucht trägt und etwa auf dem 32. Breitengrad liegt. Wir ankerten dort, bemannten unser Boot und schickten es los, um festzustellen, welche Möglichkeiten der Ort bot, uns mit den Dingen zu versorgen, deren wir dringend bedurften. Die Mannschaft unseres Bootes tat ihr Äußerstes etwas ausfindig zu machen, konnte aber trotz längerer Fahrt nichts finden und uns weder mit frischen Lebensmitteln noch mit Trinkwasser versorgen. Sie stieß wohl auf riesige Herden wilder Büffel, konnte aber kein Anzeichen eines menschlichen Lebewesens ausmachen. Doch bei ihrer Rückkehr zu uns entdeckte sie in der Bucht einen Indianer mit seinem Kanu, der dort fischte; ihn brachte sie – mit Kanu und all seinen Sachen – an Bord zu unserem Kapitän. Der Indianer war von anmutiger und schöner Gestalt, er trug ein weißes Gewand, das ihm knapp bis zu den Knien reichte; seine Arme und Beine waren unbekleidet, sein Haupthaar war sehr lang; er war bartlos wie alle Indianer. Er schien sehr höflich, freundlich und bescheiden zu sein, sehr daran interessiert, den Sinn und Nutzen aller Dinge zu verstehen, und sehr dankbar für die Geschenke, die unser Kapitän ihm überreichte. Er war für uns ein lebendiges Beispiel für die harmlose Veranlagung dieser Leute und zeigte uns, wie schmerzlich es ist, dass sie so misshandelt werden, wie die Spanier es mit denen machen, die unter ihrer Herrschaft stehen.

Nachdem wir diesen Eingeborenen höflich bewirtet und für seine Mühen doppelt belohnt hatten und ihm teilweise durch Zeichensprache, teilweise durch Vorzeigen der Dinge bedeutet hatten, was wir brauchten und mit seiner Hilfe gegen Sachen, die er wünschte, eintauschen wollten, sandten wir ihn mit unserem Boot und seinem Kanu (das aus Rohr geflochten war) weg, auf dass er da lande, wo er wolle. Als er gelandet war und unseren Männern bedeutet hatte, seine Rückkehr abzuwarten, stießen sogleich zwei oder drei seiner Stammesgenossen zu ihm, denen er seine Neuigkeit mitteilte und die Geschenke zeigte, die er erhalten hatte. Diese erregten so sehr ihre Zufriedenheit, dass sie ihn bereitwillig unterstützten. Nachdem unsere Männer einige Stunden dort gewartet hatten, kam der Indianer mit verschiedenen anderen (unter ihnen ihr Anführer oder Häuptling) zurück. Sie führten große Mengen von solchen Dingen bei sich, von denen sie dachten, dass wir sie brauchen könnten: einige Hühner, Eier, ein fettes Schwein und dergleichen. Um unseren Männern zu zeigen, dass sie nichts Böses wollten oder beabsichtigten, sandten sie alles in einem ihrer Kanus zu unserem Boot, das sich bei recht hoch gehender Dünung in geziemendem Abstand vom Ufer befand. Nachdem ihr Anführer sein Pferd zurückgeschickt hatte, begab er sich gutgläubig zu unseren Män-

nern, die doch Fremde für ihn waren, um sich mit ihnen zu unserem Kapitän zu begeben, ohne einen seiner Freunde oder Landsleute mitzunehmen.

Wir erfuhren, dass es kein Mittel und keinen Weg gebe, unsere Bedürfnisse an diesem Ort zu befriedigen; doch er erbot sich unser Lotse zu sein und uns zu einem Ort und einem guten Hafen zu führen, der nicht weit zurück südwärts liege, dort könnten wir durch Tausch nach Belieben Wasser und andere Dinge, die wir brauchten, bekommen. Unser Kapitän nahm dieses Angebot sehr erfreut an, umso mehr, als der besagte Ort nahe der Stelle lag, die wir als Treffpunkt für unsere Flotte vereinbart hatten. Wir ließen deshalb unsere Absicht fallen die Büffel zu jagen, von denen zuvor die Rede gewesen ist und von denen wir, wenn möglich, gerne einige getötet hätten. Die gute Nachricht von besserer und leichterer Versorgung lockte uns weg. So brachen wir am 5. Tage nach unserer Ankunft, am 4. Dezember, von dort auf und konnten durch die hilfreiche Führung unseres neuen indianischen Lotsen am nächsten Tage, am 5. Dezember, in dem besagten Hafen vor Anker gehen.

Diesen Hafen nennen die Spanier Valparaiso, die daneben liegende Stadt Saint James von Chile. Der Hafen liegt auf einer Breite von 35 Grad und 40 Minuten; unseren Schiffen begegneten wir dort jedoch nicht, noch hörten wir etwas von ihnen. Obwohl der Ort nichts von den Dingen hergab, derer wir im Augenblick so dringend bedurften, bekamen wir dieselben doch im Überfluss: Außer anderen Sachen fanden wir zahlreiche Lagerhäuser mit chilenischen Weinen und im Hafen ein Schiff mit dem Namen CAPTAIN OF MORIALL oder GRAND CAPTAIN OF THE SOUTH, das Flaggschiff von den Salomoninseln[1], das

1 Die Salomoninseln wurden 1567 von einer spanischen Expedition entdeckt, die von Peru ausging und unter der Führung von Alvar de Mendana und Pedro Sarmiento de Gamboa stand. Der Name versinnbildlicht den Glauben, der damals unter Geografen und Seefahrern weit verbreitet war, dass das Fabelland Ophir, aus dem König Salomon Gold und Juwelen bezog (Erstes Buch der Könige X, 2), im südlichen Pazifik liege und Teil der sagenhaften *Terra Australis* sei. Siehe E. G. R. Taylor, *Tudor Geography*, S. 112–115.

größtenteils mit derselben Art von geistigen Getränken beladen war, nur gab es außerdem eine gewisse Menge Feingold aus Baldinia und ein großes Goldkreuz, das mit Smaragden besetzt und auf das ein Gott aus dem gleichen Metall genagelt war. Wir verbrachten einige Zeit damit, uns zu erfrischen und dieses Schiff von seiner schweren Last zu erleichtern. Nachdem wir uns ausreichend mit allem Lebensnotwendigen wie Wein, Brot, Speck usw. für eine lange Zeit versorgt hatten, hissten wir am 8. Tage des gleichen Monats die Segel und fuhren wieder in Richtung Äquator. Wir nahmen unseren indianischen Lotsen wieder mit, den unser Kapitän reichlich belohnte und mit vielen guten Dingen beschenkte, die ihm außerordentlich gut gefielen. Wir setzten ihn auf dem Wege dort ab, wo er es wollte.

Nachdem wir unsere Bedürfnisse so zu unserer Zufriedenheit gestillt hatten, war unsere nächste Sorge, unsere Schiffe, die so lange von uns getrennt waren, (wenn möglich) wieder zu finden. Nichts hätte unseren Kapitän oder uns so befriedigen können wie ein glückliches Wiedertreffen oder eine gute Nachricht von ihnen; (wir ließen deshalb alle anderen Gedanken für den Augenblick beiseite) und richteten unser ganzes Bemühen und unsere ganze Anstrengung darauf, dass keine Gelegenheit sie zu treffen versäumt werde.

Wir meinten, dass wir (auf der Suche nach unseren Schiffen) nicht gut mit unserem Schiff jeden Ort anlaufen konnten, an dem die Wahrscheinlichkeit eines Hafens bestand, und dass unser Boot zu klein sei, genügend Mann aufzunehmen, um der Bosheit und der Tücke der Spanier (falls wir ihnen zufällig begegnen sollten) Trotz zu bieten. Die Spanier pflegen keine Gnade zu zeigen, wo sie die Oberhand haben können. Um ihnen nicht in die Hände zu fallen, entschlossen wir uns, als wir die Küste entlang dem Äquator zusegelten, einen geeigneten Ort zu suchen, wo wir in Frieden und Sicherheit Halt machen konnten, um unser Schiff zu trimmen und unsere Pinasse zusammenzusetzen. Die Pinasse bot uns mehr Sicherheit als unser Boot, und wir konnten mit ihr, ohne unser Schiff in Gefahr zu bringen, in jeden Flusslauf einfahren und jeden Ort untersuchen und so möglicherweise unsere Freunde und Landsleute wieder finden.

Aus diesem Grunde fuhren wir am 19. Dezember in eine Bucht, die unweit südlich der Stadt Cyppo auf einer Breite von 29 Grad und 30 Minuten liegt und von Spaniern bewohnt wird. Nachdem wir 14 unserer Leute an Land gesetzt hatten, die feststellen sollten, welche Möglichkeiten eines Aufenthaltes diese Stelle bot, wurden wir sofort von den Spaniern der besagten Stadt Cyppo entdeckt, die in aller Eile mindestens 300 Mann, davon 100 wohl berittene Spanier, losschickten; die übrigen 200 waren Indianer, die nackt und elendig geknechtet wie Hunde dicht hinter den Spaniern herliefen.

Sie konnten nicht nahe genug an uns herankommen, da Gott unsere Augen öffnete und sie uns sehen ließ, bevor irgendeine ernsthafte Gefahr bestand. Unsere Männer, die so gewarnt waren, hatten genügend Zeit, um sich zurückzuziehen; zunächst vom Festland auf einen Felsen in der See und von dort aus in ihr Boot, das bereitlag, um sie aufzunehmen und sie eiligst aus der Reichweite der Spanier zu befördern, ohne dass auch nur ein Mann verletzt wurde.

Nur ein gewisser Richard Minivy, der tollkühn und sorglos gegenüber seiner eigenen Sicherheit war, hörte weder auf die Bitten seiner Freunde, noch fürchtete er die Menge seiner Feinde und nahm die gebotene Gelegenheit zur Flucht nicht wahr. Entweder wollte er durch seinen großen Mut 300 Feinde das Fürchten lehren oder aber an diesem Ort den Tod finden. Das Letztere tat er und sein Leichnam wurde von den Indianern vom Felsen zum Ufer geschleift, wurde dort von den Spaniern mannhaft enthauptet, seine rechte Hand wurde abgehauen und sein Herz herausgerissen. All das taten die Spanier unter unseren Augen; dann ließen sie die Indianer ihre Pfeile auf seinen Leichnam abschießen, die erst am selben Tage aus grünem Holz gefertigt worden waren. Dann ließen die Spanier seine Leiche als Fraß für die wilden Tiere und Vögel am Ufer zurück; wir aber gingen an Land und begruben ihn. Hierin zeigt sich eine äußerst barbarische Grausamkeit, die der Welt einen Hinweis gibt, in welcher elenden Furcht die Spanier in jenen Teilen der Erde ihre Herrschaft ausüben. Sie leben in ständiger Furcht vor einem Einfall Fremder und in der geheimen Angst, dass ihre Kehlen von denen durchgeschnitten werden, die sie in so schändlicher Sklaverei halten; ich meine die unschuldigen und harmlosen Indianer. Deshalb gehen sie sicher und ermorden jeden Fremden, dessen sie habhaft werden können, und dulden nicht, dass die Indianer irgendwelche Waffen in den Händen haben; es sei denn, sie führen sie im spanischen Auftrag. Dies zeigte sich in der Tatsache, dass die Indianer die Pfeile am selben Tag frisch geschnitten hatten. Dies wird auch durch die verlässlichen Berichte anderer, die wissen, dass es stimmt, erhärtet. Ja, die Spanier meinen, sie erweisen den elenden Geschöpfen einen großen Gefallen, wenn sie sie nicht nach ihrem Belieben mit Tauen schlagen und täglich die nackten Körper der Indianer mit kochendem Fett übergießen, was zu den kleineren Grausamkeiten in der Skala gehört, die sie im Allgemeinen gegen jene Nation und jenes Volk verwenden.

Da dieses nicht der Ort war, nach dem wir Ausschau hielten, und nicht der Empfang, den wir wünschten, brachen wir eiligst von dort auf. Am nächsten Tage, am 20. Dezember, erreichten wir einen geeigneteren Hafen, der in einer Bucht nördlich der besagten Stadt Cyppo auf einer Breite von 27 Grad und 55 Minuten südlich des Äquators liegt.

An diesem Ort verbrachten wir einige Zeit damit, unser Schiff in Ordnung zu bringen und unsere Pinasse, wie wir es vorhatten, zusammenzusetzen. Der Kummer über die Abwesenheit unserer Freunde bedrückte uns weiterhin. Um sie zu finden, beabsichtigte unser Kapitän, als er alles seinen Wünschen gemäß geregelt hatte – sein Schiff sollte in der Zwischenzeit in der Bucht vor Anker liegen bleiben –, mit der Pinasse und einigen ausgesuchten Leuten erneut nach Süden zu fahren, um zu sehen, ob er entweder das Glück hätte selbst auf sie zu stoßen oder sie in einem Hafen oder Flusslauf zu finden oder von anderen, die er auf dem Wege träfe, etwas zu hören. Mit diesem Entschluss machte er sich auf den Weg, aber nachdem er einen Tag gesegelt war, stieß er auf widrige Winde und war gezwungen, ob er es wollte oder nicht, zurückzukommen.[1]

Während unseres Aufenthaltes in jener Bucht fingen wir so viele Fische, die nicht unähnlich unserem grauen Knurrhahn in

England sind, wie wir an keinem anderen Ort seit unserer ersten Abfahrt von Plymouth hatten fangen können (nur mit der Ausnahme von Kap Blanco an der Küste der Berberei). Der Fischreichtum war so groß, dass unsere Herren sich Tag für Tag mit 4 oder 5 Angelhaken und Leinen versahen und in 2 oder 3 Stunden 400 und mehr Fische fingen.

Nachdem wir alle unsere Angelegenheiten erledigt hatten, setzten wir am 19. Januar (1579) wieder Segel. Der nächste Ort, an dem wir Halt machten, war eine Insel, die auf derselben Höhe wie das nördliche Kap der Provinz Mormorena liegt. Bei dieser Insel trafen wir auf vier Indianer mit ihren Kanus, die unsere Männer zu einer Stelle auf dem erwähnten Kap führen wollten, wo es Trinkwasser gab. In der Hoffnung darauf bewillkommnete unser Kapitän sie mit großer Fröhlichkeit (wie es seine Art gegenüber allen Fremden war) und steuerte in die von ihnen angegebene Richtung; doch als wir an den Platz gekommen und einen weiten Weg in das Landesinnere marschiert waren, fanden wir wohl Trinkwasser, aber so wenig, wie wir Wein auf dem Wege dorthin getrunken hatten.

Als wir, ständig auf der Suche nach Trinkwasser, die Küste entlang weitersegelten, kamen wir zu einem Ort mit dem Namen Tarapaca. Als wir dort landeten, stießen wir auf einen Spanier, der da lag und schlief. Neben ihm lagen 13 Silberbarren, die ein Gewicht von etwa 4000 spanischen Dukaten hatten. Hätten wir frei wählen können, so hätten wir ihn nicht aus seinem

1 »Das englische Schiff lief beinahe auf einer Sandbank in der Nähe gewisser Inseln auf Grund und fuhr deshalb nicht in den Hafen von Coquimbe (Cyppo), wie es beabsichtigt gewesen war. Auf dem weiteren Wege warfen sie Anker nördlich der Islas de Pajaros (Vogelinseln) und segelten dann in die Bahia Salada (Saladabucht), wo sie vierzig Tage blieben. Während dieser Zeit baute er (Drake) eine Barkasse und bestückte sie mit Segeln, er ölte und takelte auch sein Schiff und stellte die Artillerie, die bisher unter Deck gewesen war, an Deck auf. Als er das Schiff kielholen wollte, kenterte es fast, und er rettete es nur mit Hilfe des ›burtontackle‹.« Gamboa (Nuttall, S. 67). Mrs. Nuttall erklärt »burtontackle« als »die Erfindung der Verankerung des Endes der Takelage, die am Großmast befestigt ist«, Wagner sagt, dass das spanische Wort dafür »sandaleta«, Steiper (eiserne Stütze) ist. Das deutet darauf hin, dass das Schiff auf Stützen oder ein Gestell gesetzt wurde.

Schlafe geweckt, aber da wir ihm gegen unseren Willen dieses Unrecht antaten, befreiten wir ihn von seiner Bürde, die ihn sonst möglicherweise wach gehalten hätte, und ließen ihm so die Möglichkeit (wenn es ihm gefiele), seinen weiteren Schlaf in größerer Sicherheit zu halten.

Wir setzten unsere Suche nach Wasser fort und landeten wieder nicht weit von jener anderen Stelle entfernt. Dort trafen wir einen Spanier mit einem Indianer, der 8 Lämmer[1] *oder peruanische Schafe vor sich hertrieb. Jedes Schaf trug zwei Ledersäcke, und in jedem Sack waren 50 Pfund Feinsilber, insgesamt 800 Pfund. Wir konnten nicht zulassen, dass ein spanischer Herr so zum Fuhrmann wurde, deshalb boten wir, ohne dass er uns darum ersuchte, unsere Dienste an und wurden Viehtreiber. Nur seine Richtung stimmte nicht so, dass wir seinen Weg einschlagen konnten; denn fast sogleich, nachdem er sich von uns getrennt hatte, begaben wir uns mit unserer neuen Last zu unseren Booten.*

Weiter jenseits des vorher erwähnten Kaps liegen einige indianische Städte. Als wir an ihnen vorbeifuhren, kamen aus ihnen viele Leute in Fischerbooten, die aus Seehundsfellen gebaut waren. Wenn man zwei dieser Felle der Länge nach zusammenfügt, ähneln sie in Art und Form einem Boot. In jedem der Felle befindet sich ein aufgeblasener Tierdarm oder etwas Ähnliches, wodurch das Boot über Wasser gehalten wird. Es lässt sich sehr schnell rudern und kann erhebliche Lasten tragen. Als die Indianer unser Schiff sichteten, brachten sie in diesen Booten viele Fische der verschiedensten Sorten heran, um sie bei uns gegen solche Kleinigkeiten wie Messer, glänzende Glasperlen, Glassachen und dergleichen einzutauschen, über die Männer von 60 oder 70 Jahren sich so freuten, als hätten sie außerordentlich wertvolle Gegenstände erhalten. Diese Leute sind sehr einfach und sehr ehrlich. Wenn man die Kürze der Zeit in Betracht zieht, war es wunderbar, in wie starkem Maße sie Vertrauen zu uns fassten.

Nicht weit von dieser Stelle entfernt, auf einer Breite von 22 Grad und 30 Minuten, liegt eine andere große Stadt dessel-

1 Lamas. Dieser Vorfall wird von Gamboa bestätigt (Nuttall, S. 68).

ben Volkes. Zwei Spanier üben dort die Herrschaft aus. Mit diesen gedachte unser Kapitän ins Geschäft zu kommen oder zumindest zu versuchen, ob sie uns auf dem Wege des Tausches die Dinge geben würden, die wir brauchten. Deshalb warfen wir am 26. Januar dort Anker. Mehr aus Furcht als aus Zuneigung erwiesen sich die Spanier als umgänglich und so erhielten wir von ihnen auf dem Tauschwege eine Reihe von guten Sachen, die für unsere Zwecke sehr notwendig waren.

Unter den Dingen, die wir von ihnen bekamen, waren die Schafe des Landes (die nämlichen, die wir vorher erwähnten, die die Ledersäcke trugen) die bemerkenswertesten. Die Höhe und Größe dieser Tiere entsprechen etwa einer Kuh, und ihre Stärke entspricht oder übertrifft sogar ihre Größe und Gestalt. Auf dem Rücken eines dieser Tiere saßen einmal drei ausgewachsene, große Männer und ein Junge; ihre Füße waren reichlich einen Fuß vom Erdboden entfernt, das Tier stöhnte überhaupt nicht unter seiner Last. Diese Schafe haben Hälse wie Kamele, ihre Köpfe ähneln stark denen anderer Schafe. Sie sind von großem Nutzen für die Spanier. Ihre Wolle ist außerordentlich fein, sie geben gutes Fleisch, vermehren sich normal und ersetzen außerdem die Pferde als Last- oder Reittiere: Ja, sie können phantastische Lasten 300 Meilen über die Berge tragen, wo keine anderen Tiere außer ihnen gehen könnten. Dort, wie auf dem ganzen Wege und im ganzen Gebiet der Provinz Cusco, enthält der Boden überall auf 100 Pfund Erde für 25 Schilling Feinsilber.

Der nächste Ort, an dem wir irgendwelche Neuigkeiten über unsere Schiffe hören konnten – auf dem ganzen Wege, von der Stelle an, wo wir unsere Pinasse zusammenbauten, gab es keine Bucht oder keinen Hafen, der für die Schifffahrt geeignet ist –, war der Hafen der Stadt Arica, der auf dem 20. Breitengrad liegt, wohin wir am 7. Februar kamen. Diese Stadt schien auf dem fruchtbarsten Boden dieser ganzen Küste zu liegen, am Eingang zu einem sehr schönen und fruchtbaren Tal, in dem alle guten Dinge im Überfluss vorhanden sind; auch hat sie eine ständige Schifffahrtsverbindung mit Lima und allen anderen Teilen Perus. Sie wird von den Spaniern bewohnt. Hier fanden wir in zwei Barken einige 40 Silberbarren (von der Größe und Form eines Ziegels mit einem Gewicht von jeweils etwa 20 Pfund). Wir nahmen es auf uns, den Spaniern diese Last abzunehmen, und segelten dann nach Chowley[1] *weiter, das wir am übernächsten Tage, nämlich am 9. Februar, erreichten. Auf unserem Wege nach Lima stießen wir bei Ariquipa auf eine andere Bark, die begonnen hatte Gold und Silber zu laden, aber da die Spanier (wie es schien, auf dem Landwege von Arica) Nachricht von unserem Kommen erhalten hatten, hatten sie die Bark vor unserer Ankunft wieder entladen. Auf unserer Fahrt begegneten wir noch einer anderen Bark, die Leinen geladen hatte, von dem wir meinten, dass es uns nützlich sein könnte, deshalb nahmen wir es mit uns.*

Am 25. Februar erreichten wir Lima. Ungeachtet der spanischen Streitkräfte – sie hatten zu jenem Zeitpunkt 30 Schiffe dort im Hafen, von denen 17 (vorwiegend die größten Schiffe des ganzen Pazifik) voll einsatzfähig waren – fuhren wir in den Hafen und ankerten dort die ganze Nacht mitten unter den Spaniern im Calao. Wenn wir uns hätten rächen wollen, hätten wir den Spaniern in einigen Stunden mehr Schaden zufügen können, als sie in vielen Jahren ersetzen konnten. Es lag uns aber mehr daran, unsere Schiffe wieder zu finden, die wir solange vermisst hatten, als den Spaniern ihr grausames und hartes Verhalten mit einem gleichen zu vergelten, wie wir es jetzt hätten tun können. Dieses Lima liegt auf 12 Grad 30 Minuten südlicher Breite.

Obwohl wir hier keine günstigen Nachrichten über unsere Schiffe erfahren konnten, hörten wir doch einiges, was uns für unsere bisherigen Mühen zu entschädigen schien, nämlich, dass in dem Schiff eines Miguel Angel dort 1500 Gold- und Silberbarren seien, außerdem auf den anderen Schiffen einige andere Dinge (Seide, Leinen und eine Truhe voller Goldreale). Kühnen Mutes luden wir uns selbst auf diese Schiffe ein. Hier bekamen wir auch Nachricht von einigem, was in Europa seit unserer Abreise geschehen war, wir erfuhren besonders den Tod einiger wichtiger Persönlichkeiten, z. B. den des Königs von Portugal sowie auch den des Königs von Marokko und des Königs von

1 »Chowley« ist vermutlich Chulé.

Fez, die alle drei am gleichen Tage in derselben Schlacht[1] *gefallen waren. Wir hörten von dem Tod des Königs von Frankreich und dem des römischen Papstes*[2]. *Da dessen Schändlichkeiten in einigen christlichen Königreichen, in denen seine Schande offenkundig ist, zunichte gemacht werden, bemühen sich seine Vasallen und fluchwürdigen Werkzeuge mit allen möglichen Mitteln diesen Verlust wieder gutzumachen, indem sie den Aberglauben in den Teilen der Welt weiterverbreiten, wo seine teuflischen Wahnvorstellungen und seine verdammenswerten Ränke unbekannt sind. So wie seine Glaubenslehre überall hingelangt, so schleichen sich mit ihr zusammen die Sitten und Gebräuche ein, die sie zwangsläufig begleiten. Denn wie es auf der einen Seite wahr ist, dass in all den Teilen Amerikas, die die Spanier beherrschen, die Seuche des Papismus sich ausgebreitet hat, so ist es auf der anderen Seite ebenso wahr, dass es keine Stadt, sei es Lima, Panama oder Mexiko usw., keinen Ort und kein Dorf, ja kein Haus in allen diesen Provinzen gibt, in denen (außer anderen spanischen Tugenden) nicht nur Hurerei, sondern die Verworfenheit Sodoms, von der man unter Christen nicht spricht, ohne Tadel üblich ist. Die Ablässe des Papstes für diese Schändlichkeiten sind in diesen Teilen der Welt weiter verbreitet als irgendwo in Europa, aus dieser Tatsache zieht der Papst keinen geringen Nutzen.*

Die Indianer, die der wahren Erkenntnis Gottes nicht näher sind als zuvor, verabscheuen diese überaus gemeine und abscheuliche Lebensweise, sie verhalten sich gegenüber den Spaniern wie die Skythen gegenüber den Griechen, die in ihrer barbarischen Unwissenheit doch in ihrer Lebensweise und ihrem Verhalten die weisen und gelehrten Griechen so weit übertrafen, wie sie ihnen andererseits auf den Gebieten des Wissens und der Erkenntnis unterlegen waren.

Aber wie der Papst und seine antichristlichen Bischöfe mit ihren gottlosen Helfershelfern daran arbeiten, den Ruhm Gottes mit Klauen und Zähnen zunichte zu machen, so duldet es

1 Siehe Fußnote, S. 171
2 Beide Gerüchte waren unwahr.

Gott nicht, dass Sein Name und Seine Religion ganz ohne Anhänger sind, die einerseits die falsche und verdammenswerte Lehre des Papstes missbilligen und andererseits gegen die unermesslichen und abscheulichen Ausschweifungen des Fleisches protestieren, selbst in diesen Teilen der Welt. Keine zwei Monate vor unserer Ankunft in der Stadt Lima wurden einige Leute, zwölf an der Zahl, verhaftet, verhört und verurteilt, weil sie sich zu der Bibel bekannt und die Lehren der Menschen und die gemeinen Sitten der Stadt missbilligt hatten. Von diesen zwölf waren sechs auf den Scheiterhaufen gebunden und verbrannt worden, die übrigen sechs befanden sich noch im Gefängnis, sie erwartete innerhalb weniger Tage das gleiche Schicksal.

Schließlich erfuhren wir hier von einem sehr reich beladenen Schiff, das Gold und Silber an Bord hatte und am 2. Februar mit dem Bestimmungshafen Panama ausgelaufen war.

Deshalb setzten wir am Morgen des nächstfolgenden Tages (am 16. des besagten Monats) Segel, solange der Wind günstig stand, und schleppten unser Schiff, sobald der Wind aufhörte zu wehen. So setzten wir unseren Kurs auf Panama mit der größtmöglichen Eile fort, ohne irgendwo Halt zu machen, um, wenn irgend möglich, das stattliche Schiff zu sichten, die Cacafuego, *den Stolz des Pazifik, die 14 Tage vor uns von Lima ausgelaufen war.*

Wir erreichten am 20. Februar den Hafen Paita, der auf einer Breite von 4 Grad und 40 Minuten liegt, und den Port Saint Helen und den Fluss und Hafen Guiaquill am 24. Februar. Am 25. Februar überquerten wir den Äquator und erreichten am 1. März das Kap Francisco, wo wir gegen Mittag ein Schiff vor uns entdeckten. Nachdem wir mit der Besatzung des Schiffes gesprochen hatten, gingen wir an dieser Stelle für sechs Tage vor Anker, um wieder zu Atem zu kommen, der uns bei der schnellen Verfolgung fast ausgegangen war, und um uns der Abenteuer zu erinnern, die wir seit unserer Ankunft in Lima erlebt hatten. Besonders aber verweilten wir dort, um John de Anton einen Gefallen zu erweisen, indem wir ihn von der Sorge um die Dinge befreiten, mit denen sein Schiff beladen war.

Die *Golden Hind* (rechts)
kapert das spanische Schatzschiff *Cacafuego* im Pazifik.
Nach einer Zeichnung von Hulsius, 1603.

Wir stellten fest, dass es genau das Schiff war, von dem wir gehört hatten, und zwar nicht nur im Calao von Lima, sondern auch bei verschiedenen späteren Gelegenheiten, von denen wir jetzt in Muße berichten können: nämlich von einem Schiff, das wir zwischen Lima und Paita aufbrachten, von einem anderen, das mit Wein beladen war und im Hafen von Paita unsere Beute wurde, und von einem dritten aus Guiaquill, das (außer 80 Pfund Gold) Schiffsgeräte und Schiffsausrüstung geladen hatte. Schließlich hörten wir von dem Schiff von Gabriel Alvarez, mit dem wir in der Nähe des Äquators ein Gespräch führten. Wir fanden heraus, dass es wirklich die Cacafuego *war, obwohl sie, bevor wir sie verließen, von einem ihrer eigenen Schiffsjungen in* Cacaplata *umgetauft wurde. Wir fanden auf diesem Schiff Früchte, Eingemachtes, Zuckerwerk, Mehl und andere Lebensmittel und – das war der besondere Grund seines schwerfälligen und langsamen Segelns – eine gewisse Menge an Juwelen und Edelsteinen, 13 Truhen mit Goldrealen, 80 Pfund in Gold, 26 Tonnen ungemünzten Silbers, zwei sehr schöne vergoldete silberne Trinkgefäße und ähnliche Kleinigkeiten; der Gesamtwert aller dieser Schätze belief sich auf etwa 360 000 Pesos. Wir gaben dem Kapitän ein wenig Leinen und Ähnliches für seine Waren, und nach sechs Tagen verabschiedeten wir uns und schieden voneinander. Er eilte etwas erleichterter als zuvor nach Panama, wir stachen in See, um mit größerer Muße darüber nachzudenken, welchen Kurs wir zukünftig einschlagen sollten.*

In Anbetracht der Tatsache, dass wir uns jetzt nördlich des Äquators befanden (Kap Francisco liegt auf dem 1. Grad nördlicher Breite an der Einfahrt in die Bucht von Panama) und dass keine Wahrscheinlichkeit oder Hoffnung bestand, dass unsere Schiffe irgendwie vor uns dorthin gelangt sein konnten – hatten wir doch so viele Breitengrade von den südlichsten Inseln bis hierhin durchfahren, ohne irgendein Anzeichen oder eine Nachricht von ihrer Fahrt zu bekommen, obwohl wir eifrig nach ihnen geforscht und sorgfältig nach ihnen Ausschau gehalten hatten und in jeden Hafen und jeden Flusslauf eingefahren waren –, und unter Berücksichtigung der weiteren Tatsache, dass die Jah-

reszeit jetzt so weit fortgeschritten war, dass wir das Unternehmen entweder versuchen oder notgedrungen gänzlich aufgeben mussten, das das hauptsächliche Ziel unseres Kapitäns war, nämlich die Entdeckung einer möglichen Durchfahrt vom Pazifik in unseren Ozean in den nördlichen Teilen Amerikas (eine Durchfahrt, die, einmal entdeckt und als schiffbar erkannt, nicht nur unserem Land einen guten und hervorragenden Dienst leisten, sondern auch uns eine kürzere Heimfahrt ermöglichen würde, wo wir anderenfalls eine langwierige und langweilige Reise antreten müssten, was uns sehr wenig gefallen würde, weil wir bereits so lange von zu Hause weg waren und unsere Kräfte so geschwächt waren). Das war überhaupt nicht zu erreichen, ließen wir den Zeitfaktor außer Acht: So schenkten wir alle dem Rate unseres Kapitäns willig Gehör und stimmten ihm zu, zunächst einen geeigneten Ort zu suchen, um unser Schiff instand zu setzen und uns mit Holz, Wasser und anderen lebensnotwendigen Dingen zu versorgen, die wir bekommen konnten. Danach wollten wir in aller Eile unsere geplante Reise antreten, um die besagte Durchfahrt zu entdecken, durch die wir dann freudig unsere Rückfahrt nach unserer so lange entbehrten Heimat antreten wollten.

Bevor wir endgültig zu dieser Reise aufbrachen, richteten wir unseren Kurs am 7. März auf die Insel Caines[1]*, die wir am 16. März erreichten. Dort ankerten wir einige Tage lang in einem Süßwasserfluss zwischen dem Festland und der Insel, um die vor-*

1 Caines, Cano, in der Höhe von Costa Rica. Dort brachte Drakes Pinasse eine Fregatte auf und nahm, neben anderen, Alonso Sanchez Colchero gefangen, »den Lotsen (Seefahrer) der spanischen Flotte auf der Chinaroute«. Drake versuchte, Colchero mit Drohungen, Bestechungen und Versprechungen zu überreden, ihm als Lotse zu den Philippinen zu dienen. Er »hängte« Colchero zweimal, ließ ihn aber wieder lebendig herab. Schließlich ließ Drake ihn wieder frei. Nuttall, S. 183, 187, 193–198. »Unter den (Gefangenen) waren vier Seeleute, die nach Panama und dann nach China segeln wollten … (einer) hatte Schreiben und Urkunden bei sich, darunter die des Königs von Spanien, die an den Statthalter der Philippinen gerichtet waren, wie auch Seekarten, anhand derer sie die Reise machen und sich auf ihrem Kurs orientieren wollten.« Silva, *Relation* (Hakluyt XI, 145–146).

her erwähnten notwendigen Angelegenheiten endgültig in Ordnung zu bringen. Während wir uns an dieser Stelle aufhielten, erlebten wir ein schreckliches Erdbeben, dessen Gewalt so groß war, dass unser Schiff und unsere Pinasse, die ungefähr eine englische Meile vom Ufer entfernt vor Anker lagen, so durcheinander geschüttelt und zum Beben gebracht wurden, als lägen sie an Land. Wir fanden dort viele gute Dinge, die wir brauchten, Fische, Süßwasser, Holz usw., außerdem Affen und dergleichen. Auf unserer Reise dorthin begegneten wir einem weiteren Schiff (dem letzten auf unserer Fahrt an jenen Küsten), das Leinen, Chinaseide und Porzellan geladen hatte, wobei wir auch einen Falken aus Gold[1] *fanden, der sehr hübsch gearbeitet war und einen großen Smaragd auf der Brust trug.*

Von dort brachen wir am 24. Tage des vorher erwähnten Monats auf. Wir hatten die Absicht, die kürzeste Route zu wählen, die der Wind uns erlaubte, ohne für lange Zeit an Land zu gehen. Wir segelten deshalb an Port Papagaia vorbei, an dem Hafen von Vale mit den herrlichen balsamischen Düften von Jericho, an Quantapico und vielen anderen Orten wie auch verschiedenen Meerbusen, aus denen unaufhörlich so heftige Stürme kommen, dass die Spanier, obwohl ihre Schiffe gut sind, sich aus Furcht davor nicht zu nahe wagen.

Obwohl wir wussten, wir würden es mit häufigen Windstillen und widrigen Winden zu tun haben, wenn wir weiter unter der Küste und nicht auf das offene Meer führen, um vor den Wind zu kommen, und ferner eingedenk dessen, dass, wenn wir es jetzt nicht täten, wir kein Land mehr erreichen könnten, wenn wir es wollten, hielt es unser Kapitän für notwendig, den einen oder anderen Ort an Land anzulaufen, bevor wir jene Küste endgültig verließen. Wir wollten feststellen, ob wir auf dem Tauschwege unsere Versorgung an Lebensmitteln und anderen lebensnotwendigen Dingen verbessern könnten, auf dass wir auf See nicht irgendeinen Mangel oder eine Not litten, obwohl wir bereits einen erheblichen Vorrat von guten Sachen an Bord hatten.

1 Dieses war anscheinend das Schiff, das von Don Francisco de Zarate befehligt wurde.

Deshalb war der nächste Hafen, in den wir am 15. April einliefen, Guatulco[1], das auf einer Breite von 15 Grad und 40 Minuten liegt. Diesen Namen hat es von den Spaniern bekommen, die es bewohnen. Wir nahmen mit den Einwohnern Verbindung auf, um uns mit vielen Dingen zu versorgen, die wir brauchten, hauptsächlich Brot usw. Nachdem wir uns jetzt, wie wir dachten, hinlänglich versorgt hatten, brachen wir vorläufig von der Küste Amerikas auf. Wir vergaßen jedoch nicht, bevor wir an Bord gingen, ein gewisses Gefäß (ungefähr von der Größe eines Scheffels) voller Goldreale, das wir in der Stadt gefunden hatten, und eine Goldkette und einigen anderen Schmuck mitzunehmen, die ein spanischer Herr auf unsere dringenden Bitten zurückgelassen hatte, als er aus der Stadt floh.

Am folgenden Tage, nämlich am 16. April, brachen wir von Guatulco auf und fuhren direkt auf das Meer hinaus und segelten 500 Seemeilen weit, um den Wind zu gewinnen. Von diesem Zeitpunkt bis zum 3. Juni segelten wir insgesamt 1400 Seemeilen, bis wir zum 42. Grad nördlicher Breite kamen. Dort erlebten wir in der folgenden Nacht einen solchen Umschlag von Hitze in äußerst schneidende Kälte, dass alle unsere Leute sich bitter darüber beklagten, einige von ihnen fühlten sich in ihrer Gesundheit beeinträchtigt. Das war nicht nur so in der Nacht, sondern auch am folgenden Tage war es zu unserer großen Verwunderung so eisig kalt wie in der Nacht zuvor. Die alles durchdringende Kälte hatte sich nicht geändert, die Taue unseres Schiffes waren steif gefroren, der Regen, der herniederfiel, war eine unnatürliche, erstarrte und gefrorene Substanz. Wir schienen eher in der kalten als in der sonnenbegünstigten warmen Zone zu sein.

Dieser Kälteeinbruch war nicht einmalig oder zufällig, sondern scheint tatsächlich einen ganz gewöhnlichen Grund zu haben. Die Sonnenwärme kommt nicht gegen die Kälte an, die so stark wurde, als wir noch weitere 2 Grad weiter nach Norden segelten, dass sich unter unseren Männern, obwohl Seeleute doch

1 »Er nahm achtundachtzig Mann aus Guatulco, darunter acht Jungen, gefangen. Unter den Gefangenen waren Franzosen, Schotten, Basken und Flamen.« Silva (Wagner, S. 348).

einen guten Appetit haben, die Frage erhob, ob sie ihre Hände dazu verwenden sollten, ihren Hunger zu stillen oder sie lieber in den wärmenden Umhüllungen zu lassen, um sich vor der schneidenden Kälte zu schützen, die sie lähmte. Wir konnten es auch nicht unserer Empfindlichkeit zuschreiben, obwohl wir gerade aus sehr heißen Breiten kamen, wodurch wir möglicherweise die Kälte stärker empfanden, denn auch die unbelebten Dinge wurden ebenso in Mitleidenschaft gezogen wie wir selbst: Fleisch gefror sogleich, nachdem wir es vom Feuer genommen hatten, und unsere Taue und unser Takelwerk waren in wenigen Tagen so steif gefroren, dass die Arbeit, die sonst drei Männer leisten konnten, jetzt sechs Männer mit größter Anstrengung und äußerstem Bemühen kaum bewältigen konnten. Deshalb erfasste unsere Leute eine plötzliche und große Entmutigung, und sie zeigten großes Missfallen und große Zweifel, ob auf unserer Fahrt irgendetwas Sinnvolles erreicht werden könnte. Unser Kapitän jedoch ließ den Mut nicht sinken und flößte ihnen durch tröstende Reden über die göttliche Vorsehung und die Liebe Gottes zu seinen Geschöpfen, wie sie in der Heiligen Schrift geschildert wird, und auch durch seine Überredungskünste und sein eigenes Beispiel neuen Mut ein und bewog sie, sich wie Männer zu benehmen und eine kurze Zeit der Anstrengung durchzustehen, um den größeren Ruhm zu erringen, sodass jeder Mann willens und bereit war, das Äußerste zu leisten und das Beste aus der Reise zu machen.

In jenem Teil Amerikas erstreckt sich das Festland weiter nach Westen, als wir gedacht hatten, wir waren ihm näher, als es uns bewusst war. Je näher wir dem Lande kamen, desto stärker verspürten wir die Kälte. Am 5. Tage des Juni wurden wir durch widrige Winde gezwungen uns unter Land zu begeben, das wir erst da entdeckten, und Anker in einer ungeeigneten Bucht zu werfen. Die Bucht war dennoch der beste Ankerplatz, den wir im Augenblick finden konnten. Wir ankerten dort nicht gefahrlos, da es viele starke Böen und Windstöße gab. Wenn sie sich zeitweilig legten, folgte ihnen unmittelbar ein abscheulicher, dichter und stinkender Nebel, gegen den die See nichts auszurichten vermochte, bis Böen ihn wieder vertrieben. Diese kamen dann mit sol-

cher Wucht und Gewalt, dass wir ihnen gegenüber machtlos waren.

An diesem Platz war kein Bleiben für uns; und weiter nach Norden zu fahren verbot uns die grausame Kälte (die jetzt unsere Leute völlig entmutigt hatte). Die direkt gegen uns gerichteten Winde aber zwangen uns, sobald wir wieder unter Segel waren, auf Südkurs zu gehen, ob wir es wollten oder nicht.[1]

Vom 48. Breitengrad, bis zu dem wir gekommen waren, bis zum 38. Breitengrad stellten wir fest, dass das Land, an dessen Küste wir jetzt entlangfuhren, ziemlich flach und einigermaßen eben war. Obwohl es Juni war und die Sonne in ihrer höchsten Höhe stand, war jeder.Hügel (und es gab viele, wenn sie auch nicht hoch waren) mit Schnee bedeckt.

Auf einer Breite von 38 Grad und 30 Minuten stießen wir auf einen geeigneten und guten Hafen[2] *und warfen am 17. Juni Anker. Wir blieben bis zum 23. Tage des Juli dort.*

Obwohl es Hochsommer war und die Sonne ihren höchsten Stand erreicht hatte, erlebten wir doch ständig ähnliche scharfe Kälteeinbrüche wie zuvor. Hätten uns nicht notwendige Arbeiten manchmal zu großer Kraftanstrengung und regem Eifer getrieben, so hätten wir uns gerne damit zufrieden gegeben, uns in unsere Winterkleidung einzuhüllen; ja, wenn es möglich gewesen wäre, wären wir gern in unseren Betten geblieben. In diesen ganzen vierzehn Tagen war es niemals so klar, dass wir den Stand der Sonne oder der Sterne messen konnten.

Wenn es auch ein wenig abwegig bei der Beschreibung der Geschichte dieser unserer Reise zu sein scheint, wollen wir, da sich hier eine so günstige Gelegenheit ergibt, ein wenig genauer die

1 »Er segelte nordwärts, bis er zum 48. Grad nördlicher Breite kam, und stellte dabei fest, dass sich noch ein sehr großes Meer nach Norden erstreckte. Da er sich scheute zu viel Zeit auf die Suche nach der Straße zu verwenden, kehrte er wieder um und segelte zurück. Er fuhr die Küste entlang so nahe dem Lande, wie er vermochte, bis er den 44. Grad erreichte und einen Hafen für sein Schiff fand, das er dort an Land setzte, um es zu überholen …« *Anonymous Narrative* (Wagner, S. 277). Die »Straße« muss die Nordwestpassage gewesen sein.

2 Diese Breite von 38 Grad und 30 Minuten liegt etwas südlich von San Francisco, und eine Bucht dort trägt den Namen Drakes Bucht.

Gründe für die Fortdauer der strengen Kälte in jenen Teilen der Welt erforschen, ebenso auch die Wahrscheinlichkeit oder Unwahrscheinlichkeit, dort eine Durchfahrt zu finden. Wie schon vorher erwähnt, war es nicht die Empfindlichkeit unseres Körpers – wir kamen gerade aus den heißen Gegenden, wodurch unsere Poren geöffnet waren –, die uns so anfällig für die Kälte machte, die wir fühlten; in dieser Hinsicht wie in vielen anderen erfuhren wir, dass Gott uns ein fürsorglicher Vater und sorgender Arzt war. Uns fehlten keine äußeren Hilfen noch innere Tröstungen, um die Natur zu unterstützen, wäre sie bei uns verkümmert oder geschwächt gewesen. Auch fehlte uns nicht die große Erfahrung unseres Kapitäns, der oft genug selbst die Unbilden der heißen Regionen erfahren hatte und dessen Rat immer viel dazu beigetragen hatte, unsere Gemüter zu kühlen. Infolgedessen waren wir bei unserem Aufbruch aus den heißen Gegenden körperlich nicht wie Schwämme, sondern stark und kräftig, und obwohl wir aus dieser großen Hitze kamen, fähiger die Kälte zu ertragen, als irgendwelche Stubenhocker es hätten sein können, die in ihren Federn liegen, bis sie zur See gehen, oder auch fähiger als solche Leute, deren Zähne in einem milden Klima beim Trinken eines kalten Getränkes am Kamin im Munde klappern.

Dass es nicht unsere Empfindlichkeit, sondern die außerordentliche Kälte war, die uns so unerträglich frieren ließ, mag man daran erkennen, dass die dortigen Eingeborenen (mit denen wir, wie berichtet werden soll, längere Zeit freundschaftliche Beziehungen unterhielten) nie große Hitze kennen gelernt hatten. Ihnen waren das Land, die Luft und das Klima vertraut und die Gewöhnung an Kälte zur zweiten Natur geworden. Dennoch kamen sie zitternd in ihren warmen Pelzen zu uns und schmiegten sich eng aneinander, um sich gegenseitig ihre Körperwärme mitzuteilen. Sie suchten an windgeschützten Stellen Schutz, wenn es möglich war, und sooft sie nur konnten, verbargen sie sich mit unter unseren Gewändern, um sich so warm zu halten. Und wie hässlich und verunstaltet zeigte sich das Antlitz der Erde! Bäume ohne Blätter und der Erdboden ohne Grün im Juni und Juli. Wie wir vielfältig beobachten konnten, wagten die armen Vögel es nicht, sich auch nur einmal aus ihrem Nest zu erheben, nachdem das erste Ei gelegt worden war, bis alle ausgebrütet waren und die Jungen eine gewisse natürliche Stärke entwickelt hatten und sich selbst helfen konnten. Nur die Entschädigung hat ihnen die Natur gewährt, dass ihre Körperwärme außerordentlich hoch ist, und so wächst das junge Tier mit größerer Geschwindigkeit und in kürzerer Zeit als anderswo heran.

Die Gründe für diese außerordentliche Kälte scheinen nicht so tief verborgen zu liegen, dass man sie nicht, zumindest teilweise, erraten kann. Der hauptsächlichste Grund ist unserer Meinung nach die gewaltige Ausdehnung des asiatischen und amerikanischen Kontinents, die (irgendwo nördlich der Stelle, an der wir uns befanden), wenn nicht zusammenstoßen, so doch einander sehr nahe zu kommen scheinen. Von ihren hohen und schneebedeckten Bergen entsandten die nördlichen und nordwestlichen Winde (die ständigen Besucher jener Küsten) ihre eisigen Nymphen, die die ganze Luft mit unerträglicher, beißender Kälte erfüllten und es der Sonne selbst auf der Höhe ihrer Macht nicht erlaubten, diese eisige Materie und diesen Schnee zum Schmelzen zu bringen. Die Nord- und Nordwestwinde wehen hier ständig im Juni und Juli, im August und September ist es nur der Nordwind. Wir stellten das nicht nur aus eigener Erfahrung fest, sondern wurden in unserer Ansicht durch die ständigen Beobachtungen der Spanier voll und ganz bestätigt. Daher rührt die allgemeine Armut und Unfruchtbarkeit des Landes, daher kommt es, dass mitten im Sommer der Schnee kaum von den Schwellen der Häuser verschwindet und auf den Gipfeln niemals völlig abtaut; daher kommen diese dichten und alles verhüllenden Nebel, die sich immer mehr verstärken, je mehr man sich dem Pol nähert. In diesem Nebel ist ein blinder Lotse ebenso nützlich wie der beste sehende. Die Sonne versucht ihre von der Natur gegebene Aufgabe zu erfüllen, indem sie den Dunst aufsteigen lässt und zwangsläufig dem Meer Feuchtigkeit im Überfluss entzieht, aber (aus den erwähnten Gründen) steht die schneidende Kälte diesem Bemühen der Sonne entgegen und zwingt sie ihre Arbeit unvollendet zu lassen und, anstatt den Nebel aufsteigen zu lassen, ihn in der tiefsten Ebene zu belassen. Er wogt dann über dem Angesicht des Meeres und der Erde, als wäre er eine zweite See, die die Son-

nenstrahlen unmöglich durchdringen können, wenn nicht gelegentlich die plötzliche Gewalt des Windes dazu beiträgt, den Nebel zu vertreiben und die Sonnenstrahlen durchbrechen zu lassen. Dieses geschieht jedoch sehr selten, und wenn es geschieht, dann währt es nicht lange. Einige unserer Seeleute auf dieser Reise waren früher schon einmal in Wardhouse[1] *gewesen, das auf dem 72. Grad nördlicher Breite liegt. Sie bekräftigen jedoch, dass sie am Ende des Sommers, als sie von dort aufbrachen, nicht eine so bittere Kälte empfunden hatten wie jetzt in den heißesten Monaten des Juni und Juli.*

Auch aus diesen Gründen vermuten wir, dass es entweder überhaupt keine Passage durch diese nördlichen Gebiete gibt (was höchst wahrscheinlich ist) oder, wenn es eine gibt, dass sie nicht schiffbar ist. Hinzu kommt, dass, obwohl wir die Küste gründlich sogar bis zum 48. Breitengrad absuchten, wir doch feststellen mussten, dass das Land sich an keiner Stelle auch nur um einen Grad nach Osten ausdehnt, sondern fortwährend in nordöstlicher Richtung verläuft, als ob es sich direkt auf Asien hin erstrecke. Selbst in jenen Breiten, in denen wir einen frischen Wind hatten, der uns vorangetrieben hätte, wenn es eine Passage gegeben hätte, war das Meer sanft und ruhig, mit dem üblichen Auf und Ab der Dünung, was nicht der Fall gewesen wäre, hätte es dort eine Durchfahrt gegeben. Dadurch kamen wir mehr zu dem endgültigen Schluss als zu der Vermutung, dass es keine Durchfahrt gebe. Nun aber zur Rückfahrt.

Nachdem wir am nächsten Tage in dem vorher erwähnten Hafen vor Anker gegangen waren, zeigten sich uns die Bewohner des Landes und schickten einen ihrer Männer in großer Eile in einem Kanu zu uns. Als dieser nur ein wenig vom Ufer weg und noch eine große Strecke von unserem Schiff entfernt war, sprach er fortwährend zu uns, während er vorwärts ruderte. Schließlich machte er in geziemender Entfernung von uns Halt und begann feierlich eine lange und langweilige Rede in seiner Art. Er gebrauchte dabei viele Gesten und Zeichen, bewegte seine Hände, wandte viele Male seinen Kopf und Körper, und nachdem er

1 Der Hafen von Vardo in Norwegen.

seine Rede beendet hatte, kehrte er mit allen Anzeichen der Verehrung und Unterwürfigkeit an das Ufer zurück. Kurz darauf kam er ein zweites Mal und verhielt sich genauso, und dann ein drittes Mal, wobei er (als ein Geschenk von den Übrigen) ein Bündel Federn mitbrachte, die sehr den Federn der schwarzen Krähe ähnelten und sehr hübsch und kunstvoll auf einer Schnur aufgereiht und zu einem runden Bündel zusammengerafft waren. Sie waren sehr sauber und hübsch zurechtgeschnitten und jeweils auf dieselbe Länge gebracht worden und waren (wie wir später beobachteten) ein besonderes Kennzeichen, das diejenigen auf dem Haupte trugen, die die Leibwache ihres Königs bilden. Er brachte auch einen kleinen Korb mit, der aus Binsen gefertigt war und in dem sich ein Kraut befand, das sie dort Tabak nennen. Der Eingeborene hatte seine beiden Geschenke an eine kurze Rute gebunden und warf sie in unser Boot. Unser Kapitän wollte ihm sogleich eine Reihe von guten Dingen als Gegengaben überreichen, der Eingeborene aber konnte durch nichts dazu bewogen werden, sie anzunehmen, mit der Ausnahme eines Hutes, der vom Schiff in das Wasser geworfen wurde. Diesen fischte er auf (während er sich standhaft weigerte, irgendetwas anderes anzurühren, obwohl es ihm auf einem Tablett heruntergelassen wurde) und begab sich sogleich wieder auf die Rückfahrt. Danach konnte unser Boot nirgendwo hinrudern, ohne dass die Eingeborenen ihm mit Bewunderung folgten und uns wie Götter bewunderten.

Da unser Schiff auf See leck geworden war, ankerten wir am dritten darauf folgenden Tage, am 21., näher an der Küste, um es in Ordnung bringen zu können, nachdem wir es entladen hatten. Um jede Gefahr zu vermeiden, die unsere Sicherheit bedrohen könnte, setzte unser Kapitän zunächst seine Leute mit allen notwendigen Dingen an Land und ließ die Zelte und eine Befestigung zum Schutze unserer selbst und unserer Waren bauen. Wir wollten in dem Schutze dieser Befestigung in größerer Sicherheit (was immer auch käme) unsere Angelegenheiten regeln. Als die Einwohner des Landes unser Tun bemerkten, kamen sie eilig und in großen Scharen mit ihren Waffen zu uns herunter, wie es Männer tun, die in den Krieg ziehen, um ihr Land zu verteidigen, und hatten doch keinerlei feindliche Absicht oder den Wunsch uns Schaden zuzufügen.

Als sie näher gekommen waren, blieben sie wie angewurzelt stehen, als sie Dinge erblickten, die sie nie zuvor gesehen und von denen sie auch nie gehört hatten. Sie waren eher geneigt, uns ehrfürchtig und ängstlich als Götter zu verehren, denn Krieg mit uns wie mit Sterblichen zu führen. Diese Tatsache, die sich zum Teil schon in jenem Augenblick zeigte, wurde später immer offensichtlicher und währte während der ganzen Zeit, die wir uns bei ihnen aufhielten. Bei jenem Male gaben wir ihnen durch Zeichen zu verstehen, ihre Bogen und Pfeile abzulegen, und sie taten es, wie es von ihnen gewünscht wurde, ebenso auch alle Übrigen, die in immer größeren Gruppen zu ihnen stießen, sodass sich nach kurzer Zeit eine große Anzahl von Männern und Frauen versammelt hatte.

Um klar zu zeigen, dass der Frieden, den die Eingeborenen so bereitwillig suchten, ohne die Gefahr einer Verletzung von unserer Seite aufrechterhalten werden sollte, auf dass wir in größerer Sicherheit und Eile ruhig alle unsere Angelegenheiten in Ordnung bringen konnten, machten unser Kapitän und seine gesamte Mannschaft die größten Anstrengungen, die Eingeborenen bei guter Stimmung zu erhalten: Sie schenkten jedem von ihnen freizügig gute und notwendige Dinge, um ihre Bedürfnisse zu befriedigen. Zugleich versuchten sie ihnen verständlich zu machen, dass wir keine Götter, sondern Menschen seien und auch gewisser Dinge bedurften, um unsere Blöße zu verhüllen. Wir lehrten sie, es ebenfalls zu tun, aßen und tranken auch in ihrer Gegenwart und gaben ihnen so zu verstehen, dass wir ohne diese Dinge nicht leben könnten und somit genauso Menschen wie sie seien.

Trotzdem konnte sie nichts überzeugen oder von der Meinung abbringen, die sie sich von uns gebildet hatten, nämlich, dass wir Götter seien.

Als Gegengabe für die Dinge, die sie von uns erhalten hatten, z. B. Hemden, Leinen und Tuche usw., schenkten sie unserem Kapitän und einigen Leuten unserer Mannschaft verschiedene Dinge, Federn, Netze, Pfeilköcher, die aus Rehfellen angefertigt waren, und die Tierhäute, die ihre Frauen auf dem Leibe trugen. Nachdem sie uns zur Genüge besucht und besehen hatten, begaben sie sich erfreut wieder zu ihren Häusern zurück. Diese Häuser sind rund und in die Erde eingegraben, vom oberen Rand der ausgehobenen Erde aus sind ringsherum Pfähle aufgestellt, die an ihrem oberen Ende zusammenlaufen, ähnlich den Turmspitzen unserer Kirchtürme. Diese Überdachungen sind mit Erde bedeckt, lassen kein Wasser durch und sind sehr warm. In den meisten Fällen hat die Tür gleichzeitig die Funktion eines Schornsteins, durch den der Rauch abzieht. In Form und Größe entspricht diese Tür der Springluke auf einem Schiff und ist leicht geneigt. Das Bett der Eingeborenen ist der harte Erdboden, auf den sie nur Binsen gestreut haben. Sie liegen im Kreise in ihren Häusern, das Feuer in der Mitte. Da ihre Häuser niedrig gewölbt, eng und rund sind, gibt das Feuer den Eingeborenen eine angenehme Wärme.

Die Männer gehen meistenteils nackt, die Frauen nehmen eine Art von Binsen, bearbeiten sie wie Hanf und machen sich daraus ein lockeres Gewand, das an der Taille eng anliegt und bis über ihre Hüften reicht und es ihnen somit ermöglicht, das zu bedecken, was nach den Geboten der Natur verhüllt werden sollte. Als Oberbekleidung tragen sie Hirschfelle, auf denen das Haar belassen ist. Sie sind ihren Männern sehr gehorsam und zu allen Diensten äußerst bereit. Von sich aus unternehmen sie nichts, ohne vorher die Zustimmung ihrer Männer eingeholt zu haben.

Als die Eingeborenen zu ihren Häusern zurückgekehrt waren, stimmten sie ein jämmerliches Weinen und Wehklagen an, das sich über längere Zeit erstreckte. Es war von einer solchen Lautstärke, dass wir es zu unserem Verwundern und Erstaunen sehr deutlich vernehmen konnten (obwohl wir ungefähr eine drei viertel englische Meile von ihnen entfernt waren). Besonders die Frauen erhoben ihre Stimmen zu einem höchst elenden und traurigen Geschrei.

Trotz der demütigen Art und Weise, in der sie uns entgegentraten, und trotz ihres unterwürfigen Verhaltens uns gegenüber hielten wir es nicht für klug, ihnen zu sehr zu trauen. (Unsere frühere Erfahrung mit Ungläubigen ließ uns vor einem Gesinnungswandel oder einem Friedensbruch durch sie auf der Hut sein.) Deshalb stellten wir in aller Eile unsere Zelte auf und verschanzten uns hinter Steinwällen, um hinter diesen Befestigungen den Feind abwehren zu können (wenn er sich als ein solcher herausstellen sollte) und ihn daran zu hindern, uns zu überfallen. Nachdem wir diese Vorkehrungen schnell getroffen hatten, machten wir uns anschließend desto freudiger und sicherer an unsere sonstigen Aufgaben.

Nach Ablauf von zwei Tagen (während derer die Eingeborenen nicht wieder bei uns gewesen waren) versammelte sich eine große Menge von Männern, Frauen und Kindern. (Sie waren durch den Bericht derer herbeigelockt worden, die uns zuerst gesehen hatten. Diese hatten sich, wie es uns schien, in der Zwischenzeit überall in das Land begeben, um die Neuigkeit unserer Ankunft zu verbreiten.) Sie kamen nun ein zweites Mal zu uns und brachten wieder, wie sie es schon zuvor getan hatten, Federn und Säcke mit Tabak als Geschenk oder eher als Opfergabe, da sie der Überzeugung waren, dass wir Götter seien.

Als sie auf den Gipfel des Berges kamen, an dessen Fuße wir unser festes Lager aufgeschlagen hatten, blieben sie alle stehen. Einer der Eingeborenen (den sie zu ihrem Hauptsprecher ernannt hatten) ermüdete sowohl uns, seine Zuhörer, wie auch sich selbst durch eine lange und langweilige Ansprache. Die Rede begleitete er mit merkwürdigen und wilden Gesten, seine Stimme erhob sich zu der äußersten, von der Natur gegebenen Stärke und seine Worte fielen mit einer solchen rasenden Schnelligkeit, dass er kaum dazwischen Atem schöpfen konnte. Sobald er seine Rede beendet hatte, riefen alle Übrigen »Oh«, wobei sie sich ehrerbietig (auf eine träumerische und langsame Art) verneigten. Damit wollten sie bekräftigen, dass alles, was er gesagt hatte, sehr wahr sei und dass sie durch seinen Mund ihre Meinung zum Ausdruck gebracht hatten. Nachdem sie das getan hatten, legten die Männer ihre Bogen auf der Bergkuppe nieder, ließen dort auch ihre Frauen und Kinder zurück und kamen mit ihren Geschenken herunter. Sie benahmen sich so, als ob sie wirklich vor einem Gott erschienen und priesen sich glücklich, weil sie vor unseren Kapitän treten durften. Noch glücklicher waren sie jedoch, als sie sahen, dass er aus ihrer Hand die Gaben entgegennahm, die sie so bereitwillig überreichen wollten; sie wähnten sich zweifellos Gott am nächsten, wenn sie neben unserem Kapitän sitzen oder stehen konnten. In der Zwischenzeit taten sich die Frauen, als wären sie verzweifelt, unnatürliche Gewalt an. Sie weinten und schrien herzzerreißend und rissen sich auf ungeheuerliche Art mit ihren Nägeln das Fleisch von den Wangen, sodass das Blut ihre Brüste hinunterlief. Außerdem entblößten sie ihren Oberkörper und rissen sich das einzige Bekleidungsstück vom Leibe, das sie zuvor angehabt hatten, und warfen sich dann – wobei sie ihre Brüste vor Schaden zu bewahren trachteten – mit Wucht auf den Erdboden, ohne darauf zu achten, ob er sauber oder weich war.

So warfen sie sich auf harte Steine, mit Knüppelholz bestandene Bodenunebenheiten, Baumstämme und stechende Büsche, oder was sonst herumlag, und wiederholten das wieder und wieder. Ja, selbst hochschwangere Frauen verübten diese Grausamkeit gegen sich selbst, einige 9- oder 10-mal, andere bis zu 15- oder 16-mal (bis sie ihre Kräfte verließen). Dieses Geschehen war für uns schrecklicher anzusehen und zu erdulden als für sie selbst (wie es schien). Nachdem (gegen unseren Willen) dieses blutige Opfer dargebracht worden war, begannen unser Kapitän und seine Mannschaft in Gegenwart der anwesenden Fremden zu beten. Wir erhoben unsere Augen und Hände gen Himmel und versuchten ihnen zu verstehen zu geben, dass der Gott, dem wir dienten und den sie anbeten sollten, über uns sei. Wir flehten zu Gott, wenn es ihm gefiele, auf irgendeine Weise ihre blinden Augen zu öffnen, sodass sie mit der Zeit sich Seiner Existenz bewusst würden, der des wahren und ewigen Gottes, und der Jesu Christi, den Er zur Errettung der Heiden gesandt hat. In der Zeit, in der die Gebete gesprochen, die Psalmen gesungen und einige Kapitel aus der Bibel gelesen wurden, saßen die Eingeborenen sehr aufmerksam da. Am Ende einer jeden Unterbrechung riefen sie wie mit einer Stimme »Oh« und nahmen großen Anteil an unseren geistlichen Übungen. Ja, an unserem Gesang der Psalmen hatten sie eine solche Freude, dass, wann immer auch sie zu uns kamen, ihre erste Bitte gewöhnlich ein »Gnaah« war, womit sie uns zum Singen bewegen wollten.

Unser Befehlshaber hatte sie mit verschiedenen Sachen beschenkt, die sie bei ihrem Weggang wieder zurückgaben. Keiner nahm irgendetwas mit sich, das er erhalten hatte; sie hielten sich durch die Tatsache, dass sie so freien Zugang zu uns gefunden hatten, für hinlänglich beschenkt und glücklich.

Nachdem sich nach Ablauf dreier weiterer Tage die Neuigkeit noch weiter und, wie es schien, bis tief in das Land hinein verbreitet hatte, versammelte sich eine so große Menge von Menschen, dass wir annehmen konnten, alle, die in erreichbarer Entfernung lebten, versammelt zu sehen. Unter ihnen war ihr König, ein Mann von stattlicher Gestalt und anmutiger Erscheinung, der von seiner Leibwache von etwa 100 großen und kriegerischen Männern begleitet wurde. Sie kamen an diesem Tage, nämlich dem 26. Juni, zu uns herunter, um uns zu besuchen.

Vor seiner Ankunft wurden zwei Botschafter oder Boten zu unserem Kapitän gesandt, um anzukündigen, dass ihr Hioh, d. h. ihr König, im Begriffe sei zu kommen. Bei der Überbringung der Botschaft sprach der eine mit einer sanften und leisen Stimme und flüsterte die Worte seinem Kollegen zu, der andere wiederholte das Gesagte Wort für Wort mit einer besser hörbaren Stimme. Ihre Proklamation (denn eine solche war es) dauerte etwa eine halbe Stunde. Nachdem sie diese beendet hatten, gaben sie unserem Kapitän durch Zeichen zu verstehen, er möge durch sie ihrem Hioh oder König etwas übersenden, als Zeichen, dass dessen Kommen in Frieden geschehen könne. Unser Kapitän kam bereitwillig ihrem Wunsche nach und sie traten freudig und eilig den Rückweg zu ihrem Hioh an. Bald darauf erschien ihr König mit seinem ganzen Hofstaat (wobei er sein Auftreten so fürstlich wie möglich gestaltete).

Bei ihrem Näherkommen stießen sie ständig Schreie in der Art eines kräftigen Gesanges aus. In dem Maße, in dem sie näher kamen, bemühten sie sich mehr und mehr, sich mit einer gewissen Anmut und Feierlichkeit in allen ihren Gebärden zu bewegen.

Zunächst kam ein großer und stattlicher Mann, der dem König das königliche Zepter (das aus einer gewissen Art von schwarzem Holz gefertigt war und etwa eineinhalb Yard maß) vorantrug. An diesem Zepter hingen zwei Kronen, eine größere und eine kleinere, die an drei Ketten von wunderbarer Länge, oft doppelt geschlungen, befestigt waren, außerdem hing ein Sack mit dem Tabakkraut daran. Die Kronen waren gewirkt und höchst merkwürdig mit Federn verschiedener Farbe besetzt, die sehr kunstvoll verarbeitet waren. Die Ketten schienen aus einer Knochensubstanz zu sein, jedes Glied oder jeder Teil davon war sehr klein, dünn und glänzend poliert, durch die Mitte eines jeden Teiles war ein Loch gebohrt. Die Anzahl der Glieder, die eine Kette bilden, ist unterschiedlich. Diese Ketten genießen bei den Eingeborenen eine solche Wertschätzung, dass es nur wenigen Leuten erlaubt ist, sie zu tragen, und selbst denen, die sie tragen dürfen, ist es vorgeschrieben, wie viele sie tragen dürfen, einige zehn, andere zwölf, wieder andere zwanzig. So ist an der Anzahl der Ketten erkennbar, in welchem Ruf und welchen Ehren die Träger jeweils stehen.

Auf den Mann, der das Zepter trug, folgte der König selbst mit der ihn umgebenden Leibwache. Sein Kopfputz war ein gewirktes Haarnetz, das ähnlich wie die Kronen gefertigt war, sich aber in Form und Vollkommenheit der Arbeit von diesen unterschied. Über seinen Schultern hing ein Mantel, der aus Kaninchenfellen gearbeitet war und der ihm bis zur Taille reichte. Jeder Angehörige seiner Leibwache trug ebenfalls einen Umhang gleichen Zuschnittes, der aber aus anderen Fellen bestand. Einige hatten Haarnetze, die auch mit Federn besetzt oder mit einer Art Flaum bedeckt waren, der in dem Lande auf einem Kraut wächst, das sehr unserer Salatpflanze ähnelt. Dieser Flaum übertrifft jeden anderen in der Welt durch seine Feinheit und kann, wenn er auf ihre Haarnetze gelegt worden ist, von keinem Wind weggefegt werden. Diese Pflanze genießt bei ihnen eine solche Wertschätzung, dass ihr Flaum nur von Personen aus der Umgebung des Königs getragen werden darf. (Diesem Personenkreis ist es auch gestattet, als Ehrenzeichen einen Federschmuck auf dem Haupt zu tragen.) Der Samen dieser Pflanze darf nur als Opfergabe für die Götter ver-

wandt werden. Nach den genannten Personen kam das gemeine Volk nackt, mit langem Haar, das am Hinterkopf zu einem Schopf zusammengebunden war und in das sie Federschmuck gesteckt hatten. Vorne in ihren Haaren trugen sie nur einzelne Federn wie Hörner, die jedermann nach eigenem Gutdünken angebracht hatte.

Eines allerdings konnte man bei ihnen allen bemerken, nämlich, dass jeder sein Gesicht angemalt hatte, die einen mit weißer, die anderen mit schwarzer, wieder andere mit weiteren Farben, und dass ein jeder Mann das eine oder andere als Geschenk trug. Das Ende des Zuges bestand aus Frauen und Kindern. Jede der Frauen trug vor ihrer Brust einen oder zwei runde Körbe, die mit verschiedenen Dingen gefüllt waren, mit Tabaksäcken, einer Wurzel, die sie petah nennen und aus der sie eine Art Mehl machen, das sie entweder zu Brot verbacken oder roh verzehren, gebratene Fische, ähnlich der Sardine, den Samen und das Kraut der vorher genannten Pflanze und dergleichen.

Ihre Körbe waren in der Form wie tiefe Schüsseln und obwohl das Material, aus dem sie gefertigt waren, Binsen oder etwas Ähnliches waren, waren sie doch so geschickt gearbeitet, dass die meisten wasserdicht waren. An ihren Rändern waren die Körbe mit Stücken der Perlmuschel verziert und an einigen Stellen mit zwei oder drei Gliedern der vorher genannten Ketten. Das bedeutete, dass es Gefäße waren, die ganz und gar dem alleinigen Gebrauch der Götter gewidmet waren, die die Eingeborenen verehrten, und außerdem waren sie mit dem dichten Flaum roter Federn bedeckt, die sich in verschiedener Bearbeitung und Form darboten.

In der Zwischenzeit hatte unser Kapitän seine Männer zusammengezogen (um gegen alle möglichen Gefahren und Übel gefeit zu sein) und sich darauf vorbereitet, auf alle Fälle sicherzugehen, sodass wir jederzeit verteidigungsbereit seien, falls sich irgendetwas anders als erwartet oder vorausgesehen entwickeln sollte.

Unser Kapitän nahm innerhalb des befestigten Platzes Aufstellung, wo jedermann kampfbereit war, und nahm beim Näherkommen eine sehr kriegerische Haltung ein (wie er es auch immer sonst bei ihrem Kommen tat). Wären sie bittere Feinde gewesen, so wäre ihnen keine andere Möglichkeit geblieben, als in Furcht und Schrecken zu geraten und völlig entmutigt zu werden, irgendetwas gegen uns zu unternehmen, nachdem sie das gesehen hatten.

Als sie uns geschlossen etwas näher gekommen waren, entboten sie uns alle ihren Gruß, wobei sie allgemeines Stillschweigen bewahrten. Dann verkündete derjenige, der das Zepter vor dem König hertrug, das, was ihm von einem anderen vorgesagt wurde, den der König zu dieser Aufgabe bestimmt hatte. Er wiederholte mit einer gut hörbaren und männlichen Stimme das, was der andere ihm im Geheimen zuflüsterte, und seine Rede oder Proklamation dauerte mindestens eine halbe Stunde. Am Ende derselben erfolgte ein gemeinsames Amen, das als Zeichen der Zustimmung von allen gesprochen wurde. Dann kam der König selbst mit der ganzen Schar der Männer und Frauen (nur die kleinen Kinder blieben zurück) weiter den Berg herunter, und dabei gruppierten sie sich wieder in derselben Reihenfolge wie zuvor.

Als sie zum Fuß des Berges und in die Nähe unserer Befestigung gekommen waren, stimmte der Zepterträger mit gelassenem Ausdruck und stolzer Haltung einen Gesang an und machte im Takt dazu gewisse Tanzbewegungen. Der König und seine Leibwache und alle anderen, die ihnen folgten, sangen und tanzten auf die gleiche Weise, mit Ausnahme der Frauen, die zwar tanzten, sonst aber schwiegen. Beim Tanzen bewegten sie sich vorwärts und unser Kapitän, der ihr argloses Vorhaben begriff, gab den Befehl, sie ungehindert und unverzüglich in unsere Befestigungen zu lassen. In diesen setzten sie noch eine erhebliche Zeit ihren Gesang und ihren Tanz fort. Ihre Frauen folgten ihnen mit Trinkgefäßen in den Händen. Die Körper der Frauen waren wund, ihre Gesichter zerrissen, ihre Brüste und andere Teile ihres Körpers waren mit Blut besudelt, das aus den Wunden tropfte, die sie sich vor ihrem Kommen mit ihren Nägeln beigebracht hatten.

Nachdem die Eingeborenen genug hatten oder sich eher erschöpft fühlten, gaben sie unserem Kapitän durch Zeichen zu verstehen, er solle sich niedersetzen. Sowohl der König wie auch mehrere andere richteten verschiedene Reden an ihn oder eher, wenn wir sie verstanden hätten, Bitten, er solle das Land und das Königreich in seinen Besitz nehmen und ihr Herr und König werden. Sie bedeuteten unserem Kapitän, dass sie ihm ihre Rechte und Besitztitel für das ganze Land übertragen und dass sie selbst und ihre Nachkommen seine Vasallen werden wollten. Um uns völlig zu überzeugen, dass das ihre ernsthafte Absicht und ihr Wille sei, fielen der König und alle anderen in einen freudigen Gesang und setzten unserem Kapitän mit allgemeiner Zustimmung und großer Ehrerbietung die Krone auf das Haupt, schmückten seinen Hals mit allen ihren Ketten und boten ihm viele Gaben dar, andere ehrten ihn mit der Anrede Hioh. Daran schloss sich (so schien es) ein Triumphgesang und ein Triumphtanz, weil sie nicht nur den Besuch der Götter erhalten hatten (denn für solche hielten sie uns weiterhin), sondern weil der größte und Hauptgott jetzt ihr Gott, König und Herr geworden war und sie die einzigen glücklichen und gesegneten Menschen auf der Welt waren.

Da uns all das so freizügig angeboten wurde, hielt es unser Kapitän nicht für sinnvoll, diese Dinge zurückzuweisen oder abzulehnen. Er wollte ihnen weder einen Anlass zu Misstrauen oder Abneigung geben (denn dieses war der einzige Ort, wo wir im Augenblick die Möglichkeit hatten, viele unserer Bedürfnisse zu decken), auch wusste er nicht, zu welchem guten Zweck Gott dieses hatte geschehen lassen, noch, welche Ehre und welchen Gewinn es für unser Land in der Folgezeit bringen könnte.

Deshalb nahm er im Namen und zu Nutzen Ihrer Allergnädigsten Majestät das Zepter, die Krone und die Königswürde des besagten Landes entgegen. Er wünschte nichts mehr, als dass es zu Nutz und Frommen Ihrer Majestät günstiger gelegen hätte, da es jetzt ihr eigen war, und dass die Reichtümer und Schätze dieses Landes (an denen es in den höher gelegenen Teilen Überfluss hat) zu Gewinn und Nutzen ihres Königreiches ebenso leicht befördert werden könnten, wie sie hier gewonnen werden konnten. Außerdem hätte er gewünscht, dass so fügsame und liebenswerte Leute, wie sie zu sein schienen, Mittel und Wege gehabt hätten, um ihren

Gehorsam der Königin als einer Dienerin der Kirche Christi zu zeigen, und dass sie durch die Auslegung der Bibel zum rechten Glauben an einen wahren und ewigen Gott geführt werden könnten.

Nachdem die Feierlichkeiten der Aufgabe und Annahme der Königsherrschaft vollzogen waren, mischte sich das einfache Volk, Männer und Frauen, unter unsere Leute, während der König und seine Leibwache bei unserem Kapitän blieben. Die Eingeborenen nahmen jeden unserer Leute genau in Augenschein und wenn sie jemanden fanden, der ihnen besonders gut gefiel (das waren im Allgemeinen die Jüngsten von uns), so nahmen sie ihn in ihre Mitte und boten ihm ihre Opfergaben an. Dabei stießen sie jämmerliche Schreie und Seufzer aus, weinten und kratzten und rissen sich mit ihren Fingernägeln ihre Gesichter blutig. Nicht nur die Frauen taten das, nein, selbst alte Männer brüllten und schrien und waren ebenso gewalttätig gegen sich selbst wie die Frauen.

Wir seufzten in Gedanken, als wir sehen mussten, wie weit es der Macht des Satans gelang, diese harmlosen Seelen zu verführen, und bemühten uns mit allen Mitteln, indem wir ihnen unseren großen Widerwillen zeigten, und als das nichts nützte, indem wir ihre Hände fest hielten, um sie von ihrem Wahn abzubringen. Wir erhoben unsere Blicke und Hände gen Himmel und wiesen die Eingeborenen zu dem lebendigen Gott, dem sie dienen sollten. Sie waren aber so besessen von ihrem Götzendienst, dass keine Gewalt sie davon abhalten konnte. (Sobald sie ihre Hände wieder frei bewegen konnten, benahmen sie sich so gewalttätig wie zuvor.) Sie setzten ihre Anbetung so lange fort, bis die Männer, die sie vergötzten, in ihre Zelte gehen mussten. Die Eingeborenen, die wie außer sich waren, versuchten ihnen in zügelloser Wildheit zu folgen.

Nachdem mit der Zeit ihre Raserei sich ein wenig gelegt hatte, begannen die Eingeborenen uns ihre Leiden und Krankheiten zu zeigen, die sie plagten. Einige von ihnen hatten chronische Leiden, verkümmerte Sehnen, alte Wunden und krebsartige Geschwüre, andere neuere Verletzungen und dergleichen. Auf sehr klägliche Weise suchten sie Hilfe und Heilung bei uns. Sie gaben uns durch Zeichen zu verstehen, dass, wenn wir nur auf ihre Wunden bliesen oder die kranken Stellen mit der Hand berührten, sie wieder genesen würden.

Wir konnten nichts anderes tun, als sie zu bemitleiden und nach Kräften versuchen ihnen zu helfen. Wir flehten zu Gott, es möge Ihm gefallen, ihre Augen zu öffnen, und sie erkennen zu lassen, dass wir Menschen und keine Götter seien. Um ihre Krankheiten zu heilen, verwandten wir die üblichen Mittel, Lösungen, Pflaster und Salben, die am besten zur Bekämpfung ihrer Leiden geeignet waren (soweit wir das mit unserem geringen Wissen beurteilen konnten). Wir flehten Gott an, Er möge zu Seinem Ruhme geben, dass ihre Krankheiten durch diese Mittel geheilt würden.

Während der ganzen Zeit unserer Anwesenheit an jenem Orte gab es nur wenige Tage, an denen sie nicht bei uns waren, und in der Regel brachten sie uns jeden dritten Tag ihre Opfergaben, bis der Zeitpunkt kam, an dem sie endlich verstanden, dass wir uns darüber nicht freuten, sondern ungehalten waren. Daraufhin ließ ihr Eifer nach und sie überbrachten uns zu unserer Freude eine Zeit lang keine Opfergaben mehr. Sie kamen jedoch weiterhin in großen Scharen zu uns und vergaßen dabei vielfach, sich mit Fleisch für ihren eigenen Lebensunterhalt zu versorgen, sodass unser Kapitän (den sie als ihren Vater ansahen) genötigt war, Vaterstelle bei ihnen zu vertreten und sie mit den Lebensmitteln zu versorgen, die wir für uns selbst vorgesehen hatten, z. B. Muscheln, Robben und dergleichen, womit die Eingeborenen überaus zufrieden waren. Da sie erkannt hatten, dass ihre Opfergaben uns missfielen, suchten sie uns (weil sie nicht undankbar sein wollten) mit den Dingen zu entschädigen, die sie hatten. Sie zwangen uns diese auf, obwohl es doch notwendig gewesen wäre, dass sie sie behalten hätten.

Diese Eingeborenen sind ein umgängliches, freies und liebenswertes Volk, das Arglistigkeit oder Verrat nicht kennt. Sie gebrauchen Pfeil und Bogen (ihre einzigen Waffen, und beinahe ihr einziger Reichtum) sehr geschickt, aber sie richten mit ihnen keinen großen Schaden an, da diese so schwach sind, dass sie eher für Kinder als für Männer geeignet sind. Ihre Pfeile reichen nicht weit und haben auch keine große Durchschlagskraft. Das ist erstaunlich, denn die Männer haben gewöhnlich eine solche Körperkraft, dass ein Mann mit Leichtigkeit das auf dem Rücken tragen kann, was zwei oder drei unserer Leute kaum bewältigen könnten. Willfährig und mühelos tragen sie eine Last eine englische Meile bergauf und bergab. Sie können auch außerordentlich schnell und weit laufen und sind an diese Form der Bewegung so gewöhnt, dass sie selten gehen, sondern meistens laufen. Eine Tatsache beobachteten wir bei ihnen mit Bewunderung: Jedes Mal, wenn sie einen Fisch so nahe dem Ufer sahen, dass sie ihn, ohne zu schwimmen, erreichen konnten, fingen sie ihn eigentlich immer.

Nachdem wir alle unsere notwendigen Angelegenheiten gut zu Ende geführt hatten, unternahm unser Kapitän mit seinen Herren und vielen Leuten seiner Mannschaft einen Streifzug in das Land, um sich die Art des Wohnens der Eingeborenen anzuschauen und sich besser mit der Natur und den Gegebenheiten des Landes vertraut zu machen. Ihre Häuser waren alle so gebaut, wie wir es schon vorher beschrieben haben. Da jeweils viele von ihnen an einer Stelle standen, konnte man von verschiedenen Dörfern hier und dort sprechen. Wir stellten fest, dass das Inland sich erheblich von der Küste unterschied. Es war anmutig und fruchtbar und bot viele Dinge im Überfluss, die sich der Mensch nutzbar machen konnte. Es gab riesige Mengen eines sehr großen und fetten Hochwildes, das wir zu tausenden sahen und das, wie wir vermuteten, zu einer Herde gehörte, außerdem eine noch größere Anzahl einer merkwürdigen Art von Kaninchen. Kopf und Körper dieser Kaninchen ähneln denen anderer Kaninchen, sind aber sehr klein, der Schwanz ist wie der einer Ratte außerordentlich lang und die Füße wie die Pfoten eines Maulwurfs. Unter dem Kinn hat das Tier auf jeder Seite einen Sack, in dem es Fleisch aufbewahrt, wenn es seinen Bauch gefüllt hat, um damit entweder seine Jungen zu füttern oder sich selbst zu ernähren, wenn es seinen Bau nicht verlassen will. Die Eingeborenen essen diese Tiere und schätzen ihr Fell sehr, der Festtagsmantel des Königs ist daraus gefertigt.

Unser Kapitän gab diesem Lande den Namen Albion, und

zwar aus zwei Gründen: erstens wegen der weißen Ufer und Klippen, die man von See aus erblickt, und zweitens, damit es auch vom Namen her eine Verwandtschaft mit unserem Lande habe, das manchmal so genannt wird.

Bevor wir von dort abfuhren, ließ unser Kapitän eine Tafel zum Gedenken an unsere Anwesenheit dort errichten, auf der auch der Besitztitel unserer Königin und ihrer Nachfolger an diesem Königreich vermerkt war. Es war eine Messingplatte[1]*, die fest auf einen großen und starken Pfosten genagelt war.*

Auf ihr waren der Name Ihrer Majestät, das Jahr und der Tag unserer Ankunft dort und die freiwillige Übergabe des Landes und Königreiches durch König und Volk an Ihre Majestät eingraviert, sie enthielt ferner das Abbild und Wappen Ihrer Majestät, in einem Sixpencestück gültiger Währung. Dieses Geldstück befand sich in einem Loch, das zu diesem Zweck in die Platte gebohrt worden war, darunter war der Name unseres Kapitäns eingraviert usw. Die Spanier waren nie so weit nach Norden gelangt und hatten keinen Fuß in dieses Land gesetzt, die äußerste Grenze ihrer Entdeckungen lag viele Grade südlich dieser Stelle.

Als jetzt die Eingeborenen merkten, dass die Zeit unserer Abreise näher kam, schienen Sorge und Elend bei ihnen immer größer zu werden. Je sicherer sie unserer Abreise wurden, desto

1 Im Jahre 1936 wurde an der Küste Kaliforniens in der Nähe von San Francisco eine Messingplatte gefunden, auf die diese Beschreibung zufrifft. Sie wurde ausführlich in den Monographien, die von der California Historical Society (1953, 1962 – siehe Bibliografie) herausgegeben wurden, beschrieben und erörtert. Die Platte trägt die sehr grob eingravierte Inschrift: Hiermit sei es allen Menschen kund; 17. Juni 1579. Durch die Gnade Gottes und im Namen Ihrer Majestät, der Königin Elisabeth von England und aller ihrer Nachfolger ergreife ich Besitz von diesem Königreich, dessen König und Volk aus freiem Willen ihr Besitzrecht an dem ganzen Land Ihrer Majestät übertragen haben und dem ich jetzt zur Kenntnis aller den Namen Neu-Albion gegeben habe. G. Francis Drake. Unter dieser Inschrift befindet sich ein Loch, in dem sich die Sixpencemünze befunden haben mag. Die Echtheit dieser Platte ist umstritten, aber die metallurgischen und die Indizienbeweise scheinen sehr positiv zu sein.

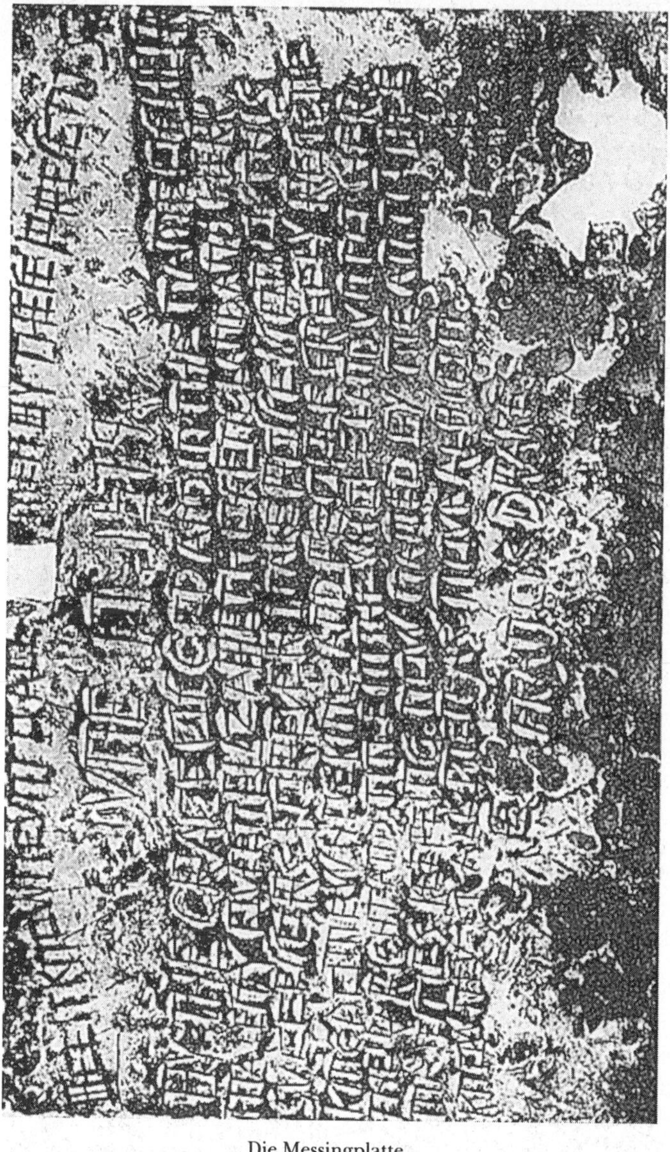

Die Messingplatte,
die 1936 an der Küste Kaliforniens in der Nähe von San Francisco
gefunden wurde

zweifelhafter schien es ihnen, was sie tun sollten. Wir konnten leicht erkennen, dass (ihre übergroße) Freude, mit der sie uns bei unserer Ankunft empfangen hatten, jetzt in ihrer übergroßen Trauer über unser Weggehen unterging. Sie verloren nicht nur ganz plötzlich alle Heiterkeit und Freude, ihre frohe Gemütsruhe, ihre Fähigkeit der angenehmen Rede, ihre körperliche Gewandtheit und ihre vertraute Fröhlichkeit sowie auch alle Lust an Vergnügen, die sie liebten, sondern mit Seufzen und Klagen, mit schwerem Herzen und betrübtem Sinn gaben sie schmerzerfüllte Laute und Stöhnen von sich und quälten sich mit bitteren Tränen und rangen ihre Hände voller Verzweiflung. Sie verweigerten jeden Trost und sahen sich als Ausgestoßene an, die von den Göttern im Stich gelassen wurden. Nichts, was wir sagen oder tun konnten, vermochte ihnen ihre schwere Last zu erleichtern oder sie ihrer Verzweiflung zu entreißen, in die sie, wie es ihnen schien, unsere Abfahrt stoßen würde.

Allein, da sie erkannten, dass sie die Freude unserer Gegenwart nicht länger haben konnten, sahen sie es (da sie uns tatsächlich für Götter hielten) als ihre Pflicht an, uns anzuflehen, in der Zeit unserer Abwesenheit an sie zu denken, und gaben uns durch Zeichen zu verstehen, dass sie uns in Zukunft wieder sehen wollten. Sie brachten uns heimlich ein Opfer dar und entzündeten es, bevor wir dessen gewahr wurden, und verbrannten darin eine Kette und ein Büschel Federn. Wir bemühten uns mit allen uns zur Verfügung stehenden Mitteln sie davon zurückzuhalten, konnten uns aber nicht durchsetzen, bis wir zuletzt zu beten begannen und Psalmen sangen, wodurch sie sofort verlockt wurden, ihre Torheit zu vergessen, ihr Opfer unvollzogen und ihr Feuer ausgehen zu lassen. Sie ahmten alle unsere Bewegungen nach und erhoben ihre Augen und Hände gen Himmel, wie sie es uns tun sahen.

Am 23. Juli nahmen sie traurigen Abschied von uns, aber da sie unglücklich waren uns aus den Augen zu verlieren, liefen sie sogleich zu den Bergkuppen hinauf, um uns, so lange sie nur konnten, nachzublicken. Sie entzündeten vor sich und hinter sich und an ihren Seiten Feuer, in denen sie (so steht zu vermuten) Opfergaben anlässlich unserer Abfahrt verbrannten.

Nicht weit von unserem Ankerplatz entfernt lagen einige Inseln (wir nannten sie die St.-Jakob-Inseln[1]*), auf denen es große Mengen von Robben und Vögeln gibt. Zu einer dieser Inseln kamen wir am 24. Juli und fanden dort so viel Proviant, dass wir für eine Zeit lang reichlich versorgt waren. Am nächstfolgenden Tage, dem 25. Juli, fuhren wir wieder ab. Unser Kapitän zog jetzt in Betracht, dass die bittere Kälte nicht nur andauerte, sondern sich noch verstärkte, die Sonne sich noch weiter von uns entfernt hatte und der Wind weiterhin (wie er es zuerst getan hatte) aus Nordwest blies und uns keine Hoffnung ließ eine Durchfahrt durch diese nördlichen Regionen zu finden.*[2]

Er hielt es deshalb für notwendig, keine Zeit zu verlieren, und richtete mit unserer Zustimmung seinen Kurs direkt auf die Molukken. 68 Tage lang sichteten wir kein Land und sahen nur den Himmel und die See. Wir setzten unsere Fahrt über den Ozean bis zum 30. September fort, an dem wir einige Inseln[3] *sichteten, die etwa 8 Grad nördlich des Äquators liegen.*

Sogleich nachdem sie uns entdeckt hatten, kamen von dort eine große Anzahl von Kanus, die je nach Größe vier, sechs, vierzehn oder sechzehn Mann an Bord hatten und die Kokosnüsse, Fische, Kartoffeln und andere Früchte geladen hatten. Ihre Kanus waren auf dieselbe Art gebaut wie die Kanus auf allen

1 Die Farallones-Inseln in der Höhe von San Francisco.

2 Die östliche Einfahrt in die viel gesuchte Nordwestpassage: »Unser Kapitän ... war der Meinung, dass er sowohl bezüglich seiner persönlichen Verletzungen, die ihm durch die Spanier zugefügt worden waren, wie auch bezüglich der Missachtung und der schändlichen Behandlung, die die Spanier unserem Land und seinem Monarchen hatten angedeihen lassen, hinlänglich befriedigt und gerächt worden sei ... Er begann sich Gedanken über den besten Rückreiseweg zu machen.« *Famous Voyage* (Hakluyt, XI, S. 118).
Drake »erzählte oft seinem Zeugen (Silva) und einigen Spaniern, die er gefangen genommen hatte, dass er den Rückweg durch die Straße ›de Bacallaos‹ (Stockfisch, d. h. die Nordwestpassage) nehmen wolle, zu deren Entdeckung er ausgefahren sei, andernfalls müsse er seine Rückreise über China antreten (d. h. über die Philippinen) ... Er erzählte den Gefangenen, dass er im Auftrage der Königin, Ihrer Majestät, fahre, deren Befehle er ausführe und denen er gehorche ... nämlich die Welt zu umsegeln.« Silva (Nuttall, S. 317–318).

3 Wahrscheinlich die Pelew-Inseln.

anderen Inseln der Molukken meistens auch, d. h. aus einem Baumstamm, der mit großer Kunstfertigkeit und großem Geschick ausgehöhlt und außen und innen so geglättet wird, dass das Kanu einen Glanz auf der Oberfläche hat, als sei es ein glänzend polierter Harnisch. Bug und Heck der Boote sind gleich, ein nach innen gebogener Halbkreis großer Höhe, der mit weißen und glänzenden Muscheln über und über bedeckt ist. Auf jeder Seite ihrer Kanus haben sie zwei hölzerne Ausleger, die etwa eineinhalb Yards lang sind oder auch kürzer oder länger, je nach dem Fassungsvermögen des Bootes. Am Ende jedes Auslegers war quer ein langes Rohr befestigt, das dazu dient, die Kanus vor dem Kentern zu bewahren, und auch dazu, sie gleichmäßig an beiden Seiten tragen zu können.

Die Eingeborenen haben die unteren Partien ihrer Ohren rund oder halbkreisförmig beschnitten. Die Ohrläppchen hängen sehr tief auf ihre Wangen herab, und die Eingeborenen hängen Dinge von beträchtlichem Gewicht daran. Die Fingernägel einiger dieser Leute waren einen Zoll lang und ihre Zähne waren so schwarz wie Pech. Diese ihre Zahnfarbe erneuern sie immer wieder, indem sie häufig ein Kraut mit einer Art Pulver essen, das sie zu diesem Zweck in einem Rohr bei sich tragen. Nachdem die erste Welle dieser Kanus unser Schiff erreicht hatte (das zu der Zeit nur wenig Fahrt hatte, weil kaum ein Wind wehte), begannen die Eingeborenen ganz gegen ihre sonstige Art friedlich mit uns zu handeln. Sie boten uns sehr ordentlich eine Sache nach der anderen an und beabsichtigten somit (wie wir erkannten), uns in ein größeres Unheil hineinzuziehen. Sie gaben uns durch Zeichen zu verstehen, näher an die Küste heranzufahren, sodass sie (wenn möglich) sich desto leichter des Schiffes und unserer Mannschaft bemächtigen könnten. Ständig fuhren einige Boote weg und andere kamen und wir konnten schnell durchschauen, wie die Art dieser Eingeborenen war: Hatten sie einmal irgendetwas in ihren Händen, so zahlten sie nichts dafür, noch gaben sie etwas im Tausch, sondern dachten, dass alles, was sie in die Hand bekamen, das Ihre sei. Unverschämt erwarteten sie immer noch mehr zu bekommen, wollten sich aber von nichts trennen. Ja, als sie wegen ihres üblen Han-

delns von uns zurückgewiesen wurden und wir nichts mehr mit ihnen zu tun haben wollten, da sie uns so mitgespielt hatten, konnten sie sich nicht eher zufrieden geben, bevor sie nicht den Versuch gemacht hatten sich zu rächen, weil wir ihnen nicht alles, was sie haben wollten, ohne Gegenwert gaben. Sie hatten einen großen Vorrat an Steinen in ihren Booten und ließen nun einen Steinhagel auf uns herniedergehen. Unser Kapitän war weit davon entfernt, Böses mit Bösem zu vergelten. Um ihnen aber zu zeigen, dass er Macht genug hatte, ihnen zu schaden (wenn er es wollte), ließ er eine große Kanone abfeuern, nicht, um sie zu treffen, sondern um sie zu erschrecken. Das hatte die gewünschte Wirkung. Als sie den Donner der Kanone hörten, sprangen sie alle aus ihren Kanus in das Wasser und tauchten unter die Kiele ihrer Boote und blieben dort, bis sich unser Schiff ein gutes Stück von ihnen entfernt hatte. Dann kletterten sie alle geschwind wieder in ihre Kanus und ruderten eiligst zum Ufer zurück.

Ungeachtet dieser Tatsache versuchten andere Eingeborene (die aber alle das Gleiche im Schilde führten) immer wieder sich uns zu nähern. Als sie erkannten, dass mit Gewalt nichts zu erreichen war, versuchten sie sich den Anschein der Ehrlichkeit zu geben und vorzugeben mit uns Tauschhandel treiben zu wollen. Unter diesem Vorwand stibitzten sie gerissen alles, was sie nur konnten. Einer von ihnen mauste einen Degen und einige Messer aus dem Gürtel eines unserer Leute, und als man in ihn drang, diese Sachen wieder zurückzugeben, versuchte er nur noch sich weitere Dinge anzueignen. Wir konnten diese unangenehmen Gesellen erst loswerden, als wir rau mit einigen verfuhren und sie in Angst und Schrecken versetzten. Dann verließen wir diesen Platz, der allen später dort Vorbeikommenden unter dem Namen »Insel der Diebe« bekannt werden sollte.

Bis zum 3. Oktober wurden wir ständig von den Eingeborenen belästigt. Von da ab setzten wir unseren Kurs in Sichtweite des Landes bis zum 16. des gleichen Monats fort, an dem wir vier Inseln[1] *erreichten, die 7 Grad und 5 Minuten nördlich des*

1 Die Philippinen, die damals spanischer Besitz waren.

Äquators liegen. Wir fuhren längs der Küsten dieser Inseln bis zum 21. Oktober, dann gingen wir vor Anker und nahmen auf der größten von ihnen, die den Namen Mindanao trägt, Wasser auf.

Am 22. Oktober, als wir etwa sechs oder acht Seemeilen südlich von Mindanao[1] *zwischen zwei Inseln hindurchfuhren, kamen zwei Kanus zu uns heraus, deren Besatzung gerne mit uns gesprochen hätte und wir mit ihr, aber es erhob sich ein solcher Wind, dass wir nach Süden von ihr abgetrieben wurden. Am 25. Oktober kamen wir an der Insel Talao vorbei, die auf einer Breite von 3 Grad und 40 Minuten liegt. Nördlich von ihr sahen wir drei oder vier andere Inseln, Teda, Selan, Saran (diese drei Namen wurden uns von einem Eingeborenen genannt), deren mittlere auf einer Breite von 3 Grad liegt. Wir fuhren an der vorletzten dieser Inseln vorbei und am ersten Tage des folgenden Monats an der Insel Suaro, die auf einer Breite von 1 Grad und 30 Minuten liegt, und sichteten am 3. November die Molukken, zu denen wir hinwollten.*

Die Molukken bestehen aus vier gebirgigen Inseln, die die Namen Terenate, Tidore, Matchan und Batchan[2] *tragen. Sie sind alle sehr fruchtbar und haben viel Zwiebelanbau, sodass wir uns zu billigem Preis reichlich mit Zwiebeln versorgen konnten. Östlich dieser Inseln liegt eine sehr große Insel, die den Namen Gillola*[3] *trägt.*

Wir richteten unseren Kurs auf Tidore, aber als wir am 4. November an der Küste einer kleinen Insel entlangsegelten, die

1 »Nachdem Drake die Pelew-Inseln verlassen hatte, scheint er an der St.-Andrew- und Mariere-Insel vorbeigesegelt und zum südöstlichen Teil Mindanaos auf den Philippinen gekommen zu sein. Hier ging er anscheinend auf einer Breite von 7 Grad und 5 Minuten vor Anker. Dann segelte er acht Seemeilen weiter nach Sarangani und Batut, fuhr dann an den Siao- uund Tagulanda-Inseln vorbei und erreichte Ternate, Tidor und Motir, die vor der Küste Dschilolos liegen. Es ist keineswegs einfach, die Route Drakes aus den Berichten zu rekonstruieren, da in ihnen Namen falsch geschrieben und Breitengrade falsch angegeben sind, aber die oben gemachten Angaben könnten in etwa richtig sein.« Sir Richard Carnac Temple in Penzer, S. LIII.

2 Ternate, Tidor, Machan, Bachan.

3 Dschilolo.

dem König von Terenate[1] *gehörte, fuhr sein Stellvertreter oder Vizekönig in aller Eile mit einem Kanu zu unserem Schiff und kam, ohne Furcht oder Zweifel an unseren guten Absichten zu hegen, sogleich zu uns an Bord. Bei einer Beratung mit unserem Kapitän bat er ihn dringend, auf jeden Fall Terenate und nicht Tidore anzulaufen, und versicherte ihm, dass sein König sich unendlich über sein Kommen freuen und alles für ihn tun würde, was er wolle und im angemessenen Rahmen alle seine Wünsche erfüllen würde. Aus diesem Grunde würde er, der Vizekönig, sich in dieser Nacht bei dem König aufhalten, um ihm die Neuigkeiten zu überbringen. Wenn unser Kapitän einmal mit dem König verhandelt hätte, würde er feststellen, dass dieser ein König sei, dessen Wort man Glauben schenken könne. Würde unser Kapitän dagegen mit den Portugiesen in Verhandlungen treten (die die Herren von Tidore waren), so würde er bemerken, dass sie nichts außer Betrug und Verrat kannten. Außerdem teilte der Vizekönig unserem Kapitän mit, dass sein König nichts mit uns zu tun haben wolle, wenn wir zunächst nach Tidore und dann nach Terenate führen, denn er sehe die Portugiesen als seine Feinde an. Auf Grund dieser Ausführungen beschloss unser Kapitän, Terenate anzulaufen, wo wir dann sehr früh am Morgen des nächsten Tages vor Anker gingen. Unser Kapitän schickte sogleich einen Boten zum König, der ihm einen Samtmantel als Geschenk und Zeichen überreichen sollte, dass wir in friedlicher Absicht kämen. Der Bote sollte weiter mitteilen, dass unser Kapitän nichts weiter brauche als Lebensmittel (die nach einer so langen Reise aufgebraucht seien) und dass er sie auf dem Handelswege und im Austausch von Waren (von denen unser Kapitän ein reichhaltiges Lager hatte) erstehen wolle. Unser Kapitän glaubte das umso eher fordern zu dürfen, einmal, weil es ohne böse Absicht von seiner Seite geschah, zum anderen, weil er von dem Vizekönig um seinen Besuch gebeten worden war und dieser ihm versichert hatte, er bekomme alle Dinge, deren er bedürfe.*

1 Der König von Ternate war Sultan Babur. Zehn Jahre zuvor hatten die Portugiesen unter der Führung von Lopez de Mosquito seinen Vater ermordet. Aus Rache dafür hatte er sie aus Ternate vertrieben und griff ständig ihren Stützpunkt auf Tidor an.

Zunachst einmal begab sich der Vizekönig gemäß seinem Versprechen zum König und teilte ihm mit, wie mächtig unsere Fürstin sei und welch großem Königreich wir angehörten, was für brauchbare Dinge der König von uns bekommen könne, und zwar nicht nur jetzt, sondern auch späterhin auf dem Handelswege, ja, welche Ehre und welcher Nutzen es sein könne, mit einer so edlen und berühmten Fürstin, wie sie es war, der wir dienten, freundschaftlich verbunden zu sein, und welche Entmutigung es für die Portugiesen, seine Feinde, sein würde, das zu erfahren. Als der König das hörte, gefiel ihm alles so gut, dass, bevor unser Bote auch nur die Hälfte des Weges zurückgelegt hatte, er erfreut den Vizekönig zusammen mit verschiedenen anderen Vornehmen und Räten zu unserem Kapitän schickte, um ihm in einer besonderen Botschaft mitzuteilen, er könne nicht nur alles haben, was er benötige, sondern er, der König, würde gerne freundschaftliche Beziehungen mit einer so berühmten Fürstin, wie es die unsrige sei, pflegen. Wenn es unserer Fürstin gut scheine, dieses Angebot anzunehmen, dann würde er den gesamten Handel und Warenaustausch dieser seiner Insel anderen, besonders den Portugiesen (von denen er nichts, es sei denn durch Gewalt, bekam), entziehen und sich ganz auf den Handel mit unserer Nation beschränken, wenn wir wollten. Als Unterpfand sende er unserem Kapitän sein Petschaft, er selbst komme in Kürze mit seinen Brüdern und Edelleuten in Booten oder Kanus zu unserem Schiff, um es dann in einen sicheren Hafen zu geleiten.

Während die Eingeborenen uns ihre Botschaft überbrachten, war unser Bote zum Hofe des Königs gelangt. Auf dem Wege dorthin waren ihm einige Edle entgegengekommen, die ihn jetzt höchst feierlich zu dem König geleiteten, von dem er sehr freundlich und gnädig begrüßt wurde. Nachdem er dem König seine Botschaft überbracht und sein Geschenk überreicht hatte, schien dieser sich dafür zu tadeln, dass er nicht früher persönlich zu unserem Kapitän geeilt war, um sich ihm vorzustellen, kam dieser doch von so weit her und von einer so großen Fürstin. Deshalb machte er sich sogleich zusammen mit den Großen seines Staates und mit seinen Räten in aller Eile auf den Weg, um diesen Fehler wieder gutzumachen.

Die Art und Weise seines Kommens, so fürstlich sie war, wirkte dennoch auf uns sehr merkwürdig und wunderbar. Sie diente nicht so sehr der Darstellung seiner eigenen fürstlichen und königlichen Würde (die groß war), sondern war eher eine Ehrung Ihrer Majestät, deren Untertanen wir waren. Wie sehr es ihm darum ging, wird das Folgende deutlich zeigen.

Vor seinem Kommen nämlich schickte er zuerst 3 große und breite Kanus, in denen die wichtigsten Persönlichkeiten seines Hofes saßen, alle in weißen Batist oder Kattun gekleidet. Über ihren Häuptern spannte sich von einem Ende des Kanus zum anderen ein Dach dünner und feiner Matten, die von einem Rohrgestell getragen wurden. Unter diesem Dache saß ein jeder in der Rangordnung, die sich aus seiner Würde ergab. Die ergrauten Köpfe vieler zeigten die Ehrerbietung, die ihnen gezollt wurde, und machten offensichtlich klar, dass der König bei seinen Staatsgeschäften sich auf den Rat eines ernsthaften und vorsichtigen Gremiums stützte. Außer ihnen sahen wir noch etliche andere, junge und anmutige Männer, die auch in Weiß gekleidet waren, aber mit augenscheinlichen Unterschieden. Sie hatten aber gemäß ihrem Rang die hinteren Plätze.

Die übrigen Leute in den Booten waren Soldaten, die in guter Ordnung auf beiden Seiten des Bootes Aufstellung genommen hatten. Noch mehr zur Außenseite hin saßen die Ruderer auf Galerien, von denen es jeweils drei auf beiden Seiten gab. Die Galerien ragten um etwa 3 bis 4 Yards über die Seiten des Bootes hinaus, eine jede im genauen Abstand niedriger als die andere. Auf jeder dieser Galerien gab es eine gleiche Anzahl von Bänken, auf denen die Ruderer saßen, jeweils etwa achtzig in einem Boot. Im Vorderteil eines jeden Bootes saßen zwei Männer. Der eine hatte eine Trommel, der andere ein Messingstück, worauf sie beide zugleich schlugen. Sie hielten eine genaue und angemessene Zeit zwischen jedem Schlag ein, nach dessen Klang die Ruderer ihren Schlag ausrichteten. Andererseits beendeten die Ruderer ihren Ruderschlag mit einem Gesang, der den anderen das Signal gab, wieder zu schlagen, so legten sie ihren Weg mit einer erstaunlichen Geschwindigkeit zurück. Auch waren ihre Boote nicht unbewaffnet oder bar jeder kriegerischen Ausrüstung, jedes hatte zumindest eine kleine gußeiserne Kanone mit einer Länge von etwa einem Yard, die auf einen Block montiert war, außerdem hatte jeder Mann, abgesehen von den Ruderern, sein Schwert, seinen Degen und seine Tartsche. Einige von ihnen hatten auch andere Waffen, Lanzen, leichte Musketen, Bogen und Pfeile und viele Wurfspieße.

Die Boote kamen in guter Ordnung auf unser Schiff zu und umfuhren es, eins nach dem anderen. Als sie an uns vorüberfuhren, erwiesen uns die Eingeborenen höchst feierlich eine Art Ehrenbezeugung, wobei die Ranghöchsten begannen. Sie verneigten sich mit ehrerbietigem Ausdruck bis zum Boden. Danach setzten sie unseren Boten wieder auf unser Schiff über und taten uns kund, dass ihr König (der persönlich kommen wollte) sie vorausgesandt habe, um unser Schiff zu einem besseren Ankerplatz zu geleiten. Sie baten uns ihnen eine Trosse zu geben, damit sie uns den Dienst leisten konnten, den ihr König angeordnet hatte, nämlich unser Schiff zu dem vorgesehenen Platz zu schleppen.

Der König selbst kam bald darauf. Als er zusammen mit sechs würdigen und alten Weisen in seinem Boote näher kam, erwies er uns sogleich zusammen mit ihnen seine tiefe Ehrerbietung, und zwar weit demütiger, als man erwarten konnte. Der König war von stattlichem Wuchs, recht beleibt und von guter Gesundheit, sein Gesichtsausdruck war fürstlich und gütig. Er genoss unter den Seinen einen solchen Respekt, dass weder der bereits genannte Vizekönig von Mutir noch irgendeiner seiner Räte anders als kniend zu ihm zu sprechen wagten und sich nicht erhoben, bevor er es ihnen erlaubte.

Da das Kommen des Königs für unseren Kapitän ein Grund zur Freude war, empfingen wir ihn auf die bestmögliche Art, wie es seinem Rang entsprach. Unsere Kanonen wurden abgefeuert, außerdem eine Anzahl von Schüssen aus kleineren Feuerwaffen, dazwischen erklangen unsere Trompeten und andere Musikinstrumente, die mehr oder weniger laut waren. Der König war davon so entzückt, dass er darum bat, unsere Musikanten möchten in das Boot kommen. Er ließ sein Fahrzeug an dem Boot festmachen und sich so mindestens eine Stunde schleppen, wobei das Boot am Heck unseres Schiffes vertäut war. In dieser Zeit sandte ihm unser Kapitän Geschenke, um einmal die erwiesenen Aufmerksamkeiten zu vergelten, zum anderen, um das gute Einverständnis und die begonnene Freundschaft zu bekräftigen.

Während der König sich so in einem Paradies der Musik befand und das genoss, was ihm so sehr gefiel, erschien sein Bruder namens Moro mit gleicher Prachtentfaltung, ebenfalls von einer großen Anzahl von stattlichen Männern begleitet. Er zollte uns den gleichen Respekt, und nachdem er uns seine Huldigung erwiesen hatte, ordnete er sich achtern ein, bis wir vor Anker gingen. Unser Kapitän ließ seine höfliche Aufmerksamkeit nicht unerwidert, sondern beschenkte auch ihn reichlich, bevor wir abfuhren.[1]

Sobald wir vor Anker gegangen waren, bat der König, ihn zu entschuldigen, und entfernte sich. Er versprach uns, am nächsten Tage zu uns an Bord zu kommen, in der Zwischenzeit wolle er alles vorbereiten und uns die Lebensmittel schicken, die für unsere Versorgung notwendig und erforderlich seien.

Entsprechend bekamen wir in jener Nacht und am darauf folgenden Morgen alles, was man dort einhandeln konnte, nämlich Reis in beachtlicher Menge, Hühner, Zuckerrohr, Rohzucker und Sirup, eine Frucht, die dort Figo heißt (Magellan nennt sie eine spannenlange Feige, aber sie ist nichts anderes als die Frucht, die die Spanier und Portugiesen Paradiesfeige nennen), Kokosnüsse und eine Art Mehl, das sie Sago nennen und das sie aus den Spitzen bestimmter Bäume machen. Es schmeckt wie Sauermilch, aber schmilzt im Mund wie Zucker. Die Eingeborenen machen daraus eine Art Kuchen, der sich mindestens zehn Jahre hält. Von diesem letztgenannten Artikel nahmen wir die größte Menge an Bord. Wir handelten auch einige Gewürznelken ein, von denen wir für wenig Geld mehr hätten haben können, als wir verstauen konnten. Unserem Kapitän war aber daran gelegen, wegen ihres aufdringlichen Geruchs nicht zu viel davon an Bord zu nehmen.

1 Der hier gegebene Bericht über den Besuch von Ternate sowie auch einige andere Stellen enthalten viele Einzelheiten, die nicht in der *Famous Voyage* stehen.

Zur festgesetzten Zeit erwartete unser Kapitän (der alles hatte in Ordnung bringen lassen, um den König geziemend zu empfangen) die Rückkehr desselben. Der König aber hielt weder die festgesetzte Zeit noch sein Versprechen ein, sondern sandte seinen Bruder, der ihn entschuldigte und unseren Kapitän bat, an Land zu kommen. Der königliche Bruder sollte in der Zwischenzeit als Unterpfand für seine sichere Rückkehr an Bord bleiben. Unser Kapitän wäre dazu bereit gewesen, hätte der König nicht zuerst sein Wort gebrochen. In Anbetracht dieser Tatsache entstand eine äußerste Abneigung gegen diesen Plan bei der gesamten Mannschaft, die um keinen Preis zustimmen wollte, dass sich unser Kapitän so in Gefahr begebe, zumal der Bruder des Königs in einer geheimen Besprechung mit unserem Kapitän in dessen Kabine gewisse Worte geäußert hatte, die einen erheblichen Verdacht böser Absicht aufkommen ließen. Da unser Kapitän entschlossen war, zu diesem Zeitpunkt nicht an Land zu gehen, akzeptierte er den Vizekönig als Geisel und sandte einige seiner Herren zu dem königlichen Hof, um den Bruder des Königs zu geleiten und um dem König selbst eine besondere Botschaft zu überbringen.

Als unsere Herren in die Nähe der Burg gekommen waren, wurden sie von einem anderen Bruder des Königs und anderen Würdenträgern des Staates empfangen und mit großen Ehren zur Burg geleitet. In einem sehr großen und schönen Haus vor der Burg sahen sie eine große Menschenmenge, die sich versammelt hatte, schätzungsweise mindestens 1000. Die Bedeutendsten hatten ringsum im Hause Aufstellung genommen, abgestuft nach ihrem Rang und Ansehen, die restlichen Leute standen draußen.

Das Haus war viereckig und vollständig mit Tuch von verschiedener Farbe abgedeckt, recht ähnlich unseren üblichen Wandbehängen auf Bambusrahmen, die Seiten waren von der Erde bis zur Abdeckung offen. Ringsherum standen Sitzgelegenheiten. Es schien das Beratungshaus zu sein und gewöhnlich nicht für andere Zwecke gebraucht zu werden. Auf der Seite des Hauses, die der Burg zugewandt war, stand der Thronstuhl. Unmittelbar darüber spannte sich ein sehr schöner und reich bestickter Baldachin, der nach allen Seiten weit ausschwang. Der Boden unter dem Thronstuhl war in einem Umkreis von 10 bis 12 Schritt mit gewirkten Teppichen bedeckt.

Während unsere Herrrn dort auf das Kommen des Königs warteten, der sich etwa eine halbe Stunde Zeit ließ, hatten sie die beste Gelegenheit, alle diese Dinge in Augenschein zu nehmen. Vor dem Eintreffen des Königs hatten dort bereits 60 edle, gesetzte und betagte Würdenträger Platz genommen, die alle Mitglieder des königlichen Staatsrates waren. An dem unteren Ende des Hauses saß eine große Anzahl von jüngeren Männern von angenehmem Äußeren. Außerhalb des Hauses auf der rechten Seite standen 4 ehrwürdige weißhaarige Männer, von oben bis unten in Rot gekleidet, die auf dem Haupte eine ähnliche Kopfbedeckung wie die Türken trugen. Diese nannten sie Römer oder Fremde; sie waren als ständige Botschafter dort, um den Handel mit diesem Volk aufrechtzuerhalten. Als Botschafter gab es dort auch zwei Türken und einen Italiener, und schließich war da noch ein Spanier, der von dem König aus den Händen der Portugiesen befreit worden war, als er sich wieder dieser Insel bemächtigte, und der ihm jetzt als Soldat diente.

Schließlich kam der König von der Burg, gefolgt von 8 bis 10 weiteren ernsten Würdenträgern. Ein reich gestalteter Baldachin (der in der Mitte mit Goldreliefs geschmückt war) wurde über ihn gehalten; 12 Lanzenträger schritten, die Lanzenspitzen nach unten geneigt, zu seinem Schutze neben ihm her. Unsere Leute (in der Begleitung von Moro, dem Bruder des Königs) erhoben sich, um ihn zu begrüßen, und der König hieß sie gnädig willkommen und richtete das Wort an sie. Er war so, wie wir ihn zuvor beschrieben hatten, er sprach leise und zurückhaltend, hatte ein königliches Auftreten und war seiner Rasse nach ein Mohr. Seine Kleidung entsprach der seiner Landsleute, war aber weit prächtiger, wie es sein Rang und Stand verlangten. Von der Taille abwärts trug er ein sehr reiches goldgewirktes Gewand, seine Beine waren bloß, aber seine Füße bedeckte ein Paar Schuhe aus rot gefärbtem Ziegenleder. In seinen Kopfputz waren mehrere Goldringe, die 1 oder 1 1/2 Zoll breit waren, sehr geschickt eingearbeitet, was dem Träger ein sehr schönes und fürstliches Ausse-

hen gab und ein wenig an eine Krone erinnerte. Um seinen Hals trug er eine Kette aus reinem Gold, mit großen doppelten Gliedern. An seiner linken Hand steckten ein Diamant, ein Smaragd, ein Rubin und ein Türkis, 4 sehr schöne und vollkommene Edelsteine, an seiner rechten Hand trug er einen Ring mit einem sehr großen und makellosen Türkis und einen anderen Ring, auf dem viele kleinere Diamanten sehr kunstvoll gefasst waren.

So ließ sich der König auf seinem Thronstuhl nieder, zu seiner Rechten ein Page mit einem sehr kostbaren Fächer (reich bestickt und mit Saphiren besetzt). Der Page wedelte dem König frische Luft zu, um diesen zu erfrischen, weil der Ort sehr heiß war, einmal wegen der Sonnenwärme, zum anderen wegen der großen dort versammelten Menschenmenge. Nachdem unsere Herren ihre Botschaft überbracht und eine Antwort erhalten hatten, wurde ihnen gestattet sich zu verabschieden. Sie wurden von einem der bedeutendsten Männer des königlichen Rates, den der König selbst mit dieser Aufgabe betraute, sicher zurückgeleitet.

Unsere Herren, die, so gut es ging, die Burg näher betrachteten, konnten nicht feststellen, dass sie ein sehr fester Platz war. Sie sahen dort nur zwei Kanonen und diese waren zu dem Zeitpunkt nicht feuerbereit, weil sie nicht montiert waren. Diese wie auch alle weitere Ausrüstung ähnlicher Art haben die Eingeborenen von den Portugiesen, die auch die Burg selbst gebaut hatten, während sie jenen Ort und jene Insel beherrschten. Die Portugiesen hatten versucht ein tyrannisches Regiment über dieses Volk zu führen (wie sie es andernorts getan hatten). Sie hatten sich nicht mit dem erreichten Zustand zufrieden gegeben (sondern gedacht, ganze Arbeit zu leisten, indem sie kein Mitglied des königlichen Hauses am Leben ließen, das Anspruch auf den Thron stellen konnte). Grausam ermordeten sie den König selbst (den Vater des jetzigen Herrschers) und beabsichtigten genauso mit allen seinen Söhnen zu verfahren. Diese Grausamkeit führte jedoch nicht zu einer Festigung, sondern zu einer Erschütterung ihrer unrechtmäßigen Herrschaft, sodass sie genötigt waren den Ort und die ganze Insel zu verlassen, um ihr Leben zu retten, ohne irgendwelche Geräte, Munition oder anderes mitnehmen zu können.

Um den Mord an ihrem Vater zu rächen, hatten der gegenwärtige König und seine Brüder so zugeschlagen, dass die Portugiesen völlig von dieser Insel vertrieben wurden und zufrieden sein mussten, dass sie sich noch auf Tidore halten konnten. Während der 4 Jahre seiner Herrschaft hatte der König seinen Machtbereich ausgedehnt und war in dem Augenblick (wie uns versichert wurde) der Herr von etwa 100 umliegenden Inseln. Er bereitete seine Truppen darauf vor, den Portugiesen sogar ihre Herrschaft über Tidore streitig zu machen.

Die dortigen Einwohner sind Mohren, deren Religion[1] *zum erheblichen Teil aus gewissen abergläubischen Beobachtungen des Neumondes und der Jahreszeiten besteht und die von ihren Anhängern ein äußerst strenges Fasten verlangt. Wir konnten in dieser Hinsicht Erfahrungen bei dem Vizekönig und seinem Gefolge sammeln, die sich den größten Teil unserer Zeit dort bei uns an Bord aufhielten. Während der vorgeschriebenen Zeit aßen und tranken sie am Tage nichts, nicht einmal eine Tasse kaltes Wasser (so eifrig sind sie in ihrer selbst auferlegten Anbetung), aber in der Nacht aßen sie dreimal, und das reichlich. Dieses Terenate liegt auf einer nördlichen Breite von 27 Minuten.*

Während wir im Hafen von Terenate vor Anker lagen, kam außer den Eingeborenen ein anderer, stattlicher Herr zu uns, der von seinem Dolmetscher begleitet wurde, um unser Schiff zu besichtigen und sich mit unserem Kapitän zu beraten. Er war sehr nach unserer Art gekleidet, sehr elegant und höfisch, sein Auftreten war Achtung gebietend und sein Benehmen das taktvollste, das wir je gesehen hatten. Er erzählte uns, dass er auf jenen Inseln nur ein Fremder sei, seine Heimat sei die Provinz Paghia in China. Sein Name sei Pausaos und er entstamme der Familie der Hombu[2]*. Elf Mitglieder dieser Familie hätten in ununterbrochener Folge 200 Jahre lang regiert. König Bonog, nach dem Tode seines älteren Bruders (der durch einen Sturz vom Pferde ums Leben kam) der rechtmäßige Erbe ganz Chinas, sei der 12. dieses*

1 Islam

2 »Wahrscheinlich Hung-Woo, das Haupt der Ming-Dynastie, der A. D. 1368 regierte.« Vaux.

Stammes. Er sei 22 Jahre alt, seine Mutter lebe noch, er habe eine Frau und mit ihr einen Sohn. Der König werde von allen seinen Untertanen sehr geliebt und hoch in Ehren gehalten und lebe in Frieden ohne jede Furcht vor einem feindlichen Einfall. Die Glücksgötter hätten es jedoch nicht zugelassen, dass er, unser Besucher, seinen Anteil an dem Glück habe, das sein König und sein Land genössen, so sehr er es auch wünschte.

Er sei eines Kapitalverbrechens angeklagt worden, dessen er zwar nicht schuldig gewesen sei, für das er aber nicht den Beweis seiner Unschuld hatte antreten können. Er wusste, dass die peremptorische Justiz Chinas unwiderruflich war, wenn er den Spruch der Richter abwartete. Er richtete deshalb das Bittgesuch an seinen König, er möge seinen Prozess Gottes Vorsehung und Urteil überlassen und ihm gestatten unter folgender Bedingung auf Reisen zu gehen: Brächte er nicht eine so wertvolle Information von seiner Reise zurück, wie sie Seine Majestät nie gehabt habe, eine Information, die höchst erfahrenswert und ehrenvoll für China sei, so werde er für immer im Exil bleiben oder den Tod erleiden, wenn er es je wagen sollte, wieder den Fuß in sein Land zu setzen. Er sei aber sicher, dass Gott im Himmel ihm bei dem Beweis seiner Unschuld beistehen werde.

Der König sei seiner Bitte nachgekommen und jetzt befinde er sich schon 3 Jahre lang im Ausland. Er sei gerade eben von Tidor gekommen (wo er sich 3 Monate aufgehalten habe), um den englischen Kapitän kennen zu lernen, von dem er so merkwürdige Dinge gehört habe und von dem er (so es Gott gefalle) die Kenntnisse erhalten wolle, die ihm den Weg zu einer Rückkehr in sein Land ebnen könnten. Er bat deshalb ernsthaft unseren Kapitän ihm den Grund und die Art und Weise zu nennen, auf die er den weiten Weg von England hierher zurückgelegt habe, wie auch die vielfältigen Begebenheiten, die sich auf dem Wege zugetragen hatten.

Unser Kapitän befriedigte jeden Teil dieses Wunsches und der Fremde lauschte mit großer Aufmerksamkeit und großem Entzücken seiner Rede. Da der Fremde über ein ausgezeichnetes Gedächtnis verfügte (und außerdem über genug Erfindungsgabe, um dem Gedächtnis nachzuhelfen), merkte er sich alles gut und dankte von tiefstem Herzen Gott, der ihn so unerwartet von so bewundernswerten Dingen in Kenntnis setzte. Dann suchte er unseren Kapitän auf überzeugende und dringende Art zu überreden in seiner Heimat Station zu machen, bevor er sich weiter westwärts begebe, und fügte hinzu, dass das für ihn, unseren Kapitän, höchst angenehm, ehrenvoll und vorteilhaft wäre. Er würde dadurch das älteste, mächtigste und reichste Königreich der Welt kennen lernen und eine Vorstellung davon mit nach Hause nehmen. Unser Besucher nahm hier die Gelegenheit wahr, von der Zahl und Größe der Provinzen zu berichten und von den wertvollen Erzeugnissen und den guten Dingen, die sie hervorbringen. Er berichtete weiter von der Anzahl, der Pracht und dem Reichtum der Städte seines Landes, von ihrem Reichtum an Menschen, Versorgungsgütern und Waffen und von allen Arten notwendiger und erfreulicher Dinge, die sie in sich bargen; dabei erwähnte er besonders Artillerie und schweres Geschütz (bei uns in Europa die späte Erfindung eines Schwindelmönchs[1]). Er erzählte ferner, dass es in Suntien (das von manchen Quinzai genannt wird) und das die größte Stadt ganz Chinas sei, Messingkanonen aller Kaliber gebe (die zum Zielen viel leichter seitwärts gerichtet werden konnten als unsere und die so treffsicher waren, dass man mit ihnen einen Schilling treffen konnte), und das schon seit über 2000 Jahren. Es gebe noch viele andere sehenswerte Dinge, die unser Kapitän (wenn er den Versuch machen wolle), kennen lernen könne, und zwar besser, als seine Erzählung es ihm vermitteln könne. Die bald aufkommenden Winde würden unseren Kapitän genau dort hinbringen, und er, unser Besucher, würde ihn auf der ganzen Reise begleiten. Er schätze sich schon glücklich uns lediglich gesehen und mit uns gesprochen zu haben; der Bericht dieses Ereignisses könne vielleicht schon hinreichen in seinem Lande wieder zu Ehren zu kommen. Wenn er aber unseren Kapitän dazu bewegen könne, mit ihm dort hinzugehen, so zweifle er nicht daran, dass das für ihn einen

1 Der Mönch Roger Bacon (1214?–1294) war der Erste in England, der Schießpulver herstellte, und dessen Erfindung wurde ihm zugeschrieben. Schießpulver war von den Chinesen erfunden und von den Arabern nach Europa gebracht worden.

großen Vorteil bedeuten und ihm Ehre bei seinem König einbringen werde. Trotz aller seiner Bemühungen konnte er unseren Kapitän nicht überreden und so schied unser Besucher von uns, traurig darüber, dass seiner Bitte nicht entsprochen wurde, aber doch außerordentlich froh über das, was er in Erfahrung gebracht hatte.

Nachdem wir all das, was der Ort uns an Versorgung bot, an Bord genommen hatten, setzten wir am 9. November die Segel. Da wir in Betracht zogen, dass wir lange nicht dazu gekommen waren, klar Schiff zu machen, dass unser Schiff und unsere Wasserbehälter in sehr schlechtem Zustand waren und verschiedene andere Dinge dringend in Ordnung gebracht werden mussten, war unsere nächste Sorge einen Ort zu finden, wo wir uns sicher eine Zeit lang aufhalten konnten, um die notwendigen Reparaturen vornehmen zu können. Die Kalmen, die vor dem Aufkommen der Winde (die noch nicht erwartet wurden) fast ununterbrochen herrschen, ließen uns zu dem Schluss kommen, dass jetzt die am besten geeignete Zeit sei.

Nachdem wir diesen Beschluss gefasst hatten, segelten wir bis zum 14. November weiter. An jenem Tage erreichten wir eine kleine Insel (südlich von Celebes), die auf 1 Grad 40 Minuten südlicher Breite liegt. Da sie keinerlei Einwohner hatte, hofften wir sehr dort einen ruhigen Aufenthalt zu haben. Wir gingen vor Anker und stellten fest, dass der Ort für unsere Zwecke sehr geeignet war. (Es fehlte dort nichts, dessen wir bedurften, mit der Ausnahme von Wasser, das wir von einer anderen, etwas weiter südlich gelegenen Insel holen mussten.) Wir blieben dort insgesamt 26 Tage.

Als Erstes schlugen wir unsere Zelte am Ufer auf und verschanzten uns, so gut wir konnten, um gegen einen möglichen Angriff der Bewohner einer größeren Insel, die nicht weit entfernt westlich von uns lag, gewappnet zu sein. Nachdem wir diese Maßnahme für unsere Sicherheit getroffen hatten, brachten wir unsere Sachen an Land und bauten eine Schmiede auf, um notwendige Eisenteile für unser Schiff herzustellen und unsere eisernen Fassreifen zu reparieren, da unsere Fässer auseinander zu fallen drohten. Da unsere Schmiedekohle schon lange zuvor aufgebraucht worden war, wurde der Befehl erteilt, Holzkohle zu brennen, um unseren Bedarf wieder zu decken.

Wir machten klar Schiff und erledigten alle anderen notwendigen Arbeiten zu unserer Zufriedenheit. Der Ort versorgte uns nicht nur mit allem Lebensnotwendigen (das wir bis dahin nicht gehabt hatten), sondern bot uns auch eine wunderbare Gelegenheit uns von unserer Erschöpfung zu erholen. Die angenehmen Bedingungen und die ausgezeichnete Ernährung, die wir dort fanden, brachten es mit sich, dass aus den kranken, schwachen und bresthaften Männern (die viele von uns waren, bevor wir dorthin kamen) in kurzer Zeit starke, kräftige und gesunde Menschen wurden. Außerdem erlebten wir seltene Beispiele von Gottes wunderbarer Weisheit an vielen ungewöhnlichen und bewundernswerten Geschöpfen, die wir dort sahen.

Die gesamte Insel ist vollständig bewaldet, die Bäume sind größtenteils dick und hoch, sehr gerade gewachsen und haben nur in der eigentlichen Krone Äste. Die Blätter dieser Bäume sind unserem Ginster in England nicht unähnlich. Unter diesen Bäumen sahen wir Nacht für Nacht einen endlosen Schwarm von feurig leuchtenden Würmern durch die Luft fliegen, deren Körper (die nicht größer als die einer gewöhnlichen Fliege sind) prächtig aussehen und so viel Licht ausstrahlen, als ob jeder Zweig eines jeden Baumes das Firmament sei. Weiterhin möchten wir von einem anderen, fast ähnlich merkwürdigen Geschöpf berichten, das wir dort sahen. Es gab dort eine unzählige Menge von Fledermäusen, die genauso groß oder größer als ausgewachsene Hühner sind. Sie fliegen mit erstaunlicher Geschwindigkeit, aber ihr Flug ist nur sehr kurz, und wenn sie landen, hängen sie kopfüber an den Zweigen.

Noch dürfen wir, ohne undankbar zu sein, vergessen, von der gewaltigen Menge einer gewissen Krebsart zu sprechen (die für uns von großem Nutzen war), die von einer solchen Größe war, dass ein Krebs ausreichte, um bei einem Essen vier hungrige Männer zu sättigen. Sie hatten ein sehr gutes und stärkendes Fleisch. Diese Krebse trugen (wie wir bemerkten) besonders dazu bei, dass wir wieder gesünder wurden.

Soweit wir feststellen konnten, waren die Krebse keine See-, son-

dern Landbewohner. Sie errichten sich einen Bau wie die Kaninchen oder graben sich große und ausgedehnte Höhlen unter den Wurzeln der größten und gewaltigsten Bäume, wo sie in Scharen zusammenwohnen. Von gleicher Art und Gattung fanden wir an anderen Stellen der Insel Celebes andere, die, als wir uns ihnen näherten, aus Mangel an anderen Zufluchtsorten die Bäume hinaufkletterten, um sich zu verstecken. Um sie zu fangen, waren wir gezwungen, hinter ihnen herzuklettern – was wir taten, um sie auf jeden Fall zu bekommen, diese Insel nannten wir Krebsinsel[1].

Nachdem wir alles erledigt hatten und es keine zwingenden Gründe mehr gab, länger an diesem Ort zu verweilen, traf unser Kapitän alle Vorbereitungen, um die erste Brise oder den ersten Wind, den wir erwarteten, sofort zu nutzen. Am Vortage hatten wir uns auf der Nachbarinsel mit frischem Wasser versorgt und hatten Holzvorräte an Bord genommen; am 12. Dezember stachen wir in See und gingen auf westlichen Kurs. Am 16. Dezember sichteten wir die Insel Celebes oder Sillebis, aber da der Wind ungünstig stand und wir uns zwischen vielen Inseln befanden, uns auch zahlreichen anderen Schwierigkeiten und Gefahren gegenübersahen und schließlich in eine tiefe Bucht geraten waren,

1 »... Sie fuhren zu einer Insel, die 4 Grad Nord liegt, und da diese unbewohnt war, konnten sie dort nichts anderes als Wasser, Brennmaterial und Krebse finden. Wegen widriger Winde blieben sie dort einen und einen halben Monat. Dort setzten sie die zwei Neger (den einen hatten sie in Paita, den anderen in Guatulco gefangen genommen) und die Negerin Maria ab, damit sie eine Siedlung gründeten, und ließen ihnen Reis, Saatgut und die nötigen Brennmaterialien. Von dort fuhren sie zu einer Insel namens Java ...« John Drake, *First Declaration* (Nuttall, S. 32). »Drake ließ auf der Insel die zwei Neger ... und ebenso die Negerdirne Maria zurück. Sie, die auf dem Schiff empfangen hatte und jetzt hochschwanger war, wurde auf dieser Insel, die Drake nach einem der Neger Insel Francisco nannte, ausgesetzt.«
»Dort stritt Drake mit William Legge und nahm dabei die Gelegenheit wahr diesem einen Goldklumpen von 29 Unzen wegzunehmen. Aber da Drake der Angelegenheit einen ehrsamen Anstrich gebe wollte, verlangte er einen Meißel und markierte das Gold und sagte, er werde es Legge bei ihrer Rückkehr nach England zurückgeben bzw. Legges Frau bei der Ankunft in England den Gegenwert erstatten.« *Anonymous Narrative* (Wagner, S. 281).

aus der wir drei Tage lang nicht hinauskamen, konnten wir bei allen Anstrengungen nicht den Norden von Celebes erreichen oder unseren Kurs weiter nach Westen fortsetzen, sondern waren gezwungen auf Südkurs zu gehen. Wir mussten feststellen, dass auch dieser Kurs schwierig und sehr gefährlich war, und zwar wegen der vielen Untiefen, die es überall zwischen den Inseln gab. Man kann sagen, dass wir bei unserer ganzen Fahrt von England bis dorthin niemals mehr Schwierigkeiten gehabt hatten, flott zu bleiben und nicht auf Grund zu laufen. So waren wir gezwungen, bis zum 9. Januar (1580) mit außerordentlicher Sorgfalt und Umsicht zu kreuzen. Zu jenem Zeitpunkt nahmen wir an, dass wir endlich eine freie Durchfahrt gefunden hatten. Das in unserer Sicht befindliche Land wich offensichtlich nach Westen zurück, der Wind verstärkte sich und wehte, ganz nach unserem Wunsche, mit erheblicher Stärke.

Doch siehe, plötzlich, als wir es am wenigsten vermuteten und kein Anzeichen einer drohenden Gefahr zu bemerken war und wir mit vollen Segeln weiterfuhren, zu Beginn der ersten Nachtwache des besagten Tages, lief unser Schiff plötzlich auf eine heimtückische Untiefe[1]*. Es schien für uns keine andere Aussicht zu bestehen, als dort mit dem Schiff den Untergang zu erleiden, denn offensichtlich gab es keine Möglichkeit, dass irgendetwas gerettet werden könne oder irgendjemand mit dem Leben davonkommen könne.*

Das unerwartete Eintreten einer solchen außerordentlichen Gefahr bewog uns sogleich uns umzuschauen, aber je mehr wir es taten, desto geringer wurde unsere Hoffnung, jemals wieder flottzuwerden. In jenem Augenblick bewegte nichts anderes unsere Herzen als der Gedanke an einen baldigen Tod, der unmittelbar bevorstand und uns dazu veranlasste, uns in die verzeihenden Hände unseres gnädigen Gottes zu begeben. Deshalb fielen wir alle auf unsere Knie nieder und beteten gemeinsam zu dem Weltenlenker und flehten Ihn, den Allmächtigen, an, im Namen Seines Sohnes, Jesu Christi, uns gnädig zu sein, und so, als legten

1 »Das Mulapatiariff in der Nähe der Pelinginsel im Malaiischen Archipel, am 9. Januar 1580.« Penzer, S. 87.

wir unsere Nacken zur Hinrichtung auf den Block, bereiteten wir uns darauf vor, dass uns jede Minute der tödliche Schlag ereilen könne.

Obwohl wir nichts anderes als den sofortigen Tod erwarteten, ermutigte uns doch unser Kapitän, Gott nicht in Versuchung zu führen, indem wir irgendetwas unversucht ließen, was er uns ermöglichte. Nachdem wir zu Ende gebetet hatten, wobei er uns ermahnte besondere Sorge dem Wesentlicheren, nämlich der Seele, zukommen zu lassen, spendete er uns mannigfaltigen Trost bezüglich der Freuden des jenseitigen Lebens, in das wir bald eingehen würden. Er ermahnte uns, uns anzustrengen, und ging dabei mit seinem eigenen Beispiel voran. Zunächst wurde die Pumpe in Gang gesetzt und das Schiff leer gepumpt. Dabei stellten wir fest, dass sich unsere Lecks nicht vergrößert hatten. Obwohl das noch keine Hoffnung auf Rettung bedeutete, gab es uns doch einen gewissen Aufschub insofern, als wir sicher sein konnten, dass der Schiffsrumpf unzerstört geblieben war. Wir sahen das wahrlich als ein Zeichen von Gottes Vorsehung an, da kein noch so starkes Gebilde aus Holz und Eisen einen so heftigen und gewaltsamen Aufprall hätte aushalten können wie unser Schiff, als es unter vollen Segeln auf den Felsen auflief, es sei denn, es wurde durch die Hand Gottes beschützt.

Unser nächstes Bemühen war einen guten Ankergrund nach See zu finden (von wo aus wir uns dann herausziehen wollten). Mit diesem Unterfangen versuchte uns unser Kapitän zu beruhigen und uns zu zeigen, dass es noch eine gewisse Hoffnung gab freizukommen. Er selbst übernahm die Aufgabe des Lotsen, aber selbst eine Bootslänge vom Schiff entfernt stellte er fest, daß das Lot keinen Grund erreichte. Somit wurde die zaghafte Hoffnung, die wir gerade geschöpft hatten, wieder zunichte gemacht. Ja, unser Elend schien noch größer geworden zu sein, hatten wir zunächst nichts anderes als unser baldiges Ende erwartet, so mussten wir jetzt einem langsamen Tode entgegensehen, der sicher der fürchterlichere war. Eine Tatsache war für uns alle günstig, nämlich, dass die meisten unserer Männer nicht den Ernst der Lage erkannten. Hätten sie es getan, so wären sie wahrscheinlich so entmutigt worden, dass sie in ihrer Niedergeschlagenheit unfähig gewesen wären einen Ausweg zu suchen. Unser Kapitän und einige wenige andere, die die Situation richtig beurteilen konnten, verschleierten dieselbe und hielten aufmunternde Reden und versuchten die Übrigen zu ermutigen.

Eine Zeit lang schien es eine klare Tatsache zu sein, dass unser Schiff so fest aufgelaufen war, dass es sich nicht bewegen konnte. Daraus folgte zwangsläufig, dass wir entweder dort auf dem Schiffe bleiben mussten oder, wenn wir es verließen, uns in einen armseligen und hilflosen Zustand begeben würden, um einen anderen Aufenthalts- und Zufluchtsort zu finden. Jede der beiden Möglichkeiten schien schlimmer als tausend Tode.

Was das Schiff anging, so konnte es uns den Trost geben, dass es bereits dort auf den harten und beklemmenden Felsen lag und wir genau wussten, dass es ständig sein baldiges Ende erwartete, sobald die See und die Stürme kommen würden. Diese würden die Vollstrecker des harten Urteils sein, das durch den Ratschluss des ewigen Richters über es verhängt worden war. Der Allmächtige hatte es in unlösbare Fesseln in ein sehr enges Gefängnis gelegt, wo es auf sein Schicksal wartete. Wenn wir auf dem Schiffe blieben, mussten wir mit ihm untergehen, entkäme aber irgendeiner von uns zufällig aus bislang nicht vorstellbaren Gründen, so würde seine Rettung zwangsläufig endloses Elend bedeuten, sodass es für ihn besser sein würde, zusammen mit den anderen untergegangen zu sein, als ohne sie und allein in einem fremden Land zu leben. Ein solches Dasein wäre (bestenfalls) ein einsames Leben unter wilden Tieren wie ein Vogel in den Bergen ohne jede Bequemlichkeit gewesen, oder aber unter wilden, heidnischen Menschen in unerträglicher Knechtschaft für Leib und Seele.

Selbst gesetzt den Fall, der Tag des Unterganges unseres Schiffes käme später, als es zu erwarten war oder möglich schien – unser Schiff hatte schon mehr erlitten, als irdische Dinge im Allgemeinen überstehen können –, so würde unser Verweilen auf dem Schiff dennoch von keinem Nutzen für uns sein, sondern unser Elend und unsere Sorgen nur vergrößern. Da nicht viele Vorräte und Lebensmittel an Bord waren – sie langten nur für einige wenige Tage, und irgendeine Hoffnung auf Ergänzung, und sei es nur auf einen Becher kalten Wassers, gab es nicht –, musste es zwangsläufig dazu kommen, dass wir (wie Kinder im Mutterleib) dazu getrieben wurden, unser Fleisch von unseren eigenen Armen zu essen, da wir uns von unseren Vorräten nicht länger versorgen konnten. Wie schrecklich dies gewesen wäre, kann sich ein jeder leicht vorstellen.

Und hätten wir das Schiff verlassen, woher hätten wir irgendetwas bekommen sollen? Nein, das schien genauso sinnlos wie die zuvor geschilderten Möglichkeiten. Unser Beiboot war nicht imstande, auf einmal auch nur 20 Personen sicher zu befördern und wir waren insgesamt 58. Das am nächsten gelegene Land war sechs Seemeilen von uns entfernt und der Wind blies direkt von der Küste gegen uns. Und wenn wir es so machten, dass wir zunächst einige an Land setzten und dann die Übrigen holten, so gab es dort doch keinen Ort, der unbewohnt war, sodass die Ersten, die an Land gingen, in die Hände des Feindes fallen würden, und nach und nach die anderen. Falls wir dem Schwert entgehen konnten, würde unser Leben noch schlimmer als der Tod sein, nicht nur wegen unserer jammervollen Gefangenschaft und unseres körperlichen Elends, sondern vor allem im Hinblick auf unsere Freiheit als Christen. Wir wären aller Möglichkeiten beraubt, dem wahren Gott zu dienen, und würden in der ständigen Betrübnis über den schrecklichen Unglauben und den teuflischen Götzendienst der Heiden leben.

Die Erkenntnis unseres offenkundigen Elends hätte uns bis ins Innerste erschüttert, wenn uns der Glaube an Gott nicht aufrechterhalten hätte. In jener Nacht erwarteten wir sehnsüchtig den kommenden Tag. Wir verbrachten die Zeit mit Gebeten und anderen geistlichen Übungen und trösteten uns damit und erhoben unsere Herzen. Wir bemühten uns darum, uns demütig in die Hand Gottes zu begeben und uns vollständig Seinem Willen zu unterwerfen.

Als der Tag endlich hereinbrach und es beinahe Flut war, dankten wir Gott, dass er uns bislang beschützt hatte, und baten Ihn unter Tränen unsere erneuten Bemühungen zu segnen. Dann versuchten wir wiederum eine Stelle zu finden, wo unser Anker Halt finden könnte, was vorher vergebens war. Aber dieser zweite Versuch erwies sich als ebenso fruchtlos wie der erste und ließ uns keine andere Möglichkeit, als Zuflucht zu Gebet und Tränen zu nehmen. Wir erkannten, dass es unmöglich war, dass jemals menschliche Voraussicht, Klugheit, Geschicklichkeit oder Kraft unser Schiff befreien könnten, nur der Herr konnte das durch ein Wunder bewirken.

Deshalb wurde sogleich der Antrag gestellt und einstimmig angenommen, unser Schicksal allein Gott zu überlassen und uns Ihm völlig in die Hand zu geben, auf dass Er uns verderbe oder errette, wie es Seiner göttlichen Weisheit am besten gefalle. Um unseren Glauben zu stärken und die Einsicht in Gottes Gnade durch Christus einsichtiger zu machen, hörten wir eine Predigt und feierten mit Brot und Wein das heilige Abendmahl unseres Erlösers.

Nachdem wir das heilige Mahl empfangen und andere anschließende gottesdienstliche Handlungen beendet hatten, unternahmen wir, um nichts unversucht zu lassen, etwas, was wir noch nicht getan hatten, nämlich unser Schiff zu leichtern, indem wir einen Teil der Dinge an Bord in die See warfen. Da wir guten Willens an diese Arbeit gingen, war sie in kurzer Zeit erledigt. Selbst die Sachen, die wir, wie auch jeder andere in unserer Lage, für notwendig gehalten hatten, schienen uns jetzt nur verachtenswert zu sein. Ja, wir gingen sogar so weit, dass weder die Munition für unsere Verteidigung noch die Nahrungsmittel zur Erhaltung unseres Lebens Gnade vor unseren Augen fanden, sondern alles ging, wie es kam, über Bord. Wir waren sicher, dass, wenn es Gott gefalle, uns aus der verzweifelten Lage zu erretten, in der wir uns befanden, Er uns auch vor unseren Feinden beschützen und es nicht zulassen würde, dass wir Hungers stürben. Aber als alles getan war, war es nicht unseren Bemühungen, sondern allein der Hand Gottes zu verdanken, dass unser Schiff wieder freikam. Er war es allein, der uns aus den Klauen des Todes errettete, Er war es allein, der zu uns sagte »Kehrt wieder, Menschenkinder«, Er war es allein, der uns wieder die Freiheit schenkte und uns die Sicherheit wiedergab, nachdem wir volle zwanzig Stunden in der beschriebenen elenden Lage gewesen waren: Seinem ruhmreichen Namen sei ewiger Dank.

Die Art und Weise, wie wir freikamen (und eine Beschreibung hiervon wird sicher besonders erwartet), war folgendermaßen: Die Stelle, auf die wir aufgelaufen waren, war eine Felsenspalte und wir saßen backbords fest. Bei Ebbe war das Wasser steuerbords nur etwa sechs Fuß tief, dabei gab es selbst in geringer Entfernung von dieser Stelle, wie berichtet, keinen Grund. Während der ganzen Zeit, die wir dort festlagen, wehte ein ziemlich steifer Wind gegen unsere Breitseite und hielt das Schiff aufrecht.

Es gefiel Gott, zu Beginn der Tide, als das Wasser fast seinen tiefsten Stand erreicht hatte, den heftigen Wind schwächer werden zu lassen, woraufhin unser Schiff, das dreizehn Fuß Wasser brauchte, um fahren zu können, und zu der Zeit an einer Seite nicht mehr als etwa sieben Fuß hatte, seine Stütze auf der anderen Seite verlor, die es so lange aufrechterhalten hatte, und über die Seite weg in tiefes Wasser fiel, dadurch den Kiel freibekam und uns zu glücklichen Menschen machte.

Diese Untiefe ist mindestens drei oder vier Seemeilen lang und liegt auf 2 Grad südlicher Breite weniger 3 oder 4 Minuten. Der Tag unserer Rettung war der 10. Januar (1580).[1]

Von allen Gefahren, in die wir auf unserer ganzen Reise gerieten, war dies die größte, aber nicht die letzte, wie aus dem Folgenden hervorgehen wird. Lange Zeit konnten wir weder von dem Gedanken und der Furcht des Erlebten freikommen noch einen geeigneten Ankerplatz finden. Fortwährend wurden wir zwischen den vielen Inseln und Sandbänken (die in unendlicher Zahl überall im Süden von Celebes liegen) hin und her geworfen, bis zum achten Tage des folgenden Monats.

Am 12. Januar mussten wir wegen des Sturmes alle unsere Segel reffen und warfen auf einer Breite von 3 Grad und 30 Minuten auf einer Untiefe Anker, da wir die möglichen Gefahren fürchteten. Nachdem wir weiter nach Süden gefahren waren, warfen wir am 14. Januar bei einer Insel, die auf einer Breite von 4 Grad und 6 Minuten liegt, von neuem Anker und verbrachten

1 »Wir saßen von acht Uhr abends bis vier Uhr nachmittags des folgenden Tages fest.« *Famous Voyage.* Der obige Bericht gibt eine große Menge von Einzelheiten, die sich nicht in der *Famous Voyage* finden.

dort einen Tag, um Wasser und Holz aufzunehmen. Danach hatten wir viele Tage lang schlechtes Wetter, westliche Winde und gefährliche Untiefen, sodass wir diese Küste von Sillebis (Celebes) äußerst leid wurden und es für das Beste hielten, in Richtung Timor zu segeln. Das südlichste Kap von Sillebis liegt auf einer südlichen Breite von 5 Grad.

Aber wir konnten nicht leicht von der Küste von Sillebis freikommen. Am 20. Januar waren wir gezwungen eine kleine Insel nicht weit von jenem Kap anzulaufen. Als wir dort unser Boot ein gutes Stück vorausgesandt hatten, um nach einem Ort Ausschau zu halten, an dem wir ankern konnten, gerieten wir plötzlich in keine geringen Gefahren. Es erhob sich ein äußerst heftiger, ja unerträglicher Südweststurm gegen uns, der uns (die wir uns auf der Leeseite zwischen sehr gefährlichen und versteckten Untiefen befanden) das Äußerste befürchten ließ, nicht nur den Untergang unseres Bootes und unserer Männer, sondern auch unseren eigenen, den unseres Schiffes und unserer Habseligkeiten, oder für diejenigen, die Gott verschonen sollte, die Gefangenschaft in der Hand der Ungläubigen. Dieses Unglück hätte durch keine Kraftanstrengung vermieden werden können, hätte nicht die gnädige Güte Gottes (die wütenden Elemente, denen wir ausgesetzt waren, zur Ruhe gebracht und) unsere sofortige Rettung gebracht. Durch Seine unaussprechliche Gnade kehrten auch unsere Männer und unser Boot unerwartet und sicher zurück.

Wir segelten weg, so schnell wir konnten, und setzten unsere Fahrt bis zum 26. Tage (26. Januar) fort. Dann gerieten wir in einen sehr starken West- und Westsüdweststurm, sodass wir bis zum Ablauf jenes Monats kein Segel mehr setzen konnten.

Am 1. Februar erblickten wir sehr hoch aufragendes Land, das wohl bewohnt zu sein schien. Wir hätten uns gern um Hilfe dort hingewandt, aber das Wetter war so schlecht, dass wir keinen Hafen finden konnten und uns fürchteten, uns zu nahe zwischen die vielen Gefahren zu wagen, die vor der Küste lauerten. Am dritten Tage sahen wir auch eine kleine Insel, aber da wir keinerlei Segel setzen, sondern nur beigedreht liegen konnten, trieb uns der Sturm von dort hinweg und wir konnten sie nicht erreichen.

Am 6. Februar kamen fünf Inseln in Sicht, eine östlich, die vier anderen westlich von uns, eine immer größer als die andere. Bei der größten gingen wir vor Anker und nahmen am nächsten Tag Wasser und Holz an Bord.

Nachdem wir von dort wieder abgefahren waren, sichteten wir am 8. Februar zwei Kanus, die uns anscheinend schon zuvor erspäht hatten und deren Besatzung bereitwillig auf uns zuruderte. Sie sprach mit uns und bewog uns unter ihrer Führung zu ihrer nicht weit entfernt liegenden Stadt Barativa zu fahren, die auf einer südlichen Breite von 7 Grad und 13 Minuten liegt.

Die Eingeborenen sind Heiden von schöner und anmutiger Gestalt und höflichem Verhalten, sehr aufrichtig in ihrer Art und aufmerksam zu Fremden. Wir machten diese Erfahrung sehr nachdrücklich, denn sie zeigten sich sehr froh über unser Kommen und waren freudig bereit unsere Bedürfnisse zu befriedigen und uns mit allem zu versorgen, was ihr Land hervorbrachte. Außer einer Kopfbedeckung und einem Schurz gehen die Männer alle nackt, ein jeder hat das eine oder andere an seinen Ohren hängen. Die Frauen sind von der Taille bis zu den Füßen bekleidet, auf ihren nackten Armen tragen sie Armreifen in großer Anzahl. Manche haben mindestens neun an jedem Arm, die meisten sind aus Horn oder Messing gearbeitet, der leichteste mochte (nach unserer Schätzung) 2 Unzen wiegen.

Bei diesen Leuten ist Leintuch (aus dem sie Turbane für ihre Köpfe machen und Gürtel, die sie um ihre Hüften schlingen) die beste Ware, die höchste Wertschätzung genießt. Sie sind auch von Glasperlen (die sie in ihrer Sprache saleta nennen) und von anderen ähnlichen Nichtigkeiten entzückt.

Ihre Insel ist sowohl reich als auch fruchtbar, reich an Gold, Silber, Kupfer, Zinn, Schwefel und anderen Bodenschätzen. Sie sind nicht nur Meister in der Gewinnung, sondern auch in der Bearbeitung dieser Metalle, die sie kunstvoll formen und gestalten, wie es ihnen am besten gefällt. Ihre Früchte sind ebenfalls vielfältig und verschiedenartig, es gibt bei ihnen Muskatnuss, Ingwer, Pfeffer, Zitronen, Gurken, Kokosnüsse, Feigen, Sago und viele andere Früchte. Eine davon, die in Größe, Form und Aussehen ziemlich an die Beere des Lorbeerbaumes erinnert, genossen wir in erheblichen Mengen. Diese Frucht ist hart, aber angenehm im Geschmack, wenn man sie kocht, wird sie weich und bietet ein ergiebiges und angenehmes Mahl. Von allen diesen Früchten erhielten wir so viel wir wollten, um unseren Bedarf zu decken. So bewahrheitete sich das alte Sprichwort: »Nach Sturm kommt Ruhe, nach Krieg Frieden, nach Knappheit Fülle« (so groß war Gottes Güte uns gegenüber). Mit Ausnahme von Terenate hatten wir auf unserer ganzen Reise seit unserer Abfahrt aus unserem Lande keinen Ort gefunden, wo wir größere Annehmlichkeiten und Erholung hatten als an diesem. Wir verbrachten dort zwei Tage, um uns auszuruhen und mit allem Notwendigen zu versehen, und brachen am 10. Februar von dort auf.

Als wir am Morgen des 12. Februar eine Breite von 8 Grad und 4 Minuten erreicht hatten, erblickten wir südlich von uns eine grüne Insel, bald darauf zwei weitere Inseln in derselben Himmelsrichtung, außerdem noch eine weitere große im Norden. Sie schienen alle bewohnt zu sein, aber da bei uns weder der Wunsch noch die Notwendigkeit bestand sie zu besuchen, fuhren wir an ihnen vorbei. Am 14. Februar sahen wir einige andere, ziemlich große Inseln, und am 16. Februar fuhren wir zwischen vier oder fünf weiteren großen Inseln hindurch, die auf einer Breite von 9 Grad und 40 Minuten lagen.

Am 18. Februar warfen wir bei einer kleinen Insel Anker. Wir nahmen dort Holz auf, weitere Versorgung, sieht man von zwei Schildkröten ab, gab es dort nicht. Am folgenden Tage fuhren wir wieder weiter.

Am 22. Februar sichteten wir steuerbords drei Inseln, die auf einer Breite von 10 Grad und einigen Minuten lagen.

Danach fuhren wir, ohne Halt zu machen oder irgendetwas Bemerkenswertes zu erleben, bis zum Morgen des 9. März weiter, an dem wir auf südlicher Breite von 8 Grad und 20 Minuten zum Teil sehr hohes Land sichteten. Wir gingen dort in jener Nacht vor Anker. Am nächsten Tag segelten wir weiter in Richtung Norden näher der Küste zu und gingen dann wiederum vor Anker.

Am 11. März nahmen wir Trinkwasser an Bord und sandten dann unser Boot zum Ufer, um mit den Eingeborenen Handel zu treiben. Am selben Tag fuhren wir unser Schiff zu einem Ankerplatz, der näher zur Siedlung der Eingeborenen lag, und verbrachten dort die Nacht. Am nächsten Tage schickte unser Kapitän seinen Abgesandten an Land, um dem dortigen König Leinen- und Wolltuche sowie Seidenstoffe zu überreichen. Der König nahm diese Gaben freudig und dankbar an und ließ uns Reis, Kokosnüsse, Hühner und andere Lebensmittel als Gegengeschenke überreichen. Wir stellten fest, dass dieses die Insel Java war, deren mittlerer Teil 17 Grad und 20 Minuten südlich des Äquators liegt.

Am 13. März ging unser Kapitän selbst mit vielen seiner Herren und anderen Leuten an Land und erfreute den König (von dem er freudig und liebenswürdig empfangen wurde) mit Musik. Er führte den König auch in den Gebrauch der Feuerwaffen ein, indem er unsere Männer mit ihren Piken und anderen Waffen vor ihm exerzieren ließ. Wir wurden bewirtet, wie wir es nur wünschten, und schließlich mit dem Versprechen entlassen, dass uns in Kürze weitere Lebensmittel geschickt würden.

Auf dieser Insel gibt es einen König, aber viele Unter- oder Kleinkönige, die sie Rajas nennen und die in großer Vertrautheit und Freundschaft miteinander leben. Am 14. Tage (März) erhielten wir Lebensmittel von zweien dieser Unterkönige und am darauf folgenden Tage, nämlich am 15. März, kamen drei dieser Unterkönige zu uns an Bord, um unser Schiff und seine militärische Ausrüstung zu besichtigen. Sie waren hocherfreut über das, was sie sahen, und über die Bewirtung, die wir ihnen gaben. Nachdem sie, wie es schien, bei ihrer Rückkehr berichtet hatten, was sie gesehen hatten, kam am nächsten Tage Raja Donan, der König des ganzen Landes, zu uns an Bord und brachte Lebensmittel zu unserer Versorgung mit. Es gab nur wenige Tage, an denen uns nicht einer oder mehrere dieser Kleinkönige besuchten, sodass uns die Namen von vielen von ihnen vertraut wurden, zum Beispiel Raja Pataiara, Raja Cabocapalla, Raja Manghango, Raja Boccabarra und Raja Timbanton. Unser Kapitän bewirtete sie immer auf die bestmögliche Weise und zeigte ihnen alle Einrichtungen unseres Schiffes,

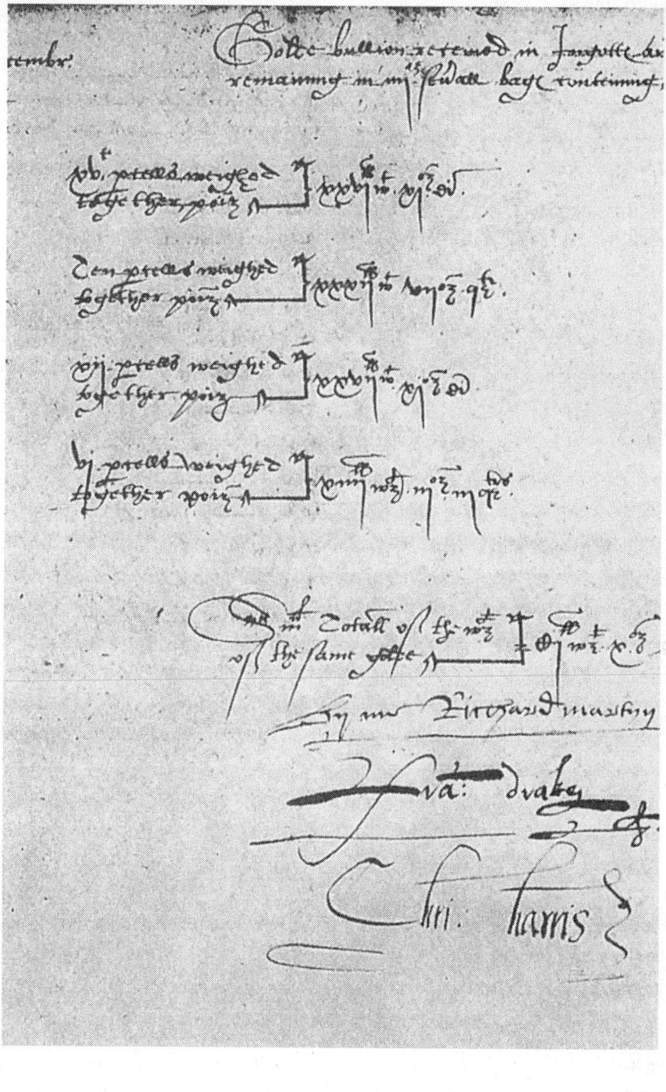

Die letzte Seite des Inventarverzeichnisses der Schätze,
die die *Golden Hind* zum Tower in London gebracht hatte,
mit Drakes Unterschrift.

unsere Kanonen und unsere Waffen und Ausrüstungsgegenstände und erklärte ihnen den Zweck, dem sie dienten. Er führte ihnen auch unsere Musik vor und alles andere, mit dem er ihnen Freude machen konnte, worüber sie außerordentlich entzückt und voller Bewunderung waren.

An einem der letzten Tage, nämlich am 21. März, kam Raja Donan zu uns an Bord. In Erwiderung der Musik, die wir ihm vorgespielt hatten, ließ er unseren Kapitän die Musik seines Landes hören. Obwohl diese sich für unsere Ohren sehr merkwürdig anhörte, war ihr Klang doch angenehm und entzückend. An demselben Tage ließ der König einen Ochsen an den Strand bringen und an uns liefern. Dafür erhielt der König zu seiner großen Zufriedenheit von unserem Kapitän verschiedene sehr kostbare Seidenstoffe, die er sehr hoch schätzte.

Obwohl die häufigen Empfänge und die Bewirtung uns erheblich daran hinderten, unsere Angelegenheiten schnell zu erledigen, und uns längere Zeit bei den Eingeborenen verbringen ließen, fanden wir doch dort alle denkbare Hilfe, sodass wir unseren Aufenthalt zu unserer vollen Zufriedenheit abschließen konnten. Das Allerwichtigste, was wir dort (neben der Versorgung mit Lebensmitteln) erledigten, war das Trimmen und Säubern unseres Schiffes. Wegen der langen Reise war es so mit einer Muschelart bewachsen, dass es bei seiner Fahrt erheblich behindert wurde und sich viel schwerer segeln ließ.

Das Volk (wie auch seine Könige) ist liebenswert, aufrichtig und gerecht. Wir handelten bei ihnen Hühner, Ziegen, Kokosnüsse, Feigen und andere Lebensmittel ein, die sie uns in solcher Fülle anboten, dass wir unser Schiff bis oben hätten laden können, wenn wir es gewollt hätten.

Wir verabschiedeten uns von den Eingeborenen und segelten am 26. März los und fuhren mit Kurs Westsüdwest direkt auf das Kap der Guten Hoffnung oder Bon Espérance[1] *zu. Wir setzten unsere Fahrt fort, ohne etwas anderes als das Meer und den Himmel zu sehen, bis wir am 21. Mai Land sichteten, und zwar einen Teil des Festlandes von Afrika, das an einigen Stellen sehr gebirgig war und auf einer Breite von 31 Grad und 30 Minuten lag.*

Wir fuhren bis zum 15. Juni an der Küste entlang. An diesem Tage, an dem sehr schönes Wetter war und ein südöstlicher Wind wehte, fuhren wir so nahe in Sichtweite des Kaps vorbei, dass wir mit unseren Kanonen das Land hätten beschießen können.

Am 15. Juli kamen wir in der Höhe des Rio de Sesto wieder in Landnähe, wo wir viele Neger in ihren Booten fischen sahen. Zwei von ihnen kamen sehr nahe zu uns heran, aber wir waren nicht willens, Halt zu machen oder mit ihnen zu sprechen oder zu handeln.

Am 22. Tage des gleichen Monats erreichten wir Sierra Leone[2] *und verbrachten zwei Tage an der Mündung des Tagoine damit, Trinkwasser aufzunehmen, dann stachen wir wieder in See. Dort aßen wir auch Austern und viele Zitronen, die uns sehr erfrischten.*

Am 15. August befanden wir uns bei nordöstlichem Wind unter dem Wendekreis des Krebses 50 Seemeilen von Land entfernt.

Am 22. September waren wir auf der Höhe der Kanarischen Inseln. Am 26. September (der nach der genauen und ordentlichen Rechnung derer, die zu Hause in einem Ort oder in einem

1 »Sie hielten Kurs Südwest auf das Kap der Guten Hoffnung zu. Nachdem sie ihr Trinkwasser verbraucht hatten, fuhren sie in eine große Bucht im Westen ... Als sie dort schon lange Zeit verbracht und kein Wasser gefunden hatten, waren sie gezwungen wieder in See zu stechen. Sie litten sehr unter dem Mangel an Wasser und schwebten in Gefahr Durstes zu sterben, wurden aber durch 6 oder 7 Tonnen Regenwasser gerettet und kamen so zum größten Teil mit dem Leben davon. Sie setzten dann ihren Nordwestkurs fort, bis sie den Rio Grande, einen Fluss an der Küste Guineas, erreichten. Dort gingen sie an Land und versorgten sich reichlich mit Zitronen und anderen Früchten und sahen auch drei Elefanten und hörten die Stimmen verschiedener anderer wilder Tiere ... Sie nahmen dort Trinkwasser auf und setzten dann die Segel ...« *Anonymous Narrative* (Wagner, S. 285).

2 »Beim Kap der Guten Hoffnung hatten sie nur noch drei Fässer mit Wasser und ein halbes mit Wein für neunundfünfzig Mann an Bord – einer war gestorben. Als sie in der Höhe von Sierra Leone Land sichteten, war alles Wasser an Bord ausgeteilt worden und es war für jeweils drei Mann nicht mehr als eine halbe Pinte übrig. Wären sie noch zwei oder drei Tage länger unterwegs gewesen, dann wären sie vor Durst gestorben.« John Drake, *First Declaration* (Nuttall, S. 33).

Land geblieben waren, ein Montag war, aber nach unserer Berechnung ein Tag des Herrn oder Sonntag) kamen wir hohen Sinnes und dankbaren Herzens in Plymouth[1] *an, dem Ausgangsort unserer Fahrt. Wir waren 2 Jahre, 10 Monate und einige Tage unterwegs gewesen und hatten einen tiefen Einblick in die Wunder des Herrn bekommen, viele erstaunliche Dinge entdeckt, viele merkwürdige Abenteuer durchstanden, waren vielen Gefahren entgangen, hatten viele Schwierigkeiten überwunden bei dieser Umseglung des Erdballs und waren rund um die Welt gekommen, wie wir es berichtet haben.*

Soli rerum maximarum Effectori,
Soli totius mundi Gubernatori,
Soli suorum Conservatori,
Soli Deo sit semper Gloria.

FINIS

1 »Als sie Plymouth erreichten, erkundigten sie sich bei einigen Fischern, wie sich die Königin befinde, und erfuhren, dass sie bei guter Gesundheit sei, dass aber die Pest in Plymouth wüte. So gingen sie nicht an Land, sondern Drakes Frau und der Bürgermeister der Hafenstadt kamen zu ihnen an Bord. Drake sandte einen Boten zur Königin, die in London war … Die Königin schickte ihm die Nachricht, dass er an den Hof kommen und ihr einige Kostproben seiner Reise mitbringen solle und dass er nichts zu fürchten habe. Auf diese Mitteilung hin begab er sich auf dem Landwege an den Hof und nahm einige mit Gold und Silber beladene Pferde mit. Den Rest der Mannschaft ließ er in Plymouth unter dem Befehl eines seiner Offiziere zurück.« John Drake, *Second Declaration* (Nuttall, S. 54). Die Schätze wurden unter der Obhut eines örtlichen Beamten, Edmund Tremayne, in Saltash Castle eingelagert.

3. Darstellung der Reise von John Cooke[1]

(John Cooke segelte auf der ELIZABETH. Weiteres ist nicht über ihn bekannt. Die Weltumseglung *fußt teilweise auf diesem Bericht, der sorgfältig redigiert wurde.) Das Manuskript trägt den Titel »Für Francis Drake, Ritter, Sohn des Sir Edmund Drake, Pfarrer von Upchurch in Kent. Anno Domini 1577«.*

Am 16. November des oben genannten Jahres brachen Francis Drake, John Winter und Thomas Doughty als Gleichberechtigte und Freunde mit einer Flotte von fünf Schiffen und einer Besatzung von 164 Leuten, die aus Herren und Matrosen bestand, von Plymouth auf. Drake hatte vorgegeben, die Reise führe nach Alexandria, und hatte für dieses Ziel auch seine Leute angeheuert. Da jedoch widrige Winde aufkamen, war er gezwungen sich am nächsten Morgen mit seiner Flotte in den Hafen von Falmouth in Cornwall zu begeben, wo sich ein so schrecklicher Sturm erhob, wie ihn keiner von uns jemals mit ähnlicher Stärke erlebt hatte. Der Sturm war in der Tat so heftig, dass alle unsere Schiffe leicht hätten Schiffbruch erleiden können; er endete nicht, ohne sich sehr nachteilig und hinderlich auf unsere vorgesehene Reise auszuwirken. Unser Flaggschiff, die PELICAN, musste zu ihrer Sicherheit den Mast kappen, und die MARIGOLD strandete nicht nur und wurde dabei erheblich beschädigt, sondern musste auch noch ihren Mast kappen. Zur Behebung dieser Schäden waren wir gezwungen uns wieder nach Plymouth zu begeben. Dort erfasste Kapitän Drake ein großer Unmut und er fand Gelegenheit mit einem gewissen James Stydye einen Streit zu beginnen. Dieser hatte sich große Mühe gegeben die Schiffe mit gutem Proviant zu versorgen und auch alle anderen für eine solche Reise notwendigen Dinge zu besorgen. Ungeachtet dieser seiner Bemühungen und der von ihm geleisteten guten Dienste entließ ihn Drake und ließ ihn nicht an der Reise teilnehmen.

1 Der Bericht wird hier mit freundlicher Genehmigung des Verlages Charles J. Sawyer abgedruckt aus: *The World Encompassed and Analogous Contemporary Documents,* herausgegeben von N. M. Penzer (Argonaut Press, 1926).

So brachen wir am 13. Dezember erneut von Plymouth auf und gingen auf südlichen Kurs. Am 25. Dezember erreichten wir Kap Cantin an der Küste der Berberei, an der wir bis zum 25. Dezember entlangfuhren. An diesem Tage stießen wir auf eine Insel namens Mogador, die eine Meile vom Festland entfernt liegt. Zwischen dem Festland und der besagten Insel fanden wir einen sehr guten und sicheren Hafen, in dem wir ohne Gefahr ankern konnten. Auf dieser Insel ließ unser Befehlshaber (wie wir ihn jetzt nannten) eine Pinasse zusammenbauen. Die Einzelteile für vier solcher Boote hatte er aus England mitgenommen.

Während wir diese Arbeiten ausführten, traf es sich, dass einige Bewohner des Landes an das Ufer kamen und uns die Parlamentärsfahne zeigten. Als unser Befehlshaber sie sah, sandte er sein Beiboot an das Ufer, um zu erfahren, was sie wünschten. Die Eingeborenen wollten gerne an Bord kommen; so ließen unsere Leute einen Mann von uns als Geisel am Ufer zurück und brachten zwei von ihnen an Bord. Sie gaben unserem Befehlshaber durch Zeichen zu verstehen, dass sie uns am nächsten Tage einigen Proviant bringen würden: Schafe, Kapaune, Hühner und anderes. Unser Befehlshaber schenkte ihnen einige Leintücher, Schuhe und einen Wurfspieß. Die Eingeborenen nahmen diese Geschenke dankbar in Empfang und brachen dann auf. Am nächsten Morgen kamen sie wieder wie am Vortage zum Ufer und unser Befehlshaber schickte wiederum sein Boot. Einer unserer Männer sprang übereifrig aus dem Boot ans Ufer und wollte die Eingeborenen freundlich begrüßen. Sie aber ergriffen ihn gewaltsam, setzten ihm einen Dolch an die Kehle, um jeden Widerstand auszuschalten, legten ihn auf ein Pferd und schafften ihn weg.

Nachdem wir unsere Pinasse zusammengesetzt hatten, brachen wir am letzten Dezember von dort auf. Wir fuhren dann weiter die Küste entlang und entdeckten – unseren Erwartungen entsprechend – einige spanische Fischerschmacken, die wir jagten und von denen wir drei kaperten. Dann segelten wir weiter und erbeuteten drei Karavellen. Am 17. Januar erreichten wir Kap Blanc. Dort stießen wir auf ein Schiff, das vor dem Kap vor Anker lag und von seiner ganzen Mannschaft mit Ausnahme von zwei einfachen Matrosen verlassen war. Wir schleppten das Schiff weiter in den Hafen und blieben dort vier Tage lang. In dieser Zeit exerzierte Kapitän Thomas Doughty, der in dieser Hinsicht immer sehr sorgfältig und bemüht war, mit seinen Soldaten und bereitete sie für den Kampf vor, auf dass sie im Ernstfalle nicht ungeübt seien. Doughty zeigte damit, dass er als guter Soldat sich bewusst war, wie wichtig ständige Übung für den Soldaten ist. Nachdem wir dort die Dinge an Bord genommen hatten, die wir brauchten und die die armen Fischer uns geben konnten, und wir bei diesen armen Fischerleuten unsere kleine Bark, die BENEDIKTE, gelassen und dafür eine ihrer Schmacken, ein Schiff von etwa 11 Tonnen, mitgenommen und alles erledigt hatten, segelten wir am 22. Januar von diesem Hafen los. Wir nahmen eine portugiesische Karavelle mit, die von den Kapverdischen Inseln Salz holen sollte, das in großen Mengen auf einer dieser Inseln gewonnen wird. Der Kapitän oder Lotse des portugiesischen Schiffes unterrichtete unseren Befehlshaber davon, dass auf einer dieser Inseln, die den Namen Mayo trägt, sich ein großes Lager von getrocknetem Ziegenfleisch befinde, das die wenigen ständigen Bewohner jährlich für die dort anlegenden Schiffe des Königs bereithielten, die entweder nach seinem Land Brasilien oder anderswohin führen.

Wir erreichten diese Insel am 27. Januar, aber die Einwohner wollten um keinen Preis mit uns einen Handel abschließen, da ihnen das durch königlichen Erlass und durch das Gesetz ihres Landes verboten war. Um die Insel in Augenschein zu nehmen und die Möglichkeiten der Verproviantierung zu untersuchen, sandte unser Befehlshaber am nächsten Tage 70 Mann unter Führung und Leitung von Kapitän Winter und Kapitän Doughty, der bei solchen Angelegenheiten immer recht geschickt war, an Land. So marschierten wir zu der größten Ansiedlung dieser Insel, über deren Lage wir von den Portugiesen informiert worden waren. Nachdem wir drei Meilen marschiert waren, kamen wir kurz vor Tagesanbruch vor dem Ort an und verweilten dort ein wenig, um es Tag werden zu lassen. Als es hell wurde, stellten wir fest, dass die Einwohner weggegangen oder geflohen waren.

Wir bemerkten, dass diese Gegend fruchtbarer war als die sonstige Insel, weil sie gedüngt worden war. Wir gönnten uns hier eine kleine Erfrischung und aßen die sehr süßen und reifen Trauben, die die fruchtbare Erde uns zu dieser Jahreszeit schenkte. Wir genossen dort auch eine Art von Frucht, die den Namen Kokosnuss trägt. Da sie gemeinhin nicht bei uns in England bekannt ist, habe ich es für gut gehalten, sie genauer zu beschreiben. Der Baum, an dem sie wächst, hat keine Blätter oder Zweige. An der obersten Spitze der Krone wächst die Frucht in Büscheln ganz nahe am Stamm des Baumes. Jede einzelne Frucht ist so groß wie der Kopf eines Mannes. Nimmt man die äußerste Schale ab, die voller Fäden oder Sehnen ist, wie ich sie nennen will, so kommt man zu einer harten Schale, die eine Flüssigkeit enthält; manchmal eine Pinte und manchmal ein Quart, einige weniger. In dieser Schale, die reichlich einen halben Zoll dick ist, findet man eine Art von harter Substanz, die sehr weiß ist und genauso gut und süß wie Mandeln schmeckt. In dieser wiederum findet sich eine klare Flüssigkeit, die nicht nur wohlschmeckend und süß ist, sondern auch höchst erfrischend. Als wir weitermarschierten, erblickten wir eine große Anzahl lebender Ziegen. Diese Tiere waren von den Eingeborenen weggejagt worden, sodass sich keines von uns erlegen ließ. Ich muss noch ferner erwähnen, dass die Leute für uns dort einiges altes, getrocknetes Ziegenfleisch hingelegt hatten, das aber so widerwärtig aussah und von dem es nur so wenig gab, dass wir es voll Verachtung liegen ließen.

Bei unserer Rückkehr beschloss unser Befehlshaber von dieser Insel abzufahren. Wir blieben nur noch die folgende Nacht dort und segelten am nächsten Morgen los. Am 30. Januar erreichten wir eine andere Insel, die St. Iago heißt. Als wir an ihr außer Reichweite ihrer Kanonen vorüberfuhren, wurden drei Kanonenschüsse auf uns abgefeuert, die uns alle verfehlten. In der Nähe dieser Insel stießen wir auf zwei Schiffe unter Segeln. Auf das eine machten wir Jagd und enterten es mit Hilfe unseres Beibootes, ohne dass die Besatzung Widerstand leistete. Diese gute Prise schenkte uns einen reichlichen Vorrat an Getränken, besonders für die, die sowieso keine Not litten. Diejenigen aber, die ehrlich waren, waren genötigt die Regentropfen zu beobachten, wenn keine Bitte half ihren Durst mit anderen Mitteln zu stillen.

Bei dieser Gelegenheit zeigte sich unser Befehlshaber als nicht so streng, wie es jeder von ihm gedacht hatte. Weder verletzte noch schlug er die armen Leute (obwohl er sie ein wenig am Geldbeutel kniff), noch beraubte er sie gänzlich aller lebensnotwendigen Dinge. Er hielt nur den portugiesischen Lotsen bei sich zurück. Der übrigen Mannschaft gab er seine Pinasse, versah sie mit einem Fass Wein und einigem Proviant, ließ ihr die notwendige Bekleidung und erlaubte ihr loszusegeln. Aber sicher brauchten sie keinen Tag (?) für die Zahlung, wenn ich bedenke, dass ihr ganzes Eigentum in unseren Händen zurückblieb.

Nachdem Kapitän Drake sich an den erbeuteten Schätzen satt gesehen hatte, übergab er die Prise der Obhut seines guten und besonderen Freundes Kapitän Thomas Doughty. Drake bat Doughty auf jeden Fall dafür zu sorgen, dass strenge Disziplin eingehalten wurde. Wer dagegen verstieße, sollte ihm ohne Ansehen der Person gemeldet werden. Es ergab sich so, dass Kapitän Drake einen Bruder hatte (nicht gerade der Allerklügste unter der Christenheit), den er zusammen mit mehreren anderen auf die besagte Prise schickte. Dieser Thomas Drake, dem der Sinn mehr nach Beute als nach Ehre und Ansehen stand, war der Erste und Einzige, der den Befehl seines Bruders, des Befehlshabers, nicht befolgte. In Auflehnung gegen das strenge Verbot erbrach er nicht nur die Truhe, sondern bemächtigte sich auch ihres Inhaltes, sodass Kapitän Doughty keine andere Möglichkeit sah, vor dem Befehlshaber zu bestehen, als ihm die ganze Angelegenheit zu enthüllen. Zunächst jedoch rief Kapitän Doughty Thomas Drake zu sich und wies ihn auf die große Torheit seines Verhaltens hin. Thomas Drake musste sein Vergehen zugeben und bat Kapitän Doughty milde zu ihm zu sein und es nicht dem Befehlshaber zu sagen. Um es kurz zu machen, Doughty sagte Thomas Drake, dass er die Angelegenheit nicht für sich behalten könne, aber dem Befehlshaber so wohlwollend wie möglich darüber berichten wolle. Als nun der Befehlshaber das nächste Mal an Bord der Prise kam, berichtete Kapitän Doughty ihm über diese Affäre. Der Befehlshaber geriet sofort in Wut, fluchte fürchterlich und schien sich erstaunt zu fragen, was Thomas Doughty beabsichtige, wenn er so von Drakes Bruder redete. Drake tat so, als sei er sicher, dass Doughty weitergehende Absichten damit verbinde und dass er ihm an seine Ehre wolle, was er (beim Leben Gottes, wie er schwor) nicht dulden könne oder wolle. Von dieser Zeit an schien Groll und Hass zwischen den beiden von Tag zu Tag zu wachsen, zum größten Erstaunen der klügsten Leute der Mannschaft, obwohl einige ihm das frühere Wohlwollen und die Freundschaft des Befehlshabers neideten und andere, wie ich meine, im Zweifel darüber waren, ob seine Macht so weit reichte, dass er sein Ansehen in seinem Lande vergrößern konnte. Dann wurde Kapitän Doughty wieder auf der PELICAN eingesetzt; der Groll und Hass zwischen den beiden steigerte sich immer mehr und erreichte ein so großes Ausmaß, dass jeder Mann mit entsprechendem Urteilsvemögen wahrlich denken musste, dass die Zuneigung, die Drake Doughty in England geschenkt hatte, mehr in bloßen Worten als in herzlichem Wohlwollen und freundlicher Zuneigung bestanden hatte.

Es kam so, dass Kapitän Doughty sich sehr unterwürfig zeigen musste, und nicht nur er selbst, sondern auch seine Freunde. Besonders Leonard Vicary, ein Herr und sehr guter Freund Kapitän Doughtys, bemühte sich sehr, bei Drake ein gutes Wort für Kapitän Doughty einzulegen und ihn darum zu bitten, Doughty wieder freundlich gesinnt zu sein. Am Ende gab Drake diesen Bitten nach und gab nach außen hin vor, ihm zu vergeben und alles zu vergessen, was geschehen war. Er beließ Doughty weiterhin auf der PELICAN und die Mannschaft glaubte, er habe von Drake die Befehlsgewalt eines Kapitäns. Ich will jetzt einen Augenblick dabei verweilen, aufzuzeigen, wie Drake täglich Material gegen Doughty sammelte und bei jedermann nachforschte, um belastende Aussagen gegen ihn zu bekommen.

Nachdem wir die vorher erwähnten Portugiesen losgeworden waren, bewegten wir uns auf den Äquator zu. Drei Wochen lang waren wir in den Kalmen, hatten in dieser Zeit aber doch einige große Stürme und grässliche Gewitter durchzustehen. Fische gab es dort reichlich, z. B. Delfine und Bonitos und andere große Fische. Wir sahen dort auch große Mengen von fliegenden Fischen.

Diese wurden von den schlauen und eifrigen Delfinen und Bonitos gejagt und auch von einem großen Vogel, der über dem Wasser stand und auf Beute lauerte. So von Gegnern von allen Seiten verfolgt, fielen die fliegenden Fische etliche Male auf unser Schiff, von wo sie sich nicht wieder erheben konnten, da ihre Flügel ausgetrocknet waren. Sind diese nämlich einmal trocken, so können sie nicht mehr fliegen. Dieser Fisch ist so groß wie eine Sardine, seine Flügel sind so lang wie sein Körper.

Nachdem wir Anfang Februar von den Kapverdischen Inseln losgefahren waren, sichteten wir kein Land, bis wir am 6. April an die Küste Brasiliens gelangten. Man möge hören, was in der Zwischenzeit geschah. Kapitän Drake, der nicht müde wurde Belastungsmaterial gegen Kapitän Doughty zu suchen, fand schließlich folgende Gelegenheit ihn zu erniedrigen, sei es mit Absicht oder nicht. Es begab sich, dass John Brewer, der Trompeter, an Bord der PELICAN ging. Da er lange abwesend gewesen war, nahm ihn die Mannschaft auf die Schultern und warf ihn in die Luft. Auch Kapitän Doughty machte dabei mit und sagte: »Kamerad John, auch meine Hand sei mit dabei, obwohl sie unter den anderen wenig wiegt.« So legte er seine Hand an Johns Gesäß, und als der Trompeter das merkte, begann er Stein und Bein zu fluchen und der Mannschaft zuzurufen, man möge ihn loslassen, denn »nicht alle (sagte er), die hier sind, sind die Freunde des Befehlshabers«. Dann wandte er sich an Kapitän Doughty und sagte zu ihm (wie er mir selbst bald darauf auf der Prise erzählte): »Bei der Kreuzigung Christi, Doughty, was denkst du dir dabei, so vertraulich mit mir umzugehen, du, der du nicht der Freund des Befehlshabers bist?« Doughty antwortete ihm: »Was, Kamerad John, bewegt dich dazu, mir gegenüber diese Worte zu gebrauchen, der ich ein so guter und treuer Freund des Befehlshabers wie nur irgendeiner in der ganzen Flotte bin? Ich möchte den sehen, der das Gegenteil sagt. Aber steht die Sache so, nun denn, Kamerad John, dann bitte ich dich, lass mich leben, bis wir nach England kommen.« John Brewer, der sogleich wieder an Bord der Prise ging, sprach nicht lange mit dem Befehlshaber, bis das Boot anlegte und sich nicht lange aufhielt, sondern sofort Kapitän Doughty zu der Prise brachte. Kapitän Drake, der mitten im Gottesdienst war, hörte, wie das Boot am Schiff anlegte und stand auf. Kapitän Doughty war im Begriff, auf das Schiff zu kommen, als der Befehlshaber sagte: »Bleibt dort, Thomas Doughty, denn ich muss Euch an einen anderen Ort schicken.« Er befahl den Matrosen Doughty zu dem Schnellsegler zu rudern und dort an Bord zu schaffen, da das, wie er ihm sagte, für ihn ein geeigneterer Ort sei als der, von dem er komme. Obwohl Kapitän Doughty alles versuchte, um mit dem Befehlshaber zu sprechen, gab dieser ihm keine Gelegenheit sich Gehör zu verschaffen.

So erreichten wir, wie ich schon zuvor erwähnte, am 6. April die Küste Brasiliens. Am 7. April geriet in einem gewaltigen Gewittersturm unsere Schmacke, die jetzt den Namen XPOFERE trug (d. h. CHRISTOPHER), außer Sicht. Unsere Schiffe fanden sie jedoch am 11. Tage wieder, weil der Befehlshaber sich große Mühe gab und seine Schiffe weit gefächert fahren und suchen ließ und weil alle dicht unter der Küste fuhren und immer in Sichtweite waren. Das Kap, an dem wir unsere Schmacke wieder fanden, nannte unser Befehlshaber Kap Joy, dort nahmen auch alle unsere Schiffe Wasser auf. Dann lichteten wir die Anker und fuhren ein Stück weiter, um dann wieder zwischen einer Felsenbank und dem Festland Halt zu machen, wo wir sicher liegen konnten, da der Felsen die Gewalt der Wellen brach. Auf diesem Felsen töteten wir einige Robben, um unseren Proviant aufzubessern, aber nicht so sehr viele, da es sie dort nicht in den Mengen gab, wie wir sie später antrafen. Dort fuhren wir in einen großen Süßwasserfluss ein, der den Namen Rio de la Plata trägt, bis zu einer Tiele von 5, 4 und 3 Faden, wo wir vom Schiff aus Süßwasser aufnahmen, da unser Befehlshaber nicht, wie er erwartet hatte, einen Hafen finden konnte; dann gingen wir wieder in See.

Dort verloren wir unseren Schnellsegler aus den Augen, auf dem sich Kapitän Doughty befand. Solange Doughty abwesend war, wurde unser Befehlshaber nicht müde über ihn herzuziehen. Er nannte ihn einen Zauberer und Hexer und jedes Mal, wenn wir schlechtes Wetter hatten, pflegte Drake zu sagen, dass Thomas Doughty es verursacht habe und dass es aus Tom Doughtys Zauberkiste komme. Er versicherte das mit vielen Eiden, mit denen er nicht sparsam umging, da sie ihn nichts kosteten. Am 12. Mai ging unser Befehlshaber in dem Beiboot der ELIZABETH an Land. Dort erhob sich plötzlich ein solcher Sturm und ein solches Ungewitter, dass alle darin umgekommen wären, wenn die MARIGOLD nicht auf die Küste zugesegelt wäre und das Boot aufgenommen hätte. Die Männer im Boot hatten nämlich die Schiffe aus den Augen verloren und wurden durch die Macht des gewaltigen Sturmes seewärts getrieben. Dieses Gebiet nannte unser Befehlshaber das Kap der Guten Hoffnung. Es liegt auf einer Breite von 47 Grad und 4 Minuten, gerechnet von der Äquinoktiallinie nach Süden. Dort war bei diesem großen Sturm die Prise gezwungen, den Anker zu lichten und zu ihrer Sicherheit in See zu stechen, und war dann nicht mehr in der Lage, den Anschluss an die Flotte zu finden. So segelte die Prise am 13. Mai los, die anderen Schiffe folgten am nächsten Tage, die MARIGOLD blieb noch mit dem Beiboot der ELIZABETH am Kap.

Dort erblickte unser Befehlshaber einige Bewohner des Landes, die bis auf einen losen Überwurf aus Tierhäuten und eine Art Turban nackt waren. Unser Befehlshaber zeigte ihnen durch Hochhalten einer weißen Fahne, dass unsere Absichten friedlich seien, sie gaben mit Kopf und Körper durch Zeichen und Gesten zu verstehen, dass sie uns freundlich gesinnt seien. So gab es eine Art von Gespräch zwischen uns und ihnen, aber der eine konnte den anderen nicht verstehen und sie wollten sich auch nicht unseren Männern nähern. Am nächsten Tage ging unser Befehlshaber wieder an derselben Stelle an Land. Obwohl er keinen der Eingeborenen erblicken konnte, fand er am Ufer einige gerade getötete Wildvögel, die, wie für uns bestimmt, auf einem Haufen lagen, Strauße und einige Seevögel. Alle diese Vögel nahm der Befehlshaber mit sich, dann lichtete er Anker und stach in See, wo er zu der übrigen Flotte mit Ausnahme der Prise stieß. Danach sandte der Befehlshaber seine Schiffe in verschiedene Richtungen aus, einige sollten erneut nach der Prise suchen, andere an der Küste nach einem Hafen. Als er selbst sich auf der Suche nach der Prise befand, sichtete er am 17. Mai zufällig den Schnellsegler, die MARIGOLD und die Schmacke. Sie signalisierten uns, dass sie einen sicheren Hafen gefunden hatten, in den wir alle am Pfingstsonntag, dem 18. Mai, einliefen.

Es darf hier nicht vergessen werden, wie schlecht Kapitän Thomas Doughty und einige andere Herren in der Zeit ihrer Abwesenheit von der Flotte von üblen und neidischen Leuten, von Seeleuten und ihresgleichen, behandelt wurden, besonders aber Kapitän Doughty, den die, die der Befehlshaber immer seine guten Freunde nannte, nicht müde wurden in Misskredit zu bringen. Der Kapitän verließ die Back, wo Kapitän Doughty und die anderen Herren speisten, und setzte sich unter die Matrosen, wobei er darauf achtete, dass seine Kost reichlich war. Wie schlecht die Herren mit ihrem Essen fuhren, davon kann jeder erzählen, wenn er heimkommt (es sei denn, er will sich selbst Lügen strafen). Als Kapitän Doughty sah, dass er und ein gewisser Herr Chester, den Drake zum Kommandanten des Schnellseglers ernannt hatte, so schlecht behandelt wurden, sagte er zu Chester: »Ich wundere mich, Herr Chester, dass Sie es hinnehmen, von ihm so behandelt zu werden, wenn man berücksichtigt, dass Sie von dem Befehlshaber hier zum Kommandanten ernannt worden sind«, und wandte sich dann an den Kapitän und sagte ihm, er zeige zu viel Parteilichkeit, wenn man an die Nahrungsmittelknappheit denke, unter der sie litten. Es sei gegen alle Vernunft, dass er und seine Leute so reichlich zu essen hätten und andere dabei seien, zu verhungern. Daraufhin begann der Kapitän zu toben und zu fluchen, dass solche Schurken wie er froh sein müssten, die Ruderpflöcke zu essen, wenn sie sie bekämen. Kapitän Doughty antwortete ihm daraufhin erneut, dass es die Vernunft gebiete, dass er genauso gut wie die anderen behandelt werde, da auch er seinen Anteil in dem Unternehmen habe. »Du hast einen Anteil an diesem Unternehmen«, sagte der Kapitän, »ich gebe nicht einen Deut für dich oder deinen Anteil, und wenn du nach Hause kommst, um dich deines Anteils zu erfreuen, so will ich gehenkt werden.« (Wie ich mich erinnere, hat er sein Versprechen gehalten.) Dann gab noch ein Wort das andere, und wie ich gehört habe, kam es noch zu einigen Schlägen zwischen ihnen, worauf dann der Kapitän zu Doughty sagte: »Du, du willst mehr zu essen haben, du kannst froh sein, wenn wir nicht dem Befehlshaber begegnen, und sollst eher das essen, was von meinem Hintern auf die Ankerhand fällt.« Darauf wandte sich der Kapitän Doughty an Kapitän Chester und sagte zu ihm: »Kapitän Chester, lasst es nicht zu, dass wir so von diesen Schurken behandelt werden, gebt nichts von der Befehlsgewalt ab, die der Befehlshaber Euch übertragen hat, wenn Ihr wollt, legen wir das Schwert wieder in Eure Hand, und Ihr sollt das Kommando haben.« Ich kann mich dafür verbürgen, dass all dieses der Wahrheit entspricht, denn es gab zwei oder drei, die diese Angaben beschworen, wie auch einige ... (Fehler im Manuskript).

Bevor er (Drake) von dem vorher erwähnten Hafen losfuhr, ließ er den Schnellsegler längsseits der PELICAN anlegen und nahm alle Lebensmittelvorräte und alles andere von Wert zu sich an Bord. Dann ließ er den Schnellsegler an Land setzen und in Brand stecken, um so die Eisenteile entfernen zu können. Als das geschah, kamen einige Einwohner des Landes, die bis auf einen Lendenschurz aus Tierfell nackt waren, zum Ufer herunter. Sie hatten etwas um ihr Haupt geschlungen und sich ihr Gesicht mit verschiedenen Farben bemalt. Einige trugen so etwas wie Hörner auf dem Kopf, jeder hatte seinen Bogen, der eine Elle lang war, und einige Pfeile. Die Eingeborenen waren sehr flink, gewandt und schnell und schienen im Kriegshandwerk nicht unerfahren zu sein, wie man aus der Aufstellung ihrer wenigen Männer ersehen konnte. Diese Leute wollten lange nichts aus unseren Händen entgegennehmen; doch schließlich, als unser Befehlshaber bei ihnen an Land war, tanzten die Eingeborenen nach ihrer Sitte um ihn herum, und als er allein mit dem Rücken zu ihnen stand, sprang einer von ihnen plötzlich auf ihn zu und riss ihm die Mütze mit der goldenen Litze vom Kopf, entfernte sich eilends ein wenig von ihm und teilte seine Beute mit einem Stammesgenossen, wobei einer die Mütze, der andere das Goldband bekam. Nachdem unser Befehlshaber zwei Eingeborene oder (...) kampfunfähig gemacht hatte, lief er den anderen nach, um sie zu fassen, die sich aber nicht von der Stelle rührten, bis er ihnen näher kam, dann allerdings flohen.

Nach diesen Geschehnissen wurde Kapitän Doughty, der den Schnellsegler hatte verlassen müssen, vorerst auf der PELICAN festgehalten. Er wurde weiterhin schlecht gemacht, zum Beispiel wurde gesagt, dass das böseste Wort, das von seinem Munde kam, sogleich wie ein Eid geglaubt werden müsse. Der Befehlshaber schlug ihn nicht nur, sondern befahl auch ihn an den Mast zu binden, wofür der Kapitän des Schnellseglers, sein alter Feind, eine kleine Bestechungssumme erhielt. Dies geschah, als die beiden Schiffe längsseits einander lagen. Dann wurde Kapitän Doughty in die Schmacke geschafft, was sehr gegen seinen Willen erfolgte. Er sagte nämlich, er wisse, dass dort Leute seien, die nach seinem Leben trachteten, wie z. B. der Kapitän des Schnellseglers und einige andere arge und unredliche Männer. Aber ob Doughty dorthin wollte oder nicht, er musste es. Drake schwor, er würde ihn anderenfalls mit der Talje herunterlassen und befahl dieselbe bereitzumachen. So ging Thomas zusammen mit seinem Bruder John Doughty an Bord der Schmacke. Es ist noch, unter anderen, ein Ereignis zu erwähnen, das auf der Insel geschah, vor der wir den Schnellsegler aufgaben (und über das ich glaubwürdig informiert worden bin). Als wir eben dabei waren, aufzubrechen und den Anker zu lichten, und die letzten Leute vom Ufer an Bord kommen wollten, gab es da einen Thomas Cuttle, der früher Kapitän der PELICAN gewesen war. Im Augenblick des Aufbruches sprach der Befehlshaber mit dem besagten Mann, als dieser sich plötzlich in wilder Wut erhob und drohte, er werde zum Festland hinübergehen. Zwischen der Insel und dem Festland war das Wasser seicht, so marschierte er mit seiner Büchse auf dem Rücken mitten in das Wasser hinein und stieß die folgenden Worte aus: »Nun, meine Herren, ich stehe vor einer schweren Entscheidung, denn ich will diesen Herrn (Doughty) nicht einer Tat anklagen – Gott sei mein Zeuge –, von der ich weiß, dass er sie nicht begangen hat. Was immer auch aus mir wird, ihr alle seid meine Zeugen, dass ich nie etwas anderes von ihm gewusst habe, als dass er der Freund des Befehlshabers ist. Ehe ich diese harte Behandlung durch den Befehlshaber erdulde, will ich mich lieber in die Hände der Kannibalen begeben und ich bitte euch alle, betet für mich.« Nach diesem Zwischenfall begaben sich unsere Mannschaften zu den Schiffen und nachdem sie alle fort waren, feuerte Cuttle seine Büchse ab, um, wie er später gestand, die Bewohner des Landes anzulocken, die jedoch nicht kamen. Unser Befehlshaber, der der Meinung war, Cuttle wolle an Bord kommen, sandte sein Boot zum Ufer. Es gelang der Besatzung dieses Bootes, Cuttle zu überreden, an Bord zu kommen, danach brachen wir von diesem Hafen auf. Es ist noch zu erwähnen, dass wir dort Trinkwasser und Proviant an Bord genommen hatten, dieser bestand aus Wildvögeln, von denen wir so viele auf einer felsigen Insel vorfanden, dass wir zwei- bis dreihundert innerhalb einer Stunde erlegen konnten.

Sofort nach unserer Abfahrt verloren wir unsere Schmacke aus den Augen. Drei bis vier Tage konnten wir sie nicht wieder finden, aber als sie wieder zu uns gestoßen war, gab sie der Befehlshaber in der Nähe oder vor dem Kap der Guten Hoffnung, von dem vorher die Rede war, auf. Immer wenn wir in schlechtes Wetter gerieten, dachte unser Befehlshaber, dass Thomas Doughty der Grund dafür sei. Dort, wo er die Schmacke aufgab, war er erneut mit den Einwohnern des Landes zusammengekommen. Er hatte ihnen einige Kleinigkeiten geschenkt und dafür von einem von ihnen ein Geschenk erhalten, das, soweit ich sehen konnte, aus Fischgräten hergestellt worden war, die in runde Plättchen geschnitten und sehr kunstvoll mit Frauenhaar verarbeitet waren. Am 19. Juni gegen Abend erblickten wir (zu unserer großen Erleichterung) die Prise in der Höhe von Port St. Julian, das auf einer südlichen Breite von 49 Grad und 30 Minuten liegt.

Aber zunächst muss ich, weil es sich aufdrängt, etwas über die beklagenswerten Nöte des Kapitäns Doughty berichten, die sich durch tyrannische Maßnahmen täglich vergrößerten, und obwohl die meisten Leute, besonders diejenigen, die anständig waren, seine Lage bedauerten, wagten sie doch nicht, es außer ihren besten Freunden irgendjemandem offen zu sagen.

Nachdem Kapitän Drake die Schmacke aufgegeben hatte, kam er selbst an Bord der ELIZABETH, rief die gesamte Mannschaft zusammen und teilte ihr mit, dass er im Begriffe sei zwei üble Menschen zu ihr zu schicken. Sie seien so schlecht, dass er nicht wisse, wie er sie .bei sich behalten und die Reise mit ihnen überstehen solle. Diese beiden seien, sagte er, »Thomas Doughty, der ein Zauberer, ein aufrührerischer und sehr schlechter und liederlicher Mensch ist, und sein Bruder, der jüngere Doughty, der ein Hexer, Giftmischer und ein so schlechter Kerl ist, wie ihn die Welt sich nur vorstellen kann. Ich weiß nicht, woher der jüngere Doughty kommt, aber ich glaube, vom Teufel.« Drake warnte die Mannschaft davor, mit den beiden zu sprechen oder sich zu ihnen zu gesellen; täte es jemand, so würde er diesen als seinen Feind ansehen, ja mehr noch, als Gegner dieser Reise. Er verlangte, man solle sorgfältig darauf achten, dass sie nicht schrieben oder läsen, und dann erläuterte er ihnen, welchen Reichtum auch noch der schlechteste Mann in der Flotte durch diese Reise gewinnen würde und niemals wieder zur See gehen müsste, sondern in der Lage sein würde, in England wie ein richtiger Herr zu leben. Er fuhr fort: »Ihr werdet sehen, dass wir so viel Gold bekommen werden, wie diese Schiffe Holz haben und wenn ich diese Reise beendet habe, werde ich einen vier Tage für euch gefangen halten, meine Herren, damit ihr seinen Anteil der Beute an euch nehmen könnt.« Mit verschiedenen ähnlichen Schmähreden gegen Doughty verließ Drake das Schiff. Bald darauf sandte er den besagten Thomas Doughty und dessen Bruder an Bord der ELIZABETH und verbot ihnen unter Androhung der Todesstrafe einen Buchstaben zu Papier zu bringen oder etwas zu lesen, es sei denn, jeder könne es verstehen und sehen.[1] Sie wurden auch bald darauf entsprechend behandelt, denn die Männer wagten nicht, mit ihnen zu sprechen (obwohl sie es vielleicht gern getan hätten). Und wie Doughtys Lage die schlechteste auf dem Schiff war, so war es auch seine Unterbringung. Obwohl er mit dem Bootsmann des Schiffes eine Vereinbarung getroffen und einen Kajütenplatz bekommen hatte, der sich an einem Gott weiß unbequemen Ort befand, musste er sich verpflichten dem Bootsmann für diesen Platz in England drei Pfund zu zahlen. Die Folge für diesen Burschen war jedoch, dass er seine Stelle verlor, weil er Doughty so freundlich behandelt hatte, und in tiefe Ungnade fiel.

Nachdem wir, wie ich vorher berichtet habe, unsere Prise wieder gefunden hatten, gingen wir am nächsten Tage, dem 20. Juni, in einem sehr guten Hafen vor Anker, der wahrscheinlich

1 Um sicherzugehen, dass das Lesen und Schreiben nicht Zauberwerk sei.

derselbe war, den Magellan Port St. Julian genannt hatte. Dort fanden nämlich unsere Männer auf dem Festland einen Galgen, an dem Magellan unserer Vermutung nach Hinrichtungen vorgenommen hatte. Am 22. Juni ging unser Befehlshaber in Begleitung von John Thomas, Robert Winterhey, dem Geschützmeister Oliver, John Brewer, Thomas Flood und Thomas Drake an Land. Als sie weiter in das Land eindrangen, versuchten zwei oder drei der Bewohner des Landes sie am Weitermarsch zu hindern, aber unsere Leute ließen sich nicht aufhalten. Robert Winterhey hielt einen Bogen und Pfeile in den Händen und wollte zum Spaß einen Pfeil abschießen. Als er den Bogen spannte, riss die Sehne. Die Eingeborenen nahmen das als eine Kriegserklärung, ergriffen die Gelegenheit und schossen ihre Pfeile auf unsere Leute ab, die sie in die Flucht schlugen. Dabei töteten sie zwei unserer Männer, nämlich unseren Geschützmeister und den besagten Winterhey. Die Eingeborenen hatten nur ihre Pfeile und Bogen, die unsere Männer nicht ernst genommen hatten; dagegen hatten unsere Leute zwei Flinten, einen Bogen und Pfeile, ihre Schwerter und Schilde. Man sollte also den Feind nie zu gering einschätzen, wie schwach auch immer seine Streitmacht scheinen mag.

Auf dieser Insel in Port St. Julian geschahen viele Dinge, von denen ich meine, dass Gott nicht will, dass sie im Verborgenen bleiben, besonders, da sie auf einen Mord hinausliefen. Dort versprühte Drake all sein Gift gegen Thomas Doughty, dort fand sein verhüllter Hass ein Ende, nicht durch höfliche oder freundliche Versöhnung, sondern durch ein höchst tyrannisches Blutvergießen. Denn Drake war niemals ruhig, solange Doughty lebte, ein Mann, der ihn an Klugheit und Rechtschaffenheit so weit übertraf wie Drake alle anderen an Tyrannei. Die Welt hatte nie zuvor ein ähnliches Geschehen gesehen, denn hier ermordete er den, der, wäre Drake in sich gegangen, ihm ein sicherer und standhafterer Freund gewesen wäre, als es Pythias dem Damon[1] *gewesen ist. Ich denke, die folgenden Zeilen werden das beweisen und zeigen.*

1 Zwei Freunde aus der griechischen Sage, deren Freundschaft füreinander sprichwörtlich war.

Die Explosion auf der San Salvador.
Nach einem Stich von J. Pine aus dem 18. Jahrhundert

Am letzten Tage des Juni setzte sich der Befehlshaber zu Gericht (nachdem er vorher die gesamte Mannschaft hatte an Land bringen lassen). John Thomas hatte er neben sich gesetzt. Dieser öffnete ein Bündel von Papieren, die zusammengerollt waren und in denen mehrere Punkte standen, die Drake dem Kapitän Thomas Doughty vortrug, bevor sie verlesen wurden. Doughty war mehr wie ein Gefangener als wie ein Herr, den man zu einer ehrenhaften Unterredung bittet, herangeschafft worden. Drake begann seine Rede mit den folgenden Worten: »Thomas Doughty, du hast auf mannigfache Art und Weise versucht, mich, so sehr du kannst, in schlechten Ruf zu bringen, dieses Unternehmen stärkstens zu behindern und scheitern zu lassen. Außerdem gibt es andere schwerwiegende Punkte, derer ich dich anzuklagen habe. Kannst du deine Unschuld beweisen, so werden du und ich gute Freunde sein; wenn nicht, so hast du den Tod verdient.« Kapitän Doughty antwortete, dass es nicht stimme, dass er jemals eine Schurkerei gegen den Befehlshaber begangen habe. »Wer«, sagte Drake, »wird dir den Prozess machen?« – »Nun, mein guter Befehlshaber«, erwiderte Doughty, »lasst mich leben und in mein Land zurückgelangen und mit mir wird nach den Gesetzen Ihrer Majestät verfahren werden.« – »Nein, Thomas Doughty«, sagte hierauf Drake, »ich will hier die Geschworenen zusammenrufen, die weiter den Punkten nachgehen sollen, derer ich dich anklage.« – »Nun, Befehlshaber, ich hoffe, Euer königliches Patent ist gut.« – »Ich garantiere dir, dass mein Patent umfassend genug ist«, antwortete Drake. »Ich bitte Euch, lasst es uns dann sehen«, sagte Doughty, »es ist notwendig, dass es hier vorgelegt wird.« – »Nun«, sagte Drake, »du sollst es nicht sehen[1]. Aber, meine Herren, die-

1 Es scheint unbegreiflich, dass Drake sein Patent nicht gezeigt hätte, wenn er eins gehabt hätte. Man beachte auch die noch weniger überzeugende Ausflucht auf Seite 315. Die einzige unabhängige Zeugenaussage scheint die eines der spanischen Gefangenen Drakes, Francisco de Zarate, zu sein, der angibt, dass Drake ihm »das Patent zeigte, das er von ihr (der Königin) erhalten hatte und das er bei sich trug«. (Nutall, S. 209). Aber es gibt keinen Beweis dafür, dass Zarate Englisch lesen konnte. Drake mag ihm den Anteilschein der Königin, der sie als »Mitträger« des Unternehmens auswies und wahrscheinlich ihr Siegel trug, gezeigt haben.

ser Kerl schwätzt zu viel, bindet seine Arme, damit ich meines Lebens sicher bin. Meine Herren, Ihr, die Ihr meine guten Freunde seid, Thomas Hood, Gregory, Ihr dort, meine Herren, bindet ihn.« So nahmen sie ihn und banden ihm seine Arme auf den Rücken. Dann erhob Drake verschiedene wütende Anschuldigungen gegen Thomas Doughty und klagte ihn unter anderem an, dass er es gewesen sei, der seiner Meinung nach den Lord Essex[1] *vergiftet habe. Doughty versicherte dagegen, dass er Drake dem Lord in Irland vorgestellt habe, worauf Drake sagte: »Du hast mich dem Lord vorgestellt? Seht, meine Herren, wie weit er geht, um mich in Misskredit zu bringen. Dieser Kerl stand nie hoch im Ansehen des Lords, ich denke, er kam nie auch nur in dessen Nähe, denn obwohl ich täglich mit dem Lord zusammen war, sah ich ihn nicht öfter als einmal, und das war lange nach meiner Unterhaltung mit dem Lord.«*

Dann wurde schließlch eine Jury einberufen, deren Vorsitzender Kapitän John Winter war. John Thomas verlas der versammelten Mannschaft die Anklagepunkte und wiederholte sie noch einmal, wohl in der Befürchtung, die Männer könnten sie sich nicht gut genug gemerkt haben. Alles waren Worte der Unfreundlichkeit, aus Wut geboren, und Doughty stellte sie gar nicht erst in Abrede. Schließlich aber ergriff ein gewisser Edward Bright das Wort, ein Mann, über dessen Ehrenhaftigkeit ich mich nicht auslassen will, und sagte: »Ja, Doughty, wir haben noch eine andere Sache, die dir ein wenig mehr zu schaffen machen wird, sie wird, glaube ich, dich ins Innerste treffen.« – »Ich bitte dich, Ned Bright«, antwortete Doughty, »schone mich nicht, aber klage mich keiner Sache an, die nicht der Wahrheit entspricht.« Dann las John Thomas weiter und brachte den letzten Punkt der Anklage vor, der zugleich das Ganze beschloss, und zwar, dass Thomas Doughty zu Edward Bright in Kapitän Drakes Garten gesagt

1 Es wird gesagt, Doughty habe durch falsche Berichte einen Bruch zwischen Essex und dessen Rivalen, Leicester, herbeigeführt, der durch Erklärungen und Entschuldigungen wieder beigelegt wurde. Essex entließ Doughty, Essex starb 1576. Als Leicester 1578 Essex' Witwe bigamisch heiratete, entstanden Gerüchte, er hätte Essex vergiftet und Doughty als Werkzeug dazu gebraucht.

haben solle, dass Ihre Königliche Majestät und der Kronrat bestechlich seien. Dann sagte Bright mit erhobenem Finger: »Was sagst du dazu, Kerl?« – »Nun, Ned Bright«, erwiderte Kapitän Doughty, »was bewegt dich dazu, mich so zu belügen? Du weißt, dass eine solche Vertraulichkeit nie zwischen dir und mir bestanden hat, aber es mag sein, dass ich gesagt habe, dass man uns besser willkommen heißen würde, wenn wir Gold nach Hause brächten; aber das ist mehr, als ich mich erinnern kann.«

Im weiteren Gespräch ergab es sich dann, dass Kapitän Doughty sagte, dass der Lordschatzkanzler von dem geheimen Plan der Reise Kenntnis gehabt habe. »Nein, das hatte er nicht«, sagte Kapitän Drake. Doughty antwortete, er habe doch davon gewusst. »Wie?«, fragte Kapitän Drake. »Er hatte es von mir erfahren«, antwortete Kapitän Doughty. »Schaut, meine Herren, was dieser Kerl getan hat«, sagte Drake. »Möge Gott alle diese Verrätereien zur Kenntnis nehmen. Ihre Majestät hatte mir den besonderen Befehl gegeben, dass vor allem der Lordschatzkanzler nichts von diesem Unternehmen erfahren sollte, und man sehe nun, wie Doughty sich selbst verraten hat.« – So wurde dieses ein besonderer Punkt der Anklage, der ihn den Hals kosten sollte, und Drake schien über seinen sich daraus ergebenden Vorteil sehr erfreut zu sein. Dann bot Kapitän Doughty ihm an alles zu unterzeichnen, was da geschrieben war, oder auch alles andere, was noch niedergeschrieben würde, wenn Drake ihn am Leben ließe und ihm gestattete sich in England für diese Anschuldigungen zu verantworten. Drake sagte: »Lass erst diese Männer herausfinden, ob du schuldig bist oder nicht, dann werden wir weiter über die Angelegenheit sprechen.« Nachdem alle Geschworenen John Thomas den Eid nachgesprochen hatten, übergab Drake die Anklageschrift, wie ich sie nennen will, Kapitän John Winter, der der Vorsitzende dieser Untersuchung war.

Dann sagte Herr Leonard Vicary, ein treuer und ergebener Freund Kapitän Doughtys, zu Drake: »Befehlshaber, das ist kein Gesetz und keine Gerechtigkeit, die Ihr übt.« Drake antwortete: »Ich habe es nicht mit euch geriebenen Anwälten zu tun und das Gesetz kümmert mich nicht, aber ich weiß, was ich tun werde.« – »Nun«, sagte Herr Vicary, der einer der Geschworenen war, »ich weiß nicht, ob wir über Leben und Tod entscheiden können.« – »Herr Vicary«, erwiderte darauf Drake, »ihr habt nicht über Leben und Tod zu entscheiden, lasst mich allein das tun, ihr habt nur festzustellen, ob Doughty sich dieser Punkte der Anklage, die gegen ihn erhoben werden, schuldig gemacht hat oder nicht.« – »Nun denn«, sagte darauf Herr Vicary, »dann geht es, hoffe ich, nicht um Leben oder Tod.« – »Nein, nein, Herr Vicary«, sagte Drake.

So versammelten sich die Geschworenen und kamen zu dem Schluss, dass alle Punkte der Anklage der Wahrheit entsprachen, d. h. mit Ausnahme der einen Beschuldigung, die Edward Bright gegen Doughty erhoben hatte. Es wurde von einigen der Geschworenen bezweifelt, ob die alleinige Aussage Brights ausreichend sei, um daraufhin ein Menschenleben zu vernichten, und es zeugte wahrlich nicht von der Aufrichtigkeit eines Menschen, einen Ausspruch mit Schweigen zu übergehen, der angeblich in England gemacht worden war, und ihn jetzt und hier zur Sprache zu bringen, wo der Wille Gesetz war und die Vernunft schwieg. Ein Ehrenmann hätte eine solche Sache nicht verschwiegen, so mussten Zweifel an seinem Verhalten entstehen. Aber um es kurz zu machen, die Mehrzahl war der Meinung, Bright sei ein sehr verlässlicher Mann; dann wurde das Urteil gefällt und der Befehlshaber unterrichtet, dass einige Zweifel an der Aufrichtigkeit Brights geäußert hätten. »Was«, sagte Drake, »ich kann beschwören, dass das, was Ned Bright gesagt hat, völlig der Wahrheit entspricht.« (Jedoch schon zwei Wochen später hatte sich zwischen Bright und Drake eine solche Spannung entwickelt, dass Letzterer sich bedroht zu fühlen schien, denn er entfernte den besagten Bright von der PELICAN und schickte ihn auf die MARIGOLD und sagte, dass er sicher sein und Bright deshalb weit genug von sich fort haben wolle.)

Nachdem Drake so das gewünschte Urteil bekommen hatte, erhob er sich und ging auf das Ufer zu. Er befahl der gesamten Mannschaft, mit Ausnahme von Kapitän Thomas Doughty und dessen Bruder, mit ihm zu kommen. Dort öffnete er ein Bündel Briefe und Schriftstücke, schaute seine Leute an und sagte: »Um Gottes willen! Ich habe etwas in meiner Kabine vergessen, was ich ganz besonders bei mir haben sollte« (als ob er dort sein Patent vergessen hätte). Aber ob er nun sein Patent vergessen hatte oder nicht, er vergaß sich selbst, als er all dies veranlasste, ohne sein Patent zu zeigen, falls er wirklich eines hatte. Ich denke wahrhaftig, er hätte es auch noch dem Letzten zeigen sollen, wenn er es gehabt hätte. Aber Drake legte hier zunächst Briefe vor, die (wie er sagte) Kapitän Hawkins an den Lord of Essex geschrieben hatte, um ihn, Drake, einzuführen; zweitens zeigte er Dankesbriefe des Lord of Essex an Kapitän Hawkins, in denen Essex zum Ausdruck brachte, wie erfreut er über die geleisteten Dienste gewesen sei und wie sehr sie ihm gefallen hatten. Dann verlas Drake Briefe, in denen der Lord of Essex ihn dem Minister Walsingham empfahl; dann zeigte Drake Briefe, die Herr Hatton an ihn gerichtet hatte und in denen er Drake seine Leute John Thomas und John Brewer empfahl und deren gute Dienste für die Reise anbot. Schließlich verlas Drake den Anteilschein Ihrer Majestät über tausend Kronen. (Ich wunderte mich sehr, dass so viele edle und vornehme Herren ihre Briefe in seinen Händen gelassen hatten, auf dass er sie hier zur Steigerung seines Ansehens zeigen könnte.)

Nachdem er all das getan hatte, fuhr er mit seiner Rede fort. »Meine Herren«, sagte er, »ihr mögt feststellen, ob dieser Kerl versucht hat meinen Ruf zu ruinieren oder nicht und ob er damit etwas anderes wollte, als diese Reise zum Misserfolg werden zu lassen, indem er mich erst um meinen guten Namen und Ruf bringen wollte und dann um mein Leben. Wenn ich dessen beraubt wäre, was würdet ihr tun? Ihr wäret gezwungen, gegenseitig euer Blut zu trinken und euch wieder auf die Heimreise zu begeben, und wäret nicht in der Lage den Weg dorthin zu finden. Und weiter, meine Herren, überlegt, was für eine großartige Reise wir zu machen im Begriffe stehen, wie sie nie zuvor von England aus gemacht worden ist. Mit diesem Unternehmen wird der Niedrigste in dieser Flotte ein Herr werden, und wenn dieses Unternehmen nicht ein Erfolg werden sollte, wofür ich keine Möglichkeit sehe, solange dieser Mensch am Leben ist, was für eine Schmach wäre es, nicht nur für unser Land, sondern besonders für uns, das möge der Einfachste hier unter uns bedenken. Deshalb, meine Her-

ren, mögen diejenigen, die denken, dieser Mann habe den Tod verdient, mit mir die Hand heben, diejenigen, die entgegengesetzter Meinung sind, mögen es unterlassen.«

Daraufhin erhoben verschiedene, die Doughty sein früheres Glück neideten, ihre Hand, andere wiederum wagten aus Furcht vor Drakes Härte nicht ihre Hand unten zu lassen, obwohl es gegen ihre Überzeugung ging, wieder andere erhoben Hände und Herzen zu Gott und flehten ihn an, er möge sie von diesem harten und grausamen Tyrannen befreien. Nach dieser Abstimmung nahm Drake wieder seinen früheren Richterstuhl ein und verkündete, dass Doughty ein Kind des Todes sei, und versprach ihm zugleich, er würde ihn zu einem Kind Gottes machen. Drake führte ferner aus, dass, wenn irgendjemand zwischen diesem Augenblick und dem nächsten Morgen eine Möglichkeit fände, Doughtys Leben zu retten, er es ihn hören lassen möge, und dass er selbst nach einer Möglichkeit zur Gewährleistung seiner eigenen Sicherheit suche. »Nun, Befehlshaber«, sagte Doughty, »da ich sehe, dass es dazu gekommen ist, dass Ihr mich aus dem Wege räumen wollt, bitte ich Euch, nehmt mich mit nach Peru und setzt mich dort an Land.« – »Gewiss nicht, Kapitän Doughty, ich kann es Ihrer Maiestät gegenüber nicht verantworten, so etwas zu tun. Aber wie gesagt, Thomas Doughty, wenn irgendeiner mir dafür bürgen kann, dass ich vor Euch sicher bin und es übernimmt, Euch in Gewahrsam zu halten, dann werden wir sehen, was sich tun lässt.« Kapitän Doughty schaute dann Kapitän Winter an und sagte zu ihm: »Kapitän Winter, wollt Ihr so gut sein und das für mich machen?« Daraufhin sagte Kapitän Winter zu Kapitän Drake, dass er (Drake) nichts für seine Sicherheit zu befürchten habe; Winter werde Drake für seine Sicherheit bürgen, wenn er ihm Doughty in Gewahrsam gebe. Drake sagte dann nach einer kleinen Pause: »Seht, meine Herren, wir müssen es so machen: Wir müssen Doughty unter Deck festnageln und uns auf die Rückreise begeben, ohne unsere Reise zu beenden; wenn Ihr das wollt, dann sagt es.« Darauf rief eine Bande verzweifelter Bankrotteure, die zu Hause nur von dem lebten, was durch den Schweiß anderer erworben worden war: »Gott verhüte das, guter Befehlshaber!« Dieser Meinung wurde aufmerksam Gehör ge-

schenkt, einem feurigen Pferd braucht man nicht die Sporen zu geben. So befahl Drake Kapitän Doughty sich auf den Tod vorzubereiten. Nachdem Drake Doughty einen Tag Aufschub gegeben hatte, um alle Angelegenheiten in Ordnung zu bringen, erhob er sich und ging von dannen, wobei er versprach, nicht aufhören zu wollen, zu Gott zu beten, er möge ihm einen Weg zeigen, wie er Doughty retten könne. Er hatte jedoch so oft zuvor geschworen, dass er ihn hängen würde, dass ich denke, er meinte es mit dieser Aussage nicht sonderlich ernst.

So verbrachte Kapitän Doughty diese Nacht, den nächsten Tag und die darauf folgende Nacht im Gebet, abgesehen von einigen kurzen Unterbrechungen, die er dazu verwandte, um seine weltlichen Angelegenheiten in eine gewisse Ordnung zu bringen. Er verteilte die Habe, die er bei sich hatte, an die Leute, von denen er meinte, dass sie ihm wohlgesinnt seien. Am 2. Tage des Juli wurde ihm befohlen sich zum Sterben fertig zu machen. Dann bat Kapitän Doughty, der ein fröhlicheres Verhalten zur Schau trug, als er es je in seinem Leben getan hatte, wie jemand, der das Leben völlig verachtet, Drake, das Abendmahl empfangen zu dürfen, bevor er sterbe. Das wurde ihm nicht nur gewährt, sondern Drake selbst bot ihm auch an mit ihm zusammen zum Tische des Herrn zu gehen. Kapitän Doughty dankte ihm herzlich dafür und nannte ihn niemals anders als »mein guter Kapitän«.

Kapitän Drake bot ihm zugleich an die Todesart zu wählen, die er wünschte. Doughty erwiderte, da er ein Herr sei, wolle er enthauptet werden; diese Todesart sei seiner Meinung nach die annehmbarste, da er ja nun einmal sterben müsse. Ich hörte tatsächlich, dass Kapitän Drake ihm anbot, wenn er es wolle, ihn mit einer Kanone zu erschießen, und Drake selbst würde es tun, damit er (Doughty) von den Händen eines Gentleman stürbe. Schließlich empfingen sie gemeinsam das Abendmahl, zu dem Doughty, wie ich mich selbst vergewisserte, so reinen Herzens wie nur irgendein Unschuldiger auf der Welt ging und wo er sein ganzes Gottvertrauen zeigte. Er zeigte sich so mutig in dieser äußersten Not, dass man sich darüber nur erstaunen konnte. Er schien den Sieg über den Tod davongetragen zu haben, und an diesem ganzen Tage vor seinem Tode änderte sich kein Jota in seiner Haltung, die so ruhig und fest blieb, als habe er nur eine Botschaft an einen Edelmann zu überbringen.

Nachdem Doughty und Drake das Abendmahl empfangen hatten, fand ein Festmahl statt, so gut es an dem Orte ging, und die beiden tafelten zusammen. In dieser Zeit wurde die Hinrichtungsstätte vorbereitet. Nach dem Mahl sagte Doughty, der die Angelegenheit nicht länger aufschieben wollte, dem Befehlshaber, er sei bereit, sobald es Drake passe, bitte ihn aber, einige Worte mit ihm allein wechseln zu dürfen. Daraufhin sprachen die beiden einige Minuten lang unter vier Augen, dann wurde Doughty zur Hinrichtungsstätte geführt, wo er sich genauso tapfer zeigte wie die ganze Zeit zuvor. Er kniete dort nieder und betete zuerst für Ihre Königliche Majestät von England, seine Herrin, dann bat er Gott um ein glückliches Gelingen dieser Reise und darum, dass sie sich zum Gewinn für sein Land entwickeln möge. Er schloss auch verschiedene seiner guten Freunde in sein Gebet ein, besonders Sir William Winter, und bat Kapitän John Winter diesem guten Edelnann seine letzten Grüße zu übermitteln. Alles das tat er in einer so fröhlichen Haltung, als ob er sich auf dem Wege zu einem großen Festmahl befinde, das, so glaube ich, Gott seiner Meinung nach für ihn bereitet hatte.

Schließlich wandte er sich an den Befehlshaber und sagte zu ihm: »Nun wahrlich, ich kann wie Sir Thomas Nore sagen, dass derjenige, der meinen Kopf abschlägt, sich wenig Ehre einhandeln wird, mein Hals ist nämlich so kurz.« Dann wandte er sich um und schaute die gesamte Mannschaft an und bat alle ihm zu vergeben, besonders diejenigen, die sich um seinetwillen Unannehmlichkeiten eingehandelt hatten, so Thomas Cuttle, Hugh Smith und einige andere. Daraufhin bat Smith ihn in Gegenwart des Befehlshabers zu sagen, ob sie jemals eine Absprache miteinander getroffen hätten, die zum Nachteil oder Schaden Drakes gewesen wäre. Doughty schwor, dass weder Smith noch irgendein anderer Mann jemals mit ihm irgendwelche verräterischen Handlungen gegen den Befehlshaber unternommen hätten noch dass er selbst irgendeinen schurkischen Gedanken ge-

gen den Befehlshaber gehegt hätte. Dann bat Doughty Drake, Hugh Smith wieder gut zu sein und ihm um seinetwillen zu verzeihen. Der Befehlshaber sagte daraufhin: »Nun, Smith, um Kapitän Doughtys Willen und auf sein Bitten hin vergebe ich dir, aber bei Gott, ich war entschlossen dich mit den Ohren an den Pranger zu nageln und dir die Ohren abschneiden zu lassen; also werde jetzt ein ehrenhafter Mann.« Dann umarmte Kapitän Doughty den Befehlshaber, wobei er ihn seinen guten Kapitän nannte, verabschiedete sich von ihm und der ganzen Mannschaft und legte sein Haupt auf den Block. Nachdem es abgeschlagen worden war, ließ Drake es hasserfüllt emporheben und der ganzen Mannschaft zeigen und sagte: »Seht, das ist das Ende von Verrätern.«

Nachdem diese Angelegenheit beendigt und Doughty beerdigt war, schwor Drake bei Gott vor der versammelten Mannschaft, dass jeder, der nur den achten Teil von dem begehe, was Doughty begangen habe, des Todes sein würde. Auch versicherte er feierlich und schwor beim Leben Gottes und beim heiligen Sakrament, das er an diesem Tage empfangen hatte, dass ohne Ansehen der Person jeder Mann in der Flotte, der einen Streit beginne, seine Hand verlieren solle. Am nächsten Tage aber ging Kapitän Doughtys jüngerer Bruder einsam und traurig einher, sowohl in Gedanken an den noch frischen Tod seines Bruders wie auch angesichts der ihn selbst unmittelbar bedrohenden Gefahr, wie das folgende Ereignis zeigen mag. Zu ihm kam da auf einmal Edward Bright, der maßgeblich den Tod seines Bruders, des Kapitäns Doughty, verursacht hatte und sagte zu ihm: »Um der Leiden Christi willen, du Schuft, was hast du über meine Frau gesagt«, und schlug ihn zugleich mit seinem Lineal, um einen Streit hervorzurufen und auch des jüngeren Doughtys Ende herbeizuführen. Jener sagte: »Ned Bright, du siehst, in welchem Zustand ich mich befinde, ich bitte dich, lass mich zufrieden.« Gleichzeitig fing er den Schlag mit seinem Arm auf, wobei das Lineal zerbrach. Bright, der sehr wütend zu sein schien, schleuderte ihm den Teil, den er noch in der Hand hielt, in das Gesicht. Die Splitter drangen einen Zoll tief in sein Gesicht ein, woraufhin Doughty sofort zum Befehlshaber ging, um über

Bright Klage zu führen. Ohne seines am Vortage gegebenen Schwures zu gedenken, sagte Drake: »John Doughty, du wirst dich in England an Ned Bright rächen können, aber ich wage zu sagen, dein Bruder hat Lügen über Brights Frau erzählt, als er sagte, sie habe einen schlechten Ruf in Cambridge.« Somit konnte ein jeder sehen, wie wenig Ehrlichkeit galt, und ein Blinder hätte das bevorstehende böse Ende der Reise absehen können, denn wie kann Gott eine Herrschaft gedeihen lassen, in der es keine Gerechtigkeit gibt, sondern nur äußerste Tyrannei oder größte Parteilichkeit?

Nach allen diesen Ereignissen gab Drake der gesamten Mannschaft den Befehl, sich am nächstfolgenden Sonntag zum Abendmahl bereitzuhalten. Er sagte, dass er wünsche, dass die alten Streitigkeiten zwischen allen begraben würden, wer von diesem Zeitpunkt an irgendeine vergangene Sache gegen irgendjemanden hervorholen würde, hätte eine so schwere Strafe zu erwarten, dass sie für die ganze Flotte ein abschreckendes Beispiel sein werde. (Es hätte vielleicht so sein können, wenn er nicht selbst zuerst dagegen gehandelt hätte.) Er befahl auch, dass jeder Mann bei Herrn Fletcher beichte. Wenn Herr Fletcher jedem einen so freundlichen und heilsamen Rat gab wie mir, war er zweifellos ein guter Pfarrer. Ich ging zu ihm und hegte einen Groll gegen einen Mann in der Flotte, wollte das aber aus Furcht vor der herrschenden Tyrannei nicht zugeben und sagte deshalb zu ihm: »Herr Fletcher, ich würde nur sehr ungern am Sonntag das Abendmahl empfangen, weil mein Gewissen es nicht zulässt.« – »Warum?«, fragte Herr Fletcher. »Weil ich einen Groll gegen jemanden hege und es deshalb vor meinem Gewissen nicht verantworten kann.« – »Richtet sich dieser Groll gegen jemanden in der Flotte?« Ich antwortete ihm: »Nein.« – »Nun denn«, antwortete er, »ich stehe dafür ein, dass du mit gutem Gewissen zum Abendmahl gehen kannst.« Wahrlich, bis zu diesem Zeitpunkt hatte ich gedacht, dass derselbe Gott dort herrsche, den wir in England verehren. Doch soll dieser Herr Fletcher predigen, was er will, ich bin völlig überzeugt davon, dass wir niemals unsere Heimat wieder gesehen hätten, wenn wir nicht an denselben Gott geglaubt hätten, den wir hier verehren.

Wie wir dort in jener Zeit unter der Kälte des strengen Winters litten und unter der äußerst kargen Kost, das mag die Krankheit zeigen, die sich zu jener Zeit unter unseren Leuten auszubreiten begann und länger anhielt. Der Befehlshaber erwies mir die unendliche Güte mich für zwei Wochen oder ein wenig mehr an Land zu setzen. Ich hatte nur mein Wams und mein Beinkleid, keinen Übermantel oder irgendein anderes Bekleidungsstück, um mich warm zu halten, und musste damit jede Nacht auf der kalten Erde liegen. Als ich einmal längsseits des Schiffes kam, um mir wärmere Bekleidung zu holen, gestattete man mir nicht, an Bord zu kommen, um sie zu holen, noch durfte eines der Besatzungsmitglieder sie mir geben. Ich weiß nicht, warum, aber ich hörte Herrn Doughty besser von ihm sprechen, als er es je um jemanden verdiente; ich verdanke ihm jedoch viel, denn er härtete mich sehr gegen solche Beschwernisse ab. So konnte ich ihm diesmal mit Gottes Hilfe keck trotzen, denn er konnte mich durch die Kälte nicht umbringen und ich hoffe zu erleben, wie er später seine wohlverdiente Strafe erhalten wird.

Am 11. August befahl Drake wiederum der Mannschaft an Land zu gehen, weil er ihr etwas Wichtiges zu sagen hätte. Die Mannschaft wurde also an Land gesetzt und wartete auf sein Kommen. Sobald Drake an das Ufer gekommen war, betrat er ein Zelt, dessen eine Seite offen stand, damit die Mannschaft besser sehen und hören konnte, was vor sich ging. Drake rief Kapitän Winter auf seine eine und John Thomas auf seine andere Seite. Drakes Diener legte ein großes Buch vor ihn hin, zugleich machte Herr Fletcher den Vorschlag eine Predigt zu halten. Drake sagte: »Nein, gemach, Herr Fletcher, heute muss ich selbst predigen, obwohl ich dafür nur wenig Begabung habe. Ist die ganze Mannschaft hier versammelt, ja oder nein?« Es kam die Antwort, dass alle da seien. Dann befahl er der Mannschaft eines jeden Schiffes sich geschlossen aufzustellen, was auch geschah. Er begann dann: »Meine Herren, ich bin ein sehr schlechter Redner, denn Gelehrsamkeit war nicht Teil meiner Erziehung, aber was ich hier sagen werde, möge sich ein jeder gut merken und aufschreiben, denn ich werde nichts sagen, was ich nicht in England und selbst vor Ihrer Majestät verantworten kann, und ich habe es hier bereits schriftlich niedergelegt.« Doch ob es, wie er sagte, in dem Buch stand, weiß ich nicht, aber dem Sinn und den Worten nach lautete es etwa folgendermaßen:

»Es ist so, meine Herren, dass wir sehr weit von unserem Lande und unseren Freunden entfernt sind. Wir sind von allen Seiten von unseren Feinden umgeben, deshalb hat ein einziger Mann eine große Bedeutung für uns, denn wir können keinen neuen bekommen, selbst wenn wir tausend Pfund für ihn böten. Deshalb müssen wir diese Unstimmigkeiten und diese Zwietracht, die zwischen uns entstanden sind, überwinden, denn, bei Gott, es raubt mir den Verstand, daran zu denken. Hier gibt es einen Streit zwischen den Matrosen und den Herren, dort Ärger zwischen den Herren und den Matrosen, dass es mich schon ganz wahnsinnig macht, davon zu hören. Aber, meine Herren, ich muss es abstellen, denn ich muss dafür sorgen, dass der Herr mit dem Matrosen und der Matrose mit dem Herrn an einem Strang zieht. Lasst uns alle als eine Gemeinschaft auftreten und dem Feind keine Gelegenheit geben, über unsere Schwäche und unser Zerwürfnis zu jubeln. Ich möchte den kennen, der bei diesem Werk nicht seine Hand mit anlegt, und ich weiß, dass es einen solchen hier unter uns nicht gibt. Da die Herren im Interesse der Befehlsgewalt auf dieser Reise eine wichtige Rolle spielen, habe ich sie mitgenommen, aus diesem und noch anderem Grunde: Und obwohl ich weiß, dass Matrosen die neidischsten Leute der Welt sind und sehr ungebärdig, wenn sie keinen Druck fühlen, könnte ich doch nicht ohne sie auskommen. Wenn jemand unter uns ist, der gerne den Heimweg antreten möchte, so möge er es mich hören lassen. Hier ist die MARIGOLD, ein Schiff, das ich entbehren kann. Ich will es so gut wie möglich für alle, die zurückkehren wollen, mit Begleitbriefen und allem anderen ausstatten. Aber sie sollen sich auch wirklich auf die Heimreise begeben, denn wenn sie mir irgendwo im Wege stehen, werde ich sie vernichten. Ihr sollt bis morgen Zeit haben über diese Angelegenheit nachzudenken, denn wahrhaftig, ich muss deutlich mit euch sein. Ich habe dieses Unternehmen in Angriff genommen, von dem ich nicht weiß, wie in aller Welt ich es durchstehen werde, es überschreitet meine

Kraft, es hat mir sogar schon den Verstand geraubt, daran zu denken.«

So ergab es sich, dass keiner die Rückreise antreten wollte, sie alle wollten mit ihm das Los teilen. »Nun denn, meine Herren«, sagte Drake, »kommt Ihr alle guten Willens mit oder nicht?« Sie antworteten, dass sie alle freiwillig mitkämen. »Auf wessen Hände, meine Herren, schaut Ihr, wenn es darum geht, Euren Lohn zu empfangen?« – »Auf die Euren«, erwiderten sie. »Wie meint Ihr, bleibt Ihr des Lohnes wegen oder um mir beizustehen?« – »Um Euch beizustehen«, erwiderten darauf die Mannschaften, »denn wir wissen nicht«, sagten einige, »welchen Lohn wir fordern sollen.«

Dann befahl Drake sogleich dem Proviantmeister der ELIZABETH die Schlüssel abzuliefern, was jener tat. Danach wandte sich Drake an Kapitän Winter und sagte: »Kapitän Winter, ich enthebe Euch hiermit Eures Postens als Kapitän der ELIZABETH und Euch, John Thomas, des der MARIGOLD, und Ihr, Thomas Hood, seid nicht länger Steuermann der PELICAN, Ihr, William Markham, der der ELIZABETH und Ihr, Nicholas Antony, der der MARIGOLD, kurzum, ich enthebe hiermit alle Offiziere aller ihrer Ämter.« Daraufhin fragten ihn Kapitän Winter und John Thomas, was ihn dazu bewogen habe, sie ihrer Ämter zu entbinden. Er fragte zurück, ob sie ihm irgendeinen Grund nennen könnten, warum er es nicht tun sollte. Er befahl ihnen sich zufrieden zu geben, gebot Schweigen und sagte: »Ihr seht hier die große Verwirrung, in die wir geraten sind, obwohl jemand bereits seine verdiente Todesstrafe erhalten hat, der, Gott möge mein Zeuge sein, mir so nahe war wie meine Hand, wie Ihr alle wisst. Ihr saht schließlich, wie er sich selbst verriet und sein verräterisches Tun enthüllte, da er zu sehr der Einzigartigkeit seines Verstandes vertraute und unbeabsichtigt zu weit ging. Seht, was Gott hier getan hat, hatte doch Ihre Majestät befohlen, dass besonders der Lordschatzkanzler nichts von dieser Reise erfahren sollte, und bedenkt dann, dass dieser Mann selbst erklärte, er habe den Lordschatzkanzler davon in Kenntnis gesetzt. Aber so wahrlich, meine Herren, wie ich ein Gentleman bin, verspreche ich, dass kein weiterer sterben soll, ich will an keinen mehr Hand anlegen, obwohl es hier einige gibt, die den Tod genau so sehr verdient haben wie er.« Drake beschuldigte dann einen gewissen Worrall, der dort anwesend war, sein Fall sei schwerwiegender als der Doughtys. Worrall war in Doughtys Prozess einer der Spießgesellen Drakes gewesen, jetzt erniedrigte er sich vor Drake auf den Knien und bat, Drake möge ihm wieder sein Wohlwollen schenken. »Nun gut«, sagte Drake, »du und ich, werden diese Angelegenheit später noch eingehend besprechen.«

Dann beschuldigte Drake einen gewissen John Audly böser Taten gegen ihn, eröffnete aber kein Verfahren, sondern sagte, er werde mit Audly allein nach dem Essen sprechen. »Es gibt hier weiter einige Männer, meine Herren, die keine andere Möglichkeit sehen mich in Misskredit zu bringen, als zu sagen und zu behaupten, ich sei von Herrn Hatton auf diese Reise geschickt worden, andere, von Sir William Winter, andere wiederum, von Kapitän Hawkins, aber die das sagen, sind eine Gesellschaft von Dummköpfen, die keinen anderen Gesprächsstoff haben. Meine Herren, ich muss Euch sagen, dass ich die vorher Genannten als meine guten Freunde verehre, aber wenn behauptet wird, sie hätten diese Reise veranlasst oder finanziert, so kann ich euch sagen, dass es nicht so war, sondern sich die Sache folgendermaßen verhielt: Der Lord of Essex schickte an den Minister Walsingham Empfehlungsschreiben, in denen er mich über Gebühr lobte, aber vielleicht hatte ich Lob von ihm verdient. In seinen Briefen führte er aus, dass er mich für einen geeigneten Mann halte gegen die Spanier anzutreten, weil ich Praxis und Erfahrung in dieser Angelegenheit habe. Daraufhin kam der Minister Walsingham zu mir, um sich mit mir zu beraten. Walsingham erläuterte mir, dass Ihre Majestät verschiedene Kränkungen von dem König von Spanien erfahren habe, für die sie gerne Rache nehmen wolle. Zugleich zeigte er mir einen Plan«, sagte Drake, »und wollte mich bewegen zu unterschreiben und anzumerken, wo der spanische König meiner Meinung nach am schwersten zu treffen sei. Ich sagte ihm darauf, was ich davon hielt, weigerte mich aber irgendetwas zu unterzeichnen und führte aus, dass Ihre Majestät sterblich sei. Wenn es Gott gefalle, Ihre Majestät abzuberufen, könne es geschehen, dass ein Fürst an die Regierung komme, der mit dem König von Spanien verbündet sei, und dann würde ein Schriftstück aus meiner Hand Zeugnis wider mich ablegen. Sehr bald danach ließ mich Minister Walsingham eines Abends an den Hof kommen; ich wurde aber an diesem Abend nicht mehr von Ihrer Majestät empfangen, da es schon so spät war. Aber am nächsten Morgen wurde ich ihr vorgestellt und sie begrüßte mich mit diesen oder ähnlichen Worten«. So sagte er: »Drake, es ist so, dass ich mich gerne an dem König von Spanien für verschiedene Kränkungen, die ich von ihm erfahren habe, rächen würde.«) Sie führte weiter aus, dass er der einzige Mann sei, der das unternehmen könne, und erbat zugleich seinen Rat. Drake sagte Ihrer Majestät, dass nur wenig in Spanien auszurichten sei, und dass der einzige Weg, den König von Spanien zu treffen, ein Schlag gegen Westindien sei.

Dann wies er mit vielen weiteren Worten ein Dokument über die Beteiligung Ihrer Majestät an dieser Reise mit tausend Kronen vor. Er hatte schon vorher gesagt, dass Ihre Majestät ihm diesen Betrag zur Deckung seiner Unkosten gegeben hätte. Er zeigte auch den Anteilschein von Herrn Hatton und verschiedene Kreditbriefe auf seinen Namen, die er aber nicht aus den Händen gab. Drake sagte ferner, dass Ihre Majestät bei ihrer Krone geschworen habe, dass jeder ihrer Untertanen, der dem König von Spanien Nachricht von diesem Unternehmen zukommen lasse – eine Befürchtung, die nur allzu begründet war –, den Kopf verlieren solle. »Und jetzt, meine Herren«, fuhr Drake fort, »wollen wir bedenken, was wir getan haben. Wir haben jetzt drei mächtige Fürsten gegeneinander aufgehetzt, Ihre Majestät und die Könige von Spanien und Portugal, und wenn dieses Unternehmen nicht zu einem guten Erfolg führt, werden wir nicht nur Gegenstand der Verachtung und des Spottes unserer Feinde sein, sondern auch auf ewig ein großer Schandfleck für unser Land, und welch ein Triumph wäre es für Spanien und Portugal! Nie wieder würde etwas Ähnliches unternommen werden.«

Drake beendete seine Rede damit, dass er jeden wieder in seine frühere Stellung einsetzte. Er versprach der Mannschaft, dass ein jeder auf seine Kosten kommen werde, und wenn er sein ganzes

Eigentum verkaufen müsste. Drake fuhr fort: »Ich kann es mit gutem Grund versprechen und bin in der Lage es einzuhalten, denn ich habe einigen Besitz in England, außerdem habe ich so viel in dieses Unternehmen investiert wie drei der größten Teilhaber. Und wenn es sich so ergeben sollte, dass ich nicht mehr zurückkehre, so wird Ihre Majestät jedem Mann seinen Lohn zahlen und wenn ihr sagt, ihr dient mir, so will ich euch nicht Dank sagen, denn es ist nur Ihre Majestät, der ihr dient, und diese Reise ist nur ihr Werk.« Er forderte alle Männer auf, sich wie Freunde zueinander zu verhalten, und befahl ihnen dann, an ihre Arbeit zu gehen.

Am 17. August verließ unser Befehlshaber diesen Hafen, aber ein oder zwei Tage vor seiner Abfahrt kam er an Bord der ELIZABETH und fluchte heftig, ich weiß nicht aus welchem Anlass, dass er dreißig Angehörige der Flotte, die es verdient hätten, hängen lassen würde. Bei dieser Gelegenheit beschuldigte er Worrall wiederum, dass dessen Fall schlimmer als der Doughtys sei und dass er es um der Leiden Christi willen verdient hätte gehängt zu werden. »Und, Kapitän Winter«, sagte Drake weiter, »wo ist Euer Diener Ulysses? Bei Gott, wenn er mein Diener wäre, würde ich ihm die Ohren abschneiden, ja, um der Leiden Christi willen würde ich ihn hängen lassen.« Aber warum, weiß ich wahrhaftig nicht.

Am 21. August fuhren wir in die Wasserstraße ein, die die Magellanstraße genannt wird. Am 28. August kamen wir zu einer Insel, wo wir eine große Menge von Vögeln antrafen, die nicht fliegen konnten und die die Größe von Gänsen hatten. In weniger als einem Tag töteten wir über dreitausend dieser Vögel und versorgten uns, wie wir meinten, ausreichend mit ihnen. Die Straße des Magellan ist in ihrer ganzen Länge an den Ufern reich an Trinkwasser und Holz und an beiden Seiten von hohen Gebirgen umgeben. An manchen Stellen ist sie eine Meile breit, an manchen zwei, an anderen drei oder vier.

Am 6. September gelangten wir in den Pazifik, wo wir in der ganzen Zeit, die wir dort waren, nichts anderes als widrige, äußerst heftige Stürme und tobende Ungewitter hatten. Am letzten September verloren wir die MARIGOLD und am 8. Oktober das

Schiff unseres Befehlshabers aus den Augen. Wir selbst gingen in der Straße vor Anker und blieben dort bis zum 1. November. Für unsere Rückreise wird dann, so denke ich, unser Kapitän Winter Rede stehen, der diese Gefahr auf sich nahm.

JOHN COOKE
Für Francis Drake, Knight, Sohn des
Sir[1] Drake, Pfarrer von Upchurch in Kent.

1 Sir Drake – »Sir« wurde manchmal als Höflichkeitsanrede für Geistliche verwandt.

4. Drakes Heimkehr

Francis Drake kehrte von seiner dreijährigen Reise um die Welt nicht nur als sehr reicher Mann, sondern auch als ein Nationalheld zurück und sein Ruhm verbreitete sich über ganz Europa. Er hatte eine Großtat als Führer, Seemann und Navigator vollbracht, er hatte den verhassten Spaniern an ihren eigenen pazifischen Küsten Trotz geboten und sie ausgeplündert, er hatte Handelsbeziehungen mit den fast sagenhaften Gewürzinseln hergestellt und viele meinten, dass er »die Ehre der Engländer« erheblich gesteigert habe. Außerdem – allerdings wurden diese Tatsachen nicht veröffentlicht – hatte er herausgefunden, dass die *Terra Australis Incognita,* wenn es sie gab, nicht dort lag, wo die bekannte Karte des Ortelius sie angab, und weiterhin, dass der Atlantische und der Pazifische Ozean nicht weit südlich der Magellanstraße ineinander übergehen. »Drake«, sagt Camden auf S. 246, »kam mit ungeheuren Reichtümern nach England zurück, noch größer und strahlender aber war sein Ruhm.« Er ist seit damals ein Held der nationalen Folklore geblieben, der große Robin Hood der Meere.

Es gab zwangsläufig auch abweichende Meinungen. Camden berichtet, dass »er Schuld auf sich geladen habe … durch die von ihm veranlasste Hinrichtung Doughtys und dadurch, dass er den portugiesischen Lotsen (Nuño da Silva), den er vor Afrika gefangen genommen hatte, der Willkür der Spanier überließ … und dass er sehr unmenschlich ein Neger- oder Mohrenmädchen, das auf seinem Schiff geschwängert worden war, auf einer Insel aussetzte«. »Es gab andere«, führt Stow auf S. 807 aus, »die alle möglichen Schandtaten Drakes und seiner Männer erfanden und verbreiteten und ihn den Meisterdieb der unbekannten Welt nannten …« Einige hatten sehr nachdrücklich das Gefühl, dass seine Taten Schande über ihr Land gebracht hatten. Einige waren einfach neidisch. Die reichen und mächtigen Londoner Kaufleute, die mit Spanien

Handel trieben, hegten die stärksten Befürchtungen, dass die Spanier Vergeltungsmaßnahmen ergreifen könnten und das englische Personal in Spanien gefangen setzen und die englischen Lagerhäuser und Schiffe beschlagnahmen würden. Sie wollten, dass Drake bestraft und seine Beute zurückgegeben würde, und wandten sich mit einer entsprechenden Bittschrift an Burghley. »Nichts ärgerte Sir Francis Drake mehr«, schreibt Camden, »als die Erfahrung, dass die Adligen und Großen des Hofes (unter ihnen Burghley) das Gold und Silber zurückwiesen, das er ihnen als Geschenk anbot, so, als habe er es gesetzwidrig erworben. Das Volk jedoch bejubelte und bewunderte ihn.« – »Sein Name und sein Ruhm wurden allerorts bewundert«, schreibt Stow auf S. 809, »die Leute schwärmten täglich in den Straßen aus, um ihn zu Gesicht zu bekommen ... Bücher und Lieder wurden zu seinem Lob veröffentlicht ...« Diese Schmeichelei und die Gnade der Königin machten ihn noch prahlerischer und ausschweifender, noch angeberischer und anmaßender als je zuvor, sodass viele »der besseren Leute« ihn scharf ablehnten.

Bald nach der Rückkehr erhob John Doughty eine Klage gegen Drake vor dem Grafschaftsgericht und klagte ihn an, seinen Bruder ermordet zu haben. Drake suchte eine Entscheidung des Oberhofgerichts herbeizuführen, dass dies Gericht hierfür nicht zuständig sei, aber der Oberrichter entschied, dass Doughty berechtigt sei die Klage zu erheben. Dennoch wurde das Verfahren auf geheimnisvolle Weise eingestellt. Da Doughty ein Prozess verweigert wurde, verbreitete er wilde Gerüchte, schrieb einen verleumderischen Brief und wurde schließlich angeklagt sich mit einem spanischen Spion verschworen zu haben, um Drake ermorden zu lassen. Er wurde ohne Prozess ins Gefängnis geworfen. Nach sechzehn Monaten reichte er eine Bittschrift ein, man möge ihm entweder den Prozess machen oder ihn freilassen. Diese Bittschrift wurde von irgendjemandem abgelehnt und von Doughty hörte man nie mehr etwas. Das Gerücht lief um, dass ein Prozess ein Staatsgeheimnis ent-

Sir Francis Drake

hüllt hätte. Aber es mag einfach so gewesen sein, dass Drake einflussreich genug war, um alle rechtlichen Schritte unterdrücken zu lassen.

Auf jeden Fall stand Drake zu hoch in der Gunst der Königin und in seiner eigenen Eitelkeit, um sich von alldem sehr stören zu lassen. Zweifellos konnte die Königin ihn fallen lassen und hätte es auch getan, wenn es zu dem Zeitpunkt ihrem politischen Taktieren gedient hätte, und Drake muss das gewusst haben, aber es gefiel der Königin, genau entgegengesetzt zu handeln. Sie erteilte ihm wiederholt Audienzen und befahl, die *Golden Hind* nach Deptford in der Nähe von Greenwich bringen zu lassen. Am 4. April 1581 gab Drake ihr zu Ehren ein großartiges Festessen an Bord, anschließend schlug sie ihn zum Ritter. Das war eine sehr passende offene Herausforderung Spaniens und da sie zu der Zeit Frankreich gegen Spanien ausspielte, schloss sie Frankreich mit dieser Geste ein. Sie nahm die feierliche Handlung nicht selbst vor. Sie war in eine verfehlte politische Werbung um den französischen Duc d'Alençon verwickelt und dessen Gesandter, der Sieur de Marchaumont, war anwesend. Die Königin überreichte ihm ihr vergoldetes Schwert und er vollzog die feierliche Handlung. Das war einer der dramatischsten Augenblicke der englischen Geschichte.

Der Wert der erbeuteten Schätze war allein Drake bekannt und er hielt ihn geheim, wie die Königin es ihm strengstens befohlen hatte. Die Aufstellungen, die zu jener Zeit gemacht wurden, sind offensichtlich unvollständig. Lewes Roberts gibt in seinem Buch *The Merchant's Map Of Commerce,* das 1638 veröffentlicht wurde, an, dass Drakes Reise »ihm und den Kaufleuten von London, seinen Partnern und den am Unternehmen Beteiligten ... nach Abzug aller Unkosten – und ich habe das, von Drake unterschrieben, selbst gesehen – £ 47 für ein Pfund erbrachte, sodass derjenige, der sich an dem Unternehmen beteiligt hatte, für £ 100 £ 4700 erhielt«. Zweifellos nahmen die Königin und Drake sich große Teile der Beute, und Leicester, Hatton und Walsingham, die Drake gegen Burghley und andere im Staatsrat unterstützten, wurden auch reichlich belohnt. Es ist nicht bekannt, wie viel an die »wagemutigen Abenteurer« ging, die die Reise auf der *Golden Hind* mitgemacht hatten, aber die übrige Mannschaft erhielt £ 8000 und forderte mehr, was sie auch erhalten haben mag (Lewis Gibbs, S. 117). Der wahrscheinliche Wert der Beute und die Unstimmigkeiten, zu denen sie Anlass gab, sind im Einzelnen bei Wagner, Kapitel XI, und bei Lewis Gibbs im *Silver Circle*, S. 114–120, erörtert.

Während die Beute in offizielle und private Hände rann, ging ein langwieriger, jahrelanger Streit in einem Labyrinth von persönlichen, finanziellen und politischen Schikanen vor sich. Der spanische Botschafter in London, Bernardino de Mendoza, forderte Zurückerstattung, aber die Königin machte mit ihrem üblichen erstaunlichen Geschick Ausflüchte und zog die Angelegenheit hin und Philipp war nicht darauf vorbereitet, seine Forderungen zu erzwingen, indem er den Krieg erklärte oder das sehr wertvolle Eigentum der englischen Kaufleute in Spanien konfiszierte.

In der Zwischenzeit verschwendete nach den Berichten Mendozas Drake mehr als irgendein anderer in England, aber er verschwendete gewiss nicht sein ganzes großes Vermögen. Er kaufte für £ 3400 von den Grenvilles den Besitz Buckland Abbey[1] in Devonshire, die Königin gestattete ihm die Führung eines Wappens und Drake ließ sich nach bester englischer Tradition als Landedelmann nieder.

Die Königin gab den Befehl die *Golden Hind* zur »immer währenden Erinnerung« in Deptford zu bewahren und einige Jahre lang war auch das Schiff eine der Sehenswürdigkeiten Londons und wurde von tausenden besucht. Aber bald wurde es so vernachlässigt, dass 1599 ein Schweizer Besucher, Thomas Platter, feststellte, dass das Schiff »morsch« sei und »dabei sei, in Stücke zu zerfallen«; 1619 notierte der

1 Er blieb bis 1951 im Besitz der Familie Drake. Dann wurde er vom National Trust übernommen und in ein Drake-Museum umgewandelt.

Die Abtei *Buckland* heute.
Sie war Francis Drakes Wohnsitz und blieb bis 1951
im Besitz der Familie.

Sekretär des venezianischen Botschafters, dass die Überreste des Schiffes »genauso wie die gebleichten Rippen und der Schädel eines toten Pferdes aussähen«. Die letzten Überreste wurden 1662 beseitigt, aber die Erinnerung an dieses Schiff, die nur von dem Gedenken an Nelsons *Victory* übertroffen wird, ist für immer in die langen Annalen der englischen Seegeschichte eingegangen.

Ausgewählte Bibliografie
(Literatur- und Quellenverzeichnis)

Der folgende Literatur- und Quellennachweis basiert auf der Bibliografie der englischen Originalausgabe des vorliegenden Buches (London 1972). Da die dortige Zusammenstellung die Quellenverhältnisse und die Diskussion in der Sekundärliteratur sehr genau dokumentiert, wurden die wichtigsten Angaben hier übernommen, obgleich es sich durchwegs um englischsprachige Publikationen handelt. Die detaillierten Kommentare des Herausgebers zu den einzelnen Titeln wurden allerdings auf das notwendige Minimum reduziert.

Die durch Großbuchstaben hervorgehobenen Stichworte stellen den Bezug zu den verschiedenen Hinweisen in dem vorliegenden Buch her.

I. Allgemeines

1. Primärliteratur

Camden, William, *Annales, the true and royal history of the famous Empress Elizabeth.* Translated by A. Darcie (1625). (CAMDEN)

Hakluyt, Richard, *The principal navigations, voyages and discoveries of the English nation.* First edition, 1 vol., folio (1589). Facsimile reprint, edited with an introduction by D. B. Quinn and R. A. Skelton, and an extensive new index by A. Quinn. Hakluyt Society, Extra Series, XXXIX 2 vols. (1965).

The principal navigations, voyages, traffics and discoveries of the English nation. Much enlarged second edition, 3 vols. (1598, 1599, 1600). Die Standardausgabe, auf die sich alle Hinweise zu dem vorliegenden Buch beziehen, ist die der Hakluyt Society, 12 vols. (1903–5). (HAKLUYT). – Die Ausgabe in Everyman's Library, 8 vols. (1907, Neuauflage

1962), bringt zum größten Teil den Text der Ausgabe der Hakluyt Society.
Voyages and Documents. Selected, with an introduction and a glossary, index etc., by Janet Hampden (1958).
The Tudor Venturers, a selection of the Voyages, edited, with introduction, notes and glossary, by John Hampden (1970).
Hawkins, Sir Richard, *The Observations of Sir Richard Hawkins, Knight, in his Voyage to the South Sea, Anno Domini 1593* (1622). Edited, with valuable introduction, notes and appendices by James A. Williamson (1933). (HAWKINS)
Hume, M. A. S., *A Calendar of letters and state papers relating to English affairs preserved principally in the Archives of Simancas 1558–1603 (1892–9). ›The Spanish Calendar‹.* (SPAN. CAL.)
Monson, William, *Naval Tracts,* ed. M. Oppenheim. Navy Records Society, 22, 23, 43, 45, 47 (1902–14).
Purchas, Samuel, *Hakluytiss Posthumus or Purchas his Pilgrims.* 4 vols. (1625). Hakluyt Society, Extra Series, XIV–XXXIII (20 vols., 1905–7). (PURCHAS)
Quinn, D. B., *The Roanoke Voyages, 1584–90.* Hakluyt Society, Second Series, CIV, CV, 2 vols. (1955).
Stow, John, *The Annals or general chronicle of England begun first by Master John Stow, and after him continued and augmented … to the end of this present year 1614, by Edmond Howes, gentleman.* Folio (1615). (STOW)

2. *Sekundärliteratur*

Andrews, Kenneth R., *Drake's Voyages* (1967).
– *Elizabethan Privateering* (1964).
Boxer, C. R., *The Portuguese Sea-borne Empire, 1415–1825* (1969).
Bradford, Ernle, *Drake* (1965).
Boynton, L., *The Elizabethan Militia* (1966).
Cipolla, Carlo M., *Guns and Sails in the early phase of European expansion 1400–1700* (1966).

Connell-Smith, Gordon, *Forerunners of Drake.* A study of English trade with Spain in the early Tudor period (1954).
Corbett, Sir Julian, *Drake and the Tudor Navy*, 2 vols. (1898). (CORBETT)
Cruickshank, C. G., *Elizabeth's Army*, Second enlarged edition (1966).
Crone, G. R., *The Discovery of America* (1969).
– *Maps and their Makers* (1929).
Cunnington, Willett C. and Phillis, *Handbook of English Costume in the Sixteenth Century* (1954).
Deacon, Richard, *John Dee, Scientist, Geographer, Astrologer and Secret Agent to Elizabeth I* (1968).
Eliott-Drake, Lady, *The Family and Heirs of Sir Francis Drake*, 2 vols. (1911). (ELIOTT-DRAKE)
Froude, J. A., *English Seamen in the Sixteenth Century* (1895).
Gill, Crispin, *Plymouth, a New History* (Newton Abbot, 1967).
Hoskins, W. G., *Devon* (1954).
Jack-Hinton, Colin, *The Search for the Island of Solomon, 1567–1838* (1969).
Keevil, J. J., *Medicine and the Navy, 1200–1900*, Vol. I, *1200–1649 (1957)*. (KEEVIL)
Lewis, Michael, *The Hawkins Dynasty* (1970).
Lloyd, Christopher, *The British Seaman, 1200–1860.* (1968).
– *Sir Francis Drake* (1957).
Mason, A. E. W., *Sir Francis Drake* (1941).
Neale, Sir John E., *Queen Elizabeth I* (1934).
Newton, Arthur Percival, *European Nations in the West Indies, 1493–1688* (1933).
Oppenheim, M., *A History of the Administration of the Royal Navy and of Merchant Shipping in Relation to the Navy from 1509 to 1660 ...* (1896). (OPPENHEIM) (Neudruck 1961).
– Introduction to *The Naval Tracts of Sir William Monson* (Navy Records Society, 1902).
– *The Maritime History of Devon.* With an introduction by Professor W. E. Minchinton (1968).

Parry, J. H., *The Spanish Seaborne Empire* (1966).
Prestage, Edgar, *The Portuguese Pioneers* (1966).
Read, Conyers, *Lord Burghley and Queen Elizabeth* (1960).
– *Mr. Secretary Cecil and Queen Elizabeth* (1955).
– *Mr. Secretary Walsingham and the policy of Queen Elizabeth*, 3 vols. (1925).
Richmond, Herbert, *The Navy as an instrument of policy, 1558–1627*. Ed. E. A. Hughes (Cambridge, 1953).
Robinson, Gregory, ›*A forgotten life of Sir Francis Drake*‹, *Mariner's Mirror*, Vol. VII (January 1921). The life is in G. W. Anderson, *Captain Cook's Voyages, etc.* (1784).
Rowse, A. L., *The Expansion of Elizabethan England* (1955).
– *Sir Richard Grenville of the ›REVENGE‹* (1937).
– *Tudor Cornwall* (1941).
Taylor, E. G. R., *The Haven-finding Art*. A history of navigation from Odysseus to Captain Cook (1958).
– *Tudor Geography 1485–1583* (1930).
– *Late Tudor and Early Stuart Geography, 1583–1650* (1934).
Waters, David W., *The Art of Navigation in England in Elizabethan and Early Stuart times* (1958).
– ›Limes, lemons and scurvy in Elizabethan and early Stuart times‹, *Mariner's Mirror*, Vol. LXI (May 1955).
Wernham, R. B., *Before the Armada*. The growth of English foreign policy, 1485–1588 (1966).
Williams, Norman Lloyd, *Sir Walter Raleigh* (1962).
Williamson, James A., *The Age of Drake*, fifth Edition (1966).
– *Sir Francis Drake* (1951).
– *Hawkins of Plymouth*. Revised edition (1969).
– *Sir John Hawkins, the Time and the Man* (1927).

II. Die Schlacht von San Juan 1568

1. Primärliteratur

Anonym (? Valentine Virde or Green; or George Fitzwilliam) B. M. Cotton MS. Otho E. VIII. ff. 17–41b. Printed by Dr. James A. Williamson in 1926. (COTTON MS.)

Barrett, Robert, Master of the *JESUS OF LÜBECK, Deposition made before the Mayor of Vera Cruz and the Viceroy.* An account of the voyage and the battle. In Wright I, pp. 153–160.

Enriquez, Martin, Viceroy of New Spain, *Account of the battle of San Juan.* In Wright I.

Hawkins, John, *A true declaration of the troublesome voyage of M. John Hawkins to the parts of Guinea and the West Indies in the years of Our Lord 1567 and 1568, (1569).*

Hortop, Job, *The rare travails of Job Hortop, an Englishman,* 1591. Reprinted in Hakluyt, IX, 445. Facsimile reprint, ed. G. R. G. Conway (Mexico City, 1928). (HORTOP)

Markham, C. R. (editor), *The Hawkins' Voyages.* Second Edition. Hakluyt Society, First Series, LVII (1877).

Philips, Miles, *A Discourse written by one Miles Philips one of the Company put on Shore northward of Panuco in the West Indies by M. John Hawkins, 1568 ...*

Wright, Irene A. (editor), *Spanish Documents concerning English Voyages to the Caribbean 1527–1568.* Hakluyt Society, Second Series, LXII (1928). (WRIGHT)

2. Sekundärliteratur

Lewis, Michael, ›The Guns of the *JESUS OF LÜBECK*‹. *Mariners' Mirror,* Vol. 22 (July 1936). ›Fresh light on San Juan de Ulua‹, *Mariners' Mirror,* Vol. XXIII (July 1937).

Unwin, Rayner, *The Defeat of John Hawkins.* A biography of his third slaving voyage (1960).

III. Drakes Überfall auf Panama 1572–73

1. Primärliteratur

Nichols, Philip and others, *Sir Francis Drake Revived* (1626). In Wright II, in *Sir Francis Drake's raid on the treasure-trains,* ed. Janet and John Hampden, (1954).

Vaz, Lopez, *The first voyage attempted and set forth by the expert and valiant captain M. Francis Drake himself ... to Nombre de Dios and Darien about the year 1572 ... by one Lopez Vaz, a Portugal ...* Hakluyt, X, 75.

Wright, I. A. (ed), *Documents concerning English voyages to the Spanish Main, 1569–1580.* Hakluyt Society, Second Series, LXXI (1932). (WRIGHT II)

IV. Die Reise um die Welt 1577–80

1. Primärliteratur

Anonym, *A discourse of Sir Francis Drake's journey and exploits after he had passed ye straits of Magellan into Mare de Sur and through the rest of his voyage afterward till he arrived in England. 1580 anno.* B. M. Harleian MS. No. 280. fo. 23. Wagner, p. 264. (ANONYMOUS NARRATIVE)

Anonym, *The course which Sir Francis Drake held from the haven of Guatulco in the South Sea ... to the north-west of California as far as fortythree degrees and his return ... to thirty-eight degrees; where ... he landed and ... took possession thereof in the behalf of Her Majesty and named it Nova Albion.* Hakluyt, IX, 319.

Anonym, *The famous voyage of Sir Francis Drake into the South Sea and therehence about the whole globe of the earth, begun in the year 1577.* Hakluyt, XI, p. 101. (FAMOUS VOYAGE)

Anton, San Juan de, Testimony, and Deposition, Nuttall, pp. 155–175, (ANTON)

Blundeville, Thomas, *M. Blundeville his Exercises* (1594).

Cliffe, Edward, *The voyage of M. John Winter into the South*

Sea ... in consort with M. Francis Drake ... Hakluyt, XI, p. 148. (CLIFFE)

Cooke, John, Narrative. B. M. Harleian MS 540. fo. 93. (COOKE)

Drake, Sir Francis, *The World Encompassed by Sir Francis Drake* (1628).

Drake, John, *First and Second Accounts of the voyage round the world,* given to the Spanish authorities after his capture, following Fenton's expedition of 1582–83. Nuttall, pp. 18–56. (JOHN DRAKE)

Fletcher, Francis (Chaplain on the *Golden Hind*) *Notes on the Voyage.* British Museum: Slane MS. No. 61. (FLETCHER)

Gamboa, Pedro Sarmiento de, *Account of what the corsair Francisco did ... on the coasts of Chile and Peru, as well as the measures the Viceroy Don Francisco de Toledo adopted against him.* Nuttall, pp. 57–88. Wagner, pp. 385–395. (GAMBOA)

Nuttall, Zelia, *New Light on Drake.* A collection of documents relating to his voyage of circumnavigation 1577–1580. Hakluyt Society, Second Series, No. XXXIV (1914). (NUTTALL)

Pascual, Juan (Sailor), Testimony, Nuttall, pp. 323–327. (PASCUAL)

Penzer, N. M. (editor), *The World Encompassed* and analogous contemporary documents concerning Sir Francis Drake's circumnavigation of the world (1926). (PENZER)

Rengifo, Francisco Gomez, Deposition. Nuttall, pp. 350–359. (RENGIFO)

Silva, Nuño da, *Log of the voyage, January 19, 1578 (sic) to April 13, 1579* (Old Style). Nuttall, pp. 272–294. Wagner, pp. 342–346. Hakluyt, XI, 133 Nuttall, pp. 296–309. Wagner, pp. 338–349. (SILVA)

Taylor, E. G. R., ›The missing draft project of Drake's voyage of 1577–80‹. Facsimiles from B. M. Cotton MS, Otho E. VIII. ff. 8–9, *Geographical Journal,* Vol. LXXV (January 1930).

– ›Hondius's portraits of Drake and Cavendish‹, *Geographical Journal,* Vol. LXXV (January 1930).

– ›More light on Drake, 1577–80‹, *Mariner's Mirror* (April 1930). This prints for the first time John Winter's Report, June 2nd, 1579. (TAYLOR)
– (editor) *The Troublesome Voyage of Captain Edward Fenton 1582–1583*. Hakluyt Society, Second Series, CXIII (1959). (FENTON)
Vargas, Gaspar de, Testimony Concerning the Corsair … Nuttall, pp. 238–241. (VARGAS)
Vaux, W. S. W., *The World Encompassed by Sir Francis Drake.*– Hakluyt Society, First Series, XVI (1855). (VAUX)
Wagner, Henry R., *Sir Francis Drake's Voyage around the world: its aims and achievements.* (San Francisco, 1926). (WAGNER)
Winter, John, *A declaration made by me John Winter* of a ship taken by Francis Drake, Captain and General of five ships and barks bound for the parts of America for discovery and other causes of trade … (1579). B. M. Lansdowne MS. 115. ff. 175–176. Nuttall, pp. 383–92.
– *Report [to Sir William and George Winter], June 2nd, 1579.* Landsdowne MS. 100, No. 2, in Taylor I. (WINTER)
Zarate, Francisco de, *Letter to the Viceroy Enriquez.* Nuttall, pp. 199–210. Eliott-Drake, I. pp. 36–41. Wagner, pp. 373–377. (ZARATE)

2. *Sekundärliteratur*

Andrews, K. R. ›The aims of Drake's expedition, 1577–1580‹. *American Historical Review,* Vol, LXXIII, No. 3 (New York, February 1968).
California Historical Society, ›Drake's plate of brass; evidence of his visit to California in 1579‹ (1937).
A. L. Chickering, *California Historical Society Quarterly* (September 1937).
Callender, Geoffrey, ›Drake and his detractors‹, *Mariner's Mirror,* Vol. VII (March, April, May 1921).
Gibbs, Lewis, *The Silver Circle* (1963).
Naish, F. C. Prideaux, ›The mystery of the tonnage and

dimensions of the *Pelican – Golden Hind*‹, *Mariner's Mirror,* Vol. XXXIV (January 1948).
– ›The identification of the Ashmolean model‹. *Mariner's Mirror,* Vol. XXXVI (April 1950).
Nance, R. Morton, ›The Little Ship of the Ashmolean‹, *Mariner's Mirror,* Vol. XXIV (1938).
Robinson, Gregory, ›The Trial and death of Thomas Doughty‹, *Mariner's Mirror* (September 1921).
– ›The evidence about the *Golden Hind*‹, *Mariner's Mirror,* Vol. XXXV (January 1949).
Senior, W., ›Drake at the suit of John Doughty‹. *Mariner's Mirror* (October 1921).
Starr, Walter A., ›Drake landed in San Francisco Bay in 1579. The testimony of the Plate of Brass‹, *California Historical Society Quarterly,* Vol. XLI, No. 3 (September 1962).
Taylor, E. G. R., John Dee, ›Drake and the Straits of Anian‹. *Mariner's Mirror* (April 1929).

Bildquellen

Ashmolean Museum, Oxford; Bancroft Library, University of California; Bibliothèque Nationale; the Trustees of the British Museum; the City Museum and Art Gallery, Plymouth; the Duchess of Medina Sidonia; Magdalene College, Cambridge; the Mansell Collection; the National Maritime Museum, Greenwich; the National Portrait Gallery; the Rare Books Division, The New York Public Library, Astor, Lenox & Tilden Foundation; the Public Records Office.

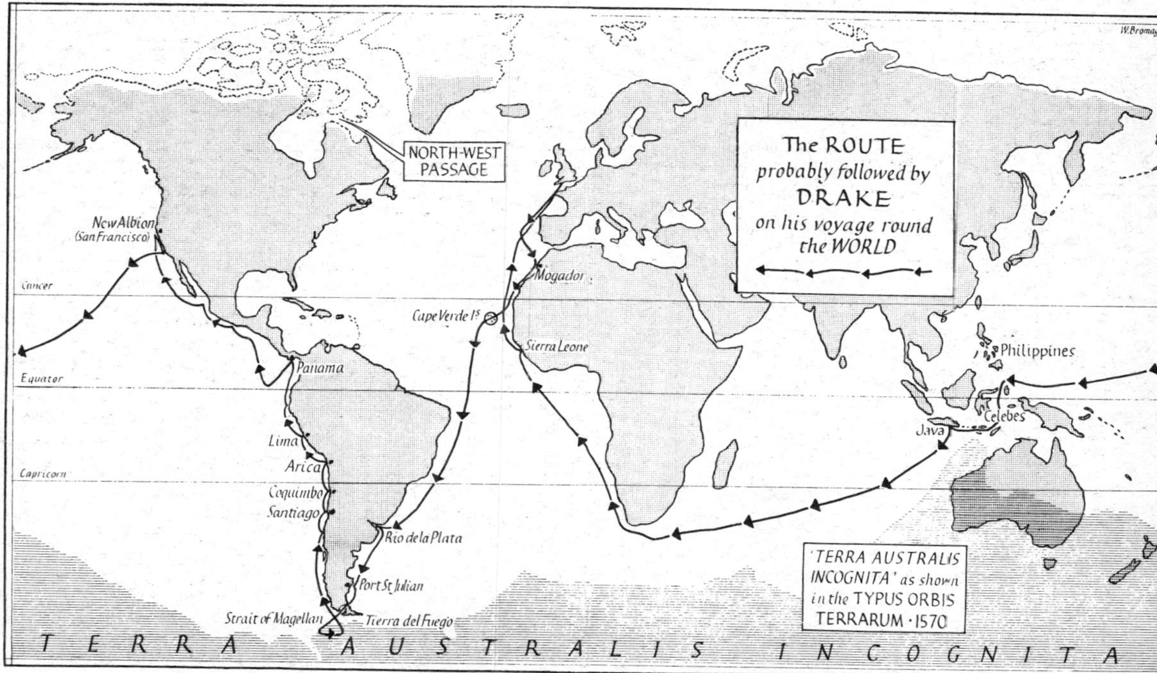
The ROUTE probably followed by DRAKE on his voyage round the WORLD
W.Bromage
NORTH-WEST PASSAGE
New Albion (San Francisco)
Cancer
Equator
Capricorn
Panama
Lima
Arica
Coquimbo
Santiago
Rio de la Plata
Port St Julian
Strait of Magellan
Tierra del Fuego
Cape Verde Is
Mogador
Sierra Leone
Philippines
Celebes
Java
'TERRA AUSTRALIS INCOGNITA' as shown in the TYPUS ORBIS TERRARUM · 1570
TERRA AUSTRALIS INCOGNITA